영원한 생명의 노래

法華經概說

회옹(晦翁) 혜경 지음

지우 LnB

영원한 생명의 노래_법화경개설

1판1쇄 인쇄 / 2014. 10. 07
1판1쇄 발행 / 2014. 10. 15
저 자_ 회옹(晦翁) 혜경
발행인_ 김용성
발행처_ 지우 LnB / 법률출판사
출판등록_ 2003년 8월 19일
서울시 동대문구 휘경동 187-20 오스카빌딩 4층
TEL: 02-962-9154 / FAX: 02-962-9156
ISBN 978-89-91622-45-6 / 03220

www.LnBpress.com

머리말

『법화경』하면 중국, 한국, 일본 등 동양의 세 나라들이 이 경의 거룩함을 입을 모아 찬양하고 있으며 우리나라에서도 이 법화경을 신봉하고 있는 사람들은 -일련종(日蓮宗)을 포함- 무려 수십만을 헤아리고 있다.

그런데 웬일인지 대부분의 사람들은 "장님 코끼리 만지듯이" 『법화경』의 어느 일정 부분만을 가지고 마치 『법화경』의 모든 것인 양 이야기하고 있어 안타깝기 짝이 없다.

"부처님의 말씀은 일상일미(一相一味)"라는 말은 될지 모르지만 『기신론』에 있는 말을 『법화경』에 있다고 서술하는가 하면 혹은 한문을 직역하여 어려움을 더하게 한다든지 또는 일부에서는 『법화경』을 마치 석가모니 부처님의 가르침이 아닌 양, 불교와는 전혀 다른 신아론적(神我論的)인 해석을 하는 등 『법화경』을 오도(誤導)하고 있는 경우를 자주 본다.

이러한 오류에서 벗어나기 위해 『법화경』을 새롭게 알고자 하는 사람이나 이미 알고 있으면서도 잘못 알고 있는 사람을 위해 대승불교의 기본사상이라고도 할 수 있는 "반야부경전(般若部經典)"을 기저(基底)로 하여 부처님의 진실한 말씀(法)을 올바르게 이해하고 굳은 믿음을 간직하며 실천(修行)하도록 이 "영원(永遠)한 생명(生命)의 노래" 부제(副題) "법화경총설(法華經總說)"을 인쇄에 부치는(上梓) 바이다.

이 "영원(永遠)한 생명(生命)의 노래"는 쿠마라지바(鳩摩羅什)가 번역한 『묘법연화경』을 기본 텍스트(敎材)로 하고 조선왕조(朝鮮王朝) 세종(世宗) 왕조(王朝) 국역장경(國譯藏經)인 『묘법연화경(妙法蓮華經)』, 싼쓰끄리드어(梵文) 『법화경』, 영역본(英譯本, 옥스퍼드發行, 케른 譯)과 『범문법화경(梵文法華經: 山喜房 發行)』 및 『법화경(法華經)』, 大藏出版社 『법화경(法華經)』 法華文句 및 中國 三論宗의 開祖 吉藏의 法華義疏, 法華統略, 法華遊意, 慈恩大師 窺基의 法華義記, 日本의 小林一郎著 法

華經講義와 庭野日敬의 新譯 法華三部經과 대만(臺灣)의 聞達大師 著 瑞成書局 發行의 法華經句解를 參考하였다.

싼쓰끄리뜨어(梵文)나 빨리어의 발음은 2005년에 '한국불교학회'에서 재정한 표준안을 따랐다.

끝으로, 이 책이 나오기까지 오로지 한마음으로 도움을 준 弟子 楊州 和潭精舍 住持 智應 惠和 스님과 勝德行 柳然伊 및 특히 끝까지 몸과 마음을 다하여 시봉해 준 喜見行 金美貞과 제주도 서귀포 흰 연꽃들의 모임 회장 이소정(李沼淨, 칠순) 및 회원 일동과 이 책을 펴내 준 法律 出版社 社長 俗家弟子 智友 金容成과 校正·編輯을 맡아 준 韓石熙님 께도 깊이 감사를 드린다.

『원컨대 이 공덕을 널리 미치게 하여, 나와 더불어 중생들이 모두 다 함께 성불하게 되어 지이다.』나무석가모니불, 나무석가모니불, 나무시 아본사석가모니불.

불기 2558(2014)년
양주 천보산 아래 화담정사에서
회옹 혜경 합장

차 례

第一編 序 論

1. 『법화경』은 보살행 실천의 가르침이다

『법화경』의 원래 이름은 싼쓰끄리뜨 즉 범어(梵語)의 "삿다르마·뿐다리까·수뜨라(Saddharma-pundarika-sutra)"이다.

"삿다르마(Saddharma)"란, "삿뜨(Sat)"와 "다르마(dharma)"라는 말의 합성어로서 "삿뜨"는 "진실(眞實)한", "바른(正)", "훌륭한(善)", "뛰어난(勝)" 등의 의미를 가졌으며, "다르마"는 이미 잘 알고 있듯이 "법(法)"이라고 중국어로 번역하고 있다.

그런데 이 "법"이라는 말에는 대략 네 가지의 뜻이 있다.

첫 번째는, "사물(事物)" 즉 "정신적 현상(精神的現象)과 물질적 현상(物質的現象)"을 통틀어 가리키는데, 경전에서는 이 뜻으로 사용되는 경우가 많다. 제법실상(諸法實相)이라 할 때의 "법"이 바로 그것이다. 이 "사물"이라는 것을 더 자세히 설명하면 "우주에 존재하는 일체의 물질과 생명체 및 우주에 일어나는 일체의 현상"을 말한다.

두 번째는, "그러한 사물을 존재토록 하며 혹은 살려주고 있는 근본적인 근본생명(根本生命)" 또는 "그러한 사물, 즉 물질적·정신적 현상을 꿰뚫고(貫通) 있는 절대적인 진리" 등도 법이라는 말로 표현하고 있으니, "법계(法界)"라던가 "법성(法性)" 등의 "법"이 바로 그것이다.

세 번째는, 그 절대 진리이며, 근본생명이 우리가 눈으로 본다든가, 귀로 들을 수 있는 현상으로 나타날 때에는 일정한 규칙에 지배된다고 하는 그 "법칙(法則)"이라는 뜻도 있으니 현재 우리가 보통 사용하는 "법"이라는 말과 대체로 같은 의미이다.

네 번째는, 그 진리나 법칙을 바르게 설하는 "가르침"이라는 뜻도 있다. "불법(佛法)"이라고 할 때의 "법"이 바로 그것이다.

그러므로 이 "삿뜨"와 "다르마"를 합친 "삿다르마"라는 말을 어떻게 번역하면 좋을까 하는 것이 문제가 된 것이다.

중국의 다르마라끄샤(Dharmaraksa), 즉 축법호(竺法護)는 "정법(正法)"이라 번역했고, 네덜란드의 케른(Kern)이 영어로 번역한 『법화경』에서는 "진실한 법"으로, 또 프랑스의 부르뉴프(Burnouf)가 프랑스어로 번역한 것은 "훌륭한 법"으로, 일본의 이와나미(岩波) 문고(文庫)의 범어(梵語) 번역판은 "바른 가르침(의 백련화)"으로 되어 있는데, 구마라집(鳩摩羅什)은 "묘법(妙法)"으로 번역하고 있다.

"법"이라는 말에는 앞서 말했듯이 대략 네 가지의 뜻이 있지만, 그 네 가지는 결코 서로 분리된 것이 아니다. 즉 우주에 있는 모든 것은 오직 하나의 근본생명, 또는 말로서는 표현할 수 없는 그 절대(絕對·無爲法)에서 나타난 것이며, 그 근본생명을 진여(眞如)라고도 하고, 진리라고도 하는데 이들의 참모습(實相)을 가르친 것이 불교이다. 따라서 인간을 포함한 우주에 있는 모든 현상의 나고 죽음(變化)과 그들의 관계를 지배하는 법칙도 진여이고 진리이며 실상이다. 또 그 진리와 법칙 위에서 "인간은 어떻게 살아가야만 하는가."를 설한 가르침도 또한 실상이다.

요컨대 우주의 근본생명이라던가, 진리라던가 실상이라던가, 부처님의 가르침이라던가, 하는 것을 통틀어 말하자면, 오직 하나의 실재(實在)이며, 그 실재의 본질이나 성상(性相)이나 작용을 여러 가지의 말로 표현하고 있음에 불과하다. "법"이라는 말에는 이처럼 광대하고 무변한 뜻이 함축되어 있는 것이다.

그러므로 이 "삿다르마·뿐다리까·수뜨라"에 설해져 있는 가르침(法)은 이처럼 광대무변한 법의 가르침이다. 이 우주의 성립에서부터 인간과 인간 상호 간의 관계에 이르기까지의 온갖 법이 이 가운데 포함되어 있다. 바꾸어 말한다면 "부처님"과 "부처님의 역할 또는 작용" 모두가 여기에 설해져 있다. 그러므로 이 "법(다르마)"은 단순히 "바르다"든지,

"훌륭하다"든지, "진실하다"든지, 하는 형용사만으로는 다하지 못할 만큼 거룩한 것이며 빼어난 것이다.

그 말로는 표현할 수 없는 거룩함과 빼어남을 "묘(妙)"라는 한 글자에 담아서 구마라집(鳩摩羅什)은 "묘법(妙法)"이라 번역한 것이다.

다음에 "뿐다리까(pundarika)"란, 연꽃을 말하는데 연꽃 가운데도 특히 흰 연꽃(白蓮華)을 가리킨다. 인도 사람들은 이 세상에서 가장 아름다운 꽃을 흰 연꽃이라 여기고 있다. 그 이유는 흰 연꽃은 진흙 속에서 나며 흙탕물에서 꽃을 피우지만 진흙에 물들지 않고 언제나 맑고 깨끗하기 때문이다. 이러한 사실은 "인간은 속세(俗世) 즉 진흙에서 생활하면서도 속세에 물들지 않고 사로잡히지 않는 아름다운 생활·자유자재한 생활을 할 수 있다."라고 하는 그 가르침의 근본사상을 그대로 나타내고 있다. "제15장 종지용출품"의 게송에 "훌륭히 보살의 길을 배워 세간의 법에 물들지 않음이 연꽃이 물에 있음과 같다."는 말이 있다. 이것이 『법화경』에서 가르치고 있는 인간이 지녀야 할 제일목표, 즉 보살의 참모습이라 하겠다. "눈앞의 현상에 사로잡히지 않고 작은 나(小我)에 집착하지도 않으며, 현상 속에 겹쳐 있는 실상을 꿰뚫어 봄에 의해서, 모든 인간은 본질적으로 평등함을 달관하고 그러한 관점에 입각하여, 남을 구제하고 세상을 구제하는 행에 몸을 바치는 사람"이 바로 "뿐다리까" 즉 백련화라는 뜻이다.

"수뜨라(sutra)"는, "꿴 실"이라는 뜻인데, 인도에서는 아름다운 꽃을 실에 꿰어 머리에 장식하는 습관이 있었으며, 이와 같이 부처님의 가르침을 한줄기의 계통으로 종합 정리한 것을 "수뜨라"라고 했다. 중국의 "경(經)"이라는 말도 원래는 날줄이라는 의미인데, 그로부터 도덕 또는 성인의 말씀을 엮은 책이라는 뜻이 되었으니 매우 적합한 번역이라 본다.

결론적으로 "삿다르마·뿐다리까·수뜨라" 즉 『법화경』이란, 『속세에 있으면서 현상의 변화에 현혹되지 않고, 우주의 진리에 순응하여 바르게 살며, 자기의 인격을 완성하면서, 세상을 평화로운 이상향(理想鄕)으로 만들어 가는 길, 더욱이 인간은 누구나도 그러한 일을 할 수 있는

본질을 평등하게 갖고 있다는 것을 설한 더 없는 거룩한 가르침』이라고
정의할 수 있다.

2. 연꽃의 세 가지 덕

앞서 말했듯이 『법화경』의 제명(題名)은 대략 세 가지이나, 현재 널리
독송되고 있는 번역본은 역시 구마라집의 "묘법연화경"이다. 무릇 모든
경(經)의 이름, 즉 제명 또는 제호(題號)·제목(題目)은 말할 것도 없이
그 경 전체의 뜻을 나타내고 있다.

"묘법련화경"에서의 "경(經)"이란, 영원한 불변의 진리로서 부처님의
말씀을 모은 것을 의미하고, "연화(蓮華)"란 연꽃을 말하며, "묘법(妙
法)"이란 "거룩하고 빼어나서 다른 말로는 표현할 수 없는 오직 한 마
디로 수긍이 가는 것"을 말한다.

따라서 "묘법연화경"이란 한마디로 수긍이 가는 것을 연꽃의 비유로써
부처님께서 말씀하신 것임을 나타낸다.

그런데 연꽃은 세 가지의 덕(三德)을 구비하고 있다 한다. 즉
① "어니불염(淤泥不染)의 덕(德)"
② "종자부실(種子不失)의 덕"
③ "화과동시(華果同時)의 덕"의 셋을 말한다.

첫째, "어니불렴의 덕"이란, 연꽃은 반드시 더러운 진흙(泥) 속에서 싹
을 피워 자라나는데도, 결코 진흙에 물들(染)지 않을 뿐만 아니라 다른
일체의 꽃보다 빼어나서, 청정한 아름다운 자태(姿態)·향기·빛깔을
가지고 훌륭하게 핀다고 하는 덕(德)이다.

둘째, "종자부실의 덕"이란, 연꽃의 열매는 완숙(完熟)하여 물에 떨어
지면 몇 년이 지나도 썩지 않고 계속 살아 있어, 발아(發芽)의 조건이
갖추어지면 반드시 싹을 피운다는 덕을 말한다.

셋째, "화과동시의 덕"이란, 다른 꽃들은 꽃이 지고 난 후 열매를 맺는데, 연꽃은 꽃이 핌과 동시에 열매가 맺는다는 덕을 말한다.

이와 같은 세 가지의 덕을 연꽃은 가지고 있어, 이를 "연꽃의 세 가지덕"이라 부르고 있는 이유이다.

이 "연꽃의 세 가지 덕"을 우리들에게 적용시켜 보면, 인간이 아득한 옛날 이 우주가 생겨난 이래, 6도(六道) 즉 지옥·아귀·축생·수라·인·천으로 유전하며, 5탁(五濁)의 진흙투성이가 되어 극히 무거운 죄로 더럽혀지면서도 마음속에 있는 불성(佛性, 부처로 될 수 있는 본질)은 연꽃처럼 청정하게 계속된다고 설명할 수 있다.

그런데 5탁이란, 겁탁(劫濁)·번뇌탁(煩惱濁)·중생탁(衆生濁)·견탁(見濁)·명탁(命濁)을 말하는데, 이것은 바른 일이 행해지지 않을 뿐만아니라, 나쁜 것을 보아도 부끄러운 생각이 없고, 또 사회인들도 그것을 마음에 두지 않는다고 하는 죄를 말한다.

우리들은 이러한 진흙 속에 태어나지만, 연꽃처럼 그것에 침해받는 일이 없는 한 점(一点), 즉 불성을 반드시 가지고 있다. 더욱이 이 불성은지옥·축생도로 유전하더라도 조금도 낡거나 훼손되지 않고, 때가 오면 기필코 싹을 피우며 나타난다.

불성이란, 바꾸어 말하면 나쁜 일을 하면 나쁘다고 알며 좋은 일을 하면 좋다고 아는 마음, 즉 우리의 청정일심(淸淨一心)을 말한다. 이러한마음, 즉 불성을 우리들은 모두 가지고 있는 것이다. 각자가 가지고 있는 불성이 언젠가 싹을 피워서 세상을 아름답게 꾸며가는 것이다.

또 우리들은 미덕의 뿌리(善根)를 심으면 동시에 좋은 결과(善果)가약속되며, 악업(惡業)을 지으면 그 자리에서 나쁜 과보(果報)가 약속된다. 이를 선인선과(善人善果) 악인악과(惡因惡果)라 한다. 그래서 이를"인과(因果)의 법칙(法則)"이라 한다.

인간의 어리석고 미혹한 눈으로 보면 인과의 도리를 꿰뚫어 볼 수 없으므로 어리석게 된다. 그러나 부처님께서 보시면 선인선과·악인악과는 그 자리에서 약속되어 있어 원인(因)과 결과(果), 즉 꽃과 열매는 동시에 갖추어지게 되는 것이다. 그런데 우리는 흔히 보살은 상구보리(上求菩提, 因) 하화중생(下化衆生, 果) 해야 한다고 생각하는 사람이 많은데, 이 말은 상구보리하고 하화중생 한다는 말이 아니라, 하화중생(因) 하면, 상구보리(果)가 된다는 말임을 알아야 한다. 왜냐하면 상구보리를 하는데 어찌 하화중생이 된단 말인가. 즉 보살은 아래로 중생을 교화하면 동시에 상구보리가 된다는 이야기이다. 이것이 연꽃의 화과동시(華果同時)의 덕(德)이라는 것이다.

우리들은 이 우주가 생겨나면서부터 미혹해 있지만 이 가슴속에는 거룩한 부처님이 때묻지도 않고 훼손되지도 않은 채로 항상 계신다. 인과(因果)가 동시에 생기는 것처럼 선근을 심기만 하면 성불은 틀림없다고 말씀하고 있는 것이 이『법화경』이다.

그리고 마음이 있는 것이면 모두 불성을 갖추고 있으며 그것이 성불의 씨앗이 된다고 지금까지는 생각하지 못했던 신비하고도 고마우신 가르침이므로 이를 가리켜 "묘법(妙法)"이라 한 것이다.

3. 법화경은 번뇌를 멸진한 아라한들에게 설한 것이다.

『법화경』에 대해 주의해야 할 것은 서품 첫머리에

> 皆是阿羅漢。諸漏已盡。無復煩惱。逮得己利。盡諸有結。心得自在。
> 개시아라한。제루이진。무부번뇌。체득기리。진제유결。심득자재。

「그 비구들은 모두 아라한으로서, 온갖 마음의 더러운 때를 완전히 멸하여, 번뇌가 없고, 자기의 깨달음이라고 하는 이익을 얻고, 모든 생사(生死)의 미혹을 불러일으키는 번뇌의 속박을 끊었기에, 마음에 자재를 얻고 있었다.」라고 하였으며, 「보살을 훈회(訓誨)하는 법(教菩薩法)」이라고 되어 있다는 것이다.

그런데 성문의 아라한이 보살이 되기 위해서는 인공(人空), 즉 아공 (我空)과 법공(法空)이라는 이공(二空)을 알아야만 비로소 제법(諸法)의 절대평등(絶對平等)을 알게 됨과 동시에 평등성지(平等性智)를 얻게 되는 것이기에 이를 반야후득지(般若後得智)라 하며 비로소 동체대비 (同體大悲)를 실현(實現)할 수 있는 보살이라 할 수 있다. 보살은 혜안 (慧眼), 즉 평등성지(平等性智)를 얻어야만 보살이 됨으로 평등성지를 꼭 몸에 갖추어야만 한다. 그러기 위해서는 무엇보다도 법공(法空)을 알아야만 하기 때문에 법사품(法師品) 제10에서 부처님의 자리에 앉아 법공을 설하라고 한 것이다. 그러면 어떻게 평등성지를 얻을 수 있는가 하면, 바로 방편품의 십여시(十如是)가 이 평등성지를 가르치고 있다. 즉 상(相)·성(性)·체(體)·역(力)·작(作)·인(因)·연(緣)·과(果)· 보(報)의 본말(本末)을 구경(究竟)하면 〈모두가 공(空, 팽창되어 실체가 없는) 평등(平等)한 것이라는 진리(眞理)가 법공(法空)이며 반야(般若)이고 평등성지(平等性智)인 것이다, 이로써 비로소 대비심(大悲心)을 일으킬 수 있고, 너와 네가 따로따로 있다는 변계소집성(遍計所執性) 즉 분별지(分別智)에서 벗어나 무분별지(無分別智)인 평등성지에 도달할 수 있는 것이다. 그러므로 이 법화경은 아공(我空)을 알고 있는 성문(聲聞)의 아라한(阿羅漢)들에게 법공(法空)을 설하므로 써, 보살로 성숙시키게 된다. 다시 말해 번뇌의 속박에서 벗어난 성문의 아라한들에게 법공을 가르치기 위한 것이 교보살법이다. 성문의 지위에서 보살로 성숙시키고 나아가 보살이 육바라밀뿐만 아니라 법을 전도해야 한다고 가르치고 있는 것이 법화경이며 교보살법인 것이다.

보살은 보리살타(菩提薩埵)의 준 말인데, 보리살타라는 말은 원어 보다삿뜨와(bodhisattva)의 음역이다. 여기서는 보디(bodhi)와 삿뜨와 (sattva)의 둘이 합해져서 생긴 말이다. 보디(bodhi)에는 여러 가지의 번역이 있다. 이것은 보다(bodha)에서 온 것으로서 「안다」고 하는 뜻이다. 삿뜨와(sattva)는 영어로는 being(존재, 생물)으로 번역하고 있다.

즉 보디삿트와란 지식이 있는 동물이라는 뜻이 된다. 지식이 있는 동물이란 고등동물을 가리키는 것으로 아메바 등에는 지식이라고 할 정도의 것은 없다. 더 나아가 지렁이에도 아직 지식은 없다. 그 위로 더 나가서 새나 곤충의 무리에도 아직 보디삿트와로 될 자격이 없다. 말하자면 보디삿트와란 인류 이상이라는 것이다. 똑같은 인류 가운데도 여러 가지의 등급이 있으나 보디삿트와는 비교급이 아니고 최고급인 것이다. 즉 보디삿트와는 하이스트(highest)의 사람을 가리키고 있다. 이것이 통상적으로 말하는 보디삿트와이다. 그러나 여기서는 그 최고급만을 가리키고 있는 것은 아니다. 대승불교에서는 뜻을 세워 아뇩다라삼먁삼보리(阿耨多羅三藐三菩提)를 얻겠다는 마음을 일으킨 사람을 가리켜서 보디(bodhi) + 삿뜨와(sattva)라고 한 것이다. 불교에는 3승(三乘)이라 하여, 보살(菩薩)의 가르침과 성문(聲聞)의 가르침과 연각(緣覺)의 가르침과의 셋이 있는데, 스라바까(sravaka 성문)는 고(苦), 집(集), 멸(滅), 도(道)의 4제(四諦)의 법(法)을 닦고, 쁘라띠에까-붓다(pratyeka-buddha 연각 또는 독각)는 무명(無明), 행(行), 식(識), 명색(名色), 육처(六處), 촉(觸), 수(受), 애(愛), 취(取), 유(有), 생(生), 노사(老死)의 12인연(十二因緣)을 관(觀)하는 것이며, 보디삿트와(bodhisattva 보살)는 여섯 가지의 빠라미따(paramita 6波羅蜜 또는 六度)에 의해 오랫동안 닦고 익히는(修業) 것이다.

대승불교는 「보살의 종교」라고 까지 말하기 때문에 이「보리살타」 즉 「보살」의 의미를 잘 알지 못하면 대승의 참뜻을 이해할 수 없다. 보살은 예로부터 이를 번역하여 「각유정(覺有情)」이라 한다. 각유정이란, 깨달을 사람이라는 뜻으로서 인생에 눈뜬 사람을 말한다. 그러나 반드시 자기 혼자만이 눈을 뜨고 있지 않고, 남도 눈뜨게 하려는 사람이다. 그러므로 보살은 자각(自覺)하려고 하는 사람이며 다른 사람에게 자각토록 하는 사람이다. 인간은 많지만 참으로 눈뜬 사람은 극히 적다. 그 옛날 소크라테스가 아테네의 거리에서 한 낮인데도 등불을 켜고 무언가를 열심히 찾고 있었다. 그 곁을 지나가던 문하생이,

"선생님 무엇을 찾고 있습니까? 무언가를 떨어뜨린 것입니까?"하고 물었다. 소크라테스는 그 문하생에게 말했다.

"사람을 찾고 있는 거야"

"사람이라고요? 이 근처에 많이 지나가고 있지 않습니까?"라고 거듭 질문하자 소크라테스는 태연하게

"저것은 모두 사람이 아니야"라고 하는 이야기인데 그 진위야 어떻든 소크라테스에게는 있을 수 있는 이야기이다.

과연 그렇다. 저 많은 사람 가운데 사람다운 사람이 얼마나 될까. 그러므로 우리들은 그 사람다운 사람이 스스로 되지 않으면 안 됨과 동시에 또 남을 사람으로 만들지 않으면 안 된다. 교육(敎育)의 이상(理想)은「사람을 만드는 것」이라고 듣고 있으나, 불교(佛敎)의 목적(目的)도 역시 사람을 만드는 것에 있다. 그러나 불교에서 말하는 사람은 결코 입신출세(立身出世)를 목적(目的)으로 하는 사람은 아니다. 봉급(俸給)을 많이 받거나 임금(賃金)을 많이 받는 그러한 사람을 만드는 것이 목적은 아니다. 스스로가 용감하게 참다운 인간의 길을 걸어감과 동시에 남도 또한 그 길을 걷게 하려는 열정(熱情)에 불타는 사람이어야 한다. 그러므로 그것은 대승적(大乘的)이다. 자기 혼자만이 가는 것이 아니라 「함께 가자」하고 손을 마주잡고 가기 때문에 소승의 입장과는 매우 그 취지를 달리한다. 따라서 보살(菩薩)이란 마음이 큰 사람이니 도량(度量)이 넓은 사람이다. 작은 이기적(利己的)인 관점(觀點)을 지양(止揚)하고, 항상 큰 사회(社會)를 살피며 사회인(社會人)으로서 활동하는 사람이야말로 참다운 보살이다. 「중생(衆生)의 아픔은 번뇌(煩惱)에서 생기고 보살(菩薩)의 아픔은 대비(大悲)에서 일어난다.」라고 『유마경(維摩經)』에 설해져있는데, 그러한 「대비(大悲)의 아픔」을 가지고 있는 것이 바로 보살이다. 이기적(利己的)인 번뇌(煩惱)의 아픔과 이타적(利他的)인 대비(大悲)의 아픔, 거기에 존재(存在)로서 있는 인간(人間)과 당위(當爲)로서의 있어야할 인간과의 차이(差異)가 있다. 결국은 범부(凡夫)와 보살(菩薩)의 구별(區別)이 있는 것이다. 요즘 시끄러운 민주주

의도 이러한 인간적 자각을 가진 사람이 나오지 않는 한, 도저히 확립될 수는 없다. 저 십자가(十字架)에 매달린 예수 크리스트도 모든 사람들의 죄(罪)를 갚기 위해, 모든 사람들의 구제(救濟)를 위해 십자가에 매달렸다고 한다면, 그 크리스트의 마음이야말로 참으로 보살의 마음이다. 십자가를 등에 업은 그가 그 십자가를 등에 짊어지게 한 그 사람들의 죄를 사하여 줄 것을 신에게 빌고 있는 마음가짐은 참으로 거룩하고 고마운 것이다. 기독교(基督敎) 성서(聖書)에 이런 문구가 있다.「한 알의 밀이 땅에 떨어져 죽지 아니하면 하나 그대로 있고 죽으면 많은 열매를 맺으리라」. 크리스트는 십자가에 매달아졌다. 그러나 그것에 의해서 많은 사람들이 구제된 것이다. 기독교에 대한 시비는 그만두고 우리들은 이교도라는 이름 아래 헛되게 이것을 보아 넘기거나 배척(排斥)해서는 안 된다. 종교인의 이름으로 보살의 이름으로 그를 칭찬하고 우러러 보아야 한다고 생각한다.

불교에서는 보살의 생활, 즉 참다운 인간생활의 이상을 네 개의 카테고리(形式)에 의해 이것을 표시하고 있는데, 이를 4섭법(四攝法)이라 한다. 섭(攝)이란 섭수(攝受)의 의미로서 화광동진(和光同塵), 빛을 부드럽게 하여 티끌과 같이 하는 것, 즉 일체의 사람들을 거두어서 보살의 대도(大道)에 들게 하는 훌륭한 네 가지의 방편(方便)이 4섭법(四攝法)이다. 네 가지의 방편(方便)이란, 보시(布施)와 애어(愛語)와 이행(利行)과 동사(同事)를 말한다. 보시(布施)란, 베푸는 것으로서 일체의 공덕을 아낌없이 모두 주어서 남을 구제하는 것을 말하며, 애어(愛語)란, 자애(慈愛)에 가득 찬 말을 가지고 남에게 말을 걸거나 대답을 해 주는 등 상대방에게 이야기해 주는 것을 말한다. 이행(利行)이란, 훌륭한(善巧) 방편을 짜내서 남의 생명(生命)을 배양(培養)하는 행위이며, 동사(同事)란, 남이 원(願)하는 일을 이해(理解)하고, 그것을 도와서 유도(誘導)하는 것을 말한다. 화복(禍福)을 분별하여 고락(苦樂)을 함께 한다는 것이다. 그러나 보살의 길(道)로서 이 네 가지의 방법이 설해져 있지만, 그 네 가지 방법의 근본은 결국 자비(慈悲)의 마음이다. 탐(貪)

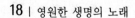

내고 인색(吝嗇)한 마음, 즉 탐욕(貪欲)의 마음을 떠난 자비(慈悲)의 마음을 따로 두고 어디에도 「보살의 길」은 없다. 불쌍하고 가련함에 베푸는 자비의 마음이야말로 보살의 마음인 것이다. 아니 그것이 그대로 부처님의 마음이다. 그러므로 「보살(菩薩)의 행(行)」으로서 불교에서는 6도(六度), 즉 6바라밀(六波羅蜜)이라는 것이 설해져 있다.

반야바라밀을 지혜의 완성이라고도 하는데 「너와 내가 그대로 하나임」을 아는 무분별적인 사랑을 완성하는 것이 바로 지혜이며, 이 지혜의 바탕 위에서 남에게 베푸는 것이 바로 자비이다. 예로부터 자비란 「발고여락(拔苦與樂)」이라 하여 남의 괴로움을 뽑아서 그 자리에 사랑을 주는 것을 말한다.

맨 처음에 내가 반야의 지혜야말로 피안에 건너가는 유일한 길이라고 말했으나 여기서는 또 보시가 6도의 모태라고 하며 보시야말로 6바라밀의 근본이라고 말하니, 어느 것이 진실하냐고 의심을 가지는 사람도 있을 것이다. 그러나 이 두 가지가 모두 진실이다. 불교에서는 지혜와 자비란 둘이면서도 하나이다. 하나를 두 가지 측면에서 본 것이다. 불교에서 말하는 보시는 자비를 뜻한다. 참 자비는 지혜의 눈이 열려있지 않으면 한 낱의 동정(同情)에 불과하다. 내가 쓰고 남는 것을 베풀어주어서는 진정(眞情)한 의미로서의 자비(慈悲)는 아니다. 대비(大悲)는 그렇다고 맹목적(盲目的)인 사랑은 아니다. 반드시 바른 비판(批判)과 엄정(嚴正)한 판단(判斷)과 잘못 되지 않은 인식(認識), 즉 지혜(智慧)에 의하지 않으면 안 된다. 6바라밀의 완성(完成)에 의하지 않고는 피안(彼岸)으로 건너갈 수 없다. 그래서 보시(布施)가 반야(般若)라고 한 것이다.

그런데 한번 종교적 반성을 해 본 사람이면 거기에는 어떤 구애(拘碍)도 거치적거림도 장애도 없는 것이다. 그러므로 보살의 길이야말로 무애(無礙)의 한 길(一道)이다. 어떤 거리낌도 없는 하얀 길(白道)이다. 「마음에 거리낌이 없다」라고 한 것은 바로 그것을 가리킨 말이다.

조용히 눈을 감고 생각해 보면 법화경을 믿고 있는 우리들이 과연 번뇌에서 벗어난 아라한들인가.

「걸림이 없이 움직인다.」라고 자부할 수 있는가. 돈을 구하고, 이름(名譽)을 구하고, 권세(權力)를 구하는 사람인가 깊이 반성하고 하루 속히 번뇌를 극복하지 않으면, 결코 밥화수행자라고 자처하기에는 부끄러운 일이 아니겠는가. 돈이라는 그물, 명예라는 그물, 권력이라는 그물에 걸려서 무애(無碍)하다고는 할 수 없다. 그러므로 구하지 않는 것이야(無願)말로「무애(無碍)의 사람」이라 할 수 있다.

이렇게 누진자(漏盡者)만이 법화경수행에 걸맞은 사람이라고 할 수 있다.

4.『법화경』은 최대의 공덕경(功德經)이다

공덕이란, 사전적 의미로는 "훌륭한 덕성, 선한 성질, 특별한 성질, 가치 있는 특질, 선을 쌓아 얻을 수 있는 것, 말하자면 덕을 말한다."라는 것이다. 그리고 덕이란, 강희자전(康熙字典)에 의하면 "베푸는 것(施也)"을 말한다. 그러므로 법화경은 철저하게 남을 위해 법을 베푸는 것을 위주로 하는 경전이다. 다시 말해 법을 설해주는 것을 "자기의 목숨마저도 아끼지 말아야(不自惜身命) 하는 것이다

이렇게 법시(法施)를 위해서는 우선 법화경을 보거나 듣거나 하면 이를 기억하여야 하는 것을 수지(受持)라고 하며, 기억을 단단히 하기 위해서는 읽고(讀) 외워야(誦) 하며 나아가 남에게 읽어주고, 외워서 들려주어야만 할 뿐만 아니라, 상대방이 잘 이해하도록 해설(解說)해주고, 멀리 있는 사람에게는 써서(書寫) 나누어 주어야만 비로소 공덕이 되는 것이다. 그러므로 공덕은 베푸는 것이지 받는 것이 아니다.

이렇듯 법화경은 시혜(施惠)를 가지고 공덕을 쌓는 것이지, 사경을 해서 탑 속에 넣어두는 것이 공덕은 아니다. 그리고 이 베풂(布施)은 어떠한 바람을 가지고 하는 것이 아니다. 다시 말해 무주상(無住相) 보시

를 원칙으로 한다.

그러므로 수지(受持)할 때부터 남을 위한다는 정신으로 수지하고, 읽는 것(讀)이나, 외우는 것(誦)도 마찬가지로 남을 위한다는 이타(利他)의 마음으로 해야 할 것이다. 그렇기 때문에 『법화경』을 대승(大乘) 중에도 지극히 높은 경전이라고 한 것이며, 「제경(諸經) 중의 왕(王)」이라고 일컬어 온 것이다.

그런 까닭에 공덕을 쌓기 위해서는 「설한 바와 같이 수행(如說修行)하라.」라고 한 것이다

그런데 근자에 와서는 우리 주위에 법화경 사경(寫經)에 대한 큰바람이 불고 있음을 볼 수 있다. 매우 좋은 현상이다. 애석한 것은 사경을 한 당사자들이 과연 법화경을 얼마나 알고 있으며, 다른 사람에게 얼마나 전해 주었는지 가슴에 손을 얹고 생각해 볼일이다. 다만 병이 낫는다든가, 원하는 바가 이루어진다든가, 행복해진다든가, 하는 막연한 희망 아래 사경을 했다면 참으로 무슨 공덕이 있겠는가, 의문이 간다, 예를 들면. 여기 많은 떡이 있다고 하자. 그런데 자기가 그 많은 떡을 다른 사람에게 나누어주지 않고 자기 혼자 배불리 먹는 것도 공덕이 되는 것인가. 남에게 나누어주는 것이야말로 공덕이 되는 것이 아닌가, 옛날 말에 눈뜬 사람이 장님을 인도해 가야만 하지, 장님이 장님들을 인도해 가게 되면 애꿎은 사람마저 개울에 빠뜨리게 된다는 이야기가 있다. 『법화경』「견보탑품 제10」에 「부처님 멸도 후에 능히 그 뜻을 이해하면, 이런 사람은 천신과 인간의 세간에서 〈진리〉에 눈뜬 사람이며 두려운 세상에서 잠깐이라도 〈이 법화경〉 설하면, 일체의 천신과 인간이 모두다 공양을 할 것이다(…… 세간지안(世間之顏)……)」 그런데 아직 눈도 뜨지 않는 사람의 잘못된 지도에 의해서 공덕을 쌓는 것이 아니라, 욕심만 키운 것은 아닌지? 그렇다고 그동안 사경한 것이 잘못한 것은 아니다. 그러므로 글씨 공부를 한 것마저 부정하는 것은 아니다. 그 내용을 모두 알았는지? 지혜가 있다면 속히 반성해서 참회하고, 올바른 길로 가기를 간절히 바란다.

5. 법화경은 법공(法空)을 설하는 경전이다.

「법사품 제십」에 「홍경(弘經)의 삼궤(三軌)」라고 하여 법사가 법을 넓
히는 데에 있어서 지켜야 할 세 가지의 법칙이 있다고 설하고 있다. 즉
「만일 사람이 이 경을 설하려고 한다면, 여래의 방에 들어가, 여래의
옷을 입고, 그리고 여래의 자리에 앉아서, 사람들 가운데서 두려움 없
이, 널리 분별해서 설해야만 한다. 큰 자비심을 방으로 하고, 유화와
인내(柔和忍辱)로 옷으로 하고, 일체존재의 공(法空)을 자리로 한다.
이 〈자리〉에 머물러서 법을 설하라. 라고 한다. 이것은 왜 그런가 하
면, 법화경이 편집될 무렵 즉 당시에 큰 세력을 가진 설일체유부(說一
切有部)가 삼세실유(三世實有) 법체항유(法體恒有)를 주장한 데 대해,
이에 부정하는 대승(大乘) 편에서는 일체의 존재(法)에는 실체(實體)가
없는 무아(無我)의 상태라는 것을 주장하게 되었기 때문에 대승 초기
경전인『금강경(金剛經)』을 비롯하여 『법화경(法華經)』도 역시 이 관점
에서 설하게 되었기 때문이다.

공(空)이란, 원래 śūnya, 즉 팽창(膨脹), 다시 말해 부풀어진 것, 이라
는 의미인데 이를 한역(漢譯)에서는 공(空), 공무(空無), 무(無), 공성
(空性), 공상(空相), 허공(虛空), 성공(性空), 공법(空法), 공적(空寂),
공법성(空法性) 등으로 번역하고 있다.

이리하여 수냐(śūnya,)의 본뜻인 팽창은 중요시되지 않고, 무(無)로
해석해겼기 때문에 공에 대한 이해가 잘못되어 왔다고 본다.

아무튼 이 우주에 존재하고 있는 것은 인연에 의해 조작된 것이므로
우리 인간을 비롯하여 만물만상은 모두 부풀어겨서 실체가 없는 것이
다. 이것이 곧 제법실상(諸法實相)이다. 이 제법실상인 공은 인(因)과
연(緣)이 서로 만나서 행(行)이라는 형성력(形成力)에 의해 자성(自性)
을 지키지 못하고 전혀 다른 것으로 변이(變異)되었으므로『화엄경(華
嚴經)』에서는 불수자성수연성(不守自性隨緣性)이라고 말하고 있다. 이

렇듯 대승경전은 모두 이 공(空)이라는 진리를 밑에 깔고 설해져 있기 때문에, 『법화경』도 예외는 아닌 것이다.

 그리고 불교, 즉 부처님의 가르침은 성불이라는 이상(理想)을 목표로 하여, 우선 번뇌의 억제(滅)를 가르치고 있다. 부처님의 입장에서는 번뇌즉보리(煩惱卽菩提)이지만, 우리들 범부에게는 번뇌는 번뇌이고 보리는 보리인 것이다. 번뇌를 말끔히 조복한 누진자(漏盡者)가 아니면 성불은 불가능한 것이다. 대승경전을 공부한다고 하여 모두가 보살이라고 생각하지만, 보살에는 3가지가 있음을 알아야만 한다. 첫 번째는 지혜의 보살, 두 번째는 믿음을 굳게 가진 보살, 세 번째가 정진하는 보살을 들 수 있는데, 지혜가 있는 보살이 믿음과 정진을 겸한다면, 성불할 수 있지만, 믿음만을 가진 보살은 지혜가 부족하고, 정진만 하는 보살은 지혜와 믿음이 약하기 때문에 성불이 어려운 것이다. 우리가 흔히 바라밀(波羅蜜)을 말하는데, 바라밀이란 범어의 파라미타를 음역한 것으로서, 옛날에는 도피안(度彼岸)으로 번역하였으나 요즘은 완성(完成)으로 번역하고 있다. 그러므로 지혜의 완성이 바로 반야바라밀(般若波羅蜜)인 것이다.

 그런데 조금 미안한 말이지만, 법화경을 믿는 사람들은 일본의 일련종(日蓮宗)의 지파(支派)인 법화종(法華宗)의 영향을 받아서 반야에 대해서 너무 모르는 실정이다. 절대평등(絶對平等)인 공을 모르고서 어찌 보살이 되고, 성불이 가능할 것인가. 그리고 이 지혜를 갖지 못하고서 인격이 완성될 수 있겠는가

 아래에 아공(我空)과 법공(法空)에 관해 간단히 설명해 둔다.

(1) 자아(自我)는 공성(空性)이다.

「아(我)」란, 원래 산스크리트어(語)에서는 「아트만 (atman)」이다. 그것만으로 독립하여, 언제까지라도 변하지 않고, 그 자신의 본질을 가지고, 존재하고 있는 것을 철학적 용어로 「실체(實體) = 섭스턴스

(substance)」라고 말하는데, 그러한 것을 「아(我)」라고 한다. 그것이 「아」의 첫 번째 의미이다. 그리고 실체시(實體視) 된 인간의 「자아(自我)」라는 의미가 또 하나 있다. 그러므로 이를 합해서 「실체로서의 자아」라는 의미라고 생각하면 좋다.

조금 더 쉽고 평범하게 말을 바꾸면, 우리들 보통 인간은, 대체로 다음과 같이 생각하고 있는 것이 아닌가 하고 생각된다. 「어떠한 것의 은혜도 입지 않고, 누구의 보살핌도 받지 않고, 언제까지라도 살 수 있는 권리가 있는 것 같은 자기」가 있다고 생각하고 있다. 웬일인지 그러한 감각으로 나날을 살아가고 있지 않은가, 물론 잘 물어보면, 그렇지 않다고는 알고 있지만, 그러나 평소에는 누군가의 보살핌을 받고 있다는 것, 어떠한 것의 은혜를 입고 있다는 것은, 거의 다 잊어버리고 오늘을 살고 있다. 내일도 살아갈 것이며, 모레도 살아갈 것이고, 1년 후에도 살아 있을 것이다.…… 앞일은 계속 생각지 않는다는, 그러한 방법으로, 뭔가 언제까지라도 살아 있을 것 같은 기분으로 살고 있다. 그리고 자기 마음속에, 이렇게 되면 좋겠다. 이것이 욕심난다. 저것이 욕심난다. 하는 마음이 있고, 그것이 실현되어야 한다고 하는, 생각으로 우리들은 보통 살아가고 있는 것처럼 보인다.

그러한 남(他人)이나, 다른 것과 완전히 분리된 것 같은, 모습으로 「자기(自己)」가 있다고 생각하고 있다. 「자기」라고 하는 말은 남과 나누어진, 자기의 몸과 마음을 가지고 있어서, 의지나, 행동이나, 소유(所有)의 주체(主體)로서 존재하고 있다. 잘 들을 수 있고, 잘 확인하면, 자기가 세계의 중심 등은 아니라는 것은, 납득되지 않을 수는 없지만, 아무래도 자기가 세계의 중심이야 하고, 그랬으면 좋겠다고 하는 생각으로, 또한 세계는 자기 생각대로 되어야 한다. 되면 좋겠다고 하는, 마음으로 우리들은 살아가고 있지 않은가.

평소에 그러한 자기라고 하는 것이 있다는 것을 전제로 하여, 매일 생활하고 있으며, 그것으로서 일단은 좋은 형편이라고 한다든가, 참으로 여러 가지 형편이 좋지 않은 것도 있지만, 뭔가 변통이 되기 때문에 형편이 좋은 것처럼 생각하고 있다. 다시 말해, 대단히 행운인 편은 제외하고 ― 그리고 행운인 사람도 실은 그렇지 않은가 하고 생각되는데 ― 인생에는 생각대로 되지 않는 일이 태산 같다. 잘 생각해 본다면, 세계가 나를 위해 존재하고 있지 않은 것쯤은 알 수 있다. 그럼에도 불구하고, 세계는 나를 위해, 나에게 유익하도록 있었으면 좋겠다고 생각하지 않을 수 없는 마음이 있다.

그렇기 때문에 잘 생각해 보면, 매우 많은 사람들에게 보살핌을 받고 있는데도 불구하고, 아무런 그 누구의 보살핌도 받지 않고 있다고 하는 생각을 하고 있다. 참으로 여러 가지 것의 은혜를 입고 있지만, 그것을 잊어버리고 있다. 혹은 당연한 것처럼 생각하고 있다.

그리고, 언제까지라도 살고 있을 것 같은 마음으로 살고 있다. 뿐만 아니라, 즐겁다든가, 슬프다든가, 화가 났다든가, 남과 다툰다든가, 여러 가지 것이 있다. 그리고 그것은 그 나름대로 형편이 좋지 않은 것도 있지만, 어떻게라도 적당히 변통이 될 수 있기 때문에, 그러한 자기의 존재 방식에 대해 크게 의심하는 일은 없다.

그러나 유식, 불교 전체가 그러한 생각이야말로 미혹·망상이라고 한다. 자아는 공성(空性)이여서 실체(實體)가 없다. 거의 모든 사람 = 범부(凡夫)가 생각하고 있는 것 같은 그러한 것은 아니라는 의미이다.

간단히 복습을 하자면, 나는, 예를 들면 아버지, 어머니가, 계시지 않으면 태어나지 않았다. 그 아버지, 어머니는 제각기 아버지, 어머니가, 계시지 않으면 태어나지 않았다. …… 그것을 생각해 보면, 그야말로 계산할 수도 없는 수의 조상의 은혜로, 그분들의 보살핌을 받고 살고 있다. 물의 은혜로 살고 있다. 그리고 지금 이 순간도 탄산가스를 품어내면서 산소를 마시며 살고 있다. 그러한 의미에서 여러 가지 것의 은혜나 보살핌을 받고, 어느 일정 기간 동안 살고 있는 존재, 「연기적인 존재이다.」 그러한 의미에서 말하면, 물 없이는, 먹을거리 없이는, 부모 없이는, 그 밖에 여러 가지 것 없이는 나는 없기 때문에, 그러한 의미에서 실체가 없는 「무아(無我)」이다.

나는 어떠한 사람에게는 좋은 사람이기도 하고, 어떤 사람에게는 나쁜 사람이기도 하며, 어떤 사람에게는 전혀 관심·관계가 없는 사람이기도 하는, 식으로 나라고 하는 인간이 좋은 사람이라든가, 나쁜 사람이라든가, 관계없는 사람이라고도 말한다. 나 자신은 변하지 않는 본질을 가지고 있는 것이 아니고, 관계 가운데서 성격이 결정된다. 그러한 의미에서는 변하지 않는 성격이라고 하는 본질은 없다. 곧 「무자성(無自性)」이다.

어느 때, 태어나서 그리고 길러져서, 길러진다고 하는 것은 마침내 늙는 것이다. 그리고 끝내는 누구라도 죽어간다. 곧 「무상(無常)」한 존재이다.

무상한 존재이면서, 우리들은 죽고 싶지 않다고 생각하고, 그리고 갖가지 연(緣) 가운데 있는 존재이기 때문에, 연에 의해서 행복할 때도 있고, 불행할 때도 있는 것이 자연적인 것이다. 그렇지만, 그것을 자연이라고 받아들이지 않고, 매우 괴로워하기도 한다. 곧 「고(苦)」의 존재이다.

그러한 식으로, 우리들은 자기가 생각하고 있는 것 같은, 그러한 자기는 아니다. 그것을 「공성(空性)」이라 한다고 배워왔다.

여기서 한 가지 주의해야 할 것은, 이 「아공(我空)」이라고 하는 생각은, 우리들이 평소에 가지고 있어, 세간에서도 통용되고 있는 상식, 특히, 내가 그렇게 생각하고 있는 상식과 정반대라는 것이다. 거기에 주목해 둘 필요가 있다. 「아공」이라는 말을 들었을 때, 아무래도 자기들 평범한 사람·범부에게는 관계가 없다. 그러나 「매우 고상하고 좋은 이야기, 깊은 이야기의 내용」이라고 듣고 흘려버리고 말면, 거의 의미·효과가 없다. 그렇지 않고, 자기는 그것으로 좋다고 하는 생각은, 어떤 의미에서 전면적으로 틀린 것이라고 부정되고 있다고 하는 것을 확실히 알아차리고, 공성이라고 하는 생각, 말하자면 직면·대결하여, 그 위에서 납득하든가, 혹은 역시 납득하지 않는가를, 결정하는 편이 유효·유의의(有意義)한 것이 아닌가 하고 생각한다.

(2) 「자기(自己)」와 「사물(事物)」에의 집착에서 고(苦)가 생긴다.

우리들에게는 갖가지의 고(苦)가 있다. 살아가는 데의 고(苦), 그것은 자기와 남과의 대립에서 생겨나는 고이다. 「저 사람은 밉다.」라고 생각한다. 거기에는 자기와 저 사람이 대립하며, 상대방도 자기도 괴로워하는 결과가 생겨난다. 또 늙음에 대한 괴로움, 병에 대한 괴로움, 그리고 최후에는 죽음에 대한 괴로움을 받고 있다. 이상을 종합하면, 생고(生苦)·노고(老苦)·병고(病苦)·사고(死苦)의 4고(四苦)인데, 이것에다 〈사랑하는 사람과 헤어지지 않으면 안 되는 괴로움인〉 애별리고(愛別離苦)·〈만나고 싶지 않은 사람과 만나지 않을 수 없는 괴로움인〉 원증회고(怨憎會苦)·〈원하는 것이 얻어지지 않는 괴로움인〉 구부득고(求不得苦)·〈신심(身心)의 고뇌(苦惱)인〉 오음(五陰 : 蘊) 성고(盛苦)의 4가지를 더해서 8고(八苦)라 한다.

그런데 우리들은, 왜 이와 같이 괴로워하는 것일까. 그것은 여러 가지 원인이 있지만, 모든 괴로움에 통하는 것은, 거기에 「자기」와 「사물」이라는 것이 설정되어 있다는 것이다.

예를 들면, 사고(死苦)에 대해 생각해보자. 죽어 가는 것이 무섭고 괴롭다고 생각할 때, 거기에는 당연히 죽어가는 「자기」라는 존재가 설정되어 있다. 「자기는 이 세상에서 사라져 간다.」고 생각하며 슬퍼한다. 혹은 「자기가 죽으면 지옥에나 떨어지는 것이 아닐까.」라고 불안하다. 그러나 만일 (이것은 대단히 어려운 일이지만,) 자기라는 의식이 전혀 없다면, 예를 들면, 말기 암으로 「남은 목숨이 얼마 되지 않았습니다.」라고 선고받아도 「아 그렇습니까.」라고 태연하게 듣고 흘려버릴 수 있을 것이다.

또 하나의 「사물(事物)」에의 집착에서 고(苦)가 생긴다는 것을 생각해보자. 지금 이 사물이라고 표현했는데, 이 말에는 재물 등의 물질적인 것에서부터, 육체, 다시는 사랑(愛)한다, 미워(憎)한다 등의 마음의 작용, 그리고 지위나 명예라고 하는 것까지도 포함하고 있다. 우리들은 위와 같은 사물을 설정하고, 그것에 집착하기 때문에 괴로워하는 것이다. 그 가장 좋은 예는 「구(求)해도 얻을 수 없는 괴로움」 즉 구부득고(求不得苦)이다. 돈을 원한다. 좋은 집에 살고 싶다. 혹은 부장이 되고 싶다. 출세를 하고 싶다고 원한다. 그러나 그 원이나 생각이 이루어지지 않았을 때, 거기에 고가 생긴다.

그와 같은 「사물」은 과연 있는 것일까. 이에 관해서 유식사상은 뚜렷하게 「유식무경(唯識無境)」이라고 일도양단(一刀兩斷)한다. 경(境)이란, 「사물(事物)」을 말한다. 즉 오직 식(識)만이 있을 뿐, 경(境)은 없다. 다시 말해, 외계(外界)에 「사물」은 없다고 주장한다. 「자기」가 존재하지 않는다는 것은 이미 증명했다. 또 「사물」도 마음속에만 존재한다는 것도 이야기했다.

(4) 사물(事物)도 공성(空性)이다.

상식과는 전혀 다른 것은, 사물이 공성이라고 하는 것에 대해서도 똑같다. 우리들은 어쩐지 자기와는 별도의 곳에 세계가 있는 것처럼 생각하고, 자기와는 분리된 곳에 사물이 있는 것처럼 생각한다. 그러나 이미 보아온 대로 내가 생각하는 것 없이는, 세계가 있다든가, 사물이 있다고 하는 것은 우선 생각할 필요가 없다. 말할 필요도 없다. 말할 필요가 없다는 것은 문제가 되지 않는다.

그러므로 근대 자연과학적인 의미에서, 바깥 세계와 바깥에 사물이 있는가. 어떤가를 문제로 삼기보다는, 현재 살아 있는 우리들에게, 세계와 사물은 나의 마음을 떠나서는 생각할 길이 없다는 것을, 우선 확실히 믿지 않으면 안 된다. 마음이 떠난 「세계의 그것」이라는 것은, 잘 생각해 보면 역시 머릿속·마음속에서 생각한 가정(假定)인 것이다. 다시 말해, 모든 세계는 인간의 마음으로 관찰한 것이며, 세계상은 마음으로 상상한 상(像)이다. 물론 그러한 세계관이나 세계상이 상대적으로

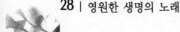

올 바른가 아닌가 하는 문제는 있다. 마음속으로 생각한 것이기 때문에, 어느 것도 모두 주관이며, 자기 생각대로 이기 때문에 바르다든가, 바르지 않다는 것은, 문제로 되지 않는다고 하는 것은 아니지만 그러나 이 나에게 확실히 초점을 두고 생각해 보면, 살아있는 모든 순간에 인식되고 있는 세계는, 이 나의 마음속에 있는 세계여서, 마음과 분리된 세계는 아닌 것이다. 이것은 평소에 마음에 두지 않은 것이나, 지적되고 보면 바로 아는 것은 아니겠는가.

우리들의 마음이 아는 능력과 작용을 떠난, 외계의 「사물」이라고 하는 것은 없다고 할까, 있어도 알 수가 없다. 그러므로 우리들이 알고 있는, 알 수 있는 사물의 모습은, 우리들의 마음과의 관계에서 생긴, 말하자면 이미지인 셈이다. 그러한 의미에서, 사물의 모습이라든가, 세계의 모습은, 우리들의 마음과 관계없이 생겨나지는 않는다. 우리들의 마음과의 연(緣)에 의해서 생겨난다. 다시 말해 「사물」의 이미지도 「연기」인 것이다.

객관적으로 우리들의 마음과 떠나서 사물이 있다고 생각하는 것은, 그것은 그것으로서 좋지만, 적어도 우리들의 눈에 보이는 사물의 모습은 분명히 연(緣)에 의해서 일어난 것이다. 그러므로 그것만으로서 존재하는 것은 아니라고 하는 의미에서 「공성」이라고 하는 것이다.

(5) 「1수4견(一水四見)」의 비유(譬喩)

이쯤에서는 아직 조금 납득하기가 어렵겠으나, 납득하기 쉽게 하기 위해서, 유식에서는 「일수사견(一水四見)」이라는 비유가 있다. 「일수(一水)」는 하나의 물(水), 「사견(四見)」이란, 4가지의 보는 방법이다. 우리들의 물이라고 생각하는 것이 있다. 우리들 인간은 물에 비해서 비중이 가볍기 때문에 헤엄칠 수가 있지만, 수영이 서투른 사람은 물에 빠진다. 그런데, 그것은 불교의 신화적인 존재이지만, 천인(天人)은 하늘을 날을 수 있기 때문에, 물은 걸어 다닐 수 있는 수정(水晶)의 평상(平床)

처럼 보인다. 그리고 아귀(餓鬼)에게는 물(水)이 불(火)처럼 타오르고 있는 고름의 흐름처럼 보인다. 물고기에게는 참으로 그곳이 자기의 집이며 세계인 것처럼 보인다고 하는 것이다. 그렇다면 우리들이 똑같은 물이라고 생각하고 있는 것이 인간, 천인, 아귀, 물고기라고 하는 입장의 차이에 의해서 4가지로 다르게 보이고, 그 어느 것이 유일 절대로 바른 세계상이라고는 할 수 없다. 보는 쪽의 보기에 따라서 보이는 것의 성질도 변해 보이는 것이다.

우리들은 사물의 모습이 실체로서 있는 것처럼 생각하기 쉬우나, 우선 마음의 자세에 의해서 「사물」이 완전히 변해서 보인다. 즉 사물과 마음이 항상 관계하고 있어서, 사물의 모습이 나타난다. 그러한 의미에서 「연기(緣起)」이며, 그 모습은 보기에 따라서 여러 가지로 변해지기 때문에, 「무자성(無自性)」이며 마음의 상태도 변화하고, 사물을 보는 방법도 변화하기 때문에, 「무상(無常)」이다. 그러므로 연기의 면에서도, 무자성이라는 면에서도, 무상이라는 면에서도. 「사물 · 세계」의 모습은 「공성(空性)」이라고 하는 것이 된다.

(6) 4가지의 근본번뇌

마음속에 4가지의 근본적 · 기본적인 번뇌가 항상 있다고 한다.

① 번뇌의 제1은 「아치(我癡)」이다. 이것을 진제역(眞諦譯)에서는 「무명(無明)」이라고 번역하고 있다. 다시 말해, 나, 남, 물질은 따로따로 존재하고 있는 것이 아니라, 본래 하나이며 「공성」이라고 하는 것, 「무아」라고 하는 것, 그 「무아」에 대한 근본적인 완전한 무지, 완전한 무이해, 그것이 머릿속 · 의식만이 아니라, 마음의 깊은 속에 있다고 하는 것이다.

② 다만 단순히 「무아」에 대해서 알지 못하는, 모르고 있을 뿐만 아니라, 나라고 하는 것이 있다고 굳게 생각하고 있어서, 나는 이러한 사람이라고 생각하고 있다. 「나」라고 하는 견해가 뚜렷하게 있다. 이것을

「아견」이라고 한다.

③ 그러한 「나」라고 하는 것은, 가치가 있는 것이다, 의미가 있는 것이다, 살아갈 권리가 있다고 하는 식으로, 자기를 의지처로 하는, 뽐냄이다. 그것을 「아만(我慢)」이라고 한다. 유식에서 말하는 「아만」은, 진실로는 있지도 않은 것을 실체적인 자기라고 하는 것을 의지처 · 궁극적인 근거로 해버리는 마음을 말한다.

④ 무지(無知)일 뿐만 아니라, 「자아」라고 하는 것이 있다고 생각하고, 다시 그것을 의지처로 하여 뽐내고, 다시 애착 · 집착한다. 그것을 「아애(我愛)」라고 부르고 있다. 인간은 마음속 깊이 어찌 할 수 없을 정도로 「내 몸을 사랑함을」 감추고 있다고 한다. 「심층(深層) 에고이즘」이라고 해도 좋을지 모른다.

이것을 개념이라고 하기보다는, 자기 자신의 마음을 비추는 것이라고 하여 배웠을 때, 뭔가 뭐라고 말할까. 매우 충격적임과 동시에 「아 그런 것인가」라고 하는 납득이 자기 속에서 일어난다. 대부분의 인간은, 뭔가 좋은 사람이 되겠다든가, 모든 사람이 함께 행복하게 되고 싶다든가, 혹은 세상을 좋게 하고자 한다든가, 그렇게 생각하지 않는가. 적어도 세상을 나쁘게 해버리려고 까지 생각하는 사람은 그처럼 많지는 않을 것이다.

그러나 아무리 그렇게 생각해도, 마음의 밑바닥에서 역시 자기에게 집착하는, 자기를 의지처로 하고, 자기를 기반으로 하고, 자기를 자랑하는, 자기에게 애착하고, 자기, 자기, 자기뿐이라는 생각이 가득해 있다. 자기를 반성해 보아도, 그리고 다른 쪽을 보아도, 아무래도 인간은 거의 모두 그런 것 같다. 왜냐하면, 그것은 의식의 세계에서 좋은 사람이 되자고 생각해도, 마음속에 자기에 대한 집착이 매우 깊게 뿌리 내리고 있어서, 좋은 사람이 되고자 하는 의식과 의지만으로는 컨트롤 할 수 없기 때문이다.

(7) 불교의 근본사상이 무아(無我)에서 유아(有我)로 변천(變遷)

붓다·석존은 초기경전의 여러 곳에서 오온(五蘊)의 무상(無常)·고(苦)·무아(無我)를 반복해서 강조했다. 그러나 불멸 후에는 무아론(無我論)에서 점차 유아론(有我論) 쪽으로 기울기 시작했다. 이른바 설일체유부의 명근(命根), 대중부의 근본식(根本識), 화지부의 궁생사온(窮生死蘊), 독자부와 정량부의 보특가라(補特伽羅), 상좌부의 유분식(有分識, bhavanga), 경량부의 일미온(一味蘊), 그리고 대중부나 분별론자들이 주장한 세심(細心), 경량부의 종자(種子) 등이다. 이러한 여러 가지 설이 아비달마불교에서 주장되고 있었다. 아뢰야식(阿賴耶, alayavijnana) 사상은 이러한 사상을 이어받아 성립된 것이다.

특히 설일체유부에서 무아(無我)를 비아(非我)로 해석하려고 시도했다. 이것은 현존하는 한역 〈잡아함경〉에 무상(無常)·고(苦)·공(空)·비아(非我)의 형태로 나타난다. 그러나 한역 〈잡아함경〉과 대응하는 〈상윳따 니까야〉에는 비아(非我)라는 단어가 나타나지 않는다. 아니 '비아(非我)'라는 빨리어 단어 자체가 없다. 이로 미루어 상좌부(上座部) 계통의 분별설부(分別說部, Vibhajjavada)에서는 유아론(有我論)을 받아들이지 않았음을 알 수 있다.

그런데 이렇게 무아(無我)가 유아(有我)로 바뀐 것은, 석존께서 열반에 드신 이후 무려 500년이 지나고 보니 지도자를 잃은 불제자들의 사상이 어느덧 불교가 인도가 가진 사상인 브라만교 사상으로 회귀(回歸)하게 된 것으로 보아 마땅하다. 그래서 범아일치(梵我一致)사상이 우주와 내가 하나라는 사상으로 변했고, 무아(無我)가 비아(非我)로 바뀌게 되었으니, 「내가 없다.」는 것보다도 「내가 알고 있는 나는 내가 아니다(非我).」라고 하는 것이 중생이 이해하기가 좋기 때문에 그렇게 되었으리라고 짐작이 가는데, 그렇다면 따로 진짜 내가 있어야 하기 때문에, 참나(眞我)가 있다고 하게 되었다고 본다. 석존께서는 번뇌를 멸진하여 마음이 평안의 경지에 오르는 열반을 설했는데, 이렇게 석존의 말씀을 왜곡시켜서 무아를 유아로 변형한 것은 참불교가 아니라고 볼 수 있다. 번뇌의 멸진(抑制)이라는 현실론이냐, 성불(成佛)이라는 이상론(理想論)이냐 하는 갈림길에서 중생들은 헤매고 있다는 것을 생각할 때, 과연 우리가 불교를 믿는 것인지, 힌두교(婆羅門教)를 믿는 것인지, 알 수 없는 것이 현재 한국불교의 실태가 아닌가, 하고 우려가 깊다. 그러나 다행히 근자에 와서는 근본불교로 되돌아가자는 운동이 아함경을 배우는 사람들로부터 태동을 하게 되어 그러한 기우(杞憂)를 불식(拂拭)시켜주고 있음은 천만다행이라고 볼 수 있다.

5. 원전(原典)의 전래(傳來)와 출판

중국 사람들은 불교경전을 번역하고 나면 이상하게도 싼쓰끄리뜨어(梵語) 원전(原典)을 보관하지 않고 없애 버리는 것이 상례였기 때문에, 『법화경』도 이와 마찬가지로 번역할 때에 사용한 원전은 현재 남아있지 않다. 그러나 다행히도 후에 다시 베껴 쓴 원전 사본(寫本)이 19세기 중반 이래 계속 발견되었다. 그 첫 번째가 네팔 주재공사인 영국의 호즈손(B, H, Hodgson, 1800~1894)이다. 그는 많은 범어 사본을 수집했는데 그 가운데에 『법화경』의 사본도 있었다. 그로부터 오늘에 이르기까지 많은 『법화경』 원전의 사본이 발견되어 그것을 정리하고 교합(交合)함과 동시에 간행도 하였으므로 이 『법화경』 원전을 통해 『법화경』의 연구도 차츰 성과를 거두게 되었다.

그런데 다르마라끄샤(竺法護)가 번역한 『정법화경(正法華經)』은 대단히 이해하기 어렵지만, 구마라집이 번역한 『묘법연화경』은 아름다운 문장으로 가득 차 있고, 자기의 의사를 잘 드러내서 통하게 하고 있어, 오늘에 이르기까지 거의 모든 사람이 이 묘법연화경을 『법화경』으로 사용하고 있다. 이러한 이유에서 우리나라와 일본으로 전래된 『법화경』은 당시 중국에서 성행하던 구마라집이 번역한 『묘법연화경』만을 『법화경』
으로 알고 이를 믿게 된 것이다.

 그러나 오늘에 이르러서는 아래와 같이 인도 지방에서 발견된 『법화
경』의 싼쓰끄리뜨어 즉 범어(梵語) 원전이 있으므로 여기에 준해서 『법
화경』을 새롭게 이해하고 수행의 지침으로 삼아야 할 것이다. 그렇다면
이 싼쓰끄리뜨 원전은 어디서 얼마만큼 발견되었고 또한 출판되었는가
를 살펴보기로 한다.

『법화경』의 싼쓰끄리뜨어 원전은 현재 세 가지가 전해지고 있다. 그것
은 원전이 발견된 지역이 각각 세 곳이기 때문이다. 즉

 (가), 네팔 본(本).

 (나), 중앙아시아 본(本).

 (다), 길깃트 본(本) 등이다.

 그런데 이 세 가지 중에 네팔에서 발견된 것만은 완전한 것(完本)이지
만 다른 두 가지는 떨어지고 빠지고 하여 완전치 못한 단간(斷簡)이다.

 (가), 네팔 본…… 19세기 전반(前半)에 영국의 네팔 주재공사이던, 호
즈손(B.H.Hodgson)이 싼쓰끄리뜨어로 된 불전의 사본을 수집한 것 중
에서 그 수가 많은 것 가운데 그 하나가 바로 『법화경』(Saddharmapund
arika)이다. 즉 캠브리지 대학에 여섯(6), 프랑스 파리의 피플리오틱-내
쇼날에 둘(2), 인도 캘커타의 아시아협회에 셋(3), 일본 도쿄대학(東京大
學)에 여덟(8) 등 무려 스물(20)이 넘는 원전이 있다.

 더욱이 네팔에서 전해진 싼쓰끄리뜨어(語) 불전(佛典) 중에 가장 빨리
학계에 그 전모가 소개된 것이 바로 이 "삿다르마쁜다리까"인데, 프랑
스의 부르뉴프는 영국의 호즈손에게서 기증받은 그 사본에 기초하여
프랑스어로 번역하였으며 그가 죽은 후에 그의 제자인 모르에 의해
1925년에 출판되었다.

 또 네덜란드의 케른(H. Kern)이 1909년에 영국의 옥스포드(Oxford)
에서 영어로 번역하여 출판했다.

『법화경』의 싼쓰끄리뜨어 원전은 케른과 일본의 난조(南條)에 의해서

1908년부터 출판되었다.

 이밖에 일본의 와꾸하라(荻原)와 쓰찌다(土田)의 교정본이 1934-35년에 출판되었고, 1953년에는 덧트(N, Dutt)가 인도의 젤커타에서 출간했다.

 (나) 중앙아시아 본……19세기말부터 20세기 초에 걸쳐 성행했던 중앙아시아 탐험 결과 각지에서 수집한 싼쓰끄리뜨어 원전의 단편으로서 일반적으로 발견지 혹은 가져온 사람의 이름으로 불리고 있다. 중앙아시아 본 가운데서 단편 수가 가장 많은 것이 페트로프스키 본이다. 즉 러시아의 카슈갈 총영사 페트로프스키가 1903년에 입수한 것인데 일반적으로 카슈갈 본으로 불리고 있으나 그 출토지는 코탄 부근이었다고 하며 7·8세기경의 사본이라 한다.

 (다) 길깃트 본……1932년 6월에 캐시밀의 길깃트 북방 20킬로 지점에 있는 스뚜빠 즉 탑(塔)이 있던 자리에서 다량의 싼쓰끄리뜨어로 된 불전 사본이 있음이 알려졌으며 프랑스의 레비(Levi)에 의해 그 일부가 발표된 것이다.

6. 한문 번역 및 그 밖의 나라말 번역

(가) 한문 번역

『법화경』싼쓰끄리뜨 원전을 완전히 번역한 것(完譯)과 몇 가지만을 번역한 것(抄譯)이 있는데 이를 경록(經錄)에 의해 살펴보면 중국어로 한역(漢譯)된 것이 무려 16편이나 된다고 한다. 그러나 현존하는 완역은 다음의 세 가지이다.

 (1), 『정『법화경』(正法華經)』10권. 서진(西晋) 경제(景帝)의 태 강(太康) 7년(서기 286)에 다르마라끄샤(쓰法護)가 번역.

 (2), 『묘법연화경(妙法蓮華經)』7권. 요진(姚秦) 문환제(文桓帝)의 홍

시(弘始) 8년(서기 406)에 구마라집(鳩摩羅什)이 번역함.

(3), 첨품묘법연화경(添品妙法蓮華經)』7권. 수문제(隋文帝)의 인수 (仁壽) 원(元)년(서기 601)에 즈나나구프따(闍那崛多) 등이 번역함.

그러면 이들과 싼쓰끄리뜨어 원전과의 관계를 살펴보기로 한다. 즉 『첨품묘법연화경』의 서문을 보면 『법화경』의 한역(漢譯) 제본(諸本) 에 관해 흥미 있는 문헌학적인 기사(記事)가 있다.

『옛날(昔), 돈황(燉煌)의 사문(沙門) 축법호(竺法護) 진무(晉武)의 세(世)에 정법화(正法華)를 번역(譯)했다. 후진(後秦)의 요흥(姚興)은 다시(更) 〈구마〉라집(羅什)에게 청(請)하여 묘법연화(妙法蓮華)를 〈번〉역(譯)했다.

이 두(2) 역(譯)을 고험(考驗)해보면 분명(分明)히 1본(本)이 아니다. 〈축법〉호(護)는 다라(多羅)의 잎(葉)과 흡사하고, 〈구마라〉집(什)은 구자(龜玆)의 문(文)과 비슷하다. 내가 경장(經藏)을 검토하여 구체적으로 두(2) 본(本)을 보니 다라(多羅)는 즉(卽) 정법(正法)〈화(華)〉와 부회(符會)하고, 구자(龜玆)는 즉(卽) 묘법(妙法)〈화(華)〉와 확실히 같다. 〈측법〉호(護)의 엽(葉)은 빠진(遺) 것을 채워 보탤 것이 있고, 〈구마라〉집(什)의 글은 오히려 빠진 것이 없다. 그리고 〈축법〉호(護)에 빠진 곳은 보문품게(普門品偈)이고 〈구마라〉집(什)에 빠진 곳은 약초품(藥草品)의 〈후(後)〉반(半)과 부루나(富樓那) 및 법사품(法師品) 등의 초(初)와 제바달다품(提婆達多品)과 보문품게(普門品偈)이다. 집(什)은 또 촉루(囑累)〈품(品)〉를 옮겨 약왕(藥王)〈품(品)〉의 앞에 두었고, 2본(本)모두 다라니(陀羅尼)〈품(品)〉를 나란히 보문품(普門品)의 뒤에 두었다. ………거듭(重) 천축(天竺)의 다라엽 본(多羅葉 本)을 〈교(校)〉감(勘)하면 부루나(富樓那) 및 법사품(法師品) 등 2품(品)의 처음 부분이 교감본(勘本)에는 빠져 있고, 약초유품(藥草喩品)은 다시 그 〈후(後)〉반(半)을 더하고 제바달다(提婆達多)〈품(品)〉은 〈보(寶)〉탑품(塔品)에 통입(通入)하고 다라니(陀羅尼)(品)를 신력(神力)(品)의 뒤에 두며 촉루(囑累)

〈품(品)으로 써〉 그 끝을 맺(還結)는다. 운운(云云)………」

　이렇게 한역(漢譯) 3본(本)의 이동(異同)을 상세히 기술(記述)하고 있다. 다만 여기에 기술한 "부루나(富樓那)"로 칭(稱)하는 품(品)이 어떤 것을 가리키는지가 문제이나, 당면한 고찰에 직접 관계가 없으므로 무시하기로 한다.

　이 "첨품법화(添品法華)"는 "묘법화(妙法華)"의 역문(譯文)에 따르면서 그 서문에 기술(記述)한 것처럼 교감본에 따라 "묘법화"에 빠진 부분을 보충하여 제바달다품을 보탑품 속에 편입시키고 다라니품 및 촉루품의 위치를 변경시키고 있으나, 그 결과는 현행 네팔 소전(所傳)의 싼쓰끄리뜨어 원전과 일치하고 있다.

　이러한 사실은 "첨품법화"의 역출(譯出)에 즈음하여 사용한 교감본이 현행의 원전과 같은 형식이었던 것. 따라서 현행 원전의 조형(祖形)은 적어도 그 역출 연대 즉 서기 601년보다 이전으로 거슬러 올라감을 알 수 있다.

　다음에 "첨품법화" 서(序)의 기사(記事)에서 중요한 것은 "두 역(二譯)을 고험(考驗)하면 분명히(定) 1본(本)이 아니(非)다. 〈축법〉호(護)〈역譯〉은 다라(多羅)의 잎(葉)에 비슷하고 〈구마라〉집(什)〈역譯〉은 구자(龜茲)의 문(文)에 비슷하다."고 기술(記述)하고 있는 점이다. 이것은 "정법화(正法華)"와 "묘법화(妙法華)"의 원전이 그 각각 그 전하는 바가 다른 것을 지적한 것으로서 현재 우리들이 이 두 가지의 역본(譯本)과 싼쓰끄리뜨어 원전을 비교해 보아도 "정법화" 쪽이 "묘법화"보다 가까운 것이 알려져 그 지적이 바른 것으로 인정된다. 다만 "정법화"는 상당히 어렵고 빡빡하여 읽고 이해하기가 곤란한 것이 흠이면 흠이라 할 수 있다.

　이와 같이 "정법화"에 비해 "묘법화"는 교학적으로 지의(智顗)가 조직한 천태교학(天台敎學)의 기본 경전으로, 또 일반적으로는 광신적(狂信的)인 『법화경』 그 자체의 신앙의 경전으로, 널리 독송되고 좋은 도리를 연구하여 온 것은 이미 알려진 바와 같다. 그 근본적인 이유는 구마라집이 중국 불교사에 펼친 역할과 더불어 영향을 끼친 바가 컸기 때문이다. 그와 동시에 그는 역출된 문장이 읽기 쉽고 이해하기 쉬워야 한다는 것을 첫째의 목표로 했기 때문에 구마라집의 "묘법연화경(妙法蓮華經)"이 널리 읽히는 데 큰 힘이 되었다고 생각된다.

(나) 티베트 어역 및 여러 나라말 번역

8세기 말에서 9세기 초에 걸쳐 **스렌드라보디**와 **에시에데**에 의해 번역한 것을 일본의 가와구찌(河口慧海)가 범본을 참조하여 다시 1924년에 『범장전역묘법백연화경(梵藏傳譯妙法白蓮華經)』이라는 제목으로 출간했으며, 그밖에 서하어역(西夏語譯), 몽고어역(蒙古語譯), 만주어역(滿洲語譯) 한글(朝鮮諺文) 역(譯), 안남어역(安南語譯) 등 여러 나라의 말로 『법화경』은 번역 내지 한문 번역을 기초로 하여 자기 나라말로 거듭 번역(重譯)되어 널리 귀중하게 여겨졌다.

7. 적문(迹門)과 본문(本門)

법화천태종의 소의경전(所依經典)인 "묘법연화경"은 7권 — 일본에는 8권임 — 28품(品. 章)으로 된 방대한 경전이다. 이와 같이 큰 경전이기 때문에 그 모두를 읽고 이해한다는 것은 매우 어려운 일이다. 그리하여 천태대사(天台大師) 지의(智顗)는 아래와 같이 해석하였다. 그 방법과 요령에 따른 내용은 다음과 같다.

첫째, 제1장 서품은 "서분(序分)"에 해당한다.

둘째, 제2장 방편품에서 제17장 분별공덕품 19행 째의 게송(偈頌)에 이르기까지는 "정종분(正宗分)"이라 하며 부처님의 진실한 가르침을 설하신 본문(本文)이다.

셋째, 그 이후의 나머지 부분은 "유통분(流通分)"이라 하여 후세에 『법

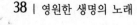

화경』을 유포, 전수시키기 위해 설한 것이다.

또 부처님께서 생각하신 바를 따라 경전을 살펴보면 적문(迹門)과 본문(本門)으로 나누어진다. 즉 "제1장 서품"에서 "제14장 안락행품"까지가 적문, 나머지 14품이 본문이 된다. 그런데 이 적문・본문이란, 천태대사가 붙인 명칭이며 경전 가운데 사용되는 말은 아니다. 간단히 말하자면 본(本)이란 근본이라는 뜻으로서 본적지와 같은 것이고, 적(迹)은 흔적이라는 뜻으로서 주소지와 같은 뜻이다. "본문(本門)은, 가르치는 사람 즉 부처님(能化)의 사실을 밝히고, 적문(迹門)은 가르침을 받는 사람(所化)의 이익(敎益)을 다(盡)한다."라고 한다.

『법화경』전(全) 28품의 전반(前半) 14품, 다시 말해 적문은, 부처님께서 자신이 깨달으신 제법실상(諸法實相) 즉 대우주간에 있는 참다운 진리를 가르쳐서, 가르침을 받는 중생에게도 부처님과 똑같은 깨달음을 얻게 하여 광대무변한 이익을 주시려고 설하신 것이며, 후반(後半)의 14품 즉 본문에서는 적문에서 가르치지 않았던 부처님의 본체(本地)를 뚜렷이 밝혀 아주 참되고 공명정대한 부처님의 경계를 표시하고 있다.

그런데 이『법화경』을 성립사상의 관점과는 달리 그 형태상으로 보면 제14장 안락행품과 제15장 종지용출품과의 사이에서 둘로 나누는 것이 중국이래의 전통적인 해석이다. 특히 천태지의(天台智顗)가 전반(前半) 14품을 적문(迹門), 후반(後半) 14품을 본문(本門)이라고 부른 이후, 이렇게 부르는 것이 일반적인 것으로 되었다. 이 "본(本)・적(迹)"이라는 글자의 뜻은 "근본"과 "흔적"이라는 의미인데, 원래『장자(莊子)』천운편(天運篇)에 나오는 "적(迹)" 즉 눈에 보이는 모습으로서 나타나 있는 것과 "적하는 까닭" 즉 그것을 생하게 하고 나타나게 하고 있는 근원적인 바탕(本)이라는 데에서 유래한다. 이『장자』의 주석서를 저술한 서진(西晉)의 곽상(郭象)과, 그 곽상의 영향을 받은 구마라집(鳩摩羅什)의 제자인 승조(僧肇) 등에 의해서 현실의 사상(事象)과 그 근원으로서, 그것을 생하게 하고 나타나게 하는 본체(本體)라는 상대개념의 논리를 표현하는 말로서 사용한 이후 일반화된 것이다.

그런데 천태가 『법화경』을 「제14장 안락행품」과 「제15장 종지용출품」을 경계로 하여, 적문과 본문으로 나눈 것은 다음의 「제16장 여래수량품」에서 교주(敎主) 석존이, 실은 아득한 옛날에 성불하여 지금에 이르는 본불(本佛)이라는 그 본지(本地)가 밝혀져 있기 때문이다. 그런 까닭에 「여래수량품」의 도입 부분의 역할을 하는 「제15장 종지용출품」이하(以下)가 본불이 설하는 법문 즉 본문(本門)이며, 그 이전의 14장은 「여래수량품」에서 밝혀진 본불이 중생교화를 위해 모습을 짓고 나타난 것이므로 적불(迹佛)에 의해 설해진 법문이라는 의미에서 적문이라 한 것이다.

그러므로 그 적불의 교화를 받은 보살들, 구체적으로는 적문의 모임에 등장하는 문수(文殊)·미륵(彌勒)·보현(普賢)·관세음보살(觀音) 등의 보살들을 적화(迹化)의 보살이라 부르고, 본문의 구원실성(久遠實成)의 본불에게 교화된 보살들 즉 「제15장 종지용출품」에 등장하는 땅에서 솟아나온 지용(地涌)의 보살들을 본화(本化)의 보살이라 부른다.

이와 같이 『법화경』은 적문과 본문으로 나누어져 있으나, 어느 쪽이나 모두 중생을 인도하여 깨달음을 열도록 하는 부처님의 큰 자비심을 나타낸 것이므로, 양자에게 가르침의 높낮음(高低)이나 이익의 우열(優劣)은 없는 것이다. 천태대사는 "본(本), 적(迹), 서로 다르다고 할지라도 말로는 설명할 수 없는(不可思議) 하나(一)이다."라고 말하고 있다.

이를테면 적문에 속하는 "방편품"에는 "부처님이 끝까지 파헤친 진리는 이 세상에서 비길 바 없는 가장 높은 것(佛所成就 第一稀有)이라고 설하여, 제법실상의 도리를 나타냈으며 또 본문 가운데의 "여래수량품"에서는 "여래는 삼계의 참모습을 있는 그대로 꿰뚫어 볼 수 있다(如來 如實 知見 三界)."고 설하니, 이것 또한 제법실상의 도리를 나타낸 것이다.

결론적으로 본문도 적문도 모두 석존께서 깨달으신 천지 우주간의 거룩하고 진실한 도리 즉 하나의 진실한(一實) 묘한 이치(妙理)가 가르쳐져 있어 본(本)·적(迹) 어느 것이나 묘법이며, 거룩한 가르침이라고 할 수 있다.

그런데 일부에서는 본문이 상위(上位)이고, 적문은 하위(下位)인 양

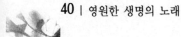

이해하는 사람이 있는데, 이것은 보는 사람의 견해에서 오는 차이라고는 하지만, 마치 공(空)이 위(優)이고 색(色)이 아래(劣)라고 하는 것과 같다고 나 할까. 그렇다면 색(色)이 있으므로 공(空)이 있고(色卽是空), 공이 있으므로 색이 있다(空卽是色) 라는 가르침은 잘못된 가르침이란 말인가. 법화행자는 『반야심경』이나 『금강경』을 배우지 아니하여도 된다고 한 것은 "제법은 실상"이라는 그 말속에는 공사상(空思想)이 자리하고 있기 때문이며, 공사상을 배제하는 것은 아니다. 왜냐하면 "반야부" 경전은 일체의 정신적 현상이나 물질적 현상을 부정하므로 써 집착을 여의도록 하여 해탈이라는 긍정을 이끌어 내는 데(導出)에 그 목적이 있으며, 『법화경』은 실존(實存)이라는 긍정을 통해 성불(成佛)을 목적으로 한 가르침이다. 혹자는 말하기를 『법화경』 행자는 해탈이 필요치 않다고 하는 경우가 있지만, 해탈 없이 어떻게 성불이 가능하다는 말인가. 『열반경(涅槃經)』에 이러한 말이 있다. 즉 "중생을 구제하겠다고 하는 것도 욕망이 아닙니까."라고 부처님께 여쭈었더니, 부처님께서 말씀하시기를 "그것은 욕망이라 하지 않고 아뇩다라삼먁삼보리(阿耨多羅三藐三菩提)라 하는 것이다."라고 하셨다. 일체의 집착을 없애라고 하였다 하여 "아뇩다라삼먁삼보리"나 "대비심"까지도 버리라고 한 것은 아니라고 본다. 이러한 맥락에서 볼 때, 본문(本門)이 위이고 적문(迹門)이 아래라고 보는 생각에는 찬성할 수 없다. 우리는 존재하기 때문에 본질(本質)을 사고(思考) 또는 인식(認識)할 수 있다. 만일 우리가 존재하지 않으면 본질(本質) 따위야 따져서 무엇하겠는가. 집착을 없애기 위해 일체의 현상을 부정하는 것은 인정되지만, 그렇다고 석존(釋尊)을 적문의 부처님이라고 하여 비하(卑下)시키고, 본문(本門)의 구원실성(久遠 實成)의 부처님을 본불(本佛)이라고 하여 본불이 따로 있다고 한다면 이것은 우리의 마음밖에 또 다른 부처님이 있다고 하는 외도(外道)가 주장하는 신아론(神我論)과 다를 바 없다. 본불을 인식하는 것도 우리의 마음이니 일체의 현상은 마음이 만들어 낸 것이라(一切唯心造) 아니할 수 없다.

8. 3승방편(三乘方便) 1승진실(一乘眞實)

『법화경』은 석존의 지난날의 교화를 성문승(聲聞乘)·연각승(緣覺乘)·보살승(菩薩乘)의 3승으로 정리하고 있다. 승(乘)이란 야나(yana)의 번역으로서 탈것(乘物) 또는 실어 나르는 것이라는 뜻이며 가르침을 비유한 말이다. 탈것이 사람을 현재지에서 목적지로 실어 나르는 것처럼 부처님의 가르침은 사람을 미혹(迷惑)의 이 언덕(此岸)에서 깨달음의 저 언덕(彼岸)으로 실어다가 주기 때문이다.

이 3승(三乘)의 내용은 「제1장 서품」에 의하면 다음과 같다.

성문승이란, 성문에 대한 네 가지의 진리 즉 4제(四諦)의 가르침이고,

연각승이란, 연각에 대한 12인연(十二因緣)의 가르침이며,

보살승이란, 보살에 대한 여섯 가지의 완성 즉 6바라밀(六波羅蜜)의 가르침이라고 규정하고 있다.

(가) 성문·연각·보살의 의미

성문은 슈라바까(sravaka)의 번역으로, 목소리(聲)를 듣는(聞) 사람이라는 뜻이다. 원래는 재가·출가의 구별 없이, 부처님의 가르침을 듣는 사람을 성문으로 불렀던 모양이나, 출가교단의 권위가 확립되어 가는 가운데에서 재가신도는 봉사하는 사람이라는 의미의 우빠사까(upasaka, 優婆塞)로 부르게 되었으므로 성문은 출가한 제자를 가리키게 되었다. 여성신도는 우빠시까(upasika, 優婆夷)라 한다. 『법화경』에서의 "성문"은 출가의 제자를 한정하여 지칭하게 된 후부터의 용법이다.

그리고 그 성문들은 성불할 것을 단념하고 모든 번뇌를 끊어 없애고 두 번 다시 이 세상에 윤회하지 않는 존재인 아라한(阿羅漢)이 되는 것을 이상(理想)으로 삼았다. 아라한은 아르하뜨(arhat)의 음역(音譯)으로, 존경받을 가치가 있는 사람이라는 뜻이다. 성문의 성자(聖者) 자리는 4과(四果)라 하여 네 단계로 나누는데 이 가운데 아라한은 가장 높

은 위치를 말한다.

4과(四果)란 스로따빤나(Srotapanna, 須陀洹) 즉 예류과(預流果)·사끄리다가민(Sakrdagamin, 斯陀含) 즉 일래과(一來果)·아나가민(Anagamin, 阿那含) 즉 불환과(不還果)·아라한(Arahan, 阿羅漢) 즉 아라한과(阿羅漢果)이다. 예류과는 성자의 흐름에 처음 들어간 사람이라는 뜻이며 일래과는 한 번 천상계에 태어나고 다시 이 인간계에 태어나 소승(小乘)의 열반(nirvana, 니르바나)을 얻는 사람을 말한다. 불환과는 색계(色界)·무색계(無色界)에 태어나서 그곳에서 소승의 열반을 얻는 사람으로서 두 번 다시 욕계(欲界)에 태어나지 않는다. 아라한과는 두 번 다시 욕계·색계·무색계의 3계(三界)에 태어나지 않고 소승의 열반을 얻는 사람이다.

그리고 또한 이 성문 4과(四果)에 이르지 못한 사람을 지칭하는 말로서, 수다원(須陀洹)으로 향해가는 사람을 수다원향(須陀洹向)이라 하고, 수다원과(須陀洹果)를 얻고 다음의 사다함과(斯陀含果)을 지향해 가는 사람을 사다함향(斯陀含向)이라 했으며, 다음의 아나함(阿那含果)을 향해 나아가는 사람을 아나함향(阿那含向)이라 불렀고, 마지막 아라한(阿羅漢果)을 향해 가는 사람을 아라한향(阿羅漢向)이라 하였으니, 이 두 가지를 합하여 4과쌍배(四果双輩)라고 한다.

연각(緣覺)은 쁘라띠에까·붓다(pratyekabuddha)의 번역으로, 독각(獨覺)으로도 번역됨과 같이 자기 홀로 깨달은 사람이라는 뜻이다. 『법화경』에 자주 나오는 "벽지불(辟支佛)"은 그 소리로 번역한 말 즉 음역어(音譯語)이다. 이 말의 유래는 성문처럼 공동생활을 하지 않고, 삼림(森林) 등에서 고독한 수행을 하여 자기 홀로 깨닫고 사람들에게 가르침을 설하지 않는 수행자를 가리키는 말로서 생겨난 것이라고 추정된다.

그러나 『법화경』에서는 연각의 "연(緣)"과 12인연의 "연(緣)"이 결부되어, 스승 없이 자기 홀로 깨달았다고 해도 부처님에게서 「12인연」의 가르침을 배우는 존재로 그려지고(描寫) 있다.

보살(菩薩)은 보디·삿뜨바(bodhisattva)를 소리 나는 대로 옮긴 말

즉 음사어(音寫語)인데 깨달음을 구하며 살아가는 사람, 혹은 깨달음을 본질로 하며 살아가는 사람의 뜻이다. 원래는 고따마·붓다가 성불하기 이전의 모습을 보살이라 불렀으나, 부처님의 전생이나 과거의 부처님께서 성불하기 이전으로까지 용법이 차츰 확대되어 갔다. 대승불교에서는 부처님의 깨달음을 구하며 일체중생의 구제라고 하는 이타행(利他行)에 노력하는 사람은 모두 보살이라 부르게 되었다는 것은 앞에서 이미 말한 바와 같다.

물론 보살의 대표적인 존재는 『법화경』에도 등장하는 문수보살(文殊菩薩), 미륵보살(彌勒菩薩), 관세음보살(觀世音菩薩), 보현보살(普賢菩薩) 등의 대보살이다. 소승불교에서는 성불할 수 있는 것은 석존과 같이 특수한 존재로 한정되어 있었으나, 대승불교는 성불이라고 하는 종교적인 이상을 일체중생에게 개방했다. 특히 『법화경』은 아라한의 성불을 설함에 의해서 예외 없이 일체중생이 성불할 수 있음을 명확히 드러낸 것이다.

이와 같이 성문·연각·보살은 불교의 수행자를 세 가지의 유형(類型)으로 분류한 것이다. 이러한 분류는 부파불교(部派佛敎)의 논서(論書)나 『반야경』, 『법화경』 등에 널리 보이나, 『법화경』에서는 위에서 말한 바와 같이 그들 각각에게 설하는 가르침을 4제·12인연·6바라밀로 명확히 규정하고 있는 점이 특징적이다. 다음에 4제·12인연·6바라밀의 내용을 차례로 살펴보기로 한다.

(나) 성문승(聲聞乘)과 4제(四諦)

성문에 대한 가르침을 성문승이라 한다. 구체적으로는 4제의 가르침을 지칭하고 아라한이 되는 것을 이상으로 한다. 4제의 가르침은 석존께서 최초로 가르침을 펴실(初轉法輪) 때에 설한 사상이며, 고제(苦諦)·집제(集諦)·멸제(滅諦)·도제(道諦)의 네 가지 진리이다. 석존께서 형이상적(形而上的)인 문제에 대해서는 침묵을 지키고 대답하지 않았다(無記)는 것은 유명한 이야기이다. 그 대신 형이하적(形而下的)이며 현실적인 괴로움(苦)과 그 초극(超克)의 길을 네 가지의 성스러운 진리(四聖諦) 즉 4제(四諦)로서 설한 것이다. 제(諦)는 삿뜨야(satya)의 번역으로서 진실(眞實) 또는 진리(眞理)의 뜻이다.

고제(苦諦)란, 모든 것은 괴로움이라고 하는 진리이다. 불교의 세계인식의 기본은 괴로움(苦)이며, 4고8고(四苦八苦)처럼 인생은 전반(全般)에 걸쳐 괴로움으로 가득해 있다고 생각한다. "4고8고한다." 등으로 말해 대단히 힘겨워 하고 어려움을 당한다는 뜻으로 사용되는 말이지만, 그 구체적인 내용을 알고 있는 사람은 그리 많지 않을지도 모른다.

4고(四苦)란, 생·노·병·사에 대한 네 가지의 고통이다. 특히 생고(生苦)는 살아가는 고통이 아니라, 신생아가 태내(胎內)에 들어가서 태내에서 어머니의 좁고 캄캄한 출산의 길(産道)을 통해 태어나는 고통을 말한다. 그리고 노고(老苦)는 태어나서 죽을 때까지의 쇠퇴하고 변하는 동안에 받는 고통, 병고(病苦)는 병들었을 때에 받는 몸과 마음의 고통, 사고(死苦)는 목숨을 마칠 때의 고통을 말한다.

8고(八苦)는 이 4고에 원증회고(怨憎會苦, 원망하고 미워하는 사람과 만나야 하는 고통), 애별리고(愛別離苦, 사랑하는 사람과 이별하지 않으면 안 되는 고통), 구부득고(求不得苦, 구하여도 얻지 못하는 고통), 5취온고(五取蘊苦) — 오온성고(五蘊盛苦)라고도 한다 — 의 4고를 더한 것을 말한다. 5취온고란, 5온(五蘊) 즉 색(色, 형태 있는 것, 시각의 대상, 신체)·수(受, 감수 작용, 감각기관)·상(想, 표상작용, 생각)·행(行, 수·상·식온(識蘊), 이외의 정신작용이며 좋고 싫고 등의 의지작용을 중심으로 함, 또는 형성력(形成力)·식(識, 인식·판단작용)의 다섯 가지 요소에 의해 구성되는 우리들의 윤회적(輪廻的)인 생존 그 자체가 고통이라는 것이어서 다른 일곱 가지 고통의 맨 밑바닥에 깔린 고통으로 파악될 수 있다.

집제(集諦)란, 고통의 원인에 관한 진리이다. 내용상으로 고(苦)의 원인은 번뇌라고 하는 진리이다. 즉 번뇌가 모여서 고통이 된다는 것이다.

멸제(滅諦)란, 고통을 멸해 없앰에 관한 진리라는 뜻이며, 내용적으로는 고의 원인인 번뇌를 멸하면 절대적인 정적(靜寂)의 경지인 열반을 얻을 수 있다는 진리이다.

도제(道諦)란, 고통을 멸해 없앰에 이르는 방법에 관한 진리라는 뜻이며, 내용적으로는 8정도(八正道) 즉 여덟 가지의 성스러운 길(八聖道)을 가리킨다. 8정도란 정견(正見, 바른 견해)·정사(正思, 바른 사유)·정어(正語, 바른 말씨)·정업(正業, 바른 행위)·정명(正命, 바른 생활)·정정진(正精進, 바른 노력)·정념(正念, 바른 마음 챙김)·정정(正定, 바른 정신통일)의 여덟 가지로서 종교생활 전반에 걸친 것이다.

8정도의 바른 것을 보증하는 것은, 초전법륜에서 설한 고락중도(苦樂中道)의 사상이다. 이러한 석존의 시대에 유행하고 있던 종교사상으로서 또 석존의 반생애(半生涯)에서 스스로 체험한 것으로서는 고행주의(苦行主義)와 쾌락주의(快樂主義)라는 두 가지의 극단적인 입장이 있었다. 석존은 이 두 가지의 극단을 떠난 중도를 자기가 의지해 설 수 있는 기반으로 삼았다. 뿐만 아니라 바르다는 것은 또 모든 것을 인연에 의해서 생긴 것임을 알면 자기의 온갖 행위가 바르게 될 수 있다고 한다.

이 4제는 인도 의학의 영향을 받은 이론구성이라는 지적이 있다. 즉 병의 현상 인식·병의 원인 해명·병의 치료와 건강의 회복이라는 길과 공통성이 있다는 것이다.

(다) 연각승(緣覺乘)과 12인연(十二因緣)

연각(緣覺)에 대한 가르침을 연각승이라 하며, 12인상(緣起)의 가르침을 가리키고 연각이 되는 것을 이상으로 한다. 인연(因緣)은 쁘라띠뜨야·사무뜨빠다(pratitya-samutpada)의 번역으로, 연기(緣起)라고도 번역하고 있다. "~에 의(緣)해서 일어난(起)다"의 뜻으로서 사물은 원인(原因)·조건(條件)에 의해서 생기(生起)함을 말한다. 또는 "~에 의(緣)해서 일으킨(起)다"의 뜻으로, 원인·조건에 의해서 사물을 생기(生起)시키는 도리, 또는 본연의 자세를 말한다.

연각의 경우는 성문과 아라한처럼 인위(因位, 수행의 단계)와 과위(果

位, 수행에 의해서 얻어지는 과보)를 구별하는 명칭이 없으므로 같은 용어를 사용한다.

12인연(十二因緣)은, 석존께서 보리수 아래에서 좌선(坐禪)하며 명상(瞑想)을 하고 있을 때에 관찰했다고 하는 중요한 실천적인 교리이다. 이것은 우리들의 미혹한 생존의 성립을 구조적(構造的)으로 분석한 것이어서 이것을 인식한 것은 그대로 깨달음의 실현에 직결한다고 한다.

우리들의 미혹한 현실적인 모습은 노사(老死) 즉 늙고 죽어 가고 있다는 것이다. 이 늙고 죽음(老死)에다 우비고뇌(憂悲苦惱, 근심하고 슬퍼하며 괴로워하고 걱정하는)라는 정신적인 고뇌를 덧붙이는 경우도 많다. 이 노사가 성립하는 근거, 노사를 성립시키고 있는 조건은 도대체 어떠한 것일까. 그것은 생, 태어나는 것이다. 이하는 같은 논리로 차례차례 조건을 붙인 항목이 열거되어 모두 열두(12) 항목의 조건이 서로 사슬처럼 이어져 있다.

차례로 명칭과 간결한 뜻을 들면, 노사(老死)·생(生)·유(有, 윤회적 생존)·취(取, 집착)·애(愛, 갈애(渴愛) 즉 목마른 것에 비유되는 맹목적인 집착)·수(受, 감수작용)·촉(觸, 감각기관과 대상의 접촉)·6처 또는 6입(六處, 六入, 안·이·비·설·신·의(意)의 여섯 가지 감각기관)·명색(名色, 명은 정신, 색은 신체를 가리킴)·식(識, 인식작용)·행(行, 잠재적인 형성력)·무명(無明, 근원적인 무지(無知) 즉 무아(無我)에 대한 무지)이다.

이 12인연은 보다 적은 항목의 연기설을 후에 결합시켜 성립한 듯, 전체를 통일적으로 해설하는 것은 매우 어려운 일이기에 여기서는 일단의 해설을 했다. 요컨대 번뇌(煩惱), 업(業), 고(苦)의 연쇄(連鎖)를 지적한 것으로서, 우리들은 번뇌에 의해서 잘못된 행위를 하며 그것에 의해서 고통의 과보를 받고 있다는 것이다. 이 12인연설은 설일체유부(說一切有部)에서 3세윤회(三世輪廻)를 설명하는 이론으로 활용되었던 것인데, 『법화경』에 나오는 12인연은 후의 「제7장 화성유품」에서 자세히 설명하기로 한다.

(라) 보살승(菩薩乘)과 6바라밀(六波羅蜜)

보살(菩薩)에 대한 가르침을 보살승이라 한다. 6바라밀의 가르침을 지칭하며 부처가 되는 것을 이상으로 한다. 부처가 되기 위한 가르침이므로 불승(佛乘)으로도 부르는 경우가 있기 때문에 주의하기 바란다. 대승경전 가운데에서도 가장 빠른 시기에 성립된 『반야경』에서 보살의 실천수행의 내용으로서 설한 것이 바로 6바라밀이다.

보시(布施, 재물을 베풀어 주는 것, 가르침을 설해 주는 것, 정신적인 공포를 제거해 주는 것)·지계(持戒, 청정한 종교적인 생활을 영위하는 것)·인욕(忍辱, 참고 견디는 것)·정진(精進, 노력하는 것)·선정(禪定, 정신적 통일)·지혜(智慧, 모든 존재는 공성이라는 것 즉 고정적인 실체가 없다고 인식하는 것)의 여섯 가지 종교적 행위를 완성하는 것이다. 바라밀은 빠라미따(paramita)를 소리 그대로 옮긴 것으로서 완성이라는 뜻이다. 옛날에는 도(度, 건넌다는 뜻)라고 번역되어 후에는 도피안(到彼岸, 피안에 건너감)으로 번역되었다.

여섯 번째인 지혜의 완성이란, 원어(原語)는 쁘라즈냐·빠라미따(prajna-paramita)이며 반야바라밀이라고 소리로 옮긴다(音寫). 『반야경』은 이것을 경전의 명칭으로 채용하고 있다. 이 반야바라밀에 뒷받침됨으로 말미암아 비로소 다른 행위도 완성된다고 한다. 예를 들면 공(空)에 의해서의 보시는 단순한 보시가 아니라 보시의 완성이 실현된다고 한다.

(마) 3승방편(三乘方便)

이상 설명한 성문승·연각승·보살승의 3승을 『법화경』에서는 방편으로 규정한다. 앞의 둘을 2승이라 하며 소승(小乘, hinayana, 낮은 가르침이라는 뜻)이라고도 한다. 소승이라는 말을 가장 빨리 사용한 경전은 『법화경』이라는 설도 있다. 보살승이 대승(大乘, mahayana, 위대한 가르침이라는 뜻)에 해당한다. 즉 성문·연각·보살이라고 하는 세 종류의 수행자라는 유형에 대해 세 종류의 가르침과 수행이 설해지고 그것에 의해 달성되는 이상에도 세 종류가 있다고 한다.

그러나 『법화경』은 이 3승이 방편의 가르침이라고 선언한다. 방편(方便, upaya)이란, 훌륭(巧妙)한 수단(手段)이라는 뜻이다. "가까이하다."라는 동사(動詞)에서 만들어진 말이다. 방편은 현대의 중국어에서는 "편리한"이라는 의미로 사용되는 말이지만 모름지기 한역불전(漢譯佛典)이 만들어 낸 말일 것이다.

성문이나 연각은 의향(意向, adhimukti, 아디무끄띠)이 낮기 때문에 처음부터 성불할 수 있다고 하는 가르침(보살승 또는 불승)을 설할 수 없었으므로 성문이나 연각이라는 종교적 능력(根機)에 맞추어 성문승, 연각승이라는 가르침에 의해서 그들을 성숙시키고 교육했다고 한다. 이와 같이 부처님에게는 훌륭한 교화수단을 설정할 힘=방편력(方便力)이 존재한다고 한다.

그러나 방편력에 의해 설했다고 하는 것은 어디까지나 성문이나 연각에게는 비밀이며 그들은 그들에게 주어진 가르침을 진실이라고 믿고 있었다. 이 『법화경』에서 비로소 3승이 존재한다고 설하는 것이 방편이었음을 밝힌 것이다.

(바) 1승진실(一乘眞實)

따라서 성문승, 연각승은 일시적이며 잠정적인 가르침이며 성문, 연각도 영구히 변화하지 않는 고정적인 존재가 아니고 충분히 성숙하고 교육되었을 때에는 그들도 최종적으로는 보살로서 성불할 수 있다고 설한다. 이와 같이 모든 사람이 똑같이 성불할 수 있는 가르침이기 때문에 이것을 불승(佛乘; buddha-yana)라고 부르며 말할 필요도 없이 『법화경』 자신을 가리킨다. 따라서 3승은 잠정적인 존재이며 진실로는 불승만이 존재하기 때문에 이것을 1승(一乘, eka-yana, 유일한 가르침이라는 뜻)이라 부르고 불승과 1승을 결합해서 1불승(一佛乘, eka-buddha-yana)이라고 부르게 된 것이다.

그런데 3승방편·1승진실이라는 사상을 표현하는 방편품의

> 다른 가르침(餘乘), 혹은 2, 혹은 3은 없다.
>
> 시방세계 중에는 2승마저 없다. 하물며 어찌 3승이 있겠는가.

라는 경문은 중국에서는 두 가지로 해석했다. 즉 인용문의 (2) (3)을 기수(基數)로 해석하는가, 서수사(序數詞)로 해석하는가의 문제이다.

싼쓰끄리뜨 본(梵本)에서는 서수사로 되어 있어서 "제2, 제3 등의 다른 가르침은 없다." "시방의 세계에는 제2의 가르침마저 없으므로 하물며 제3의 가르침은 더욱 없는 것이다."라고 번역해야 한다. 중국에서도 축도생(竺道生, 355경~434)이나 가상대사(嘉祥大師) 길장(吉藏, 549~623)은 이와 같이 해석했다.

그런데 한어(漢語)에서는 서수사(序數詞)와 기수(基數)의 구별이 애매하기 때문에 이 (2) (3)을 "두 가지의 가르침" "세 가지의 가르침"으로 해석해도 한어로서는 가능했다. 구체적으로는 "성문승, 연각승의 두 가지의 가르침이 없다." "성문승, 연각승, 보살승의 세 가지의 가르침이 없다."라는 해석으로 되어, 법운(法雲, 467~529)이나 천태대사(天台大師) 지의(智顗, 538~597)·관정(灌頂, 561~632)이 이와 같이 해석했다.

이 두 가지의 해석에서 가장 중요한 상이점(相異点)은 보살승을 어느 위치에 두느냐에 관한 것이다. 전자의 해석으로는 제2의 연각승, 제3의 성문승의 존재가 부정되기 때문에 보살승에 대해서는 불승과 동일한 것으로서 그 존재가 인정된다. 이에 대해 후자의 해석으로는 성문승, 연각승뿐만 아니라 보살승도 그 존재가 부정된다. 구체적으로는 『법화경』 이외의 대승경전을 가리키는 보살승과 『법화경』을 가리키는 불승(佛乘)을 동일한 것으로서 인정하는가, 그렇지 않고 다른 것으로서 『법화경』 = 불승의 우월성을 주장하는가, 하는 서로 다름이 발생하는 것이다.

실은 이 문제는 다름 아닌 3거화택(三車火宅)의 비유 가운데 나오는 소가 끄는 수레(牛車)와 큰 흰 소가 끄는 수레(大白牛車)가 똑같고 다

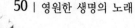

름(同異)의 문제로서, 중국에서 맹렬히 논의되어 3거가(三車家), 4거가(四車家)의 대립이 생긴 것이다.

9. 3주설법(三周說法)

중국에서는 「제2장 방편품」에서 「제9장 수학무학인기품」까지를 1불승사상과 그 사상에 바탕을 둔 아라한에게 수기하는 것을 중심으로 하여, 이와 긴밀한 관계를 가진 이야기의 전개라고 파악하여, 그것을 3주설법(三周說法)으로 해석했다. 석존은 3승방편·1승진실의 사상을 상·중·하의 세 단계 근기의 성문에 대응해서 각각 법(法), 비유(譬喩), 숙세인연(宿世因緣)을 설한다는 방식으로 3회(三回)에 걸쳐 설법한다. 이것을 각각 법설주(法說周), 비설주(譬說周), 인연설주(因緣說周)의 3주설법(三周說法)이라 한다.

주(周)란, 사이클이라는 뜻으로서 설(說, 法說, 譬說, 因緣說), 영해(領解), 술성(述成), 수기(授記)가 한(1) 사이클로 되어 있는 것을 말한다. 법설, 비설, 인연설에 대해 말하면, 상근기의 성문인 사리불(舍利弗)에게는 「제2장 방편품」에서 법설(法說)이 주어지고, 중근기의 성문인 수보리(須菩提)·가전연(迦旃延)·마하가섭(摩訶迦葉)·목건련(目犍連) 등의 4대성문(四大聲聞)에게는, 「제3장 비유품」에서 비유설(譬喩說, 삼거화택(三車火宅)의 비유(譬喩)이 주어지고, 그 밖의 하근기의 성문들에게는 「제7장 화성유품」에서 숙세인연설(宿世因緣說, 대통지승불(大通智勝佛)의 이야기)이 주어진다.

위에서 말한 바와 같이 석존이 사리불에게 3승방편·1승진실의 사상을 이론적으로 설명했는데 이것을 법설(法說)이라 한다. 사리불은 이 법설을 영해(領解) 즉 이해(理解)하고 「제3장 비유품」에서 성불의 확신을 가지게 되었으므로 석존에 의해서 수기(授記, 미래의 성불을 약속하는 것)된다. 그러나 법설을 이해한 것은 사리불 뿐이었으므로, 사리불은 다른 성문들을 위해 보다 알기 쉽게 3승방편·1승진실을 설해 주시기를 석존에게 간청한다. 석존은 그 간청에 따라 3거화택(三車火宅)의 비유를 설했다(譬喩說).

「제4장 신해품」에서 비유설을 이해(領解)한 4대성문은, 지금까지 대승을 진심으로 구하지 않았던 자신들의 태도를 준엄하게 자기비판한 후에, 자기들이 이해한 것을 "장자궁자(長者窮子)의 비유"를 들어 나타냈다.

「제5장 약초유품」에서 석존은 4대성문의 영해가 바른 것을 인정하고, "3초2목(三草二木)의 비유"를 설했다. 이것을 술성(述成)이라 하는데 술성이란, 부처님이 제자의 이해를 그대로 승인하는 것을 뜻한다.

"3초2목의 비유"는 종류나 크기가 다른 초목(3초2목)이 하늘에 가득한 구름에서 내리는 동일한 비를 맞고 평등하게 물을 받지만, 저마다의 종류나 크기에 따라서 성장한다는 비유이다. 4대성문이 1승진실을 바르게 이해했으므로 석존은 「제6장 수기품」에서 4대성문에게 수기(授記)한다.

그러나 비유설을 이해하지 못하는 그 밖의 성문이 아직 있었으므로, 석존은 「제7장 화성유품」에서 아득한 과거의 대통지승불(大通智勝佛) 이야기를 설한다(宿世因緣說). 이 과거의 이야기에 의해 성문은 이 세상에서 처음으로 석존의 제자가 된 것이 아니라, 3천진점겁(三千塵點劫)의 옛날부터 깊은 사제(師弟)의 관계가 있었음에 눈을 뜨고 1승진실을 이해하게 되었던 것이다.

다음에 그 밖의 성문도 1승진실을 이해하였으므로 수기된다. 「제8장 5백제자수기품」에서는 부루나(富樓那)와 1천2백의 아라한이 수기되고, 「제9장 수학무학인기품」에서는 아난(阿難), 나후라(羅睺羅)와 2천 인의 유학(有學)·무학(無學=阿羅漢)의 성문에게 수기된다.

第二編 本文解釋
제 이 편 본 문 해 석

妙法蓮華經 序品 第一
묘 법 연 화 경 서 품 제 일

범문(梵文)『법화경』제1장
실마리(序)

1. 서품(序品)이란

　서품이란, 언제(說時), 어디서(說處), 누구에 의해서(說主), 누구에게 (會衆) 설한 것인가를 밝히고, 『법화경』이 설해질 때까지의 무대설정 (舞臺設定)을 하는 장(章)이다. 그리하여 경(經)은 "한때 부처님께서는 왕사성(王舍城) 교외의 기사굴산(耆闍崛山, 靈鷲山) 중에 1만2천 인의 비구들과 함께 머물고 계셨다."라고 하는데, 특히 『법화경』에서는 중간 에서, 이 설법장소가 한때, 허공으로 옮겨진다. 이에 대해 예로부터 『법화경』의 설법 장소가 2처3회(二處三會)라고 한다. 설법의 자리가
　(1), 처음(서품에서 법사품까지)은 영축산,
　(2). 다음에 허공(견보탑품에서 촉루품까지),
　(3), 그리고 최후에 다시 영축산(약왕보살본사품에서 보현보살권발품) 으로 변화하고 있다.
　이것은 견보탑품에서 허공에 다보탑이 출현하여 부처님께서 그 다보 탑 속에서 다보불(多寶佛)과 나란히 앉아 사람들을 신통력으로 허공에 올려 두었기 때문이다. 이런 사실에서 처음 영축산의 법회를 전영산회

(前 靈山會)라하고, 후영축산회(後靈鷲山會)와 구별하고 있다.

그렇다면 이 영축산에 모여 부처님의『법화경』설법에 자리를 함께하여 법 즉 가르침을 들은 사람들은 과연 어떠한 사람들일까.

경전에 의하면 1만2천 인(범문에는 1,200人)의 대아라한(大阿羅漢)들인데, 이 가운데에는 사리불(舍利弗), 대목건련(大目犍連), 수보리(須菩提), 마하가섭(摩訶迦葉) 등 네 사람의 큰 제자도 함께 있었다.

그리고 배우고 있는 사람(學)과 다 배운 사람(無學) 2천 인의 성문(聲聞)들, 6천 인의 비구니, 문수(文殊師利)・관세음보살(觀世音菩薩) 등 8만 인의 보살(菩薩)들이 있었다고 한다. 그리고 다시 부처님의 가르침(佛法)을 수호하는 인간 이외의 것들, 천상계(天上界)의 제석(帝釋)과 대범천(大梵天) 등의 신(神)들, 용왕(龍王)・긴나라왕(緊那羅王)・건달바왕(乾闥婆王)・아수라왕(阿修羅王)・가루라왕(迦樓羅王) 등의 이상한 모습을 가진 귀령(鬼靈)들이 있었다.

그리고 최후에 인간계의 위제희부인의 아들 아사세왕(阿闍世王)을 비롯한 많은 불교신자들이 있었다.

이와 같이 많은 사람들과 신들이 청중이 되어 부처님을 에워싸고 그 설법을 한마디의 말씀이라도 놓칠까 봐 귀를 기울이고 있었다. 이것이『법화경』이 설해지는 무대 설정이다.

이 가운데서 특히 중요한 의미를 갖는 것이 성문(聲聞, sravaka)들이다. 성문이란 원래 부처님께서 설하시는 가르침의 목소리(聲)를 직접 들(聞)고, 수행하여 깨달으려고 하는 부처님 제자(佛弟子)를 말한다. 그러나 후에 대승불교가 흥하자 성문은 자기의 깨달음만을 구해, 노력하는 수행승(修行僧)을 가리키게 되고, 이 사람들은 제아무리 수행을 해도 아라한이라고 하는 성자(聖者)가 될 뿐, 결코 부처님이 될 수 없다고 함에 이르렀다. 대승불교에서는 이 성문을 연각(緣覺) 즉 스승 없이 홀로서 깨쳤어도 그 가르침을 사람들에게 설하려고 하지 않는 성자인 독각(獨覺)과 더불어 소승의 2승(二乘)으로 낮게 부르고 있다. 실제로 석존께서 세상에 계실 당시에 직접 그 가르침을 받은 불제자들일지라도 석존의 위대함을 알면 알수록 자신도 부처가 될 수 있음을 확신하는 사람은 없었으며, 또 석존께서 입멸하신 뒤에 그 남긴 가르침을 위없는 것으로 삼음으로써, 성전(聖典)의 말씀(言句)에 매달려서 이론적이고 학문적인 연구에 얽매이는 사람들은 부처님의 깨달음에서 차츰 멀게 되었다. 이리하여 대승불교의 입장에서는 성문은 결코 부처가 될 수 없다고 하여 왔다.

『법화경』은 대승불교 경전이면서도, 이런 성문2승(聲聞二乘)을 등장시켜 더욱이 전반부인 서품에서 수학무학인기품까지를 이들 성문들을 설법의 대상으로 하고 있는 데에 이 경의 중요한 의미가 있다.

2. 영축산에 모인 전생의 우리들

영축산 즉 기사굴산(Grdhrakuta)이란, 중인도 마가다국의 수도 왕사성(현재의 라지기리)의 북동쪽에 있는 산으로서 팔리 어의 기짜꾸따(Gijjhakuta, 독수리의 봉우리라는 뜻)를 소리로 베껴 써서(音寫) 중국어로 기사굴산이라 하였다. 왜 독수리의 봉우리(鷲峰)라 했는가 하면, 산봉우리의 모양이 독수리의 머리와 닮았기 때문이라고도 하고, 또 이 산에는 독수리가 많이 살고 있었기 때문이라고도 한다. 이름의 기원은 아무튼 어느 쪽도 사실이다.

이 부근은 중인도에서는, 보기 드물게 푸른 다섯 개의 산들이 이어져 있고, 온천이 솟아오르며, 공기는 맑고 기후 또한 좋아서 법을 사색하고 가르침을 듣기에는 절호의 땅이다. 석가세존께서도 이 땅을 매우 사랑하셔서 산중에 있는 정사(精舍)나 왕사성 밖의 대숲절(竹林精舍) 등에서 수많은 거룩한 가르침을 설했었다.

그리하여 중국이나 우리나라의 불교도들은 이를 숭상하여 영축산이라 부르고 또 이렇게 다섯 개의 산이 이어져 있는 곳을 우러러 오봉산

(五峯山) 오악(五嶽) 오대산(五臺山) 또는 청량산(淸凉山)이라 하며 이를 신령스러운 곳으로 여기고 있다.

비구(比丘)란, 남자의 출가수행자를 말한다. 원래 범어의 비끄슈(Bhiksu, 팔리어의 비쿠 Bhikkhu)는 "구걸하는 사람"을 뜻하는데, 중국어로는 걸사(乞士)라 번역하고 있다. 무엇을 구걸하는가 하면 "가르침(法)을 부처님께 구걸하고, 음식을 사람들에게서 구걸"함을 말한다.

그런데 가르침을 부처님께 구걸한다는 것은 그대로 수긍이 가지만 음식을 사람들에게 구걸한다는 것은 현대인들에게는 무언가 납득하기 어려운 일이기도 하다. 그러나 참다운 비구란 일반인으로서의 기쁨이나 즐거움을 모두 내던져 버리고, 오로지 인생의 참다운 길(道)을 구하며, 그 길을 많은 사람들에게 설하므로 써 행복한 세상을 만들려고 노력하는 사람들이니, 자기를 버리고 전생활(全生活)을 모두 "남"을 위해 봉사하는 사람들이다. 그리고 "남"에게 철저한 봉사를 하기 위해서는 스스로가 음식을 수확하거나 경작하는 일도 하지 말아야만 했다.

그러므로, 옛날 인도에서는 누구나 비구승에 대해 매우 존경을 바쳤으니 그들에게 의·식·주를 공양하는 것을 커다란 몸의 공덕으로 생각했다. "베푸는 것"이 아니라 "베풀도록 해 준다"하여 다투어 공양하였다. 그뿐만 아니라, 공양한 뒤 "몸의 공덕을 쌓을 기회를 주셔서 매우 고맙습니다." 하며 마음속 깊이 감사했다.

출가승(出家僧) 쪽에서도 스스로의 사명에 대해 뚜렷한 인식을 가지고 있었다. 세존께서 탁발을 나갔을 때, 어느 바라문(婆羅門)이 "자신이 경작하여 먹을 것을 얻어라" 하고 말하자, "믿음은 내가 뿌리는 씨앗, 지혜는 내가 경작하는 쟁기……"라는 시(偈)를 설해, 논밭을 가꾸는 것도 중요하지만 인간의 마음을 가꾸는 것은 더욱 중요하다는 것을 가르쳐 그 바라문이 눈을 뜨게 한 일은 유명한 이야기이다.

그런데 여기 있는 비구들은 모두가 아라한이었다. 아라한이란, 대승 쪽에서 보면 소승의 가르침 —실제로는 소승은 존재치 않으나 — 으로 깨친 사람을 가리키는데, 이 소승의 가르침은 자기의 몸과 마음은 죄악

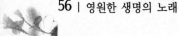

의 결과로 생겨난 극히 더러운 것, 그리고 일시적인 환영(幻影)에 불과한 존재이므로, 이 몸과 마음을 멸하여 다시는 고통이 많은 이 세상에 태어나지 않음을 목적으로 하는 교리(敎理) 및 수행을 가르치기 때문에, 또다시 세상에 태어나지 않는다는 뜻에서 아라한이라는 원어를 불생(不生)으로 번역한다. 다시 태어나지 않음은 태어날 원인이 되는 번뇌와 죄악의 적(賊)을 모두 죽여 없앴으므로 이러한 점에서 아라한을 살적(殺賊)이라고도 번역한다. 그리고 이 번뇌와 죄악을 끊어 없애고 생사를 초월한 사람은 비로소 세상 사람의 공양을 받을 수 있는 덕을 가진 사람이라 할 수 있으므로, 아라한을 응덕(應德) 또는 응공(應供)이라 번역한다. 아라한에는 이러한 여러 가지의 뜻이 있기 때문에 알맞은 번역이 없어 원어(原語) 그대로 아라한이라 음역(音譯)한 것이다. 우리들에게는 생명정보(生命情報)라고 일컬어지는 DNA를 가지고 태어났기 때문에 그 생명정보 속에는 인류뿐만 아니라 우주가 생겨나고 생명체(生命體)가 처음 생겨 난부터의 모든 것을 가지고 있기 때문에 법화경이 설해질 때의 정보를 소상히 가지고 있다. 우리들은 미혹하기 때문에 이 말에 쉽게 동의(同意)하지 못하겠지만, 우리들의 잠재의식(潛在意識)에는 영축산에서 부처님께서 법화경을 설하실 적에 분명히 그곳에 있었던 것이다.

『법화경』은 이 아직 불교가 무엇인가를 잘 모르는 범부에게 대승의 지극한 뜻(極意)으로 갈 길을 바꾸어 깨닫는 원리를 설한 또는 설하는 것이다.

3. 인간이 지향해야 할 이상(理想)을 인격화한 법신(法身)의 보살마하살

스스로가 불자(佛子)로 자처하는 사람들도 "보살"이란 무엇이고, 어떠한 것인가에 대해 정확히 알지 못하고 있는 경우를 흔히 볼 수 있는데 즉 대부분의 사람들은 "보살"에 대한 성격 규명은 하지 않은 채 자기 멋대로 보살을 신(神)과 같은 존재로 단정 지어 신앙의 대상으로 삼고 거기에다 복(福)과 명(命)을 빌고 있는 실정이다.

그러나 여기 보살이란, 바로 이러이러한 행위(行)를 하는 사람을 가리킨다고 명백히 기술하고 있다. 지금까지 보살을 단순한 신적(神的)인 개념으로 파악하고 있었던 사람이 있다면 지금 곧 생각을 바꾸어야 할 것이다. 왜냐하면 보살이란 곧 "마음자리"이며 "행위"에 대한 이름일 뿐, 고정된 실체가 없는데도 중생은 고정된 자아(自我, Attman)가 있다는 생각(我相)과 실체로서의 생명체인 사람이 실존(實存)한다는 생각(人相)과 영혼(靈魂) 또는 인격주체(人格主體)로서의 개체(個體)라는 생각(衆生相)과 영혼과 인격 주체로서의 개인(個人)이라는 그러한 생각(壽者相)을 하고 있기 때문에 문수(文殊)나 관음(觀音)이라는 고정된 보살의 실체가 있는 줄 알기 때문에, 10년이 아니라 100년이 가도 깨닫기는커녕 다람쥐 쳇바퀴 돌 듯 6도윤회(六道輪廻)에서 벗어나지 못하는 것이다. 이렇게 말하면 또 중생은 "그렇다면 문수(文殊)나 관세음(觀世音)은 없는 것이란다." 하고 보살의 실재(實在)를 부인하기 쉽지만 "보살이란 마음자리와 행을 말한 것"임을 안다면 이러한 불행에서 벗어날 수 있는 것이다.

그러므로 어떠한 사람일지라도 보살의 그러한 마음과 그러한 행동을 하는 사람이면 그가 노인이든, 어린아이든, 여자이든, 남자이든, 건강한 사람이든, 장애인이든, 구별 없이 모두가 보살이다.

대부분의 불자들이 알고 있는 관세음보살이 서른셋의 몸으로 나툰다는 것은 관세음이라는 고정된 보살이 있어, 신출귀몰(神出鬼沒)하듯 동에 번쩍 서에 번쩍하는 것이 아니라 관세음(觀世音)의 마음과 행을 하는 사람이면 모두가 관세음이기 때문에 서른셋이라고 했을 뿐, 실제로는 수천 수억의 관세음보살이 존재할 수 있음을 알아야 한다.

결론적으로 보살(菩薩)이란, 범어(梵語)의 보디삿뜨바(Bhodhisattva)를 중국어로 음역하여 보리살타(菩提薩睡)라 하며, 이를 뜻으로 번역

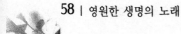

(意譯)하여 각유정(覺有情)·개사(開士)·대사(大士)·고사(高士)라 했
는데, 이 보리살타를 줄여서 보살이라 한 것이다. 원래 보살이라는 말
은 석가세존 전생의 몸에 한해서 사용되던 말이었지만, 다음에 부처가
될(成佛) 사람을 가리켰던 것이다. 그러므로 보살이라 하면 항상 위없
이 바르고 완전한 깨달음(阿耨多羅三藐三菩提)을 구하며, 널리 중생을
교화(敎化)·구제(救濟)하려고 노력하는 사람, 다시 말해 하화중생(下
化衆生)하고 상구보리(上求菩提)하는 보살(求道者) 즉 깨달음을 구하는
사람을 말하기 때문에 혹은 용수보살(龍樹菩薩), 마명보살(馬鳴菩薩)
등과 같이 교학(敎學)이나 교화(敎化)에 훌륭한 업적을 남긴 사람을 보
살이라는 존칭으로 부르고 있는 것이다.

그런데 이 『법화경』에 열거된 보살마하살은 인간으로서는 이 세상에
실재했다는 기록이 없는 사람들 즉 법신(法身)의 보살이며, 말하자면
이상적인 존재들이다. 더 확실히 말하자면, 우리 인간이 갖추어야 할
갖가지의 덕을 상징한 것으로서, 그러한 덕을 각기 완전히 성취한 이상
적인 인간을 창조하고 그 이상을 인격화하여 숭배하고 앙모한 것이기
때문에 이를 가리켜 "법신의 보살"이라 한다.

이렇듯 보살에는 두 종류가 있는데, 첫째는 인간으로서의 육체를 가지고
있는 보살 즉 육신 보살(肉身菩薩)이니 이를 삿뜨-뿌루샤(Sat-purusa)
라고 하며, "빼어난 사람"이라는 뜻에서 정사(正士)·선사(善士)라 번역한
다. 둘째는 여기 나오는 보살마하살은 영원한 우리들의 이상 즉 우리의
삶의 본보기로서 한없이 흠모하는 법신보살을 보디삿뜨바-마하삿뜨바
(菩薩摩訶薩, 大士)라고 한다.

4. 부처님께 귀의한 인도 전통의 브라흐만(婆羅門)의 여러 신들

천신(天神)들의 제왕인 제석천(帝釋天, 釋提桓因)과 월천자(月天子)·

보향(普香・보광(寶光)・4대천왕(四大天王)・자재(自在)와 대자재(大自在)천자도 있었으며 이 사바세계의 주(主)인 범천왕(梵天王)과 또 여덟(8) 용왕(龍王)과 네(4) 긴나라왕(緊那羅王)과 네(4) 건달바왕(乾達婆王)이 있었고 또 네(4) 아수라왕(阿修羅王)과 네(4) 가루라왕(迦樓羅王, 金翅鳥)이 각각 수백 천억의 권속들을 거느리고 함께 있었다.

그런데 여기 나오는 신(神)들은 모두 인도의 바라문교(婆羅門教) 즉 힌두교의 신들인데, 불교가 이들을 받아들인 것은 이 신들을 믿고 있는 인도 사람들을 불교로 이끌어 들이기 위한 하나의 훌륭한 교화수단 즉 방편(方便)에 불과한 것이다. 종교의 원시적 발생은 자연에 대한 무서움과 두려움에서 비롯하여 자기의 소망성취를 위해 그 어떤 사물과 현상(事象)을 인격화 또는 신격화(神格化)하고, 이들에게 제사를 드려 노여움을 풀게 하여 자기의 소망을 이루도록 하였던 것이니 이것이 바로 힌두교의 여러 신들이다.

이 여러 신들의 제왕이 바로 중국어로 인다라(因陀羅)로 음역하며 하늘의 제왕 샤크라라는 뜻에서 제석천(帝釋天) 또는 석제환인(釋提桓因)이라 한다. 그는 수미산(須彌山) 정상(頂上)에 살며 수미산 중턱에 이 세상을 지키는 네(4) 사람의 대왕(四大天王)을 거느리고 있다고 하였다.

뿐만 아니라 제석천에게는 노래를 주관하는 "긴나라(緊那羅)"라고 하는 귀령(鬼靈)들이 있고, 그 긴나라는 사람 같기도 하면서 사람이 아닌 동물처럼 생겼다고 생각했다.

또 건달바(乾闥婆) 역시 음악을 맡은 귀령으로서 그는 냄새(香)를 먹고 음악을 연주하여 제석천을 즐겁게 하는 소임을 맡은 귀령(鬼靈)이다.

그리고 이 사바세계의 주인이라는 범천왕(梵天王)은 이 세상의 모든 것 즉 일체의 사물을 관장하는 조물주(造物主, 生成神)로서 비쉬뉴(維持神)・시바(破壞神)와 더불어 인도인에게는 최고의 신이다.

다음은 아수라인데 "리그 베따"의 신관(神觀)에서는 천신(天神)과 병칭되는 한 무리의 신으로서 원래는 "생명을(Asu) 주는(ra) 이"였으나, 후에는 "비(A, 非) 천(sura, 天)"으로 해석하여 악마로 전락하였으며, 아

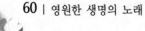

수라는 천신 즉 유지(維持)의 신(神) 비쉬뉴와 끝없이 싸운다고 한다.

또 용왕이란 역시 상상의 동물인데 선사시대부터 우리 인간은 뱀 즉 길동물(爬蟲類)에게 무한히 괴롭힘을 당해 왔으므로 무섭고 두려운 존재로 여겨 왔던 것이다. 그러므로 어느덧 우리들의 잠재의식 속에 깊이 자리 잡게 되었으며 이 무섭고 두려운 존재를 신격화한 것이 용신(龍神)이다.

또 이와는 반대로 이 무서운 용을 잡아먹는 동물을 상상해 냈으니 이 것이 금빛 큰 날개를 가진 새(金翅鳥) 즉 가루라(迦樓羅)이다.

그런데 여기서는 생략되었지만 이밖에도 야차(夜叉)와 마호라가(摩喉羅伽)를 더하여 팔부(8部) 신의 무리 즉 신중(神衆)이라 하며, 우리나라에서는 이들을 신중단(神衆壇)에 모시고 있다.

그러나 불교에서 말하는 신은 힌두교의 신과는 그 성격이 전혀 다르다. 왜냐하면 힌두교의 신은 인간의 화복(禍福)을 관장하는 절대의 힘을 가진 신이었지만, 불교의 신은 인간의 마음보다 한 단계 높은 마음을 천신이라 이름하고 우리들의 추한 마음은 동물의 마음 즉 귀령이라 이름하므로써 종래의 신관(神觀)에 대전환을 가져온 것이다.

불교가 힌두교의 신들을 수용한 것은 오직 미개한 인도 사람들을 깨달음으로 이끌기 위한 수단 즉 방편의 소산일 뿐, 힌두교의 신들을 그대로 인정한 것이 아니다. 이런 무지(無知)에서 비롯된 힌두교의 신들이 부처님께 귀의함은 화와 복을 내리는 존재는 신이 아니고, 자기의 행위에 의해 결정된다는 부처님의 가르침에 귀의했다는 것을 의미한다.

5. 모든 가르침은 오직 하나의 법(實相)에서 나온다.

『〈마가다국의〉 위제희(韋提希)왕후의 아들인 아사세왕(阿闍世王)도 수많은 신하들을 거느리고 함께 있었다.

이들은 모두 부처님의 발아래 엎드려 절하고 각기 한 쪽으로 물러나서 자리 잡고 앉아 있었다.

그때 세존께서는 사부대중에게 에워싸여, 그들로부터 감사의 공양과 공경과 존숭과 찬탄을 받고 계셨다. 부처님께서는 모든 보살[菩薩]들을 위하여 대승경을 설하셨는데, 그 이름이 무량의[無量義]라 한다.』

무량의(無量義)에는 예로부터 두 가지의 뜻이 있다고 한다.

첫째는 이 우주 안에 있는 일체 — 정신적·물질적 — 현상의 참모습 (實相)의 본바탕(本體)은 무한히 넓고 크기 때문에 그 "본체가 한량없다"는 뜻이다. 다시 말해서 우리들이 지금 육안으로 보고 있는 현상 세계 속에 있는 진실한 모습 즉 현상 세계와 겹쳐서(即) 존재하는 "실재 (實在)"의 세계인 실상의 본체는 헤아릴 수 없을 만큼 넓고 크며 무한한 것이기 때문에 이를 체무량(體無量)이라 한다. 간추려 말하자면 "실상이라고 하는 오직 하나(一)의 진실한 세계에서 이 한량없는 현상 세계의 갖가지 차별된 현실이 생겨(演繹)나오며, 반대로 이 한량없는 갖가지의 현상도 근원을 찾아 들어가면 하나로 되돌아[歸納]간다는 것이다. 이와 마찬가지로 실상이라는 오직 하나의 진리에서 한량없는 가르침이 생겨 나오며, 반대로 한량없는 가르침도 근본을 찾아 거슬러 올라가면 실상이라고 하는 하나의 진리로 되돌아(歸一)가는 것"이다.

그리고 우리들이 눈으로 보거나 귀로 듣거나 손으로 만질 수 있는 사물 즉 현상 세계는 참으로 천차만별하며 항상 변화하고 멈춰 있지 않은 것처럼 보이지만 그 속에 있는 참모습은 변화하면서도 커다란 조화를 유지하고 있는 영원한 존재인 것이다.

이렇게 말한다면 쉽게 이해하지 못하는 사람이 많을 것이다. 왜냐하면 지금 눈앞에 있는 책과 책상·컵과 물은 분명히 각기 다른 물건이며 틀림없이 그와 같은 형태로 실재하고 있는 것처럼 보일 뿐, 그것들이 원래 같은 것이라고는 도저히 믿을 수 없기 때문이다.

그렇지만 현대과학은 이미 이들이 본래 같은 것임을 증명하였다. 즉 원자 물리학은 모든 물질은 양자(陽子)·중성자(中性子)·전자(電子) 등의 소립자(素粒子)로 형성되어 있음을 알아냈다. 그러한 소립자의 모아 짜임(組合)이 다름(差異)에 따라 여러 가지의 다른 물질이 되었음을 알게 되었다.

그러나 이 소립자는 무엇으로 되어 있는가에 대해서는 아직 규명되지 않고 있다. 이에 대해 어떤 과학자는 "에너지"라고 주장한다. 즉 이 우주에 존재하는 근본 에너지가 "서로 모이는 조건"의 차이에 의해 혹은 전자로 혹은 양자로 혹은 중성자가 되었다고 하며 또 어떤 사람은 "진공(眞空)은 모든 물체의 물질적인 원인이다."라고도 한다. 또 일본이 낳은 유가와 히데끼(湯川秀樹)라는 세계적인 물리학자는 "독일의 하이젠베르크 교수가 소립자의 바탕이 되는 것을 독일 말로 울마티리(原物質)로 했지만 그 명칭은 원물질(原物質)이든, 혼돈(混沌)이든 상관없으나 내 생각과는 유사한 점도 있고 또 다른 점도 있다."라고 하며 그에 전적으로 동의하지 않고 있다.

아무튼 지금까지 발견된 30여 종류에 이르는 소립자의 바탕(根本)이 되는 존재에 대해 최고의 물리학자들이 추구하고 있으며 그것이 "진공"이든 "원물질"이든 또 "에너지"라고 이름 하든 우리들의 육안으로는 볼 수도 없고 만질 수도 없는 공공적적(空空寂寂)한 오직 하나의 존재인 것만은 틀림없다. 이렇게 보면 우주의 모든 것 즉 책도 책상도 볼펜도 컵도 물도 그리고 우리들의 몸(身體)도 모두 오직 한 종류의 근본적인 존재로 이루어진(形成) 것이다.

이를 "금강경"에서는 "……법이란 인식할 수도 없고 말로 설명할 수도 없고 〈현상으로 나타나 있는 존재(有爲法)가 아닌 현상의 배후에 있는〉 만들어진 것이 아닌 절대적이며 무한정적(無限定的)이며 존재의 근원으로서의 무규정적(無規定的)인 것(無爲)에 의해 나타난 것(法)"이라고 하여 이 실상에 대해 설명하고 있다.

부처님(釋尊)께서는 직관(直觀)을 가지고 그 조건을 부여하고 있는 힘(力)의 존재를 꿰뚫어 보았다. 즉 현상의 세계 속에 진실한 세계가 있고 거기에 모든 것을 존재케 하며 움직이게 하고 있는 근본적인 힘이라 해도 좋고 진리라고 해도 좋은 대생명력(大生命力)이 있음을 발견하여 우리들에게 미혹에서 벗어나도록 이해시키려고 노력한 것이 바로 8만 4천이라고 하는 수많은 법문을 설하시게 된 것이다.

6. 현상 세계도 실재하는 것이므로 부정되어서는 안 되는 것

앞에서 부처님의 수많은 가르침이 원래는 오직 하나의 진실(實相)에서 나왔다고 하였는데, 이 오직 하나의 진실이란 일체의 차별이 없고(無相) 차별을 만들어 내지 않는 것(不相)이므로, 일체의 차별을 꿰뚫은 저쪽의 깊은 속에 있는 근본적인 실재야말로 모든 것을 존재케 하며 활동케 하고 있는 하나의 법(一相)이니 이를 실상이라 이름 하는 것이다.

그렇다면 우리들의 눈앞에 있는 책상과 책 그리고 컵과 물은 실재하지 않는가 하는 문제에 부딪히게 된다. 옛날부터 이 문제는 왠지 "현상 세계는 환상"이라고 하는 불설(佛說)을 대부분의 사람들은 간단한 비유로써 받아들였고, 또 일부분의 사람들은 너무나 단순히 말의 겉 의미 그대로 "현상 세계는 실재하지 않는다."고 이해해 왔다.

그러나 이것은 모두 잘못된 생각이다. 바르게 해석한다면 "현상 세계는 우리들의 다섯 가지 감각 기관으로 감지하는 것 같은 모습으로 실재하는 것이 아니다."라고 해야 한다. 책상도 컵도 물도 비실재는 아니며 실재하고 있다. 그러나 그 존재의 속을 파고들면 눈에도 보이지 않고 손으로도 붙잡을 수 없는 소립자(素粒子)의 집합이어서 우리들이 현재 눈으로 보거나 손으로 만질 수 있는 그와 같은 모양이나 색으로는 실재하지 않는다. 즉 이 세상은 아지랑이(幻)와 같다고 한 것은 이를 두고 말한 것이다.

그렇다고 해서 사물은 모두 소립자의 집합체라고 보는 것이 실상의 세계를 보는 것은 아니다. 요컨대 현상 세계가 실재하는가, 않는가, 실상 세계가 실재하는가, 않는가, 하는 것은 보는 사람의 보는 각도(次元)에

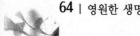

따라 결정되는 것이다. 평범한 사람은 이 현상 세계는 눈앞에 보이는 형태로 실재하는 것처럼 생각하지만, 올바른 종교인이나 현대의 원자 물리학자들은 그 속을 꿰뚫어 보고 마음(心)으로 관조(觀照)하거나 혹은 소립자의 집합으로 본다.

그러나 실상의 세계라고 하는 것은 매우 진보된 두뇌나 보다 맑은 정신이 아니면 보거나 느끼지 못하는 실재의 세계이다. 그렇다고 이 세계와는 별도로 어딘가에 그런 세계가 있다는 것이 아니라, 바로 우리가 살고 있는 이 세계와 겹쳐서 존재한다는 것이다. 예를 들면 우리 앞에 있는 책상과 그것을 형성하고 있는 원자와는 별개일 수는 없다. 즉 육안으로 보면 단단한 나무 책상으로 보이지만 원자물리학에 의해 그 근본을 살피면 소립자의 집합이며 전혀 서로 다르다. 이와 같이 오직 보는 각도에 따라 다른 것에 지나지 않다. 보는 눈, 생각하는 두뇌, 느끼는 마음의 차이로 어떤 사람은 이 현실 세계를 그대로의 모습으로밖에 볼 수 없고, 또 어떤 사람은 약간 깊은 속 모양을 볼 수 있으며, 어떤 사람은 속의 속에 있는 궁극의 진실한 모습까지도 볼 수 있다. 다만 이를 부처님은 "실상"이라 이름했을 뿐 그러한 세계가 따로 있는 것은 아니다.

그러므로 우리들은 모두 이대로 실상의 세계에 살고 있다. 이렇게 우주의 본체와 연결되어 있지만 이를 확실히 알거나 느낄 수 없을 뿐이다. 그렇지만 이따금 그것에 근접하는 경우가 있다. 이를테면 어느 날 맑게 개인 밤하늘에 반짝이는 별을 바라보자면 말로는 표현할 수 없는 심오한 아름다움과 영원함 같은 느낌을 받을 때가 있다. 우리와는 직접 관계가 없는 수만 광년이나 되는 먼 거리에 있는 별에 대해 이처럼 가슴에 스미는 절실한 느낌을 받는다는 것은 역시 우리들과 저 별들과의 사이에는 깊이 연결되어 있다는 증거가 아니겠는가.

이렇게 생각해 본다면 우리가 점차로 마음의 찌든 때를 없애고 참으로 맑은 정신을 가질수록 힘들이지 않고 실상의 세계에 접근할 수가 있다.

그렇다면 실상의 세계란 과연 어떤 세계일까.

실상의 세계에서는 모든 실재가 잘 조화되어 있다. 이를 현실의 인간 세계에 비긴다면 개개인이 개성을 발휘하면서도 다른 사람과 서로 협력하고 있다고 하겠다. 즉 모든 사람들의 서로 다른 개성이 완전한 조화를 이루고 있으며 또한 조화하면서도 끊임없이 활동하고 있다. 그리고 인간 이외의 만물도 역시 서로 다툼도 없이 쇠퇴하지도 않고 모두가 생생히 활동하면서 아름다운 조화를 유지하고 있다. 이렇게 빛나는 세계…… 이것이 실상의 세계이다. 아니 세계의 실상이다. 이러한 적광정토가 현재 여기 있는데도 범부에게는 갖가지의 미혹이 있기 때문에 이를 보지 못한다. 부처님께서는 직관을 통해 이를 보고 아셨으므로 인간이 살아가는 최고의 목표는 가급적이면 이 실상에 근접해 가는 것이라고 단정했다.

그러나 범부의 몸으로서는 쉽사리 거기까지는 도달할 수 없기 때문에 우선 악한 행위를 하지 말고 좋은 행을 하여 차츰 마음을 맑게 해 가는 것부터 시작하여 한 걸음 더 나아가 될 수 있으면 많은 사람들이 그러한 상태가 되게끔 인도하고 또 현실의 불행을 구제해 주어 조금이라도 세상을 실상에 근접시키는 노력을 … 즉 악이 없고 다툼이 없어 모든 사물과 사람이 커다란 조화를 유지하고 발전해 가는 아름다운 세계를 완성하는 것을 목표로 가르치고 있다. 『법화경』은 바로 이러한 사람을 가리켜서 보살이라 이름하고 이 보살들을 가르쳐서 이 세계를 불국 정토화 하자는 가르침이다.

7. 신비한 상서로운 조짐(奇瑞)

부처님은 비구·비구니·우바새·우바이의 4부대중에 에워싸여 무량의(無量義)·교보살법(敎菩薩法)·불소호념(佛所護念)이라   이름하는 대승경을 설해 마치자 결가부좌하고 무량의처삼매(無量義處三昧)에 들

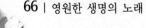

어가 미동도 하지 않으셨다. 이것은 부처님께서 큰 법을 설하기 전에는 삼매에 드시는 것이 통례이므로 4중은 다음에 부처님께서 무슨 법을 설하시려는지 하고 조용히 부처님을 바라보고 있자 거기에 세상에 불가사의한 현상이 나타났다. 하늘에서 아름다운 꽃잎이 비처럼 내리고, 부처님이 계시는 대지(大地)는 상하 사방으로 진동하였으며 단정히 앉아 계시는 부처님의 두 눈썹 사이(眉間)의 하얀 털이 둥글게 말린 곳[白毫相]에서 한 줄기의 빛이 발하여 동방 1만 8천의 세계를 비추니 그 곳의 온갖 일들이 남김없이 보였다. 이것이 『법화경』이 설하려고 할 때에 나타난 상서(祥瑞)로운 조짐이다.

중국의 주석가(注釋家)인 양(梁) 나라의 법운(法雲)은 이 기이한 조짐을 차토(此土)의 6서(六瑞), 타토(他土)의 6서(六瑞)라고 불렀다. 그에 의하면,

가, 이 땅(此土)의 여섯 가지 상서로운 조짐(六瑞)이란.

1. 부처님께서 무량의경을 설하신 것(說法瑞).
2. 부처님께서 무량의처 삼매에 드신 것(入定瑞).
3. 하늘에서 꽃이 비처럼 내린 것(雨華瑞).
4. 대지가 여섯 가지로 진동한 것(地動瑞).
5. 회중의 4중・천룡 8부 중들이 그것을 보고 환희한 것(衆喜瑞).
6. 부처님께서 미간의 백호상에서 빛을 발하신 것(放光瑞)이며,

나, 저 땅(他土)의 여섯 가지 상서로운 조짐(六瑞)이란.

1. 저 땅의 6도 중생을 본 것(見六趣瑞).
2. 저 땅에 계시는 제불(諸佛)을 본 것(見諸佛瑞).
3. 제불의 설법을 들은 것(聞諸佛說法瑞).
4. 4중이 수행하고 득도하는 것을 본 것(見四衆得道瑞).
5. 보살들이 수행하는 것을 본 것(見行瑞).
6. 제불이 반열반(般涅槃)하는 것을 본 것(見佛涅槃瑞)이다.

여기서 이 땅(此土)이라고 하는 것은, 석존과 그를 에워싸고 있는 대중이 한자리에 모여 있는 장소 즉 영축산이며,

저 땅(他土)이란, 부처님의 미간 백호에서 발한 광명에 의해서 비친 동방 1만 8천의 세계를 말한다.

수(隋) 나라의 천태대사 지의(智顗)도 이 법운(法雲)의 설을 따랐으나, 삼론종(三論宗)의 가상대사(嘉祥大師) 길장(吉藏)은 이 서상(瑞相)을 우화(雨華)·동지(動地)·방광(放光)의 3서(三瑞)로 해석하고, 차토육서(此土六瑞)·타토육서(他土六瑞)의 해석을 취하지 않는다.

이와 같은 상서로운 모습(瑞相)은 부처님의 탄생(誕生), 성도(成道), 열반(涅槃) 등에는 반드시 나타나는 것이다. 이를테면『보요경(普曜經)』제2, 32서품(三十二瑞品)에는, 부처님께서 탄생하시는 그 날 밤에 원림(園林)의 수목(樹木)에 자연히 과일이 익었으며, 육지에 수레바퀴와 같은 푸른 연꽃이 피어나기도 하는 등, 32가지의 상서로운 모습이 나타난 일이 설해져 있고, 또『대열반경(大涅槃經)』제1 수명품(壽命品)에는 부처님께서 입멸하시는 그 날, 이른 아침에 부처님께서 여러 가지 색깔의 빛을 놓아 3천대천세계를 비춤과 동시에 대지와 산들, 그리고 바다까지도 진동했다고 설해져 있다.

그러나 지금 여기에서 나타난 신비한 상서(奇瑞)는 이 자리에 모인 대중에게 지금까지는 없었던 전대미문(前代未聞)의 생각을 품게 하여 신비로운 생각을 일으킬 정도의 대신변(大神變)이었다. 부처님께서는 도대체 무엇 때문에 이 불가사의한 신통 변화를 나타내신 것일까. 이 의심스러운 생각이 한결같이 모든 사람들의 생각이었다. 그러나 부처님께서는 "한량없는 설법의 기초"라고 하는 무량의처삼매(無量義處三昧)에 들어 계시므로 여쭈어 볼 수가 없었다. 거기서 미륵(彌勒)보살이 일동을 대표하여 이 의문을 문수(文殊師利)보살에게 질문한 것이다. 왜냐하면, 그것은 문수보살은 많은 부처님을 지금까지 모시고 받들어 온 보살이므로 부처님의 이 상서에 대한 까닭을 알고 있음에 틀림없다고 생각했기 때문이다. 이리하여 문수보살에 의해 지금 이 대신변의 사연이

밝혀지게 된다.

이를 이어서 시송(詩頌)의 "스타일"을 가진 게문(偈文)이 시작된다. 이 『법화경』의 게문은 중송(重頌, gaya)이라 하여 장항(長行, 산문(散文)으로 쓰인 부분) 다음에 놓여, 선행(先行)하는 장항(長行)의 내용을 시송으로 반복해서 말한 것이다. 그러나 반복이라고 해도 전혀 내용이 동일하지 않고, 장항에서 설해지지 않은 것도 있으며, 대체로 게문 쪽이 내용상으로 더 자세하게 되어 있다. 이것은 많은 경전이 그러한 것처럼, 게문의 부분은 운문(韻文)이기 때문에 음송(吟頌)되어서 사람들의 입에서 입으로 전해졌으며, 그 사이에 서서히 증광(增廣)되었다고 생각된다.

오늘날 인도에서는 각지에서 음유시인(吟遊詩人)들이 "라마야나"와 "바가밧뜨 기따" 등의 고전을 낭랑하게 사람들 앞에서 읊고 있는 것을 볼 수 있다.

이 『법화경』에서는 장항(長行)과 게문이 내용상으로 겹치는 부분이 많으나 장항에는 없고 게문에만 설해져 있는 경우도 있는데, 그것이 내용상으로 매우 중요한 것이 설해져 있는 경우도 있으므로 주의를 요한다. 예를 들면, 다음 장(章)인 방편품의 게문에는 장항에는 없는 여러 가지의 불도 수행방법이 설해져 있으며, 그 가운데에는 불상이나 불탑의 조영(造營), 그리고 예배 등 구체적인 기술(記述)을 볼 수 있다.

8. 부처님께서 가지신 또 하나의 눈(智慧)

수많은 사람들이 자리에 앉으니 『법화경』의 개경(開經)인 『무량의경(無量義經)』을 설하신 부처님께서는 조용히 명상에 들어 계셨다. 그때 하늘에서는 법화의 네 꽃으로 일컬어지는 그 색이 미묘하여 보는 이의 마음을 기쁘게 하는 하늘의 꽃인 만다라화(曼陀羅華), 마하만다라화(摩訶

曼陀羅華)와 보는 이로 하여금 강건함을 여의어 주는 만수사화(曼殊沙華), 마하만수사화(摩訶曼殊沙華)라는 아름다운 꽃들이, 이 자리에 모인 사람들 위에 마치 비 오듯 내렸다. 함께 있던 일동은 깊은 감동을 받고, 그 기쁨으로 말미암아 부처님을 향해 합장하고 눈도 깜박이지 않은 채, 일심으로 부처님의 그 모습을 우러러보고 있었다.

이때 부처님의 두 눈썹 사이(眉間)에 있는 하얀 털이 둥글게 말린 곳(白毫)에서 번쩍하고 동방 1만 8천 국토를 향해 한 줄기의 빛을 발하니, 그 빛은 아래로는 "아비치"라는 무간지옥(無間地獄)에서부터 위로는 "아가니스딴"이라고 하는 색계(色界) 18천(天) 중 가장 높은 하늘인 유정천(有頂天)에 이르기까지의 온갖 세계의, 구석구석까지 두루 비추어 그 각각의 세계에서 중생이 가르침을 듣고, 수행하고, 깨달음을 얻는 모습이 환히 보였으며, 또 많은 보살들이 깨달음을 구하며 수행하는 모습도 보였다. 또 그곳의 부처님께서 열반에 드시자 그 사리(遺骨)를 아름다운 일곱 가지 보배로써 탑을 세우고 그 속에 모시는 것도 보였다.

『법화경』은 경전이라는 이미지와는 달리 웅장한 드라마이다. 지금 여기에서 말한 바와 같이 "신비한 징조(奇瑞)"가 차례차례로 전개된다.

그런데 여기 열거된, 이 땅의 여섯 가지 상서로운 신비 가운데, 보통 사람으로서는 도저히 믿을 수 없는 것이 있으니, 그것이 바로 부처님의 양 눈썹 사이에 있는 백호상(白毫相)에서 한 줄기의 광명이 발하여, 동방의 1만8천 국토를 비추었다는 발광서(發光瑞)이다. 아마도 대부분의 사람들은 이 사실을 믿지 않을 뿐만 아니라, 심지어는 터무니없는 이야기라고 비웃어 버릴는지도 모른다. 그러나 우리는 이 발광서가 상징하는 참뜻을 찾아내어야만 한다. 예전부터 문자의 겉면만 보고 경전을 이해해서는 아니 된다고 경책하는 말이 있다. 바로 "달을 보라고 손으로 달을 가리켰더니 보라는 달은 보지 않고 왜 손가락만 보느냐?"라는 말이다.

미국의 시인 롱펠로는 그의 "인생 찬가"라는 시에서 "…… 잠자는 영혼은 죽은 것이 아니니 만물은 외양의 모습 그대로가 아니다."라고 했듯이 이 미간 백호상의 의미를 음미해 보면 다음과 같은 큰 뜻이 있다.

즉 우리 인간에게는 눈이 두 개밖에 없다. 그러므로 3차원의 세계 이외는 볼 수 없게 되어 있다. 그러나 현상계는 4차원 이상의 세계인데 인간은 겨우 3차원적인 현상계의 겉면만을 볼 수 있을 뿐, 그 속에 겹쳐 있는 실상을 보지 못하기 때문에 거꾸로 매달린 전도(顚倒)된 불행한 삶을 영위하고 있는 것이다. 다시 말해 우리의 눈 하나가 1차원(1次元)씩을 본다고 가정하면 2개의 눈을 가졌으니 2차원의 세계를 볼 수 있고 또 두 눈이 합쳐 1차원을 더 보니 모두 3차원의 세계를 보게 된다. 그런데 진실로서의 사물의 세계는 적어도 4차원 이상의 세계이므로 우리의 눈을 가지고서는 이 세계를 있는 그대로 참답게 볼 수 없다. 만물만상은 고정된 실체가 없는 공성(空性)인 상태이기 때문에 계속 변화해 가고 있는 것인데도, 범부는 이를 영원한 실체인 양 착각하고 이에 집착하기 때문에 고통을 받는 것이다. 이러한 고통에서 벗어나는 길은 오직 지혜의 눈을 가지고 사물의 실상을 꿰뚫어 보아야 한다. 이 지혜(光明)의 눈을 상징한 것이 바로 백호상임을 알아야 한다.

우리가 절에 가면 ∴+○ 이런 표시를 볼 수 있다. 이것을 이자3점(伊字三点)이라 한다. 이 3점은 각각 법신·반야·해탈을 가리키며, 이 3점을 서로 연결하면 3각형이 되는데 이 삼각형의 내부가 열반인 것이다. 즉 열반의 4덕(四德)을 뜻한다. 다시 말해 상(常)·락(樂)·아(我)·정(淨)인데, 이 삼각형의 꼭지점, 이것이 바로 앞에서 말한 지혜(般若)의 눈이라는 것을 알아야 한다. 우리들도 이 제3의 눈 즉 마음의 눈을 하루 속히 열어서 부처님과 같은 경지에 도달해야 할 것을, 이 미간백호상(眉間白毫相)이 암시하고 있음을 알아야 한다.

9. 사 연(事緣)

문수보살은, 먼 옛날부터 많은 부처님을 섬겨 온 보살이었다. 미륵보살에게서 대중을 대표하여 지금의 부처님께서 나타내 보이신 상서로운 모습에 대해 그 이유를 질문받고 이렇게 대답한다.

『지금 부처님·세존께선, 〈훌륭한〉 큰 가르침을 설하여, 큰비가 내리〈듯 일체중생에게 미치도록 하시〉며 고동 소리처럼 〈그 가르침이 언제까지나 중생의 마음속에 기억되도록〉 하시며, 또 북을 쳐서〈군사를 진격케 하듯 그 가르침에 의해 사람들의 마음을 불러일으켜서〉 그 내용이 널리 퍼지도록 설하고자 생각하고 계실 것이다.』

즉 이제부터 대법(大法) =『묘법연화경』이 설해질 것이라고 대답한다. 문수보살이 이와 같이 대답할 수 있었던 것은 그가 이미 과거에 모든 부처님을 섬길 때 지금과 같은 일을 경험한 사실이 있었기 때문이다.

그런데 그 과거의 일이란 "과거 무량무변 불가사의 아승기겁"이라고 하는 생각을 초월한 아주 그 옛날에 있었던 해와 달을 등불로 삼는 부처님이라는 일월등명불(日月燈明佛)에 대한 이야기이다. 이 일월등명불은 대대로 똑같은 이름의 부처님으로 계속되어 2만의 일월등명불이 출현하셨다. 그 최후의 일월등명불 때에 마침 지금의 석가불 때처럼, 우선 일월등명불이 "무량의(無量義)·교보살법(敎菩薩法)·불소호념(佛所護念)"이라고 이름 하는 대승경을 설하셨다. 그리고 이 대승경을 설해 마치시자 무량의처삼매에 드셨던 것이다.

이때 하늘로부터 갖가지의 꽃이 흩어져 내렸고, 대지는 여섯 가지로 진동했으며, 부처님의 미간백호상(眉間白毫相)에서부터 빛이 발하여, 동방의 1만 8천 국토를 비추었다. 그러자 일월등명불께서는 삼매로부터 일어나 대승의 가르침인 "묘법연화·교보살법·불소호념"이라고 이름 하는, 큰 가르침(大法)을 설하셨다. 이런 까닭에 이 일월등명불의 전례에 의하면, 지금의 부처님께서도 『법화경』을 설해 실상의 참뜻을 밝히고자 이 큰 기서(大奇瑞)를 일으킨 것이다. 합장하고 『법화경』이 설해지는 것을 일심으로 기다려라. 이렇게 문수보살은 미륵보살에게 말했던 것이다.

그런데 문수보살은 과거의 여러 부처님을 섬긴 보살이었으나, 원래는 일동을 대표하여 질문한 미륵보살도 또한 과거의 여러 부처님에게 시봉한 일이 있었던 것이다. 그렇다면 미륵보살도 문수보살과 똑같은 경험을 하여, 지금의 상서로운 모습에 대한 의미를 알 것인데, 그렇지 않고 문수보살만이 이해할 수 있었다. 그것은 웬일일까. 왜 미륵보살은 이해할 수 없었던 것일까. 이에 대해 『법화경』은 문수와 미륵의 과거 전신(前身)에 대한 이야기를 설해 이를 밝히고 있다.

즉 2만 부처님의 맨 마지막 일월등명불께서 『법화경』을 설하였을 때에 묘광(妙光)이라고 하는 보살이 있었다. 일월등명불께서 멸도하신 후 묘광은 80소겁(小劫)이라고 하는 긴 세월에 걸쳐 『법화경』을 기억하고 사람들에게 설했으며, 또 일월등명불의 여덟 사람의 아들을 교화했던 것이다. 묘광에게는 800인의 제자(弟子)가 있었는데, 그 가운데의 한 사람인 구명(求名)이라는 제자는 명리명문(名利名聞)에 집착하여, 아무리 많은 경전을 읽어도 곧 잊어버리는 것이었다. 실은 그 때의 묘광이 지금의 나 즉 문수며, 구명이라는 제자가 그대 즉 미륵이었던 것이다. 그런 까닭에 미륵은 과거에 자기가 많은 부처님을 시봉한 것마저 잊고 있어, 지금의 상서로움 대한 의미를 이해할 수 없었던 것이다. 이리하여 부처님께서 나타내 보이신 상서로운 모습의 의미가 밝혀지니, 일동은 법열(法悅)과 환희에 가득 차 석존께서 삼매에서 일어나 『법화경』을 설하실 것을 조용히 기다리는 것이었다.

그리고 이 문수와 미륵의 인연담(因緣譚) 가운데서, 일월등명불께서도 아득한 옛날에 『법화경』을 설하신 것이 나오는데, 이것을 이상하게 생각해서는 안 된다. 이것은 『법화경』이 시공(時空)을 초월한 보편적 진리라는 것을 표현하려고 한 것임에 주의해야 한다. 『법화경』이 설하는 내용이 언제, 어디서나, 항상 진실하며, 진리(眞理)라는 의미에는,

그 진리를 설하는 것은 석가 한 분의 부처님(一佛)에 국한되지 않고, 과거의 여러 부처님들도 또한 지금까지 설해 왔다고 하는 것이 당연한 일이 아니고 무엇이겠는가 하는 뜻이 된다.

끝으로 필자는 때때로 이곳저곳에서 설법을 하는 경우가 많다. 그때그 때 마다 듣는 사람이 다르고 분위기도 다르다. 뿐만 아니라 설하는 사람의 기분도 때에 따라 다르다. 또 듣는 사람도 "듣는 심정"에 따라 다르니 즉 듣는 사람도 천차만별하다. 제 아무리 좋은 분위기에서 좋은 이야기를 듣더라도 항상 모두가 감동한다고는 단정할 수 없다.

그러기에 지금 여기서 설하려는 『법화경』을 어떻게 하면 청중이 쉽게 받아 드리며 "듣고 싶다"는 마음을 갖도록 할 것인가, 하는 것은 매우 중요한 일이다. 미간백호상에서 빛을 놓아 동방 1만 8천 국토를 비춘다. 차례차례로 상서로운 조짐이 일어난다. 일동의 깊은 감동과 환희, 문수의 순수한 설명, 많은 청중은 감동과 긴장의 소용돌이 속에 있다. 이런 가운데 "합장하고 일심으로 기다려라." 하는 말은 드라마틱한 서품의 마지막을 장식하는 말이지만, 우리들도 『법화경』을 설하는 자리에 동참하는 마음가짐으로 28장에 이르기까지 청정한 마음을 가지고 읽어 주기 바란다.

妙法蓮華經 方便品 第二
묘법연화경 방편품 제이

梵本『법화경』제2장
훌륭(巧妙)한 방편(方便)

1. 일체의 현상(諸法)은 참모습(實相)이다

  무량의처 삼매에 들어 계시던 부처님께서는 이 방편품에서 차츰 명상에서 일어나 사리불(舍利弗)에게,
「부처님의 깨달음은 매우 깊고 헤아릴 수 없기 때문에 그대들 성문과 벽지불(緣覺)이 들어서 알 수는 없다.」
라고 말씀하셨다. 이것이『법화경』에서의 부처님께서 맨 처음 하신 말씀이다. 부처님의 깨달음은 부처님과 부처님만이 끝까지 파헤쳐서 꿰뚫어 본 것이어서 보통 사람으로서는 알 수 없다고 한다. 그것은 제법의 실상으로서 즉 일체 만물만상이 그대로 참모습임을 뚜렷이 아신 것이라 한다. 그렇다면 일체 만물만상의 진실한 모습이라는 제법실상이란 어떠한 것인가. 경전은 이것을 존재의 본질을 가리키는 열 가지의 카테고리(Cate-go
ry)로 표시하고 있다. 즉 여시상(如是相), 여시성(如是性), 여시체(如是體), 여시력(如是力), 여시작(如是作), 여시인(如是因), 여시연(如是緣), 여시과(如是果), 여시보(如是報), 여시본말구경등(如是本末究竟等)이라는 열 가지이다. 이 열 가지의 항목에는 머리에 모두 여시(如是)라는 말이 붙어 있으므로 예로부터 이를 십여시(十如是), 혹은 십여(十如)라

고 부르고 있다. 이 십여시의 하나하나의 의미는,

①, 상(相)이란, 모습, 형태.

②, 성(性)이란, 그것이 본래 가지고 있는 성질.

③, 체(體)란, 상과 성의 의지처가 되는 본질.

④, 력(力)이란, 잠재적인 능력.

⑤, 작(作)이란, 작용, 효능.

⑥, 인(因)이란, 현상이 생기(生起)고 변화하는 직접적 원인.

⑦, 연(緣)이란, 조연(助緣) 즉 원인을 돕는 간접적 원인. 조건(條件).

⑧, 과(果)란, 인연에 의해 생긴 결과.

⑨, 보(報)란, 그 결과가 구체적으로 나타난 것.

⑩, 본말구경등(本末究竟等)이란, 맨 처음의 여시상을 근본으로 하고 제9의 여시보를 끝으로 하여 그 본(本)에서부터 말(末)까지를 끝까지 철저히 밝히면, 끝에 가서는(究竟) 하나로 관통되어 절대적으로 평등(等)하다.」는 것. 즉 평등하다는 것은 각 범주가 똑같이 공성(空性)이어서 절대(絶對) 평등(平等)임을 말한다.

결론적으로 말해 앞의 아홉 개의 여시(如是)를 별론(別論)이라 한다면 이 본말구경등은 총론(總論)이다.

천태의 교설에 의하면, 이것이 10여시이며 물질적이거나 정신적인 현상을 막론하고 모든 현상(事物)에 일관된 법으로서 구비되고 낱낱의 존재를 지탱하는 진리로 되어 있다. 즉 일체 현상의 생기(生起), 존재는 이 10여시의 법칙에 따르고 있으며 이것이 일체 만물의 진실한 모습이며 제법실상이라고 하며, 화엄(華嚴)의 성기설(性起說)에 맞선 성구설(性具說)이다.

그러나 이 10여시는 『법화경』의 정신이 이곳에 집약되어 있다고 하여 "약법화(略法華)"라고 할 정도인데 구마라집이 번역한 경전 속에 나오는 "실상"이라는 말은 우주 안에 있는 일체 현상의 가장 깊은 곳에 있는 실재(實在) 즉 "여(如)" 또는 "법성(法性)"이라는 뜻으로 사용하는 경우도 있고 "실제(實際)" 또는 "진상(眞相)"이라는 뜻으로도 사용하는 경우가 있다. 그 밖에도 "공(空)"이라든가 "중도(中道)"라든가 "반야바라밀(완성된 최고의 지혜)"이라든가 "열반" 등으로도 사용하고 있다.

그러나 이것을 크게 나누면 "현상 위의 실상(우리가 보거나 듣거나 할 수 있는 것 위에서의 실상)"과 "현상의 속에 있는 실상"의 두 가지이다.

그런데 여기서 말하는 실상이란 분명히 이 두 가지를 모두 가리키고 있다. 즉 현상 속에 있는 실재를 본다고 하는 깨달음에 입각하여 현상 위의 실상을 본다는 것이다.

이에 관해서는 "대지도론(大智度論)" 속에서 용수(龍樹)가 "제일의공(第一義空)"을 설명하고 있다.

「제일의공이란 제법실상이라 이름 한다. 이는 영원히 파괴되지 않는 절대적인 실재이며 이것이 제법의 실상이다. 그러므로 그것이 현상으로 나타나는 경우에는 결코 고정된 형태를 취하지 않는다. 사물은 우리의 눈으로 보고 귀로 듣는 순간부터 벌써 변화하고 있다. 즉 실재라고 마음에 느끼는 것도 틀렸고 더욱이 이것을 실재라고 집착하는 것도 잘못이다. 다시 말해 모든 현상이란 연기(緣起)의 법칙에 의해 생기며 변화하고 사라져 가는 것이어서 실체라는 것은 없기 때문이다.」

실체가 있는 것은 오직 현상 속에 있는 "실재"뿐이다. 바꾸어 말하면 "우주의 근본생명"뿐이다. 이 우주의 근본생명이 갖가지의 현상을 만들어 내고 있기 때문에 이 우주의 근본생명이라는 실재를 알고 이를 꿰뚫어 보지 않는 한 이 세상에 있는 모든 현상의 참 뜻을 알 수 없다. 그러나 부처님은 지혜를 얻으셨기 때문에 비로소 이를 꿰뚫어 볼 수 있는 것이다.

그런데 이 10여시는 다르마라크샤 즉 축법호(竺法護)가 번역한 "정『법화경』"에는 다섯 가지의 항목으로 되어 있으며, 인도의 유일한 『법화경』 주석서인 세친(世親)의 『법화경론』에도 "하등법(何等法)" "운하법(云何法)" "하사법(何似法)" "하상법(何相法)" "하체법(何體法)"의 5항목이다. 그리고 많은 싼쓰끄리뜨 본(梵本)도 5항목이다. 즉 "이것은 무엇이며" "그것은 어떠한 것이며" "그것은 무엇과 비슷하며" "그것은 어떠한 특질을 가졌고" "그것은 어떠한 본질을 가졌는가."이며, 티베트 어 역도 똑같은 다섯 항목이다.

아무튼 제법의 실상을 표현함에 있어 꼭 10여시를 고집할 필요는 없다. 이것은 번역 상의 문제이며 5여시이든 3여시든 실상을 표현한 것이면 그로써 무방하다고 본다.

그런데 여기서 중요한 점은 『법화경』 자신이 말하고 있듯이, 『법화경』은 교보살법(敎菩薩法)이므로, 청중인 아라한 및 학, 무학인들은 모두 아공(我空)은 알고 있지만, 법공(法空)은 알지 못한 사람들이기 때문에, 절대평등(絕對平等)에 대해 설한 것이 바로 반야(般若)이며, 십여시(十如是)이다. 다시 말해 분별지(分別知)는 알고 있지만, 평등성지(平等性智)를 알지 못한다면, 어찌 보살의 혜안(慧眼)을 가질 수 있다는 말인가. 아무리 번뇌를 멸진(滅盡)했을지라도, 분별지에 머물러 있다면, 언제 일체지(一切智), 도종지(道種智), 일체종지(一切種智, 또는 大圓鏡智)에 도달하여, 성불할 수 있겠는가. 짧은 소견인지 모르지만, 『묘법연화경(妙法蓮華經)』을 번역한 구마라집(鳩摩羅什)이 오항목(五項目)을 십여시(十如是)로 바꾸어 번역한 것은, 아라한들을 보살로 인도하기 위해서가 아닐까, 하고 생각한다. 물론 천태의 성구설(性具說)도 획기적(劃期的)인 발상(發想)임에는 틀림없지만, 보다 필요한 것은, 절대평등이 아니겠는가. 그래서 일본의 일련종(日蓮宗) 계통인 종파와 정토진종(淨土眞宗)에서는, 『반야경(般若經)』을 독송하지 않아도 된다고 하는 것이다. 왜냐하면, 이 십여시(十如是)가 바로 반야(般若)이기 때문이다. 그런 줄도 모르는 우리나라의 일련계(日蓮系) 종파에서는 "하지 않아도 된다."는 것을 "해서는 안 된다."고 확대 해석하고 있음은, 웃지 못할 넌센스가 아닌가. 『법화경』을 비롯한 모든 대승경전은 반야가 그 밑바닥에 자리 잡고 있다는 것조차 알지 못하는 어리석음을 알아야 할 것이다.

2. 1념3천(一念三千)의 법문

이 천태의 일념삼천은, 과연 불교의 깨달음이라는 측면에서 어떠한 역할을 하는 것일까?

이 10여시에 착안하여 불도 수행자의 주체적인 세계관으로서의 「일념삼천」의 법문을 만들어 세우고, 그것에 의해 실천관법(實踐觀法)의 체계를 만들어 낸 사람은 중국의 천태종(天台宗)을 크게 이룬 지의(智顗)이다. 1념3천이란, 1념심(一念心) 즉 우리들의 일상생활에서, 한 순간 한 찰나에 일어나는 마음을 말하며 그 한순간의 마음 가운데에, 3천이라는 수(數)로 대표되는 온갖 사물, 세계, 우주 전체가 포함되고 갖추어져 있다고 하는 법문이다 — 다만 1념 3천이라는 용어를 사용한 것은 천태종 6조(六祖) 담연선사(湛然禪師)로부터 비롯됨 — 그런데 이 법문은 어떻게 하여 이끌어 냈는가 하면 지의대사(智顗大師)의 『마하지관(摩訶止觀)』권 5에 의하면,

『우선 10여시가 만물의 진실상이라면 만물에 평등하게 10여시가 존재한다. 여기서 만물의 존재는 이를 지옥(地獄), 아귀(餓鬼), 축생(畜生), 수라(修羅), 인간(人間), 천신(天神), 성문(聲聞), 연각(緣覺), 보살(菩薩), 부처(佛)의 열 가지 세계(十界)로 나눌 수 있다. 이와 같이 세계를 미혹(迷)과 깨달음(悟)이라는 관점에서 열 가지의 계층으로 분류하는 것은 화엄(華嚴)의 세계관이지만, 이 10계(十界)는 깨달음에의 가능성 상에서 다시 그 10계에 각각 10계를 구족하고 있어, 이를 십계호구(十界互具)라 하며, 100계(百界)가 성립된다. 그것은 예를 들면 지옥계의 중생도 수행에 따라서 훌륭히 부처가 될 수 있음은 지옥에도 다른 9계(九界)를 구족하고 있기 때문이며, 또 인간이 지옥에 떨어진다거나 혹은 반대로 보살이 되기도 하는 것은 인간계에 다른 9계를 구족하고 있기 때문이다.

이와 같이 10계에 각각 10계를 구족하여 100계로 되는 것이 수행의 측

면에서 본 진실한 세계의 모습이다. 이 100계는 저마다 똑같이 10여시라고 하는 존재의 본연의 자세에 의해 지탱되기 때문에 이 100계에 10여시를 곱하여 100계(界) 1,000여(如)가 된다. 이 1,000여의 하나하나는 중생(衆生, 主體), 5음(五陰, 주체를 구성하고 있는 물질적 현상과 정신적 현상의 다섯 가지 요소), 국토(國土, 환경 즉 주체가 의지하여 사는 현상 세계)의 세 가지의 세간(世間)이 존재하므로 1,000여에 이 3종(三種)의 세간을 곱하면 3,000(10x10x10x3)의 법이 된다. 이 3,000의 법이 마음을 발판으로 하여 앞에 나타날 때에 사사물물(事事物物)은 모두 융통하여, 아귀도 부처가 되고 또 초목도 부처로 된다.

그와 반대로 부처도 지옥으로 되고, 성문도 수라가 된다. 이렇게 추구해 가면 불계(佛界)를 제외한 나머지 9계의 중생에게도 그 속에 불계를 갖추고 있으며, 반대로 불계에도 지옥을 포함한 9계가 갖추어져 있으므로 지옥에도 선(善)이 있다는 성선설(性善說)과 부처님에게도 악(惡)의 성품이 있다고 하는 성악설(性惡說)에 이른다. 이때 지옥의 성불도 가능하며 부처님의 악에 대한 구제도 가능케 된다.」

이렇게 모든 인간계에 있는 사람뿐만 아니라, 지옥계에 있는 사람이나, 불계에 있는 사람이나, 모두 10계의 어느 곳에든지 갈 수 있는 가능성 즉 인(因)을 가지고 있으니, 이 10계의 사람이 각각 서로 10계에 갈 가능성을 갖추고 있다는 것을 "십계호구(十界互具)"라고 한다.

그런데 이미 부처님이 된 후에도 지옥에 떨어질 가능성을 가지고 있을까? 하는 의문이 있을 것이다. 다시 말해 부처님은 모든 미혹을 여의었고, 집착을 떠났으며, 10악을 말끔히 없앤 분이므로, 그 부처님에게 지옥의 인자(因子)가 있다는 것은 확실히 모순인 것처럼 생각되겠지만, 그것은 결코 모순이 아니다.

부처님에게도 악의 인자는 내재하고 있다. 그러나 그것을 부정하므로 말미암아 선으로 바꾸신 분이 부처님이시다. 이것을 학문적으로 말하면 "지양(止揚:Auf-heben)"이라고 하는 어려운 낱말이 되지만, 아무튼 악이나 번뇌라고 하는 것을 부정하는 것, 그 자체가 선(善)이기 때문이다.

그러므로 부처님의 10선(善)이라 함도 결국은 "10악(惡)을 행하지 않음"을 말하며, 선의 하나하나의 항목을 열거하고 있지 않다. 천태대사는 이를 설명하여 "부처님은 악을 몸과 마음으로 행하는 것을 단절하였을 뿐 성(性, 성질 즉 내재하는 인자)으로서의 악은 가지고 계신다."

이것은 당연한 것으로서 만일 부처님의 마음속에서 "악"이나 "번뇌"라고 하는 "인자"가 말끔히 소멸되어 버렸다면, 모든 사람들의 마음속에 있는 "악"이나 "번뇌"를 알지 못할 것이며, 알지 못하면 구제하지도 못할 것이다. 부처님의 덕이나 자비라고 하는 것도 결코 어린애처럼 천진난만한 것이 아니고 모든 악이나 번뇌를 뚜렷이 꿰뚫어 본 후, 그것을 포용하고 선으로 이끌어 간다고 하는 커다란 이지(理智)의 작용인 것이다.

이로써 불·보살에게도 지옥이나 수라의 인자(因子)가 있다는 것은 이해하였을 줄 믿는다. 다만 불·보살은 그 "인(因)"에 싹이 돋아날 "연(緣)"을 절대로 부여하지 않고, 나아가 그 "인"에 자비라는 "연"을 부여하여 그로부터 중생제도의 가르침을 발견하시기 때문이다. 이와 같이 "인"은 주어지는 "연"에 따라 어떤 "과(果)"로도 이끌어 갈 수 있기 때문에 이것이 "10여시"라는 진리의 정수(精髓)라고 할 수 있다.

이와 같이 천태대사는 10여시에 의해서 1념3천의 법문을 세워 수행자가 체득(體得)해야 할 궁극의 목적으로 삼았으나, 이 법문은 일본 천태종으로 계승되고 다시 니찌렌(日蓮)에 이르러 "사(事)의 1념3천"으로 꽃을 피운 것이다. 이것은 천태가 적문(迹門, 서품에서부터 안락행품까지의 전 14품), 특히 방편품에 의한 1념3천은 중생성불(衆生成佛)의 가능성을 이법(理法)으로서 가르치는 아직 부처가 되지 않은 수행인의 이성인, 인인이성(因人理性)의 1념3천이어서 덕을 닦음(修德)에 의해 나타나는(顯現) 1념3천이며, 이를 "이(理)의 1념3천"이라 부른다. 이에 반하여 니찌렌(日蓮)의 본문(本門, 종지용출품에서부터 권발품까지의 후반 14품), 특히 「수량품」에 의한 1념3천은, 부처님의 구원실성이 밝혀진 것에 의해, 불범일여(佛凡一如)의 위에 선, 수행의 결과로서 나타난 과상현현(果上顯現)의 1념3천이며, 덕을 닦음에 의하지 않고서도 범부가 보는 그대로의 세계가 그대로 불계의 나타남이라고 하는 것이다. 이 것을 "사(事)의 1념3천"으로 부른다. 천태로부터 비롯된 1념3천은 니찌렌(日蓮)의 "사(事)의 1념3천"에 이르러 법문으로서의 클라이맥스에 도달했다고 말할 수 있다.

더욱이 이 10여시에 "삼전독문(三轉讀文)" — 또는 10여3전(十如三轉)이라고도 함 — 이라고 하여 이것을 공(空), 가(假), 중(中)의 삼제(三諦)로 세 번 반복하여 읽는 경우가 있다. "시상여(是相如), 시성여(是性如)……" 즉 이[是] 상(相)은 여(如)하고, 이[是] 성(性)은 여(如)하다 로, 여(如)에서 구(句)를 끊으면 이는 10계 평등의 공제(空諦)로 읽는 것이고, "여시상(如是相), 여시성(如是性)……" 즉 이와 같은 상(相), 성(性)에서 끊으면 이것은 10계 차별의 가제(假諦)로 읽는 것이며, 그리고 "상여시(相如是), 성여시(性如是)……" 즉 상(相)은 여시(如是), 성(性)은 여시(如是)라고 시(是)에서 끊으면 이는 10계의 실상을 나타내는 중제(中諦)로 읽는 것이다. 천태에서는 이와 같이 하나의 글(一文)을 각각 세 가지로 읽고 공(空)·가(假)·중(中)의 삼제(三諦)가 원융하고 있다고 설한다. 현재에도 방편품을 독송할 때에 10여시를 세 번 되풀이하여 읽는 것은 여기에 연유하고 있다.

그런데 이 1념3천의 법문을 이해하기만 하여도, 이 가르침에 의해 자기도 부처님이 될 수 있음을 확실히 알게 되어 용기가 솟아 날 것이며 아울러 어떠한 사람도 부처님이 될 수 있는 소질이 있음을 알면, 인간의 존엄을 실감케 될 것이다. 그리고 동시에 남을 구제하는 길은 그에게 내재되어 있는 불성을 개발시켜 주는 데 있음을 알게 될 것이다. 즉 "나"와 "남"이 함께 구제되는 길을 이 "1념3천설"은 밝힌 것이다.

3. 현실세계는 방편(方便)의 세계

방편품을 자세히 살펴보면 설법의 최초부터 부처님께서 깨달으신 최고의 지혜는 이해하기 어렵다는 것과 그 지혜에서 나온 방편력(方便力)의 위대함을 매우 찬양하고 있음을 알 수 있다.

그런데 그 자리에 있던 모든 사람들은 부처님께서 깨달으신 최고의 지혜는 이해하기 어렵다고 하여도 그렇겠지 하고 수긍하겠지만, 그 지혜에서 나오는 방편력의 중대함을 설하시는 것은 처음 있는 일이라서, 모름지기 지혜가 제일이라는 사리불(舍利弗)마저도 이 뜻을 정확히 알 수 없었던 것이다.

석존은 참으로 여기서 "인생의 대도사(大導師)로서의 자격은 방편력을 가지고 있다는 것"을 암시하고 있으니, 석존 자신도 대도사로서 그 방편력을 가지고 갖가지의 가르침을 설해 온 것이다.

그러나 방편이라고 말하지만, 그것은 모두 진실된 것이다. 왜냐하면 방편은 진실에 뿌리를 두고 있기 때문이다. 만일 방편이 진실에 뿌리를 두지 않았다면, 그것은 거짓된 가르침에 지나지 않는다. 이 점을 확실히 이해하지 않으면 아니 된다.

그런데 이 방편을 방편으로 알지 못하는 동안에는, 그 속에 있는 진실을 정확히 파악하지 못한다. 즉 "한 계단 위로 올라가라." 하여 위로 올라갔다. 그리고 다만 한 계단 위로 올라간 것만으로 기뻐하고 있다면, 아직 진실을 파악하지 못한 경우이다. 그러나 "위를 보아라." 하므로 위를 보았더니 부처님의 깨달음이라고 하는 훌륭한 방(室)의 입구가 보였다. 아아! 이 계단을 올라가라고 말한 것은 저 방으로 인도할 목적에서 그렇게 말한 것이 아닌가 하고 방편이 방편이었음을 알았을 때, 비로소 그것이 진실에 연결된 것임을 알 수 있다.

이로써 석존은 "방편 속에 감추어져 있는 진실을 알라." 하며 이제부터 그 진실에 대해 설하려고 하신다. 즉 방편(3승)을 열어 진실(1승)을 나타내는 "개삼현일(開三顯一)"의 대법문을 전개하려 하시며, 그 전제로서 방편이라는 것의 중대함을 역설하고 있다.

 그리고 또 하나 인간이 살고 있는 세계는 현상의 세계이다. 그러므로 우리가 인식할 수 있는 세계는 3차원의 세계이기 때문에, 현상으로 나타나 있는 사물을 매개(媒介)로 하지 않고서는, 도저히 차원을 초월한 실상을 이해할 수 없다. 바꾸어 말하자면, 인(因)과 연(緣)에 의해 일시적(假)으로 나타난 사물을 "방편"이라 하고, 이 방편인 사물을 통해 보지 않고서는 진실을 알 수 없는 것이다.

 또 인간은 저마다 살고 있는 환경과 직업 등에서 진심으로 일에 열중한다든지, 또는 친절한 행위를 하는 등 "방편"을 통하지 않고서는 부처가 되는 길은 없다.

 여기에도 방편의 중대함이 있으므로, 뒤에…… 아이들이 놀이 삼아 손가락으로 부처님의 모습을 그렸을 경우에도 그것이 성불의 원인이 된다.……등으로 설하고 있음도 그것이 모두 진실에 바탕을 두고 있기 때문이다.

 그리고 이 "방편이 진실에 통한다"는 사실을 예로부터 "개권현실(開權顯實)"이라는 말로 표현하고 있다. 즉 방편을 열어 진실을 나타낸다는 것이다. 그런데 이 권(權)은 저울추(錘)를 말하며, 실체를 달아보는 저울추 즉 방편을 뜻한다. 예를 들면, 여기 한 개의 사과가 있다고 하자. 그런데 이 사과의 무게를 알려고 할 때에, 우리는 이 사과를 저울에 올려놓고 추가 움직임을 멎는 곳의 눈금(方便)을 읽어야만, 비로소 그 사과의 무게(眞實)를 알 수 있다. 이와 같이 저울추가 가지고 있는 기능은, 실체 그 자체가 가지고 있는 무게를 헤아릴 수 있는 오직 하나의 훌륭한 수단이다. 만일 이러한 수단이 없다면, 영영 이 사과의 무게는 말할 수 없게 된다. 다시 말해서 진실 그 자체는 말로나 글로 표현할 수 없는 것이므로 ─ 왜냐하면 우리들이 사용하는 언어는 3차원의 세계밖에 표현하지 못하므로 차원을 초월한 이 진리를 설명하기에는 언어가 부적절하기 때문에 ─ 언어도단(言語道斷) · 불립문자(不立文字) ·

신성불가침(神聖不可侵) 등으로 표현하지만, 이 표현할 수 없는 진리를 표현하고자 하면, 수단(方便)을 도입하지 않을 수 없게 된다. 진리는 이렇게 수단을 이용하여야 비로소 표현되게 되므로, 방편은 곧 진리의 나타남이며, 이 방편을 통하지 않고서는 진리를 나타내 보일 수 없는 것이다. 여기에 수단의 중대함이 있다.

이렇게 수단과 진리는 그 바탕(體)을 같이하기 때문에, 『반야심경』에서도 물질적 현상(色, 方便)이 곧 공성(空, 眞理) 즉 실체가 없는 것이며, 공성(眞理)이 곧 물질적 현상(方便)이라고 한 것이다. 그러나 어디까지나 수단은 수단일 뿐, 진리 그 자체가 아니므로 진리의 차원에서 보아 이를 진실이 아니고 방편 즉 권(權)이라 하였으며, 방편(權)을 통(開)해 진실(實)을 나타낸다(顯)고 말한 것이다.

결국 이 「방편품」에는, 방편에 대해 다음 세 가지의 가르침이 설해져 있다.

1. 인생의 대도사로서의 자격은 방편력을 갖추고 있어야 할 것.
2. 방편 속에 감추어져 있는 진실을 알아야 한다는 것.
3. 인간은 방편에 의하지 않고서는 진실을 알 수 없고, 나아가 그 것을 행할 수 없다는 것.

그런데 위의 세 가지에 포함된 이러한 중대한 의미는 뒤에야 겨우 알수 있었을 뿐, 처음에는 그 누구도 알지 못했다.

그렇기 때문에, 처음 "진실"을 밝힌 법문인데도, "진실품(眞實品)"이라 하지 않고 "방편품"이라 이름한 것이다.

4. 하나의 큰 목적(一大事因緣)

무량의처삼매(無量義處三昧)에서 일어나신 석존께서는, 우선 사리불에게 제법실상 즉 10여시를 설하시며 말씀하시기를, 이 실상은 그대들이 알 수 있는 것이 아니며, 오직 부처와 부처만이 훌륭히 궁진 하는 것이라고 하신다. 그리고 이어서 성문·연각의 2승(二乘)에 대해서, 고(苦)에서 해탈하여 열반을 증득케 한 부처님의 가르침은, 실은 방편력을 가지고 3승(三乘)의 가르침을 설한 것이어서, 이제부터 설하는 가르침이 진실한 것이라고 말씀하신다.

이 말씀을 들은 아야교진여 등 1천 200인의 아라한을 비롯한 많은 제자들은 깜짝 놀라며 생각하기를, '우리들은 이미 해탈을 얻고 있는데도 무슨 연유로 부처님의 깨달음과는 하늘과 땅 같은 격차가 있다고 하시는 것일까' 하고 부처님의 진의를 알려고 고심하였다. 그리하여 사리불은, 이 의문을 가진 대중을 대표하여 부처님께 여쭈었다. "부처님은 무엇 때문에 제불제일(諸佛第一)의 불가사의한 법을 찬미하십니까. 예로부터 부처님을 섬겨 온 저마저 일찍이 이러한 말씀을 들은 적이 없을 뿐만 아니라, 아울러 대중은 모두 이 의심에 싸여 있습니다. 원컨대 이를 설해 주소서"

이 간청에 대해 부처님께서는,

"그만 두자, 그만 두자, 말해 무엇 하겠는가." 하시며 거부하셨다. 사리불은 두 번, 세 번, 거듭 간청하니, 부처님께서는 세 번 만에 겨우 그 청을 받아들여 진실한 법을 설하시게 되었다. — 이것을 3지3청(三止三請)이라 한다 —

그러나 이때, 청중 가운데의 일부가 자리에서 일어나 부처님께 절하고 퇴거하는 사람들이 있었다. 그들은 증상만(增上慢)을 품은 5,000인의 승속들이었다. 그때 부처님께서는 "사리불이여, 이와 같은 증상만의 사람들은 물러감이 좋다." 하고 말씀하시며, 그들을 제지하지 않으셨다. 이를 5,000기거(五千起去)라 한다.

참고로 구마라집 역(譯)은 "퇴역가의(退亦佳矣)"라 하여, 이 의(矣, 뜻대로 하라) 자(字)를 쓰고 있다. 본경 중에서 이 뜻이 강한 의(矣) 자를 사용한 것은 오직 여기뿐이다.

5.000인이 자리에서 물러간 것을 확인하신 부처님께서 사리불에게 설하신 가르침은 무엇이었던가, 그것이 일대사인연(一大事因緣)의 설법이다.

 즉 부처님께서는 사리불에게, 모든 부처님의 지혜는 매우 깊고 한량없어 성문·연각은 잘 알 수 없다. 이것은 "오직 부처와 부처만이 훌륭하게 완전히 밝힐(究盡) 수 있다."고 말씀하신다. 사리불은 이 말을 듣고, 그 매우 깊고(甚深) 미묘(微妙)한 법(法)을 설해 주소서 하고, 청하기를 세 번에 이르자 부처님께서는 비로소, 여래가 이 세상에 출현하는 것은 일대사인연을 위한 것이라고 설하신다. 그렇다면 일대사인연이란 무엇인가. 그것을 경전은 다음과 같이 설한다.

『제불세존(諸佛世尊)은, 중생으로 하여금 불지견(佛知見)을 열어(開)서 청정함을 얻도록 하기 위해서 세상에 출현하신다. 중생에게 불지견을 확실히 알 수 있도록 가르쳐 보여 주기 위해서(示) 세상에 출현하신다. 중생으로 하여금 불지견을 깨닫(悟)도록 하기 위해서 세상에 출현하시며, 중생으로 하여금 불지견의 길(道)에 들어오게(入) 하기 위해서 세상에 출현하신다. 사리불이여, 이것을 제불은, 오직(唯) 일대사(一大事)의 인연(因緣)을 가지고 세상에 출현하신다고 말한다.』

 결국 일대사인연이란, 불지견 즉 부처님의 깨달음인 지혜를 중생에게 개·시·오·입(開示悟入)시키기 위한 것임을 말한다. 불지견(tathagata-jna
na-darsana)이란, 부처님의 깨달음인 지혜에 의해서만이 얻을 수 있는 진실한 견해인 것이다. 이것을 모든 중생에게 열어(開) 보이(示)고 깨닫게(悟) 하여 들어오게(入) 한다는 것은, 모든 중생에게 부처님과 똑같은 깨달음을 얻게 하여 부처님과 똑같은 깨달음의 길에 들게 하는 것이다. 그 부처로 되는 길이란, 부처로 인도하는 탈것(乘) 즉 불승(佛乘)을 말한다. 불지견인 개시오입 ― 이것을 4불지견(四佛知見)이라 한다 ― 이란, 모든 중생을 한결 같이(平等) 하나의 불승(佛乘)으로 귀입(歸入)시키도록 하는 것을 말한다. 그렇다면 그 것이, 무엇 때문에 일대사인연이라고 하는 것일까.

 그에 대해, 뒤에 설하는 게송 가운데에, 다음과 같이 부처님의 마음속을 설해 밝히게 된다.

『내가(부처님) 처음 〈붓다가야의〉 보리수 아래서 깨달음을 얻은 후, 그 자리에 앉아 〈7일 동안 깨달음을 되새기고〉 있었으며 〈다음 7일 동안 동쪽으로 열 걸음 사이를〉 경행하고 〈또 7일 동안 경행하던 동쪽에서〉 보리수를 지켜보며 명상하며, 이렇게 삼칠일 동안 〈그 정각의 땅에 머물면서〉 이런 것을 생각했다. 내가 얻은 지혜는 〈이 우주에서 가장 미묘한〉 최고의 진리인데, 중생은 근기 낮아 쾌락에 사로잡혀 어리석은 장님이다. 이와 같은 무리들을 무엇으로 제도할까. 이런 생각했을 때에 범천왕, 제석천, 사천왕, 대자재천 등은 부처님께 가르침을 설해 주실 것을 간청했다. 그러나 생각해 보면, 이와 같이 우둔한 중생에게 다만 성불도(成佛道)만을 설한다면, 이 가르침을 믿을 수가 없고, 믿지 않은 잘못 때문에 3악도(三惡道)에 떨어지게 될 터이니, 그렇다면 차라리 법을 설하지 않고 이대로 열반에 들어 버릴까 하고도 생각했다. 그러나 과거의 부처님들이 하셨던 바를 생각하면 방편을 가지고 법을 설했던 것이므로, 지금 나도 그를 좇아서 얻은 바의 부처님의 지혜를 방편을 써서 성문·연각 ·보살인 3승(三乘)의 가르침을 가지고 이를 설하기로 하자, 이렇게 결심한 것이다.』

 그리하여 성문의 가르침, 연각의 가르침, 보살의 가르침이라는 각각 법을 듣는 사람의 근기에 따라 법을 설했으니, 열반의 법을 찬탄하여 생사의 고에서부터 영원히 그들을 구제했다. 그러나 부처님의 참뜻은 일체중생이 부처로 되는 가르침 즉 불승을 설하는 데에 있었다.
 그리하여 마침내 부처님이 깨달으신 지혜를 설하게 되었으니, 지금까지 생사의 괴로움에서 구제되어 열반의 법에 애착을 느낀 성문·연각의 사람들은 이것 이상의 법이 있다고 설해도 그것을 믿을 수가 없어, 의심하거나, 반발하거나, 거부하는 등, 어느 하나였으니 바로 5천 인의 증상만의 사람들이 퇴장하고 말았던 것이다.

그러나 지금 그 부처님의 지혜를 설할 때가 왔다. 경은 게송 중에서 이렇게 말한다.

『여래가 출현함은 부처님 지혜 설하기 위한 것,
지금 바로 이때로다. 사리불이여, 바로 알아라.
근기 낮고 지혜 없는 사람, 현상에 집착해
교만하기 때문에 이『법화경』믿지 못하지만,
내 지금 〈가르침 설하는〉 기쁨만 있고 두려움 없어
모든 보살 가운데서
정직히 방편을 버리고 무상도만 설하니,
보살들은 이 가르침 듣고 모든 의혹 없앴으며
1천2백의 아라한들도 미래에 모두 성불하리라.』

부처님께서는 이때에 이르러, 곧바로 방편의 가르침을 버리고, 가장 높은 부처님의 가르침을 설한다고 말한다. 그 가르침에 의해서 보살은 물론 1천2백 인의 아라한들도 부처가 될 수 있다고 말하는 것이다.

이것은 2승 수행도(修行道)의 가치전환이다. 즉 생사의 괴로움에서 해탈한 아라한, 연각에 대해, 그것이 방편임을 밝히고, 일체중생의 괴로움을 구제하는 불도를 찬탄한 것은, 지금까지의 수행 가치를 일변케 하는 대선언인 것이다. 이것은 수행자에게는 일대 변혁이어서 참으로 일대사(一大事)인 셈이다.

인간의 구제라는 종교상의 관점에서, 개인의 해탈과 인류 전체의 구제와를 비교할 때, 인류 전체의 구제 쪽이 보다 차원이 높은 것은 자명한 이치이다. 불교는 개인의 구제에서부터 출발했으나, 이것을 방편사상을 가지고 껍질을 벗고, 보다 차원 높은 대승교에까지 승화한 것은 종교사상(宗敎史上) 커다란 공적이라 아니할 수 없다. 이것을 경전 스스로가 "일대사(一大事)의 인연(因緣)"이라고 이름 한 것은 참으로 수긍이 되는 말이다.

그런데 『법화경』에서 설하고 있는, 석존께서 이 세상에 나오신 일대사 인연에 대해 이 경전의 한역자(漢譯者)인 구마라집(羅什)은, 석존 출세의 일대사인연에 대해 번역하기를 "석존은 자기가 얻은 부처님의 지혜에 의한 자각을 사람들에게 「열게(開) 하여·보여(示)주어·깨닫게(悟)하고·들어오게(入) 한다.」의, 개·시·오·입이라는 네 가지에 있다."고 했다. 이를 이어받아서 6세기 중국 천태종의 개조(開祖)인 지의(智顗) 스님은 「(開)는 사물의 장애가 없어져 잘 보이는 것, 시(示)는 이것 저것으로 분별해서 보는 것. 오(悟)는 깊이 이해하는 것, 입(入)은 속으로 들어가는 것」으로 전개하여 설했다.

천태대사가 설한 것을 더 자세히 말하면 다음과 같다. 자기가 가지고 있는 그릇된 지식·편견·아만 즉 자기에게 사로잡혀 있는 자아(自我)가 부처님의 지혜를 얻는데 가장 큰 장애가 된다는 것이다. 이 장애가 제거되면 모든 것이 있는 그대로 보이므로, 평등의 지혜가 개발된다. 이것이 첫 번째의 "개(開)"이다.

이렇게 평등의 눈이 열리면 동시에 낱낱의 존재가 개별성의 의미를 가지고 있다는 것 즉 차별성도 이해하게 된다. 이것이 제2의 "시(示)"이다.

다시 평등한 채로 차별, 차별인 채로 평등이라고 하는, 차별과 평등의 균형이 잡힌 관계를 잘 이해할 수 있는 것이 제3의 "오(悟)"이다.

그리고 이와 같이 이해할 수 있는, 자기와 자기를 에워 싼 객관이 융합되어 나와 남이 서로 들고나는 작용이 제4의 "입(入)"이라 할 수 있을 것이다.

부처님의 지혜에 의한 자각을 "불지(佛知)"라 하는데 이 부처님의 지혜란 "공(空)"을 아는 지혜 즉 실체가 없다는 무아(無我)를 말하며, 이 공을 아는 지혜를 반야(般若)라 한다. 그리고 이 반야의 지혜는 자기 자신을 비롯해 그 어떠한 것에도 일체 사로잡히지 않기 때문에 이 불지란, 아무 데도 집착하지 않는 지혜의 작용을 뜻한다.

그런데, 이 부처님의 지혜는 불지불견(佛知佛見) 즉 불지견(佛知見)으로 전개된다. 불견이란 부처님의 지혜로 보는 것을 말하며, 이렇게 그무엇에도 사로잡히지 않게 되면, 상대적으로 보는 것이 아니라, "있는 그대로 보이게" 된다. 눈뿐만 아니라 귀까지도 그렇게 되니, 자아(自我)가 없어지면 듣는 것이 아니라, "여여(如如) 하게 들려오게" 된다. 그러므로 불지불견이란, 인생살이를 바르게 바라보는(正見) 법을 아는데 눈을 뜨게 되는 것을 말한다. 『법화경』에서 석존이 이 세상에 출현한 참뜻(本意)은, 이와 같이 불지견(佛知見)을 사람들에게 "열게 하여, 보여주어, 이해하고, 들어오게" 하기 위해서라고 한다.

5. 5천 인이 자리에서 일어나 물러가다

진실을 설해 주소서, 하고 세 번씩이나 사리불이 간청하시자, 부처님께서는 "그렇다면 이제부터 진실을 설하겠다."고 말씀하신다. 그러자 그 자리에 있던 5천의 비구·비구니·우바새·우바이가 자리에서 일어나 부처님께 절하고 떠나갔다. 이것을 "5천기거(五千起去)"라고 함은, 앞에서 말한 바와 같다. 이 광경을 보신 부처님께서는, 이 떠나가는 사람들을 말리지 않으시고 그대로 두라고 하시며, 이들은 나무의 잔가지나 잎 새 같은 존재들이고, 여기 남아 있는 사람들은 곧고 진실한 사람들이라 한다. 즉 떠나는 사람들은 증상만(增上慢)의 사람들이란다.

증상만이란, 얻지도 못했는데 얻었다고 생각하며, 깨닫지도 못했는데도 깨달았다고 우쭐대는 사람을 가리킨다. 우리는 이러한 사람을 교만하다고 표현하고 있는데 교(驕)란, 출신 성분에 의해 잘났다고 거드름을 피우는 것을 말하고, 만(慢)은, 알지도 못하면서 아는 체하며 거드름을 피우는 사람을 가리킨다. 그런데 이 교나 만은 왜 일어나는 것일까. 그 원인은 자기의 육체가 자기라고 착각하여 이에 집착하기 때문에 생기는 무지(無明)에 인해 비롯된 것이다. 이것을 아상(我相)이라 하고, 이 아상이 반연하여 살아있는 사람이라는 생각(人相), 개체(個體)라는 생각(衆生相), 개인이나 개인의 영혼이 있다고 하는 생각(壽者相)이 생기게 된다. 이러한 사람을 중생 또는 범부라 부른다. 그런데 이 『법화경』은 보살을 가르치는 법(敎菩薩法)이기 때문에 중생은 물러가도 좋다고 부처님께서 말씀한 것이다. 그러므로 이 『법화경』을 진심으로 받아들여 마음속에 간직하려는 사람은, 반드시 아만심(我慢心), 특히 증상만을 버려야 한다는 것이다. 그렇기 때문에 이 5천 인이 물러갔다는 것은, 단순히 5천 인이 물러간 것이 아니라, 우리 중생의 마음속에 자리 잡고 있는 증상만심(增上慢心)을 버려야만 된다는, 『법화경』을 듣는 사람이 갖추어야 할 하나의 전제조건인 것이다. 이로써 중생이 가지고 있는 근본번뇌(根本煩惱) 중의, 탐(貪)·진(瞋)·치(癡)·만(慢)의 네 가지가 거론되고, 나머지 의(疑)와 악견(惡見)이 앞으로의 법문에서, 거론될 것이다.

6. 경전은 1단논법(一段論法)으로 읽어야 한다

앞서 5천 인이 퇴거하는 것을 보신 부처님께서 사리불에게 말씀하신 것이 바로 「일대사인연」이었다.

잘 알겠지만, 석존께서 이 세상에 태어난 하나의 큰 목적·이유를 한마디로 말한다면 "미혹한 사람을 구제하기 위해서"라는 것이 된다. 그렇다면 우리들은 왜 개나 고양이로 태어나지 않고 무엇 때문에 사람으로 태어나 배우기도 하고 일하기도 하는 것일까. 자기 자신의 일대사인연을 골똘히 생각해 보아야 하지 않겠는가. 나의 스승이셨던 야옹(冶翁) 큰스님께서는, "경(經)은 몸으로 읽어야 한다(身讀 혹은 色讀)"라고 항상 말씀하셨다. 즉 경전을 읽을 때에는 1단논법(一段論法)으로 읽어야만 하고, 절대로 상대논법(相對論法)으로 읽어서는 안 된다는 것이다. 경전을 읽을 때에, 경전과 내가 하나가 되어야만 하는데, 대부분의 경우 경전의 말씀은 부처님의 이야기이며 자신과는 아무런 관계가 없으므로 '부처님은 부처님, 나는 나'라고 상대적으로 생각하지만, 그렇게 해서는 안 되고, 경전의 마음이 바로 내 마음이 되어야 한다. 다시 말해서 경전 중에 관세음(觀世音)보살이 나오면 즉시 내가 바로 관음(觀音)이 되어야 한다. 그런데 저 이야기는 관음(觀音)의 이야기이며 나의 이야기가 아니라고 생각한다면, 경전을 천만번 읽는다 해도 소용이 없다는 말이다. 정말 꼭 가슴에 새겨 두어야 할 말이다.

그런데 『법화경』에서 설하고 있는 석존께서 이 세상에 나오신 일대사인연 즉 부처님이 무엇 때문에 이 세상에 출현했는가 하는 본심(本懷)을 바꾸어 말하면, 석존의 "삶의 보람·삶의 목적"이 된다. 따라서 『법화경』에서 "세상에 출현하시는 목적·즉 일대사인연"에 대한 대목을 읽을 때에는 반드시, 자기 자신에게 투사하여 일단논법으로 — 자기에 관한 이야기로 — 읽어야만 된다. 즉 '과연 나는 무엇 때문에 사람으로 태어났으며, 또 어떤 목적을 가지고 살아가는가.'라고 자기를 응시하며 읽는 것이 참다운 독경방법이다. 그런데 여기서 말하는 "인연"에 대해서는 어렵게 생각지 말고 "이유·상관관계" 정도로 이해하면 된다.

현대사회는 평등과 차별의 상관관계가 모든 조직의 바탕으로 되어 있다. 그렇다고 평등 일변도로 치달으면 사회가 무질서 상태로 되며, 반대로 차별적인 감정이 강해지면 배타적으로 흐르고 만다. 우리들은 이러한 상태를 가리켜 삐거덕거린다고 말하는데, 이 삐거덕거리는 것을 불교에서는 "아타피차견(我他彼此見)"이라 하며, 나(我)와 남(他)·그것(彼)과 이것(此)의 대립·차별을 일컬어서 이렇게 말한다. 즉 가로와 세로의 관계가 잘 조화되지 않으면 삐거덕거리는데, 이러한 사정은 가정이나 사회의 인간관계에서 흔히 찾아 볼 수 있다. 그리고 이것을 불교에서는 변계소집성(遍計所執性)이라 하여 모든 것을 주관적으로 판단하여, 일체 사물이 따로따로 있다고 생각하는 것을 말한다. 다시 말해 너 따로 나 따로라고 생각하는 것을 일컬어 하는 말인데, 이것을 분별지(分別知)라고 하는 것이다.

그런데, 인간을 비롯하여 모든 존재는 차별과 평등이 서로 균형을 유지할 때 비로소 삐거덕거리지(我他彼此) 않고 안정되는 것이므로 나와 남, 그것과 이것이 서로 넘나드는(入我我入) 작용이 바로 "들어오게(入) 한다"는 것이다. 다시 말해 너 속에 나가 있고 나 속에 네가 있다는 생각을 가지도록 한다는 것이다. 이것이 평등이고 하나인 것이며, 이것이 불교에서 말하는 지혜(般若)인 것이다.

이 열어서 보여주어 이해시켜 들게 한다는 "개·시·오·입"을 현대 사회의 기업에 방편으로 적용해 보면 "도무지 신입 사원은 일을 자진해서 터득하려 하지 않고 가르쳐 주어야 배우는 수동적인 태도로 일관한다."라고 하며 자못 투덜대는 소리를 경영직으로부터 듣는 경우가 많다. 이것은 지도자 측에도 문제가 있다고 생각된다. 예를 들면 어린애라도 자기가 집에서 무엇인가 보탬이 된다는 것을 알게 되면, 그가 비록 어릴지라도 집안일을 돕게 된다. 그러므로 일반 성인(成人)도 "일에 대한 지향심"을 일으키게 할 지도가 필요하다. 직장이나 조직에 보탬이 되겠다고 하는 마음을 "열게" 함으로써 비로소 그의 마음속에 기어코 해내 "보이"겠다는 마음이 생겨나며, 이렇게 되면 이미 그는 수동적이지 않고, 능동적으로 자진해서 터득하려고 노력하게 된다. 즉 자동적으로 자기 몸 전체로 "이해"하려고 하는 앎(悟)을 향해 나아가려는 의욕을 일으키게 된다. 이 때문에도 지도자와 피지도자의 관계는 인간적으로나 정신적으로 "서로 들고나는" 즉 너 속에 내가 있고 내 속에 네가 있다[入我我入]고 하는 신뢰감이 결여되어서는 안 된다. 왜냐하면 지도자는 사람을 지도하면서 그 사람을 만들기도 하지만, 반대로 사람을 지도함으로써 그 역시 사람이 되어 가기 때문이다.

그리고 이렇게 너와 내가 하나가 되었을 때, 비로소 자비심이라는 것이 생겨난다. 이때 생겨나는 것을 동체대비(同體大悲)라고 하는 것이다. 그가 아파하면, 나도 아프고, 그가 기뻐하면 나도 기쁜 것이다. 왜냐하면 그가 곧 나이고, 내가 곧 그이기 때문이다. 이것을 아는 것이 지혜인 것이다. 그런데, 흔히 이 지혜를 슬기라고 말하는 사람이 있는데, 불교에서 말하는 지혜는 슬기나, 학식이 아니고, 더욱이 너와 내가 따로따로 있는 것이 아니라, 너와 내가 하나라고 아는 것을 지혜라고 하므로, 일반적인 슬기와 구별하기 위해서 그저 지혜를 반야(般若)라고 하는 것이다.

7. 모든 현상은 본래부터 항상 스스로 조화되어 있다

그런데 『법화경』의 근본사상인 제법실상관(諸法實相觀)을 소개하면 다음과 같다. 즉 소승 불교 ― 정확히는 상좌부불교, 법화경 성립 당시의 일체유부(一切有部) ― 라고 하면 어쩐지 그 품격이 떨어지는 느낌이 있으나 실은 불교사상의 원줄기임에 틀림없다. 성문·연각·보살에 대한 3승의 가르침은 상좌부불교 즉 일체유부의 주된 교리이며, 중요한 실천이었다. 『법화경』은 그러한 가치를 인정하면서 3승의 가르침을 1승법(一乘法)으로 총합 및 통일한다. 이 일승법을 현대어로 표현하면 단일(單一)·일원(一元)의 진리로 된다. 더욱이 3승의 법을 부정하지 않고 긍정하면서, 보다 큰 사상으로 통합하고 육성한다. 특히 반야의 공(空)사상을 제법실상의 사상으로 통합한 것이 『법화경』의 내용이라고 말할 수 있다.

인연 ― 서로 관련되므로 써 생겨나는 모든 현상을 진실한 모습으로 관찰하는 것이 제법실상관이다. 바꾸어 말하면 모든 현상은 단순한 현상이 아니라 진리의 모습을 그대로 나타내 보인다고 생각하는 긍정적 세계관 그것이 바로 제법실상관이다.

이러한 제법실상을 「방편품」에서는 "모든 현상은 본래부터 언제나 스스로가 조화된 모습이다(諸法從本來 常自寂滅相)".라고 설명한다. 그런데 이 적멸에는 많은 뜻이 있으나 한마디로 말하면, "평안한 상태, 또는 안정된 모습"을 가리키니, 차별과 평등이 서로 균형이 잡힌 모습을 말한다. 그러므로 「방편품」에서는 「모든 현상은 본래 그대로 항상 있어야 할 모습(진실한 모습)을 나타내고 있다.」라고 말한다.

이와 같이 "일대사인연"에 관한 가르침은 지금까지 다소 무의미했던 우리 인생에 새로운 의미를 부여하므로 써, 우리를 다시 태어나게 하는 참으로 고마운 가르침이다.

8. 2승작불(二乘作佛)

2승(二乘)이란, 부처님의 수행 길(修行道)에 견디지 못해 이를 피해서 성문의 길(聲聞道), 연각의 길(緣覺道)로 나아간 사람을 말한다.

2승은 자기 마음의 번뇌를 모두 멸하고 최후에는 신체마저도 멸한 상태 ― 이를 회신멸지(灰身滅智)라 한다 ― 를 궁극(究極)의 목적으로 하기 때문에 심신을 멸한다면 이미 다시 태어나는 일은 없다. 즉 적멸의 세계에 노닐 수 있게 된다. 따라서 어떠한 법도 거기에는 성립하지 않는다.

악인은 지옥에 떨어지지만 재생할 수가 있으므로 수행에 따라서 이윽고 부처로도 될 수 있는 가능성을 남기고 있다. 그러나 2승은 철저한 공적이므로 성불의 가능성은 절대로 있을 수 없다. 이것이 불교의 원칙이다. 그러므로 2승이 성불한다고 하면 마치 볶은 씨앗에서 싹이 돋는 것과 같이 일체가 성불할 수 있다는 것의 증명이 된다. 그러므로 일체중생이 성불하는 것을 지향하는 대승불교에서는 실로 2승의 성불이 대승교 그 자체의 성부(成否)와 가치에 관한 커다란 지표가 되기 때문이다.

대승불교 가운데에는, 2승은 성불할 수 없다고 설하는 것도 있다. 예를 들면 "반야경"이나 "유마경" 등의 경전에서는 2승은 성불 불가능한 패종(敗種)이라 하여 배척하고 있다. 그러나 많은 대승불교는 2승의 성불을 설했다. 소승열반(有餘涅槃)에 들어간 2승을 각성케 하여 새로이 부처가 되기 위한 수행을 실천하게 하기 위해서 대승교는 크게 염려했던 것이다. 2승에게 불도수행을 실천케 하기 위해서는, 우선 2승을 재생시키지 않으면 안 된다 하여 번뇌를 자세히 검토하고, 2승은 완전 열반했다 하여도 무명주지(無明住地)라는 궁극적인 번뇌를 남기고 있다. 2승은 3계(三界) 내의 분단(分段)인 생사를 초월한 것뿐이며, 무명주지의 번뇌를 남기고 있는 한, 또 3계 밖의 불가사의한 변역(變易) 생사를 면할 수 없다. 그러므로 2승도 거듭 태어난다고 하여 불도수행의 기연(機緣)을 부여한 것도 있다. [승만경(勝鬘經)]

　그렇다면 『법화경』에서는 어떻게 하여 2승을 열반의 잠에서 깨어나게 했던 것일까. 『법화경』의 경우에는 어디까지나 가르침을 듣는 공덕 즉 "문법(聞法)의 공덕"에 의했던 것이다.

「방편품」에서 석존께서는 사리불(舍利弗)를 향해, 우선 제법의 실상 즉 10여시를 설했다. 즉 모든 현상은 무아(無我)이기 때문에, 절대평등(絶對平等)에 있기 때문에, 일체만물의 차별도 평등 위에 성립하고 있음을 법으로 설하여, 앞에서 성문의 가르침, 연각의 가르침, 보살의 가르침으로 분별하여 설한 것도 실제로는 방편으로 마련한 것에 불과할 뿐, 지금부터 부처님의 진실한 가르침을 설한다고 선언한 것이다. 이로써 일대사의 인연이라 하여 사리불을 각성시켰던 것이다. 그 진실한 가르침이란, 1불승(一佛乘) 즉 모든 중생이 부처가 된다고 하는 가르침이며 거기에 성문·연각이나 보살의 2승이나 3승이라고 하는 구별은 없다. 바로 이것이 평등사상인 것이다. 모두가 대체로 부처로 향하는 보살만의 세계인 것이다. 경은 이 대목을 "제불여래는 다만 보살만을 교화하신다."라고 설한다.

　이 가르침을 들음으로써 사리불을 비롯한 2승의 사람들은 스스로의 허물을 깨닫고 마음을 대승으로 돌려서 부처를 지향(廻小向大)하는 대승인 보살의 길로 들어갈 수 있었다. 이것이 "문법(聞法)의 공덕"이며, 2승의 사람들은 여기서 대승의 보살로서 다시 태어난 것이다.

그렇다면 2승이 스스로의 허물을 깨닫고 마음을 대승으로 돌려서 부처를 지향하여 대승의 보살로 다시 태어남을 가능케 하는 것 즉 가르침을 들은 공덕의 근거는 무엇인가. 이「방편품」에서는 "부처님의 지혜는 이해하기 어렵고 들어가기 어렵다(難解難入) 하며 "부처님과 부처님만이 끝까지 밝힐 수 있다(唯佛與佛 乃能究盡)."고 설한다. 그렇기 때문에 부처님의 지혜는 부처님이 아니고서는 알 수 없는 세계이다. 그리고 그 부처님의 지혜에 의해서 설해진 1불승의 가르침도 또한 2승에게는 본래 알 수 없는 가르침이다. 따라서 2승이 그 1불승의 가르침을 듣고 스스로가 참다운 불자 즉 부처님의 아들이라는 자각을 가지기 위해서는 무엇보다도 우선 부처님의 그 가르침을 믿는다고 하는 대전제가 있어야만 한다. 부처님이 비록 아무리 훌륭한 법을 설한다 할지라도, 그것을 믿지 않는 사람에게는 그것은 그림의 떡에 지나지 않는다. 그러므로 부처님의 설법자리를 떠난 5천 인의 사람들은 마침내 불자가 되지 못해『법화경』에 의해서 구제 받지 못했던 것이다. 이 부처님의 말씀을 믿는다고 하는 것(信佛語)이 마음을 대승으로 돌려서 부처를 지향(廻小向大)하는 것이, 무엇보다도 큰 근본조건이며, 또 그것 이외에 부처님의 지혜에 이바지하는 수단은 없는 것이다. 부처님께서 설하시는 1불승의 가르침을 믿는다고 하는 것, 그것에 의해서 부처님의 아들(佛子)이라는 자각이 생기고 나아가서는 부처님으로부터 미래 성불의 증명(記莂)이 주어지기도 하기 때문에, 크게 말하자면 "믿음[信]"은 이『법화경』의 1승사상(一乘思想)이 성립하기 위해서의 근본조건이기도 한다.『법화경』이, 부처님의 지혜는 이해하기 어렵고 들어가기 어렵지만 "믿음으로써 들어갈 수 있다(以信得入)."고 설해 "믿음"을 강조하는 것도 그것 때문이며, 그것은 또한 1승사상을 설하는 다른 경전에도 같은 것이다.

妙法蓮華經 譬喩品 第三
묘 법 연 화 경 비 유 품 제 삼

梵本『법화경』제3장
비유(譬喩)

1. 장자화택(長者火宅)의 비유(喩)

앞의 「제2장 방편품」에서 성문·연각·보살의 3승에 대한 가르침은 1
승으로 인도하기 위한 교화의 수단일 뿐, 결코 그것이 궁극의 목적이 아
니라는 것이 밝혀졌다. 그리하여 종래 영원토록 성불할 수 없다고 말해
온 성문은 부처님으로부터 "그대들 1천2백의 아라한도 미래에 성불하리
라."라고 하는 증명(記莂)을 받았다. 그런데 이 「비유품」 첫머리에 이르
자, 사리불(舍利弗은 우선 "지금 부처님께로부터 직접 이와 같은 말씀을
듣고 보니 너무나도 기쁘기 그지없습니다. 정말로 지금까지는 이런 큰
기쁨을 맛본 적이 없습니다."라고 말하며 기쁨과 놀라움을 세존께 표명
한다. 그것은 지금까지 보살에 대한 성불의 예언(授記)은 가끔 보아 왔
으나, 우리들 2승에게는 그것을 받을 수 없다고 단정해 왔기 때문이었
다. 경전은 사리불의 마음속에 놀람과 불가사의함을, "악마가 부처님의
모습으로 나타나 괴롭힌다."라고 표현하고 있다. 부처님은 이에 사리불
에게 "부처님은 2만 억의 부처님 아래서 항상 그대를 교화해 왔고, 불도
에 지원토록 해 왔다. 그러나 지금은 그것을 말끔히 잊어버리고, 스스로
는 이미 2승의 해탈열반을 얻었다고 생각하고 있다. 나는 그대에게 부
처님의 제자로서 세운 본래의 서원(本願)과 〈그 서원으로 말미암아〉행

하는 갖가지 수행을 다시 기억케 하기 위해 이 『법화경』을 설하고 있는 것이다."고 말한다. 사리불은 이 『법화경』을 듣고 먼 옛날에 세운 서원을 생각해 내었으며 부처님께서는 그에게 미래세에, 이구국(離垢國)에 태어나 화광여래(華光如來)라는 이름의 부처님이 되리라고 예언하는 것이었다. 이것이 2승성불(二乘成佛)의 최초이다. 이 부처님께서 성불에 대한 예언을 수기(授記)라 한다. 수기란 기별(記莂)을 수여(授與)하는 것을 말하며, 기별이란 미리 뜻을 말해 주는 것을 말한다.

사리불이 성불의 기별을 받는 것을 본 대중은 환희하였으나, 다른 1천 2백의 아라한들은 아직 자기들은 열반을 얻고 있다고 믿고 있으며, 지금 세존 앞에서 아직 아무도 경험하지 못한(未曾有) 『법화경』의 2승작불에 관한 설법을 듣고 모두 의혹을 품었다. 사리불은 이를 알고 부처님께 그들의 의혹을 풀어 주실 것을 간청했다. 이리하여 부처님께서는 1천2백의 아라한들이 품고 있는 의심의 그물을 떨쳐 버리기 위해 설하신 것이 큰 부자와 불난 집의 이야기 즉 장자화택의 비유이다.

2. 맹렬히 불타오르는 집안에서 놀고 있는 아이들

"장자화택의 비유" 이야기는 다음과 같다.

어느 마을에 자식 많고 나이 많은 억만장자가 있었다. 그는 넓고 큰 저택에 살고 있었는데 그 집은 이미 낡아서 폐가처럼 황폐해 있었다. 새들이 집을 짓고 있었으며 뱀들도 서식하고 있었다. 큰 저택이지만 무슨 까닭인지 출입구는 오직 하나뿐이었다.

그런데 어느 날 돌연히, 이 집에 불이나 순식간에 온통 불바다가 되었다. 장자는 재빨리 문밖으로 뛰쳐나왔으나 그가 사랑하는 수많은 아이들은 불난 것도 모르고 집안에서 놀이에 정신이 팔려 있었다. 아이들은 자기들의 몸에 닥쳐오는 위험을 알지 못하므로 피할 마음도 없었다. 아버지인 장자의 마음은 안타깝기 짝이 없었다. "위험하니 빨리 밖으로 나오너라." 하고 밖에서 크게 소리쳤으나 아이들은 아버지의 말을 귀담아들으려 하지 않았다. 그들은 "불이 났다는 것은 무엇이며, 불이 집을 태운다고 말씀하지만 집이란 무엇인가, 또 불에 타서 죽는다는 것은 어떠한 것인가"를 전혀 알지 못했으므로 그저 집안을 이리 뛰고 저리 뛰면서 문밖의 아버지를 힐끔힐끔 쳐다보기만 하였다. 그토록 아이들은 불난 것에 대해 알지 못(無知)했다.

장자인 아버지는, 어떻게 해서라도 아이들을 구하겠다고 생각했으므로, 아이들이 평소에 원했던 것을 이것저것 생각한 끝에 "너희들이 항상 원하던 양(羊)이 끄는 수레, 사슴이 끄는 수레, 소가 끄는 수레가 문밖에 있으니 빨리 밖으로 나와라."라고 그들에게 소리쳐 말했다. 장자는 비록 늙기는 하였지만 힘이 있었기 때문에 아이들을 밖으로 끌어낼수는 있었지만, 그러나 본인들이 자발적으로 뛰쳐나오도록 해야겠다고 생각했기 때문에, 일부러 그렇게 하지 않았다. 양이 끄는 수레와 사슴이 끄는 수레와 소가 끄는 수레는 모두 아이들이 꿈속에서나마 그리던 그런 것들이었다.

아이들은 아버지의 그 말을 듣자, 손에 가지고 놀던 장난감을 내던지고 앞을 다투어 오직 하나뿐인 문을 통해 밖으로 나왔다. 그러나 그곳에는 아버지가 말한 양의 수레, 사슴의 수레, 소의 수레는 그림자도 없었다.

아버지는 아이들의 무사한 모습을 보고 안도의 숨을 쉬었으나, 아이들은 이에 승복하지 않았다. "아버지는 거짓말을 하셨다." 하며 심히 아버지에게 항의했다. 그러자 아버지는 약속한 양·사슴·소가 끄는 수레보다 더 크고 훌륭하며 날쌘 흰소(白牛)가 끄는 수레를, 수많은 아이들에게 전부 주었으므로 아이들은 모두 만족했다.

이상이 "장자화택 또는 삼거화택(三車火宅)"의 비유이다. 이것을 또 "3계 화택(三界火宅)의 비유"라고도 하며 줄여서 "화택유(火宅喩)"라고도 한다. 화택 즉 불난 집은 3계에 비유하고. 아이들은 중생에, 그리고 장자는 부처님을 비유한 것이며, 또한 양·사슴·소의 세 가지 수레는 각각 성문승·연각승·보살승인 3승을 비유한 것이고, 대백우거(大白牛車)는 1불승에 비유했다. 그리고 경전은 이 비유를 다음과 같이 결론짓는다.

즉 부처님은 일체 세간의 아버지이며 대자대비를 가지고 일체에게 이익을 베푼다. 중생은 불난 집인 3계에 태어나 4고(四苦) 8고(八苦)로 괴로워하고 있으면서도 그 3계가 불난 집인 줄 알지 못한다. 부처님은 3계인 불난 집 가운데의 중생은 모두가 내 아들이라 하며, 이 아이들의 고난을 뽑아내고 부처님의 지혜인 안락을 주려고 생각한다. 부처님은 신통력과 지혜력을 두루 갖추고 있으나 3계인 불난 집에서 놀이에 빠져 있는 아이들에게는 그 부처님의 지혜는 알기 어렵다. 그리하여 그 장자가 몸의 힘은 있어도 그것을 사용치 않고 방편을 써서 화택의 난을 구한 것처럼, 부처님도 또한 방편으로써 중생들을 제도하려고 3승의 가르침을 설한다. 이것이 양·사슴·소의 3승이다. 여래는 이 3승인 방편을 가지고 중생들을 유도하고, 이 3승에 타고 중생들은 안온 쾌락을 얻었다. 그러나 이 장자가 아이들이 안전한 장소로 피해 나온 것을 보고 평등하게 큰 수레를 준 것처럼, 부처님도 또한 내 아들인 중생들이 3계의 고통에서 벗어나 열반의 안락에 도달한 것을 보고 한결같이 대승을 주는 것이다. 즉 부처님께서는 처음 3승의 가르침을 설해 주고, 후에는 위없는(無上) 가르침인 대승에 의해서 중생들을 부처님의 지혜에 이르도록 한다. 이와 같은 이유에서 모든 부처님은 방편으로써 1불승을 3승으로 나누어 설한다고 하여 앞의 「방편품」에서 설한 3승방편(三乘方便) 1승진실(一乘眞實)의 가르침을 상세히 설해 밝히고 있다.

『법화경』에는 법화7유(法華七喩)라 하여 유명한 비유 이야기가 있는데, 이 장자화택의 비유는 첫 번째의 비유 이야기이다. 그리고 이 비유에 담긴 많은 시사점에 관해서는 차츰 이야기하겠지만 우선 "번뇌의 불길이 치솟는 인간의 마음"에 대해 살펴보기로 한다.

불타는 집이란, 미혹한 인간이 현재 살고 있는 이 세계 즉 사바(娑婆)

이며, 우리들의 일생, 또는 우리들의 마음이기도 하다. 어느 때 석존께서는 편력수행(遍歷修行)의 길에서, 마가다국의 수도인 왕사성(王舍城)으로 향하던 도중 상두산(象頭山)에 올랐다. 그 근처는 석존에게는 여러 가지의 추억이 담긴 땅이었다. 산의 동북쪽에는 가야(伽耶)의 마을이 있고, 그 동쪽을 나이란쟈나(尼連禪)강이 조용히 흐르고 있으며, 강을 따라 멀리 남쪽에는 큰 깨달음을 성취한 잊을 수 없는 땅이 있다. 산 위에 오른 붓다께서는 제자들을 향해 이렇게 설법했다.

「비구들이여, 모든 것은 불타고 있다. 맹렬히 불타고 있다. 이 사실을 그대들은 맨 먼저 알아야 한다. 비구들이여, 모든 것은 불타고 있다는 것은 어떠한 의미일까, 비구들이여, 사람들의 눈은 불타고 있지 않은가. 그 대상을 향해 불타고 있지 않는가, 사람들의 귀는 불타고 있지 않은가. 사람들의 코. 혀, 신체, 마음도 또한 불타고 있지 않은가. 모두 그 대상을 향해 맹렬히 불타고 있다.

비구들이여, 그들은 무엇에 의해 불타고 있는가. 탐욕의 불길에 타오르고, 성냄의 불길에 타오르고, 어리석음의 불길에 타오르고 있는 것이다.」(『잡아함경』 연소(燃燒)에서)

상두산의 이 설법을 유럽의 불교학자들은 예수의 "산상의 수훈(垂訓)"에 비하여 "산상(山上)의 설법"이라 부르고 있다.

불이 돌연히 일어나는 것처럼 번뇌의 불길은 순식간에 타오른다. 눈과 코 등의 다섯 가지 감각기관(五官)은 탐욕과 분노와 미혹의 불길이 타올라서 우리들의 심신(心身)을 파멸시켜 버린다.

불교에서는 우리가 살고 죽고 미혹하고 깨닫고 하는 현실세계를 "3계(三界)"라 한다. 이 삼계란 "욕계(欲界)·색계(色界)·무색계(無色界)"를 말하며 이것이 불교의 인생관이기도 하다.

욕계(欲界)란, 식욕·성욕·수면욕 등 온갖 욕망을 표출하는 세계이며, 이 욕망이 점차로 확대되면 만족이 없고 결국에는 사람을 빠져 죽게 하므로 "욕망의 바다(欲海)"로 표현하기도 한다.

애욕(愛欲)은 사람을 불태워 멸망케 하고 빠져 죽게 하므로, 불이나 물보다 더 무섭다. 애욕의 포로가 되면, 자기의 심신이 불타는 줄도 모르는데 이 "화택의 비유"에 나오는 아이들에 해당한다. 낡은 집이란 추(醜)함과 언제 넘어질지 모르는 인간의 삶이다. 황폐한 집에 박쥐나 뱀이 집을 짓듯이 우리들의 심신에도 동물의 성질이 숨어 있어 언제 뛰쳐나올는지 알 수 없는 위험한 세계이다.

3계의 두 번째가 "색계(色界)"인데, 색은 색욕(色欲)을 가리키는 것이 아니라 "눈에 보이는 것" 모두를 색이라 한다. 색계는 색을 색으로 보는 데 그치고 욕계처럼 욕망을 일으키지 않는다.

3계의 세 번째가 "무색계(無色界)"인데 이것은 색을 초월한 높은 정신적인 세계를 말한다.

3. 대백우거(大白牛車)

앞의 "장자화택의 비유"에서 성문은 양이 끄는 수레를 얻으려고 불난 집(火宅)을 나오고, 연각은 사슴이 끄는 수레를 얻으려고 삼계를 나오며, 보살은 소가 끄는 수레를 얻으려고 삼계에서 나왔다. 삼계를 나와 두려움 없는 안온(安穩)한 곳에 이르는 것을 보고 부처님은 흰소(白牛)가 끄는 큰 수레를 각각 평등하게 주었다. 이것이 장자화택 비유의 골자이다. 지금 이 흰소가 끄는 큰 수레를 「대백우거(大白牛車)」라고 하며, 부처가 되기 위한 가르침 즉 불승(佛乘)을 비유한 것이다.

예로부터 "장자화택의 비유"는 개3현1(開三顯一)을 나타낸 것이라 한다. "개3현1"이란, 3승을 개회(開會)하여 1승을 나타낸다(顯)는 것으로서 지금까지 설한 3승의 가르침은 방편이며, 중생을 유인하기 위한 수단에 불과하고 지금부터 설하는 『법화경』의 1불승이 본래의 진실한 가르침이라는 것을 나타낸 것이다.

천태대사의 해석에 의하면, 개3현1은 우선 「방편품」에서 이해하기 어렵고 들어가기 어려운(難解難入) 부처님의 지혜를 단적으로 설한 제법 실상에서부터 시작된다고 한다. 이것을 약 개3현1(略 開三顯一)이라 말하고 있다. 이때에는 큰 지혜(大智)를 가진 사리불만이 이해할 수 있었으나, 다른 성문들은 자질이 미치지 못하므로 그들을 위해서 부처님은 근기에 맞추어 비유, 인연을 설하게 된다. 즉

상근기(上根機) — 법설(法說) — 사리불 — 방편품, 비유품.

중근기(中根機) — 비설(譬說) — 가섭, 목련(目連) 등 — 비유품, 신해품, 약초유품, 수기품.

하근기(下根機) — 인연설(因緣說) — 부루나 등 — 화성유품, 오백제자품, 인기 품.

이며 이 중근기, 하근기의 사람들에게 설하는 비유설, 인연설을 광 개3현1(廣開三顯一)이라 하고, 여러 가지의 소재를 구사하여 비유, 인연을 설해 널리 3승을 개회(開會)하여 1승을 나타내므로 이와 같이 부르는 것이다.

앞의 「장자화택의 비유」에서 양·사슴·소의 세 가지 수레를 각각 3승의 성문·연각(緣覺, 辟支佛)·보살승에 비유하고 대백우거(大白牛車)를 1불승에 비유한다고 말한다. 거기서는 삼승을 각각 성문승·연각승·보살승으로 하고 있으나 실은 3승이라는 명칭은 『법화경』에서는 위의 한 종류밖에 없다. 이렇게 말하는 것은 지금 우리가 의지하고 있는 『묘법연화경』 중에서도 또 그 밖의 싼쓰끄리뜨 본(梵本)이나 『정법화경』 등에서도 3승의 내용이 각기 다르기 때문이다. 예를 들면 『묘법연화경』에서의 이 제3장인 「비유품」에서는 『다만(但), 지혜방편(智慧方便)으로써 삼계(三界)인 불난 집(火宅)에서 중생(衆生)을 구제(救濟)하려고 그들을 위해 삼승(三乘)인 성문(聲聞)·벽지불(辟支佛)·불승(佛乘)을 설한다.』 라고 하여 여기서는 성문승·벽지불승·불승의 3승을 표시하고 있다. 그리고 조금 뒤에 양이 끄는 수레[羊車]를 구하는 것을 성문승, 사슴이 끄는 수레(鹿車)를 구하는 것이 벽지불승, 소가 끄는 수레(牛車)를 구하는 것이 대승으로 되어 있어 여기에서 3승은 성문승·벽지불승·대승이

다. 그러나 다시 뒤의 「제7장 화성유품」에서는 『만일 성문, 벽지불, 및 여러 보살이 능히 이 16의 보살이 설하는 바의 가르침(經法)을 믿고 기억하며 비방하지 않는 사람은 모두 참으로 아녹다라삼먁삼보리인 여래의 지혜를 얻을 것이다.』라고 하여 성문·벽지불·보살의 3승을 들고 있다. 또 「제14장 안락행품」에도 『성문을 구하는 사람, 벽지불을 구하는 사람, 보살도를 구하는 사람이 있다면……』이라는 곳이 있다. 여기서도 3승은 성문승·벽지불승·보살승이다. 이와 같이 『묘법화』 중에서도 3 승은 성문승·벽지불승·불승이거나, 성문승·벽지불승·대승, 그리고 성문승·벽지불승·보살승으로 되어 있다.

　그렇다면 『묘법연화경』 이외의 여러 본(本)에서는 어떤가 하면, 앞서 열거한 「비유품」의 두 가지 예 가운데의 전자에 대해서는 범본(梵本)에서는 성문승(sravakayana)·연각승(pratyekabuddayana)·보살승(bodhisattvayana)으로 되어 있고 『정법화경』에서는 『성문·연각·보살지도(菩薩之道)』로 되어 있다. 따라서 여기서는 『묘법연화경』만이 보살승이 아니고 불승(佛乘)으로 되어 있다. 그리고 「비유품」의 후자 부분에서는, 우선 싼쓰끄리뜨 본은 성문승은 사슴이 끄는 수레(鹿車), 벽지불승은 양이 끄는 수레(羊車), —『묘법연화경』과 반대로 되어 있다 — 대승(mahayana)은 소가 끄는 수레(牛車)에 상당한다고 되어 있고, 3승을 성문승·벽지불승·대승으로 되어 있어 『묘법연화경』과 일치하고 있다. 『정법화경』에서는 성문승은 양이 끄는 수레(羊車), 연각승은 말이 끄는 수레(馬車), 여래도(如來道)는 코끼리가 끄는 수레(象車)에 상당한다고 하여 성문승·연각승·여래도의 3승으로 되어 있다. 「제7장 화성유품」의 예에서는 어떤가 하면, 범본에서는 성문승의 사람(sravakayanika), 연각승의 사람(pratyekabuddhayanika), 보살승의 사람(bodhisattvayanika)으로 되어 있어 성문·연각·보살의 3승을 가리키고 있어 묘법연화경과 일치하고 있다. 그리고 『정법화경』도 성문·연각·보살의 3승을 표시하고 있다. 「제14장의 안락행품」의 예에서도 같아서 범본, 『정법화경』에서도 성문·연각·보살의 3승으로서 『묘법연화경』과 일치하고 있다.

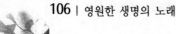

이와 같이 『법화경』 속에서는 삼승의 명칭은 각각 다르며 "텍스트"에 의해 조금씩 차이가 난다. 『묘법화』에 한해서 말하면, 보살승은 대승이 라고도 하고 불승이라고도 한다. 이러한 사실은 3승중의 보살승의 내용과 그 보살승이 「방편품」에서 밝힌 1승과의 관계에 깊이 관련된 문제 이다. 3승중의 보살승이 1승인가, 아니면 3승 외에 따로 1승이 있는가. 하는 문제에 관계되어 있다.

그것은 이 비유품의 『장자화택의 비유』에서 양(羊)·사슴(鹿)·소(牛) 의 세 가지의 수레(三車) 가운데의 소가 끄는 수레와 대백우거가 동일 한 것인가, 혹은 별개의 것인가, 하는 것인데 만일 동일한 것이라면, 수레의 수는 모두 세 가지이며, 딴 물건으로 보면 네 가지의 수레(四車)가 된다. 3거(三車)로 보는 견해 즉 3승속의 보살승이 그대로 1승이 라고 하는 것을 3거가(三車家)라 하고, 4거(四車)로 보는 견해 즉 3승 가운데의 보살승밖에 달리 1승이 있다고 하는 것을 4거가(四車家)라 한 다.

이 3거, 4거의 논의는 중국에서 예로부터 커다란 문제가 되었으니, 광 택사 법운(法雲, 467~529)과, 천태지의(天台智顗, 538~597)는 4거가 (四車家)의 입장을 취하고, 삼론종(三論宗)의 길장(吉藏, 549~623)과, 법상종(法相宗)의 기(基, 632~682)는 3거가(三車家)의 입장을 취한다.

왜 이와 같이 3거·4거의 두 가지로 해석이 나누어지는가 하면, 『법화 경』에 어느 쪽으로도 해석할 수 있는 말이 있기 때문이다. 「방편품」에 『여래는 오직 1불승으로써 중생을 위해 법을 설한다. 여승(餘乘)의 혹 은 2, 혹은 3은 없다.』『시방(十方) 불토 중에는 오직 1승법만 있고 2 또는 3은 없다.』로 되어 있다. 여기서 "2", "3"이라고 하는 것은 싼쓰끄 리뜨 본에서는 "제2" "제3"의 서수(序數)로 되어 있음은 앞에서 이미 말 했으나, 그렇게 되면 제2승, 제3승은 존재하지 않는다는 의미가 되어 3 승중의 1승만이 진실하다는 의미로 된다.

이러한 글들이 3거(三車)의 교증(敎證)으로 되어 있는 것이다. 그러나 한편에서는 같은 「방편품」의 게송에서 『부처님은 방편력으로써 3승을 나타낸다.」『우리들도 역시 가장 높고 훌륭한 법을 얻었지만, 여러 중생을 위해 분별하여 3승을 설한다.』든지, 또 장항부분에『모든 부처님은 방편력으로써 1불승을 분별하여 셋으로 설하신다.』라고 함은 3승에 대해 그것이 모두 방편이라고 설하는 것처럼 해석된다. 이것이 4거가(四車家)가 주장하는 근거로 되어 있다. 또 사실은『법화경』의 대백우거에 대해서 그 장엄함을 극찬한 것을 보면, 그 대백우거와 3거속의 우거(牛車)가 동일하다는 느낌을 품을 수 없다 할 것이다.

이렇게 이 대백우거를 둘러싼, 1승과 3승의 문제는 대승인 보살승의 내용과 관련하여 여러 가지의 문제를 잉태하여, 중국뿐만 아니라 일본의 사이쬬오(最澄)와 도꾸이찌(德一)의 논쟁에서 보듯이 일본에까지 미치고 있다. 여기서는 이에 대해 언급하지 않고 지금은 대백우거에 대해 이상과 같은 문제가 있음을 말해 둔다.

4. 대승불교와 소승불교의 차이

「비유품」에서 "억만장자가 살고 있는 집이 폐옥과 같이 낡아 있었다." 라고 하는 비유는 우리에게 여러 가지로 시사해 주는 점이 있다. 즉 관리를 태만히 하면 제아무리 훌륭한 집이거나, 훌륭한 지식을 가진 인물일지라도 엉망이 되고 만다는 것이다.

초기불교경전 가운데,『법구경(法句經, Dhammapada)』은 전권(全卷)이 423의 시구(詩句)로 되어 있는 경전이다. 이 경전은 대승경전과는 달리 석존 당시에 성립된 것인데, 석존 설법의 원형(原形)이라고 할 수 있는 것이 남아 있는 귀중한 문헌이다.

이 법구경의 241번에서 석존은

「집이 낡은 것은 수리를 태만히 함에 있고

얼굴빛이 초라함은 게으름에서 오며
수행자의 더러움은 방일에 있다.」

라고 가르치신다. 그런데 이 방일(放逸)이란, 단순히 게으른 것을 뜻함이 아니고, 일하지도 않고 놀지도 않는, 말하자면 일도 않고 무의미하게 시간을 허비하는 것을 말하는데, 열심히 일하거나 배우는 사람의 눈에는 거슬리는 존재이다.

그리고 이 "화택의 유"에 등장하는 아이들에 상징되는 미혹한 사람들은 눈앞의 관능적인 욕망의 만족만을 추구하고 자기의 인생이 불타서 파괴되어 가는 것을 알지 못한 채 불타고 있는 집에서 탈출하려고 하지 않는다.

양·사슴·소의 세 가지 수레는 이른바 소승불교의 성문승(聲聞乘, 석존의 가르침을 직접들은 제자)과 연각승(緣覺乘, 인연의 도리를 깨친 제자)과 보살승(菩薩乘, 석존의 성도이전, 다시 말해 전생의 수행)의 3승을 가리킨다. "승(乘)"이란 원래 탈것(乘物)을 뜻하며, 미혹의 이 언덕에서 깨달음의 저 언덕으로 실어다 건네준다는 교리를 탈것에 비유한 것이다. 소승이란 "작은 탈것", 말하자면 오토바이처럼 1인승의 차로 자기 혼자만이 목적지에 도달하면 된다는 이기주의적인 가르침을 말하며, 대승이란 "큰 탈것"이란 뜻으로 이를테면 버스와 같이 많은 사람들이 함께 타고 목적지에 도달하는 이타적인 정신을 가진 교리를 뜻한다. 소승의 가르침을 믿는 사람은 남을 생각지 않고 자기만의 인격완성(幸福)을 도모하기 때문에 "작고도 낮은 탈것"이라고 대승 측에서 경멸하여 호칭한 것이 "소승"이라고 부르게 되었다. 그러나 남을 얕보는 (卑下) 이 호칭은 불교적이지 않다고 하여, 지금은 세계불교도회의의 결의에 따라 "상좌부불교(上座部佛敎)"로 부르고 있다.

이 "화택의 유"에서 성문·연각·보살의 3승을 양과 사슴과 소가 끄는 세 가지의 수레에 비유한 것은, 양·사슴·소가 끄는 수레는 고대인도 사람들이 타고 다니던 탈것으로서 오늘날의 청소년들이 매우 갖고 싶어 하는 최신형 오토바이라고 생각하면 된다. 사람에게는 누구나 제각기 좋아하는 차가 있다. 그것을 줄 터이니 빨리 나오너라, 하고 유인한다면 오늘날의 청소년이라도 곧 뛰쳐나올 것이다.

과연 아이들은 나왔지만, 아버지가 말한 수레가 보이지 않으므로 아버지를 힐난한다. 그러자 아버지는 양이 끄는 수레·사슴이 끄는 수레·소가 끄는 수레 대신에, 일곱 가지 보석으로 장식한 큰 흰 소가 끄는 수레, 요즘 같으면 최고급의 대형 버스를 모두에게 주었다. 그러자 아이들은 매우 기뻐했다. 아버지는 말한다.

"내 재산은 한량이 없는데, 변변치 못한 작은 수레를 아이들에게 준다고 해서야 어디 말이나 될 법한 일이겠나, 지금 이 어린아이들은 모두 내 자식들인데다가 어느 자식이 특별하게 더 귀엽다던가 하는 마음은 추호도 없으니, 차별 없이 골고루 이 칠보로 꾸민 많은 수레를 평등하게 나누어 줘도 남을 만큼의 많은 수레를 가지고 있는 터에, 내 귀여운 자식들에게 어찌 주지 않을 수 있으랴"

여기서 말하는 "어린아이들은 모두 내 자식이다."라고 하였으므로 미혹한 범부는 모두가 다 석존의 아들인 것이다. 내 자식이기 때문에 어느 아이만을 편애할 까닭이 없다. 모두 공평하게 칠보로 꾸민 큰 수레를 주리라. 더욱이 이 큰 수레는 무수히 많다. 그런데 여기서 말하는 일곱 가지 보배의 일곱(7)은 무한한 수의 표상이며, 보배란, 법 즉 가르침을 뜻하므로 대승의 가르침을 가리킨다. 중생(미혹한 사람들)이 가지고 싶어 하는 양·사슴·소의 세 가지 수레는 작은 수레이다. 자기만 목적지에 도달하면 된다고 하는 이기적이며 편협 된 작은 가르침을 가지고 중생을 만족시켜서는 안 된다. 어떤 사람이라도 타고 목적지에 도달하는(구제되는) 아름답고 큰 가르침(大乘)을 부처님은 주리라."

석존은 이 비유를 사리불에게 말씀하시면서, "그 장자가 처음에 세 가지의 수레를 거론했지만 약속을 지키지 않고 모두에게 훌륭한 큰 수레를 준 것은 거짓말을 한 것이 아닐까." 하고 묻는다. 이 물음에 대해 사리불은 이렇게 대답한다.

"스승이시여, 거짓말을 한 것이 아닙니다. 장자는 아이들이 불에 타 죽기 직전에 구출했기 때문입니다. 장자는 아이들을 커다란 고통에서 해방시키려고 훌륭(巧妙)한 교화방법을 사용한 것이기 때문에 거짓말을 했다고는 할 수 없습니다." 이 사리불의 대답 가운데에 "방편"의 본질이 설명되어 있다. 석존은 사리불의 대답을 받아들여 비유의 베일을 벗고 결론을 내린다.

"부처님은 왜 썩고 낡은 집에 불이 일어난 듯이 괴로움에 가득한 이 세상에 출현하느냐 하면, 중생은 누구든지 다 가지고 있는 생·노·병·사의 괴로움과 근심하고 슬퍼하며 번민하고, 어리석음과 무지와 탐욕과 성냄과 충동적인 행동 등의 괴로운 세계에서 그들을 건져내고 부처님의 가르침으로 인도해 아녹다라삼먁삼보리를 얻도록 하기 위함이다."

즉 어느 특정한 사람의 인격 완성에 목적(小乘)이 있는 것이 아니라, 모든 사람이 다 함께 성불하는 데에 목적(大乘)이 있음을 알 수 있다. 이것이 바로 소승과 대승의 차이인 것이다.

5. 3계무안(三界無安) 유여화택(猶如火宅).

『이 세상(三界)은 마치(猶) 불타고 있는 집(火宅)과 같아(如)
조금도 편안치 못한(無安) 곳이니
온갖 괴로움(衆苦) 가득 차 있어(充滿)
매우(甚) 두려울(怖畏) 따름이다.
항상(常) 삶(生)에 대한 괴로움, 늙음(老)에 대한 슬픔,
병(病)에 대한 근심, 죽음(死)에 대한 걱정(憂患) 등이
솟구치는 불길(火) 같이(如是) 맹렬히 타오르(熾燃)며
그칠 줄 모른다(不息).

여래(如來)인 나는 일찍이(已)
이 미혹의 세계(火宅)를 벗어나(離)
세상의 번거로운 일(三界)에 영향받지 않는(林野) 경지에
머물고 보니(安處)
지금 이(今此) 세상(三界)은
모두(皆是) 나의 것(我有)이며
그 안에(其中) 살고 있는 사람(衆生)은
모두(悉是) 나의 자식들(吾子)인데
지금(今) 이곳(此處)은
갖가지(諸) 환난(患難)이 많(多)아
오직(唯) 나(我)만이(一人)
그들을 구(救)하고 지켜(護) 줄 수 있다.」

위의 글은 "비유품" 게송 중의 한 구절인데 이 한 구절은 구마라집의 명역(名譯)으로 잘 알려져 있어 많은 사람들이 애송하고 있는 구절이다. "참으로 이 세계란 범부에게는 조금도 편안한 곳은 없다. 마치 불난 집과 같아서 갖가지의 고통이 가득 차고 무서울 따름이다. 인생의 가지 가지 괴로움과 늙어 가는 괴로움과 병들어 아픈 고통과 죽음에 대한 괴로움 등 모든 근심과 걱정이 불처럼 타올라서 그치지 않는다." 즉 이 말은 생·노·병·사 그 자체의 괴로움보다도 그것에 대한 근심과 걱정이 괴로움인 것이다. 즉 무지와 탐욕에 의해 마음에 불타오르는 번뇌 의 불꽃이 괴로움의 근본인 것이다.

그리고 "나는 옛날부터 이 미혹한 세계를 이미 떠나 세상의 번거로운 일에 영향받지 않는 경지에 들어 있다."라는 것은, 깨달은 사람의 청정한 마음의 경지를 읊은 것인데, 이것은 번거로운 장소에 살고 있지 않다는 것이 아니라, 번거로운 곳에 있을지라도 그 마음은 그것에 영향받지 않고 항상 청정하고 평안한 상태에 있다는 뜻이다.

그런데 특히 후반부에 대해 마음이 매우 끌린다. 즉 "이 삼계는 나의

소유이다. 따라서 이 삼계에 살고 있는 생명 있는 것들 모두가 내 자식들이다. 그런데 이 삼계는 갖가지의 근심과 재난이 많아〈살기 힘겹다〉, 오직 나 혼자만이 그들을 구제하고 지켜 줄 수 있다.(모두를 구제할 수 있는 것은 오직 나밖에 없다.)"라는 것이다. 이 구절을 문자상으로만 보면 마치 부처님께서 이 삼계의 소유권을 주장한 것처럼 보기 쉽지만, 그것은 경전을 문자상으로만 보는 어리석은 태도이다.

그러므로 우주의 참모습을 깨달은 분이 부처님이므로 "진리를 깨닫고 보면 이 우주가 자기 것이다."라고 하는 대선언(大宣言)을 한 것이다.

우리가 몇억 광년(光年)이나 되는 먼 거리의 별을 마음속으로 생각하면 한순간에 그 별이 내 마음속에 뛰어들어와서 자기와 일치되며, 또 몇만 년 전의 일, 몇만 년 후의 일을 생각하더라도 즉시 그 세계가 자기 마음의 소유가 된다. 이리하여 시간과 공간을 초월하여 어디까지라도 갈 수 있는 것이 우리들의 마음이다. 그런데 부처님처럼 참으로 우주의 진리를 깨닫고, 우주의 모든 생명과 일체가 될 수 있다면, 온전히 이 세상은 자기 것이라 할 수 있다. 즉 깨달음이란 "이 우주와 자기는 불가분의 관계에 놓여 있는 동일체임"을 깨닫는 것이므로 깨닫지 못한 사람에게는 우주와 내가 상대적인 존재 즉 따로따로이지만, 깨달은 사람에게는 우주와 자기가 하나(同體)이기 때문에 이렇게 말할 수 있다. 다시 말해 자기가 우주 전체에 용해되어 버리는 것이니 즉 대아(大我)로 된다. 대아로 된다는 것은 "작은 나(小我)"를 버리고 전체에 의해 살려지고 있는 "대아(大我)"를 발견하는 것이다. 이렇게 되면 "나"는 어느덧 우주 전체에 퍼져 가게 된다. 참다운 "대아"야 말로 "우주는 내 것"으로 통하는 오직 하나의 길이 된다. 이렇게 되면 우리의 마음은 참으로 자유 자재하므로, 그 무엇에도 사로잡히지 않고 제 뜻대로 행동하여도 하는 일들이 모두 남을 살려주는 행위가 되어 버린다.

이렇게 우주가 내 것이 되면, 따라서 그 속에 살고 있는 생명체는 모두가 내 자식이며 형제이며 친구이다. 그러므로 그들을 위해 부모가 되어 헌신하지 않고서는 견딜 수 없게 된다. 이것이 바로 부처님의 경지이다. 이에 대해 17세기 말 일본 임제종의 반게이 선사(盤珪 禪師)는 "마음에 아무것도 없을 때에는 어디서나 모나지 않게 있을 수 있다. 그것이 자재이다. 스스로(自) 있는(在) 것이다. 마음에 한 물건도 없을 때에는 내 집에서 자재할 뿐만 아니라 어디 가더라도 자재한 것이다. 부처님께서는 마음에 한 물건도 없었기 때문에 삼계는 내 것이다, 하고 세상의 주인이 되셨으니 어디서도 자유로이 잠자고 또 일어나셨던 것이다."라고 "삼계는 나의 것"에 대해 이렇게 해설하고 있다.

이 "마음속에 한 물건도 없다"고 하는 것은 바로 "무아"를 말한 것이다.

끝으로 부처님과 우리들의 관계도 엄밀하게는 동일체이지만, 자신을 존재케 해준다는 그러한 측면에서는 아버지와 아들의 관계이니, 그래서 우리들이 불자(佛子) 즉 부처님의 아들이며 부처님은 우리들의 아버지인 것이다. 그런데 우리가 예불할 때 분명히 사생 자부(四生 慈父)라 하며 큰절을 올리고 있지만, 이것이 한문으로 된 까닭인지 부처님을 아버지로 생각하고 있는 사람이 과연 얼마나 될까. 생각하면 생각할수록 기막힐 노릇이다. 기독교를 보라 분명히 하느님을 아버지라 하고 또 이웃을 형제자매라고 부르고 있지 않은가. 불교인으로서 한 번쯤은 깊이 생각해 보아야 할 일이다. 이렇게 부처님과 나의 관계가 정립되었을 때에 비로소 참다운 불교인이 되는 것이며 장차 성불을 할 수 있는 보살 즉 불자가 되는 것이다.

요컨대 우리 인간이 살고 있는 이 세계는, 맹렬히 불타오르는 집이라는 것이 3거화택(三車火宅)의 비유로 가장 중요한 점이다. 종교란 어떠한 의미에서 현실의 인간이 가진 위기적(危機的)인 상황(狀況)을 들추어내어 성스러운 구제(救濟)를 약속하는 것인 이상, 우리들 인간이 처한 위기적 상황을 정확히 묘사(描寫)하는 것이 무엇보다도 중요한 요소가 된다. 우리들이 살고 있는 세계가 맹렬히 불타고 있다는 것은 불난 것에 대한 무서움(恐怖)이 사람들에게 깊은 인상을 주는 점에서 커다란 효과가 있다.

다음에 우리들의 위기적 상황을 더욱 깊게 하고 있는 점은, 우리들이 이 위기에 전혀 자각(自覺)을 하지 못하고 있다는 것이다. 장자(長者)의 아이들이 놀이에 정신이 팔려 있는 모습은, 참으로 우리들이 자기의 위기적 상황을 잊어버리고, 자기 주변의 오락, 재산, 지위, 명예 등에 사로잡혀 있는 모습에 흡사하게 통할 것이다.

우리들은 이 맹렬히 불타는 집에서 탈출하지 않으면 안 된다. 이 위기적 상황에서 초월하지 않으면 안 된다. 그렇기 때문에 부처님께서 생각해 낸 훌륭한 교화수단은, 우리들의 일상적(日常的)인 바램(願望)에 그 정도(程度)를 알맞게 맞춘 것이었다. 단숨에 궁극적인 차원을 가르친다는 것은 하지 않으셨다. 따라서 첫째로 우리들은 일상적인 바램에 알맞게 정도를 맞춘 것과 궁극적인 차원을 명확히 구별하여 인식할 필요가 있을 것이다. 두 번째로 다른 사람에 대해서는 일상적인 바램에 알맞게 정도를 맞춘다고 하는 방편을 시설하는 것과 궁극적인 차원을 나타내는 진실을 열어 보이는(開示) 것과를 자각적으로 구별하여 때와 경우에 따라서 사용할 필요가 있는 것이다.

妙法蓮華經 信解品 第四
묘 법 연 화 경 신 해 품 제 사

梵本『법화경』제4장
믿고 따르는 의향(意向)

1. 장자궁자의 비유(長者窮子의 譬喩)

앞의 「제3장 비유품」에서 사리불(舍利弗)에 대한 성불의 증명(授記)이 주어지는 것을 목격하고, 같은 성문인 마하가섭(摩訶迦葉)을 비롯하여 네 사람의 큰 성문(四大聲聞)들은 크게 놀라고 기뻐하며,『한량없는 진귀한 보배가 구하지도 아니했는데 자연히 얻었다.』라고 그 기쁨을 표명했다. 그리고 자기들이 이해(領解)한 그 내용을, 세존께 비유의 이야기를 가지고 말씀드린 것이 이 「신해품」의 내용이다. 이 비유의 이야기를 「장자궁자의 비유」라고 하며, 이『법화경』속에 설하는 비유 이야기 중에서도 특히 유명한 것이다. 아래에 이 비유의 이야기에 대해 살펴보기로 한다.

이야기의 골자는 이러하다.

「어린아이가 아버지 곁에서 실종되어 여러 나라를 유랑하기를 50여 년, 지금은 완전히 타락하여 입을 것과 먹을 것(衣食)을 구하기 위해 어떤 성을 찾아왔다. 한편 그 아버지는 이곳저곳 아들을 찾아 헤매다가 우연히 아들이 찾아오게 되어 있는 그 성시(城市)에 삶의 터전을 꾸미고 재산을 늘려 지금은 큰 부자가 되어 살고 있었다. 그 아들이 기약 없이 아버지인 장자의 저택이 있는 곳에 이르렀을 때에, 장자는 그를 보고 한 눈에 내 아들임을 알고 급히 부리는 사람을 시켜 그를 데리고 오도록 했다. 그러나 아들은 뜻하지 않은 일에 놀라며 "붙잡혀서 죽임을 당할 것"이라고 지레 겁을 먹고 기절하고 만다. 장자는 내 아들이 자기 아버지를 몰라보고 심근(心根)도 완전히 타락해 버린 것을 알고, 일단 그 아들을 놓아 보내며 한 가지 계책을 생각해 내어 은밀히 두 사람을 보내 그 아들에게 접근시켜, 자기 저택에 데리고 와서 일하도록 했다. 그리고 나서 장자는 이것저것 방편을 써서 그 아들에게 접근하여 차츰차츰 익숙해지도록 했다. 그러기를 20년이 흘렀다. 아들은 아버지인 장자와 마음이 서로 통하여 재산 관리도 맡게 되었다. 그러나 그 아들은 그런데도 더욱 자기는 고용인이라는 의식을 계속 가졌으니, 장자가 가진 재산은 자기와는 전혀 무관한 것이라고 생각했던 것이다. 또 얼마가 지나서 아들의 마음이 가까스로 지금까지 자기가 비열했음을 알게 되어, 그것을 부끄러워하며 넓고 큰마음을 구하게 된 것을 장자가 알자, 자기의 임종 때에 이르러 주위의 모든 사람에게 이 사람은 나의 친아들임을 밝히고 모든 재산을 그에게 부여한다고 선언했다. 그 아들은 깜짝 놀라면서도 바라지 않았던 것이 돌연히 얻어졌으므로「지금 이 보배가 스스로 내 것이 되었다.」하며 크게 기뻐했다고 하는 것이다.」

이상으로 대강(槪略)을 말했으나, 이 이야기는 아버지와 아들이라고 하는 친자관계를 밑에 깔고, 더욱이 재산을 부여하고 뒤를 맡겨야 할 후계자로서의 아들이 실종되었다고 하는 상황 설정으로, 남자의 후계자를 얻는다는 것이 인도 사회에서는 특히 중요시되어 왔음을 이 비유의 이야기가 한 층 비근하고 친근한 이야기로 받아들여진다고 말할 수 있다.

이 이야기의 요점은 다음 세 가지로 요약된다.

　(1), 장자와 궁자가 원래 아버지와 아들이라는 친자관계였다는 것.
　(2), 장자가 방편을 써서 궁자를 고용하여 일하도록 하고, 서서히 지금까지의 자기가 비열했음을 부끄러워하며 넓고 큰마음을

구하게 (廻小向大)하였다는 것.

(3), 시기가 성숙했을 때, 친자임을 밝히고 장자의 전 재산을 그 아들에게 부여한 것,

이라는 세 가지 점이다. 이제 이것을 거슬러 올라 가 보면 첫 번째 장자와 그 아들이 원래부터 아버지와 아들이었다는 것은 어떠한 것일까. 장자인 아버지는 부처님으로, 그리고 그 아버지를 버리고 도망간 어린 애는 직접적으로는 이 비유 이야기를 하고 있는 마하가섭을 비롯한 성문들에 의제(擬制)하고 있음은 말할 것도 없다. 그러나 조금 더 생각해 보면, 아버지를 버리고 여러 나라를 찾아 유랑하는 궁자는 지금껏 부처님의 유인에도 접하지 못하고, 따라서 성문도 되지 못한 미혹한 범부(凡夫)라고 한다면, 이 궁자는 생사의 세계에 침몰(沈淪)하는 미혹한 중생으로서의 우리들 자신의 모습이기도 하다. 그렇기 때문에 성문까지 포함된 우리 모든 중생이 원래부터 부처님과 친자관계에 있는 것이 된다. 즉 우리들 모두가 본래적으로 부처의 아들, 불자(佛子) 다시 말해 붓다-뿌뜨라(buddha-putra)라고 하는 사실, 이것이 바로『법화경』이 말하고자 하는 점이다.

이 우리들 중생이 불자라고 하는 것은, 이「신해품」에서 처음 설한 것은 아니다. 이미 앞의「방편품」,「비유품」에서도 종종 설해 왔다.「방편품」에서는 사리불(舍利弗) 스스로가『부처님의 입(佛口)에서 태어난(所生) 아들(子)』이라 불렸고, 또 게송에서『불자(佛子)』의 갖가지 수행이 설해져 성불을 지향하는 사람은 한결같이『불자』였다.「비유품」에서는 첫머리에 역시 사리불이 스스로『이는 참으로 불자(佛子)이다. 부처님의 입에서 나왔고 교화에 의해 다시 태어났으며 불법을 나누어 가졌다.』라고 말했고, 부처님은『장자 화택의 비유』를 설하며『지금 이 삼계(三界)는 모두 내 것이며, 그 안에 있는 중생은 모두가 나의 아들이다.』라고 설하고 있다.

이와 같이 사리불이나 마하가섭 등의 성문과 보살들 그리고 미혹한 중생도 모두가 불자라고『법화경』은 설한다. 불자란 장래에 부처가 된다

는 것이니 불자란 바로 보살을 말한다. 그리고 이 부처와 중생과의 부자(父子) 관계를 굳게 지탱하는 것이 1불승 즉 부처로 되기 위한 하나의 가르침인 것이다. 이 가르침 아래 만인(萬人)이 부처를 지향하는 것이어서 성문, 연각의 가르침, 보살의 가르침이라고 하는 3승은 중생의 근기에 따른 부처님의 중생교화의 수단 즉 방편인 것이다.

성문을 포함한 모든 중생은 자기들이 본래 불자였으므로 부처로 되는 것이라는 사실을 알지 못한다. 그렇기 때문에 부처님은 방편으로써 교화에 임하는 것이다. 이것이 두 번째의 "방편으로써 접근하여 서서히 작은 기쁨에서 큰 기쁨으로 회소향대(廻小向大)시킨 것"에 해당한다.

장자는 자기 아들을 하나의 계책을 세워 그를 고용하고 20년간을 오물청소를 시켰다. 이것이 성문의 수행에 해당한다. 성문은 이 수행에 의해 성문의 깨달음을 얻어 아라한이 되고, 그 깨달음의 경지에 안주(安住)하여 『열반이라는 그날그날의 품삯을 받고 크게 얻었다.』라고 생각한 것이다.

여기서 장자인 부처님은, 다시 대승으로 유인하려고 궁자와 이야기를 걸어 상호 간의 신뢰를 쌓고 장자의 재산을 모두 주관(宰領)토록 하게 이르렀으나, 궁자는 모든 것을 맡으면서도 더욱 그 심근(心根)은 의연하게 『한 끼의 밥값도 축내지 않았다.』는 것이다. 이것은 성문들이 부처님을 대신하여 보살들에게 대승의 가르침을 설하면서도 ― 이것을 2승의 전교(轉敎)라 함 ― 더욱 스스로는 그것을 바라지 않았다는 것에 해당한다. 이와 같이 궁자는 장자를 대신하여 일체를 관장하게 되고, 성문들은 부처님을 대신하여 보살들에게 부처님의 비장(秘藏)한 지혜를 설하는 것처럼 되었다. 이것은 모두 부처님의 넓고 큰 자비에 바탕을 둔 방편의 힘인 것이다. 이 단계에 이르렀을 때, 장자인 부처님은 마침내 궁자가 친아들임을 밝히는 것이다. 이것이 최후의 『친아들임을 밝히고 그로써 장자가 가진 일체의 재산을 부여한 것』이다.

장자 아래서 서서히 넓고 큰 것을 지향하게 된 궁자는, 장자의 친아들 선언에 깜짝 놀라고 기뻐한다. 이것은 성문이 부처님의 설법에 의해 자기들도 본래 부처님의 아들이었다고 하는 자각에 눈 뜬 것을 비유하고 있다. 불자였다는 자각은 스스로가 부처님의 후계자이며 장래에 부처가 된다는 자각(自覺)이다. 부처님은 이와 같은 자각을 하게 된 성문들에 대해 성불의 예언을 주었다. 기뻐한 성문들은 후의 게송에 있듯이 『저희들은 오늘에야 참된 성문이라』, 『저희들은 오늘에야 참 아라한 되었다.』라고 크게 선언한다. 여기서 "성문" "아라한"이라는 것은 종래에 천박하게 사용되고 있는 그러한 의미에서 말하고 있는 것이 아니라 "성문"이란 본래 부처님의 목소리를 듣는 사람 즉 불제자(佛弟子)의 의미였다. 아라한도 자기의 수행을 완성하고 세상의 공양을 받기에 마땅한 사람이라는 의미이다. 여기서는 본래의 뜻에서 사용된 말로서 자기들은 참다운 불제자이며, 참으로 공양을 받기에 마땅한 사람이라는 성문들의 자부심을 표명하고 있는 것이다. 원래 자기들이 불자이며 불제자이라는 것에 각성하게 되면. 그때부터는 이미 2승이라는 것은 존재하지 않는다. 2승도 3승도 사라지고 오직 부처를 향해 길을 걸어가고 있는 사람만이 존재한다. 그리하여 부처님의 재산인 부처님의 지혜를 모든 사람이 계승하게 되는 것이다.

이상이 이 신해품의 취지이며, 그 말 하고자 하는 것은 「제2장 방편품」에서 제3장 「비유품」, 그리고 이 「신해품」과 일관(一貫)하여 설해 온 것이었다. 1승진실 3승방편, 2승작불이라고 한, 이 『법화경』의 중심 "테마"는 그 어느 것이나 부처님의 중생에 대한 넓고 큰 자비심에 바탕을 두고, 설해 있는 것에 주목해야 한다. 모든 중생이 부처가 된다는 가르침은 한 사람도 빠짐없이 구제한다는 대승불교의 진수(眞髓)를 나타내고 있는 것이며 그 원동력은 중생이 모두 내 아들이라고 보는 부처님의 자비의 힘인 것이다.

더욱이 중국의 천태대사는 이 「신해품」의 비유를 근거로 하여 화엄시(華嚴時, 심부름꾼을 보내 궁자를 쫓아가다), 아함시(阿含時, 은밀하게 두 사람을 보내다), 방등시(方等時, 상호 간에 믿게 됨), 반야시(般若時, 궁자가 장자의 집안일 일체를 맡아서 알게 됨), 법화열반시(法華涅

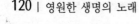

槃時, 친아들임을 밝히고 모든 것을 줌)의 5시판교(五時判敎)를 세운 것은 유명한 일이다. 그리고 이 「신해품」의 장명인 "신해(信解)"는 아디무끄띠(adhimukti)의 번역이며 원래는 마음의 자세, 의향(意向) 등의 뜻이다. 가르침을 믿고 완전히 이해(了解)하여 다시 향상하려는 마음을 나타내는 말이다.

결론적으로, 여기에서 특히 중요한 것은 "자기가 부처님의 아들(佛子)이다."라고 하는 "자각(自覺)" 즉 "신념(信念)"이 있어야만, 비로소 불자가 되는 것임을 시사하고 있다.

아무튼 이 신해는 가르침을 믿고 완전히 이해하여 더욱 향상하려는 마음을 나타내는 말이다. 이 궁자의 비유를 읽고 우리가 느끼는 것은 "현대인들이여 ! 정교한 기계 앞에 비굴치 마라. 단조로운 작업 때문에 허무감에 빠지지 마라." 하는 암시일 수도 있다.

19세기 말 러시아의 작가로서 사회주의 리얼리즘 문학의 창시자로 잘 알려진 "고리키(gor'ki;1868-1936)"는 자기가 쓴 희곡 "밑바닥"에 등장하는 인물로 하여금 "작업의 양(量)만으로 가치가 결정된다면 어떤 인간보다 가치가 있는 것은 말(馬)일 것이다." 하고 말하게 하고 있다. 아마도 지금 같으면 "작업의 양만으로 가치가 결정된다면 인간보다 가치가 있는 것은 컴퓨터이다."라고 바꾸어 말할 것이다. 이렇게 양산(量産)이라는 점에서는 인간은 도저히 말이나 기계의 적수가 될 수 없다.

그러나 우리들은 인간인 것에 자신(自信)을 가지지 않으면 안 된다. 인간이 말이나 기계와 다른 것은 "파스칼"이 말한 것처럼 인간은 "생각하고·아는" 능력을 가졌기 때문이다. 그뿐만이 아니다. 인간은 "불성(佛性)을 갖추고 있다"고 하며 비굴과 허무에 빠지기 쉬운 인간을 힘껏 격려하는 것이 이 "궁자의 비유"라 하겠다.

2. 불자임을 아는 것이 자신의 본래 면목을 아는 것.

이 궁자의 비유를 설한 『법화경』「신해품」을 통해 부처님과 우리와의 사이는 단순한 스승과 제자의 사이뿐만 아니라 아버지와 아들의 사이임을 배웠다.

그러나 이 엄연한 사실을 머릿속으로는 알면서도 대부분의 사람들은 온몸으로 느끼(覺)지 못한다. 이렇게 온몸으로 느끼지 못하는 사람을 가리켜서 미혹한 중생이라 하고, 이 사실을 온몸으로 느끼는 사람을 깨달은 사람(覺有情) 또는 보살이라 한다. 물론 깨달음에는 작은 깨달음, 중간 깨달음, 큰 깨달음 등 여러 단계의 깨달음이 있으므로, 부처님과 나의 관계가 부자지간이라는 자각은, 비록 부처님의 깨달음인 최고의 바르고 완전한 깨달음(阿耨多羅三藐三菩提)이라고는 할 수 없지만, 자기가 부처님의 아들이라는 사실을 아는 것(覺)은 자신의 본래면목(本來面目)을 아는 것이 된다. 왜냐하면 '내가 어디서 와서 어디로 가는 것일까' 하는 의문을 말끔히 해결해 주기 때문이다. 그리고 이를 시발점으로 하여 일체의 만물만상이 모두 부처님과 부자 관계임을 알게 되면, 하찮은 미물까지도 모두가 나의 형제이며 "나(大我)"임을 알게 된다. 이러한 사실을 아는 것이 곧 "반야(般若, 부처님의 지혜)"에 이르렀다 하고, 이로써 보살의 경지에 도달했다고 한다.

그러나 우리 범부들은 "누구나 다 부처님의 아들이다."라고 하는 부처님의 설법을 수없이 들어왔건만 이것을 쉽게 믿지 못한다. 그 이유는 우리 범부에게는 원초적인 무명(無知)이라는 자기중심적인 생각이 마음속 깊은 곳에 자리 잡고 있기 때문에 "작은 나(小我)"만을 인정할 뿐, 일체 만물만상이 모두 "나(大我)"임을 거부한다.

「신해품」에서는 이를 비유로써 설명한다.

『장자는 그를 "내 아들아." 하고 불렀다. 가난한 아들은 기뻐하는 반면 여전히 "나는 고용된 젊은 가난뱅이에 불과하다." 하며 비굴한 생각은 버리지 못하고 계속 오두막집에 살며 오물 청소를 담당하고 있었다.』

이렇게 가난한 아들의 비굴한 마음은 어디에서 연유하는 것일까. 이것은 영원한 과거 ─ 인간이 아직 무생물이었던, 혹은 "아메바(ameba)"와 같은 홀세포(單細胞)의 생물이었던 시절 ─ 부터 자기의 몸(肉體)에 사로잡혀 모든 것을 자기중심적으로 생각해 온 의식(末那識)에 기인한다. 이것은 인간뿐만 아니라 동물이나 식물이나 무생물까지 모두를 말하는 것이니, 결국 모든 존재는 이러한 자기중심적인 마음 즉 아집(我執)이 있어 그것이 갖가지의 미혹을 일으키는 근본을 이루고 있다.

현대의 심리학에서도 무의식(無意識) 또는 잠재의식(潛在意識)은 모든 경험을 기억하고 있다고 한다. 즉 마음속으로 생각한 것, 느낀 것, 말한 것, 몸으로 행동한 것 등 모든 경험을 일체 남김없이 기억한다는 것이다.

또 의식상으로는 경험한 것을 기억하지 못해도, 한번 경험한 것은 반드시 잠재의식에 기억되고 있으며 심지어는 잠자고 있을 때에 들은 것도 잠재의식이 기억하고 있다고 한다. 이것을 유식(唯識)에서는 장식(藏識) 또는 아라야식(阿賴耶識)이라 한다.

뿐만 아니라 잠재의식은 조상 대대로 경험한 것까지도 모두 기억한다고 한다. 이 사실을 심리학자들은 여러 가지의 예를 들어 설명하고 있다. 즉 도마뱀은 독(毒)도 없을 뿐만 아니라 물어뜯지 않는데도, 웬일인지 기분 나쁘고 무섭게 느끼는 것은, 몇 만 년 전에 그와 같이 생긴 거대한 파충류(爬蟲類)가 지구 상에 만연하여, 인간의 조상이 그들에게 괴롭힘을 당한 기억이 우리들의 잠재의식에 남아 있기 때문이라고 한다.

또 꿈속에서 흔히 높은 곳으로부터 떨어지는 경우가 있지만, 결코 지면(地面)까지 철썩 떨어지지 않고 도중에서 슬쩍 멎는 것은, 인간의 조상이 원숭이였을 때에 나무에서 떨어져도 도중에서 다른 나뭇가지를 붙잡은 기억에 의한다고 한다.

더욱 거슬러 올라가 생각하면 인간이 아직 "아메바"와 같은 단세포의 생물이었다가 벌레 같은 것으로, 또 물고기 같은 것으로, 다시 양서류

(兩棲類)나 조류(鳥類)와 같은 것이 되고, 차츰 진화하여 포유류(哺乳類)로 되었으며 드디어 원숭이처럼 되었다가 인간으로 진화하기까지의 20억 년이나 되는 긴 세월에 걸쳐 경험한 일들이 모두 우리들의 마음 속 깊이 자리 잡고 있다고 한다.

이렇게 자기 몸을 진실한 자기로 착각하고 있는 중생이 기억하고 있는 것은 부모 이전의 자기(本來面目)에 대해서는, 육체가 없었으므로 기억하지 못하며 오직 이 육체를 낳아 준 아버지와 어머니만을 기억하기 때문에 부처님(無爲法, 法性)으로부터 나온 자기를 기억해 내기란 거의 불가능한 일이다.

그러므로 이 "숨 쉬고 있는 육체가 자기(自我, Atman)라는 실체가 있다고 하는 생각(我相)"과 "실체로서의 살아 있는 것이 실존한다는 생각(壽者相)"과 "개체(個體)라는 생각(衆生相)"과 "개인(個人)이라는 생각(人相)" 등을 없애고 "일체의 모든 것은 〈말로는 표현할 수 없는 그 절대〉 즉 무위법(無爲法)에서 나왔으니, 나와 남이 따로 없는 한 몸(同體)"이라는『금강경』의 가르침을 알면, 비로소 보살(佛子)이 되는 것이지만, 우리 범부들은 숨 쉬고 있는 이 육체를 자기의 실체인 줄 착각하고 있기 때문에 아무리 설명해도 이러한 사실을 믿으려 하지도 않는다. 왜냐하면 범부는 원초적인 무지(無明) 때문에 어리석은 행을 계속해 왔고, 이 무지로 비롯된 행으로 말미암아 무지한 식(識)이 형성되었으니 실체가 없다는 진리의 지혜(般若)를 이해하지 못한다.

이렇게 신체에 대한 집착을 버리지 못한 채 괴로운 나날을 보내고 있는 미혹한 중생에게, 참된 지혜를 얻도록 하기 위해 교묘히 "우리는 모두 부처님(無爲法, 絶對)으로부터 나온 자식"이라고 설명하므로 써, 본래의 자기를 찾게 하고, 무지로 말미암아 비굴했던 중생에게 부처님의 아들(菩薩)이라는 새로운 가치를 부여하므로 써 스스로가 이 집착에서 벗어날 수 있게 한 것이 바로 이 궁자의 비유이다.

끝으로 이 "장자궁자의 비유"에서 우리들 인간은 집을 나와(家出) 방랑하는 아이에 비유한다. 진실한 자기는 부유한 장자의 친아들인데도,

의식(衣食)에도 곤궁한 가난한 아들로 그려 있다. 자기의 존엄에 대해 자각지 못하고 비천(下劣)한 마음에 물들어서 쉽사리 빠져나오지 못한다. 참으로 우리들의 위기적 상황에 관해 이 비유는 가출한 소년으로 멋지게 묘사하고 있다.

또 이 비유의 중요한 점은, 장자가 자비심이 깊고 갖가지 수단을 동원하여 이 가출 소년을 교육하여, 마침내 인간으로 완전히 성장시키는 것이다. 이와 같은 부처님의 깊은 자비에 감사함과 동시에 우리들도 사람을 육성할 때, 이와 같은 위대한 자비를 근저(根底)로 하면서, 더욱이 지혜에 바탕을 둔 훌륭한 교화수단=방편을 잊지 말고 긴 안목으로 육성해 가지 않으면 안 될 것이다. 교육이라는 시점에서 중요한 비유라고 생각한다.

妙法蓮華經 藥草喩品 第五
묘 법 연 화 경 약 초 유 품 제 오

梵本『법화경』제5장
약초(藥草)

1. 3초 2목(三草二木) 1우 보윤(一雨普潤)

이 「약초유품」은 마하가섭(摩訶迦葉) 등의 네 사람의 큰 성문(四大聲聞)들에게 석존께서 비유를 사용한 설법이다. 이 비유의 이야기를 "약초유(藥草喩)"라 하며, 여러 가지 지상의 식물과 그 위에 내리는 은혜로운 비라고 하는 자연현상을 소재로 한 것인데, 특히 약초란 사람들의 생활에 관계가 깊은 약초를 가지고 모든 식물을 대표시킨 것이다.

그 비유는 이러하다.

「삼천대천세계(三千大天世界)의 모든 곳, 산과 강, 골짜기와 평지에는 여러 가지의 풀, 나무, 약초가 무성해 있다. 거기에 큰 구름이 몰려와 일시에 비를 뿌리면, 초목은 크고 작고를 불문하고 모두 한결같이, 그 비에 젖어 저마다 자기가 가진 종류 성질에 따라 생장하며 꽃을 피우고 열매를 맺는다.

부처님께서 이 세상에 출현하시는 것도 이 큰 구름이 일어나는 것과 같으며 큰 음성을 내시어 널리 전세계의 중생에게 부처님의 가르침을 펴는 것도, 이 큰 구름이 삼천대천세계의 국토를 덮고 비를 내리는 것과 같다. 부처님께서 법을 설하실 때에 부처님은 중생의 소질과 능력을 모두 아시고 각각의 중생에게 가장 알맞은 법을 설하신다. 그것을 들은 중생들은 저마다의 소질과 능력에 따라 각기 다르게 이해(領解)를 하고 불도에 들어오는 것이다. 그것은 마치 여러 가지 식물이 큰 구름이 뿌린 한결같은 비에 젖어, 그 종류의 성질에 따라 갖가지로 성장하는 것과 같다. 부처님의 설법은 본래 본질과 작용이 하나(一相一味)이다. 그것은 동일한 해탈(解脫), 동일한 이욕(離欲), 동일한 열반(涅槃)이어서, 결국에는 부처님의 지혜에 도달하는 것이다. 그런데도 불구하고 그 설법을 받아들이는 중생들은 그것을 알지 못한다. 그리하여 자기들이 누구인가, 어떤 것을 어떻게 생각하고 수행해야 하는가에 대해서도 알지 못한다. 그것을 아는 사람은 오직 부처님뿐이다. 마치 여러 식물들이 자기들의 상·중·하라고 하는 성질을 알지 못하는 것처럼, 오직 부처님만이 중생들의 모든 것을 알고 있으며, 그들의 의향을 살펴 아무렇게나 부처님의 지혜를 설하지는 아니하였던 것이라고 한다.」

이상의 비유 이야기의 뜻(意趣)은, 「방편품」, 「비유품」, 「신해품」으로 차례차례 살펴보면 곧 분명해질 것이다. 「제2장의 방편품」 이래로 설해 온 방편과 진실이라는 테마가 여기서도 새로운 비유에 의해 되풀이되고 있다.

그러나 같은 3승방편 1승진실의 취지를 설할지라도, 이 「약초유품」에서는 지금까지와는 조금 시점이 달라서, 방편의 가르침과 진실의 가르침과의 관계에서, 특히 방편의 가르침에 대해 시점이 마련되어 설해 있는 것에 주의해야 할 것이다. 하나의 비에 비유되는 부처님의 설법은, 평등하게 모든 중생에게 내린다. 그것은 본질과 작용이 하나(一相一味)이며, 본래 모든 사람을 부처님의 지혜로 향하게 하는 것이다. 그러나 그 설법을 받아들이는 편에 있는 중생에게는 여러 가지의 차이가 있다. 큰 나무는 많은 양의 비를 흡수하나, 작은 것은 소량만을 흡수할 수밖에 없는 것처럼, 중생 측의 차이에 의해 본래 본질과 작용이 하나라는 가르침도 여러 가지 것으로 되지 않을 수 없다. 부처님께서 설법에 즈음하여 중생의 현 실태를 인식할 때, 진실한 가르침은 무어라 해도 방편의 가르침이라는 형태를 취하지 않을 수 없다. 부처님께서는 모든 사람을 부처님의 지혜(佛智)로 향하도록 하는 큰 자비가 사람과 경우에 따라 법을 설한다(隨宜說法) 라는, 교묘하고도 현실적인 방편이라는 형태를 가지고 나타나는 것이다. 이것이 2승과 3승이라 하는 그들에게 알맞은 가르침이다. 그러므로 방편의 가르침이라는 것은 부처님의 자비에 의해 나타낸 것임과 동시에, 중생에게는 그것은 없어서는 아니 될 불지(佛智)에의 발판인 것이다. 방편과 진실을 대비해 보면, 방편은 어디까지나 방편에 지나지 않지만, 중생에게는 그것은 높은 곳에 오르기 위해서 실제로 발을 올려놓는 사다리인 것이다. 이것이 방편의 존재의의(存在意義)이다.

이것을 중생 측의 현실이라는 점에서 밀고 나아가면, 『법화경』의 1승진실이라는 뜻과는 반대로 3승진실이라고 볼 수도 있다. 우리 중생 편에서 보면 실제로 그 발을 올려놓을 수 있는 방편으로서의 삼승의 가르침이야말로 진실이라는 것이다. 사실 우리들 중생 측의 현실 인식에서 출발한 유식 불교(唯識佛敎)는 이 입장을 취하고 있다.

그러나 『법화경』은 모든 것을, 부처로 만든다는 대승의 높은 이상을 선양하고, 그 이상실현(理想實現)을 위해, 방편의 가르침을 발판으로 하여 궁극적으로 부처님의 지혜로 향하도록 노력한다. 그 나타남이 진실교(眞實敎)의 개현(開顯)이며, 방편으로부터 설해 온 3승방편 1승진실이 설법의 참뜻인 것이다.

그런데 이 약초의 비유에서, 중생으로 비유된 여러 가지의 식물은 큰 풀(上草), 중간 풀(中草), 작은 풀(小草)의 3초(三草)와 큰 나무(大樹), 작은 나무(小樹)의 2목(二木)이라는 다섯 종류로 나누고 있다. 이 3초2목(三草二木)은, 중생의 자질에 의한 분류로서 인(人)·천(天)·성문·연각·보살의 5승(五乘)을 비유한 것이라고 하지만, 무엇이 어디에 해당하는가에 대해서는 예로부터 여러 가지로 나누어져 일정하지 않다. 예를 들면, 천태의 해석은 작은 풀(小草)은 인(人)과 천(天)의 양승(兩乘)을, 중간 풀(中草)은 성문과 연각의 2승을, 그리고 큰 풀(上草) 이상을 보살승으로 하여, 상초는 육도(六度)의 보살, 작은 나무(小樹)는 통교(通敎)의 보살, 큰 나무(大樹)를 별교(別敎)의 보살이라 한다. 이에 반해서 삼론종의 길장(吉藏)은 소초, 중초는 천태와 같으나 상초 이상의 보살승에 대해, 상초를 지전(地前)의 4십심(四十心), 작은 나무를 초지(初地), 큰 나무를 칠지(七地)의 보살에 적용시키고 있다. 그러나 이들 5승으로 분류된 중생들, 그 누구라도 동일한 땅에 돋아난 식물처럼, 본래부터 모두가 한결같이 부처님의 아들이며, 부처로 향해 나아가는 사람이라는 것이, 이 『법화경』의 취지이다.

2. 평등과 차별을 초월한 1승의 가르침.

앞에서 말했듯이, 「약초유(藥草喩)」란, 3초2목(三草二木)이라고도 하며, 『법화경』 「제5장 약초유품」에 설해져 있는 비유이다. 약초에는 상·중·하의 세 종류가 있고, 나무에는 크고 작은 두 가지가 있으나, 똑같은 양의 비에 젖지만, 상·중·하의 풀과 나무는, 자기 분수에 알맞게 성장하고, 저마다 약이 되어 병든 사람을 구호한다.

이와 마찬가지로, 사람에게는 저마다의 소질과 능력의 차이는 있지만, 부처님의 교화를 받게 되면, 언젠가는 모두 각기 깨달음을 얻어 세상을 구하는 사람이 된다는 것을 여기에서는 "3초2목"에 비유하여 설한다.

그런데 이 비유에서는, 평등과 차별에 관하여 깊은 시사를 주고 있다. 즉 평등과 차별이라는 두 개의 현상을 초월하여 "절대 하나"라는 경지를 강조한다. 이 절대 하나라는 것을 『법화경』에서는 "1승의 법"이라 한다. 그러므로 『법화경』의 제법실상에 관한 생각을 평등과 차별을 초월한 1승의 법으로 인식하도록 알기 쉽게 설한 중요한 비유이다.

이 "3초2목"이 설해져 있는 「약초유품」은 『반야경』이 설하는 "공"에서 한 걸음 더 앞으로 나아간다. 공사상(空思想)은 부정(否定)의 부정에 의해 긍정의 세계를 보는 것이고, 『법화경』은 반야경이 부정을 부정한 끝에 긍정한 세계(諸法)를, 진리가 있는 그대로 표현되어 있는 것이라고 처음부터 긍정하는 정신으로 일관되어 있다.

이를테면, 3초도 2목도 모두 종자에서 성장하여, 이윽고 시들어 가는 덧없는(無常) 존재로 보는 것이 반야의 사상이다. 또 한 줄기의 풀도 한 그루의 나무도 단독으로 존재할 수 있는 것이 아니고, 태양의 빛과 공기와 물 등 무수한 연(緣)과 관계를 가짐으로써, 비로소 존재한다고 보는 것이 반야의 사상이다. 다시 이를 보편화하면 모두가 변해 가는 공의 존재이기 때문에 "지금"이라고 하는 다시는 돌아오지 않는 시간의 가치를 긍정한다는 것이 반야의 사고방식이다. 또 모든 존재는 무수한 연과의 관계에 의하기 때문에 연의 가치를 긍정하는 것이 반야의 사고방식이다.

한편 『법화경』의 사상은 반야가 최종적으로 이와 같이 긍정한 모든 존재(諸法)를 각각 부처님의 지혜와 자비를 있는 그대로 표현하는 실상(實相) 그것이라고 생각한다. 그러므로 결국은 반야의 긍정을 다시 긍정하는 것이어서, 이것은 『법화경』의 가르침이 "현실긍정(現實肯定)"이라고 말하는 까닭이 여기 있다.

또 허무적(虛無的)으로 되기 쉬운, 성문·연각의 2승사상에 적극성을 부여하려는 지도(指導)도 이 「약초유품」에서 행하여지고 있으므로 이를 간과(看過)해서는 안 된다.

그리고 이 「약초유」에서는, 석존이 자기의 설법을 크고 작은 갖가지의 초목에 내리는 비에 비유하여 말하고 있다. 생각건대 많은 풀은 약용으로 되는 본질을, 작은 싹일 때부터 아니, 발아(發芽) 이전서부터 이미 갖추고 있다. 이 사실을 많은 사람들은 알지 못했으나, 식물학자에 한하지 않고 누군가가 어떤 기회에 약용으로 되는 가치를 발견하고 비로소 "약초"라고 부르게 되었을 것이다. 남(他人)은 알 수 없는 숨겨져 있는 가치를 발견하고, 그것을 개발함에 의해 본래의 가치를 완성하는 것은 약초의 경우만은 아니다.

『법화경』 "약초유품"의 약초는 우리 인간에 비하고 있다. 인간이면 누구라도 마음속 깊이 부처님의 성품(佛性)을 가졌다고 하는 대승불교의 인간관이 "약초"라는 이름으로 표현되어 있다. 그러나 그 약초 위에 기회 균등하게 비가 내리더라도 모든 초목이 동등한 높이로 성장하지는 않는다.

석존의 설법은 "일미(一味)의 가르침(法)"이라 한다. 마치 바닷물의 짠맛이 동일한 것처럼 석존의 가르침은 항상 평등하게 설해지기 때문에 가르침 그 자체에는 조금도 차별이 없다. 그러나 가르침은 평등하지만, 가르침을 듣는 중생 쪽은 각각 자기에게 상응하는 힘으로 받아 드리기 때문에, 이해의 정도가 모두 같다고는 할 수 없다. 동일한 분량의 비가 내려도 약초의 성장이 각각 다르다는 사례에 의해 가르침의 수용량에도 차이가 있다는 사실이 지적되고 있다. 3초2목(三草二木)의 "3"·"2"라는 수량에 대해 불교학자들은 세밀하게 분류하고 있지만 뒤로 미루며, 평등한 비를 받으면서도 초목의 성장에 차이가 생기는 사실을 "평등한 일미의 법"으로 포괄하고 있는 점에 주의해야 한다. 인간의 경우에도 사람이 가진 능력은 각자가 다르며, 환경도 또한 다르지만, 중요한 것은 석존의 가르침에 의해 개별차(個別差) 그대로 평등하게 모두가 깨달음을 얻는 사실을 읽을 수 있다.

이에 관해서는 우리에게 널리 알려진 의상대사(義湘大師)의 『화엄일승법계도(華嚴一乘法界圖)』라고 하는 소위 『법성게(法性偈)』에 「우보익생만허공(雨寶益生滿虛空) 중생수기득이익(衆生隨器得利益)」이라는 시송(偈)이 있다. 즉 이 말은 "삶에 이익을 주는 보배로운 비 즉 법비가 허공에서 가득히 내리지만, 중생은 자기의 그릇에 따라 그 이익을 받는다."라는 것이니 해동(海東) 화엄(華嚴)의 조사(祖師)로 칭송되는 의상 스님도 이러한 사실을 시송(偈)으로 나타내고 있음을 알 수 있다.

그런데 이 평등한 일미(一味)의 가르침을 바꾸어 말하면 『법화경』에서 설하는 "1승의 가르침(一乘法)"이 된다. 1승법에 관해서는 앞에서 조금 언급했지만, 모든 사람들이 모두 평등하게 부처님(人格完成)이 되게 하는 가르침이다. "승(乘)"이란 사람이나 물건을 실어 나르는 탈것(乘物)

을 말하는데, 이것은 사람을 구제하는 가르침에 비유한 것이다. "1"은 처음(初)임과 동시에, 통일이라던가, 또는 거두어 드린다는 "절대1(絶對一)"의 의미도 포함하고 있다.

그러므로 『법화경』의 1승법은 바로 불교의 통일 원리(妙法)임과 동시에 모든 사상(思想)의 통일원리(統一原理)이기도 함을 알아야 한다.

3. 모든 것을 포괄한 근원적인 하나의 가르침

『법화경』 이전에는, 부처님의 가르침을 직접 듣고 깨닫는 성문승과 인연의 도리를 홀로 알아 깨닫는 연각승〈또는 독각승〉의 두 가지(2乘)의 가르침이 있고, 여기에 다시 남에게 가르침을 구하거나 깨달음도 구하지 않고 다만 묵묵히 구도(求道)의 정신으로 수행하는 보살승이 있었다. 그리하여 앞의 2승과 이 보살승을 합해서 3승이라 부르게 되었다.

그러나 이 3승의 가르침이 가진 공통적인 결점은, 오직 자기중심적인 공부나 깨달음에 중점을 둘 뿐, 남(他)에 대해서는 전혀 생각하지 않는다는 것에 있다.

왜 우리는 남을 나와 같이 생각해야 하는가에 대해서는, 앞에서 여러 차례 언급했으므로 다시 말하지 않겠으나, 아무튼 나와 남이 하나(一) 즉 근원적으로 하나이기 때문에 이를 절대적인 하나라고 말하며, 이것을 아는 것이 반야(智慧)이다. 그리고 "반야"를 사상적 기초로 하는 대승에서는 3승을 작은 가르침 즉 소승(小乘)이라고 비난하였으며 또 이 3승의 가르침을 믿는 사람은 학문과 수행의 가장 높은 자리인 아라한이 되어 사람들로부터 존경받는 것에 만족하고 있었다. 그들은 아라한보다 더 높은 부처님의 자리에 올라간다는 것은 꿈에도 생각하지 않았으며, 석존처럼 부처님이 될 수 있는 가능성(佛性)이 누구에게도 있다는 생각 자체가, 석존을 모독하는 것이라고 두려워했을 뿐만 아니라 그렇게 믿어 왔었다. 이러한 소승교에 대해『반야경』이나『화엄경』및『법화경』그리고『열반경(涅槃經)』은 모두 "누구나 다 부처님이 될 가능성이 있다."(悉有佛性)라고 설하며, 또 "자기만이 아니라 남도 깨치게 하여 행복하게 살도록 해 주어야 한다."라고 권한다.

『법화경』에서는 오직 하나의 진실한 가르침이라 하여 "1승법"을 설한다. 이 1승법을 요약해서 말하면 "생명 있는 것은 모두 부처가 된다."고 하는 가르침이다. 따라서 "1승"과 "대승"은 같은 뜻이 되며, 현대의 불교 서적에서도 1승과 대승을 같이 해석하고 있다.

그러나 엄밀히 말해서, "대승"이라 하여 3승에 대한 상대적인 호칭이라고 생각하거나 소승교보다 대승교가 훌륭하다고 느낄 수 있지만, 그러한 상대관(相對觀)이나 비교관(比較觀)을 초월하여, 이 둘을 통일한 절대 하나의 가르침이라는 뜻에서 "1승불법(一乘佛法)" 혹은 줄여서 "1승법"이라 한다. 즉 1승법이라는 호칭은 대승교와 소승교를 포괄하여 절대 하나(1) 또는 근원적으로 하나의 가르침이라는 사실을 말하고 있다.

그러나 조금이라도 상대적 우월감이 있다면, 바른 뜻에서의 1승법이라고는 말할 수 없다. 「약초유품」에 「성문·연각·보살의 3승의 가르침 중의 그 어느 것도 모두, 소중한 가르침이므로 지금까지 석존은 그것 ─ 3승의 가르침 ─ 을 설해 왔다. 그러나 3승의 가르침은 지금 설하는 오직 하나의 가르침인 1승으로 이끌어 들이기 위한 방편이었다. 지금까지 설한 3승의 가르침도 결국은 이 1승에 회귀(會歸)하므로, 2승이나 3승의 구별도 지금은 필요가 없다.」

이를 바꾸어 말하면 3승이 있었기 때문에 1승에의 길이 열린 것이며, 3승이 없었다면 1승법은 존재하지 않았다는 말이 된다.

역사적으로 보면, 3승교가 1승교보다 선행(先行)하고 있었다. 이제 그것을 통일하는 사실을 석존은 "옛날 나도 3승을 설했다."라고 문학적으로 표현하고 있다.

그러나 당시의 사람들은, 지금까지의 3승의 가르침과 혁신적인『법화경』의 사상 사이에 생긴 깊은 골(갭)에 당혹했음이 분명하다. 그래서 쉽게 1승법을 이해하지도 못했고 하물며 믿으려 하지 않았기 때문에, 부득이 비유를 빌리지 않고서는 설법도 전도(傳道)도 불가능했으리라는 사실이 새삼 이해된다.

그러나 꼭 1승법을 사람들에게 설해야만 한다는 그 결심 때문에, 석존께서는 이 세상에 태어나셨다. 그것이 곧 석존의 "출세(出世)의 본회(本懷)" 즉 이 세상에 태어난 직접적인 목적·본래의 뜻이며, 『법화경』이 설해 가르쳐(說示)진 까닭도 여기에 있다.

조금 거슬러 올라가면, 『법화경』의 「방편품」에 "진리가 존재하는 모든 장소인 시방(十方)의 부처님 땅 가운데에는 오직 1승의 가르침만 있고 둘도 없고 또한 셋도 없다.(十方佛土中 唯有一乘法 無二亦無三)"라고 하며, 명확히 1승법만이 진실한 가르침이라고 선언하고 있다. 또 같은 「방편품」에서는 석존의 "출세의 본회"와 더불어 석존의 "출세의 일대사인연"이 설해져 있다. 그 뜻은 "석존께서 꼭 이 세상에 태어(出現)나서 완수하지 않으면 안 되는 부처님의 임무"를 말한다. 그리고 그 임무를 고(告)하는 것이 곧 이 비유 "3초2목(三草二木)의 비유"이다.

결국 "이 세상 사람들은 모두 정도나 능력에 차이가 있다. 따라서 그 차이에 맞추어 그 사람에 알맞은 가르침을 주어 모든 사람들을 구제하지 않으면 안 된다. 모든 사람은 자기에게 알맞은 가르침에 의해 불성이 개발되어서 부처님이 되기 때문이다."라고 말하는 것이 석존의 "출세의 일대사인연"이다. 그리고 석존은 「약초유품」에서 「사람의 성질은 각각 다르다. 현명한 사람·어리석은 사람·부지런한 사람·게으른 사람 등 낱낱의 성격을 잘 보고, 그것에 알맞은 가르침을 이것저것 한없이 설해서 모두를 기쁘게 하고 그들에게 이익을 얻게 한다.」라고 말한다.

사람에게는 개인차는 있지만, 그 차이에 알맞은 소득이 있다면 기쁨도 평등하게 얻는다.

그러므로 『법화경』은, 2승은 물론 3승의 가르침도 결국에는 모두 성불이라는 하나의 길(一佛乘)로 인도하여, 모든 사람이 성불이라는 목적지에 도달토록 하는 가르침임을 알아야 한다.

4. 여래는 인간의 의욕에 따라 인간을 구별한다.

「약초유품」의 한역문 — 구마라집이 번역한 묘법연화경 — 에는, 웬일인지 경(經)이 중도에서 끊어져 후반부가 없다. 역자인 구마라집이 읽은 원본이 원래 그랬었는지 모르지만, 아무튼 꼬리가 잘린 도마뱀처럼 끝나 버렸음은 매우 애석한 일이다. 그러나 불행 중 다행으로 고대 인도의 표준 문장어인 싼쓰끄리뜨어(梵語)의 연구가 진척되어, 일본 등지에서는 한역(漢譯)을 거치지 않고 범어의 문장을 직접 자국 어문으로 번역할 수 있게 되었으므로, 구마라집의 한역문에 없는 부분도 지금은 자유로이 읽을 수 있게 되었으며, 또 우리나라의 고려대장경에 수록되어 있는, 중국 수(隋)나라 때의 사나굴다(闍那崛多) 등이 번역(隋文帝의 仁壽元年 A.D. 601)한 『첨품묘법연화경(添品妙法蓮華經)』에도 이 끝 부분이 있으므로 이를 소개할까 한다.

이 끝이 잘린 부분의 한 구절에 귀를 기울여 들어야 할 석존의 깊은 가르침이 있다.

「도공(陶工)이 도기(陶器)를 만들 때에
똑같은 흙을 사용함에도 불구하고,
설탕이나 우유나 요구르트나
물 등의 용기(容器)가 되는 것 같이,
어떤 것은 오물(汚物)의 용기가 되고,
어떤 것은 치즈(酪) 그릇이 되지만,
도공은 똑같은 점토(粘土)를 가지고,
갖가지의 그릇(容器)을 만든다.
어떤 물건의 용기가 되는가는
담는 물건에 따라 용기〈의 이름〉이 정해진다.
그와 같이 이 세상의 인간에게는 차별이 없지만,

여래들은 그들의 의욕에 따라,
인간을 구별하는 것이다.」

이 시송(偈)은, 석존이 사리불과 어깨를 나란히 하는 높은 제자인 마하가섭에게 이야기한 내용을 거듭 시로 읊은 것인데, 석존은 "모든 가르침이 평등하다는 것을 깨달음으로써 가섭이여, 깨달음의 경지가 비로소 열리게 된다."라고 하며 끝을 맺는다.

오늘날의 인도에도 2천 이상의 계층(rank)이 있지만, 고대의 인도에는 "카스트"라고 하는 봉쇄적인 신분 계급이 있었다. 어떤 혈통으로 태어났는가에 의해서 사회적 신분에서부터, 직업의 일체까지 구분되어 규정되고 있었다. 서로 다른 "카스트" 간에는 식사를 함께하는 일이나 결혼하는 것마저도 금지되어 있었다. 인도가 독립된 후에도 이 악습은 쉽게 사라지지 않는다. "카스트"가 인도민족의 근대화를 저해(沮害)하고 있다. 다만 인도의 독립 후 그 숫자는 적지만 학대받던 계급에서 지도적인 지위로 진출한 사람도 있으므로 적으나마 여기에도 서광이 비친다고 느껴진다.

석존은 소년 무렵부터 이 "카스트"의 존재를 슬퍼해 왔으므로 석존의 "출세의 본회", 평등성을 설하는 말 가운데에서도 "카스트"에 대한 아픔이 느껴진다. 그 때문인지는 몰라도 교단(僧伽)내에서 제자들의 서열은 당시 인도의 카스트제(制)를 무시하고, 신분이나 출생이나 연령에 의하지 않고 입문순(入門順)에 따르도록 되어 있다. 석존은 "사람의 가치는 출생에 있는 것이 아니다. 무엇에 의해 태어났는가에 있는 것이 아니라 무엇을 했는가에 따른다."라고 입버릇처럼 되풀이하여 말하고 있다.

석존의 생존 중에는 인도의 카스트적인 인간관은 시정되었던 것 같으나 석존의 멸도 후에는 또 옛날대로 되돌아 가 버렸으니 매우 슬픈 일이라 아니할 수 없다.

이러한 사회적 현실을 근거로 하여, 앞에 쓴 게송(詩頌)인 "이 세상의 인간에게는 차별이 없지만 여래들은 그들의 의욕에 의해 인간이 구별된다."라는 이 한 구절(一句)을 읽으면, 사회제도 때문이 아니라 인간성의 본질에 뿌리를 둔 석존의 차별관이 뚜렷해진다. 즉 "본래 차별이 있을 수 없는 인간이 구별되는 것은 그들(本人)의 의욕(의 유무)에 의한다." ― 무어라 말할 수 없는 엄격한 인간비판이라 아니할 수 없다.

석존은 제자들에게 정진할 것을 권하고, 방일(放逸)을 미워했으니, 석존 자신도 일생 동안 이것을 으뜸으로 삼았다. 그런데 방일이란 통상적으로는 "게으르다·태만하다"의 뜻으로 사용하지만, 나는 악덕한 행위 즉 "시간을 허무하게 보내는 것"이라고 생각한다.

게으르고 태만한 것은 일을 하는 경우, 일을 태만히 하고 개으름을 피우는 것이지만, "방일"은 게으르고 태만한 것도 아니고 일을 하는 것도 아닌 소위 멍하게 귀중한 시간을 허송함을 말한다. 이런 인간이 단 한 사람이라도 있다면, 그 직장의 공기는 즉시 썩어 버려서 이윽고 그 사람은 모든 이에게 버림을 받게 될 것이다.

"인간에게는 구별이 없지만, 그들(自己)의 의욕에 의해 구별"되어 가는 것임을 알아야 한다.

불교사상에서 정진을 권장하고 방일을 금하는 것은, 무상관(無常觀)에서 비롯된다. 모든 현상은 1초(一秒)의 75분의 1(七十五分之一)인 찰나(刹那) 사이에도 변화한다고 하는 진리에 바탕을 두고 있다. 석존은 이 무상관에 서서 스스로도 정진하고 방일을 삼가며 그것을 사람들에게 설했다. 석존의 최후의 설법도 또한 "그대들, 방일치 말라. 참으로 정진해야 한다." ― 붓다의 최후의 여행·遺敎經 ― 라고 하였다.

그런데 흔히 세상에서는 "적재적소(適材適所)"라는 말이 있다. 어떤 사업이나 임무에 알맞은 재능이 있다고 생각되는 사람을 그에 알맞은 지위와 임무에 나가게 한다. 이는 매우 좋은 인사(人事)이다.

그러나 "적재"라고 보였던 사람이 "나만이 이 일에 적재적소"라고 우쭐대며 노력을 게을리 하면 졸지에 "부적재부적소"의 오명을 받게 된다. 여기에도 "이 세상의 인간에게는 차별은 없지만 그들의 의욕에 의해 인간은 구별된다."고 하는 「약초유품」 게송의 의미를 읽을 수 있다.

5. 어떻게 하면 마음의 평안을 얻을 수 있을까.

이 『묘법연화경』 이전의 축법호 역 『정법화경』과, 이 『묘법연화경』 이후의 『첨품묘법연화경』의 한역(漢譯) 2종, 그리고 모든 싼쓰끄리뜨 본과 티베트 역에는 『묘법연화경』에 없는 장문(長文)의 장항(長行) 즉 산문(散文)과 게송 즉 운문(韻文)이 있다. 천태 6조인 묘락대사(妙樂大師) 담연(湛然)은 말하기를 구마라집(羅什)이 내용의 중복을 피해 번역하지 않은 것이라고 하지만 — 혹은 구마라집이 번역한 원본에 그 부분이 빠져 있었는지 모르지만 — 그 빠진 부분의 취지는, 동일한 흙을 재료로 만든 여러 가지의 토기(土器)가 있음은 그 용도에 따른 것이라고 하며, 이 여러 가지의 토기를 3승에 비유해서 3승방편 1승진실을 설하고, 다시 태어날 때부터의 장님(盲人)이 의사에 의해서 눈이 보이게 되고, 또 선인(仙人)의 가르침에 의해 드디어 신통력을 얻는다는 비유를 사용하여, 범부에서 2승으로, 2승에서 부처님의 깨달음으로, 이렇게 발전적으로 1불승의 길을 설하고 있는 것이 있다.

구마라집의 『묘법연화경』에 없는 「약초유품」의 끝 부분을 "첨품묘법연화경"과 "범문(梵文) 원전"에서는 다음의 시송(偈)으로 그 끝을 맺고 있다.

『자성여환몽(自性如幻夢) 부실사파초(不實似芭蕉)
 역여음향등(亦與音響等) 급지피자성(及知彼自性)
 삼계무잔여(三界無殘餘) 불박역불해(不縛亦不解)
 부지어멸도(不知於滅度) 제법평등공(諸法平等空)
 무유이체자(無有異體者) 차역무소견(此亦無所見)
 불관어일법(不觀於一法) 피견대지자(彼見大智者)

법신무여잔(法身無餘殘) 무유어삼승(無有於三乘)
일승차중유(一乘此中有) 제법개평등(諸法皆平等)
평등상등등(平等常等等) 지여시지이(知如是智已)
열반감로안(涅槃甘露安)』

이상이 첨품묘법연화경의 끝 부분인데 이를 번역하면 다음과 같다.
『자성(自性)은 아지랑이([幻)와 꿈(夢)과 같아,
실체가 없음(不實)은 파초(芭蕉)의 줄기(幹)와 같다.
또한 메아리(音響)와 같은 것이라고
제법(諸法)을 아는 사람 있으면,
남김없이 삼계(三界)의 그 자성(自性)마저도 알 수 있기 때문에
불계박(不縛)과 또는 불해탈(不解脫)의
멸도(滅度)를 안다고 생각하라.
제법(諸法)은 평등(平等)한 공(空)이라서
다른 모습(異相)도 다른 실체(異體)도 없는 것이어늘,
지혜(智慧)의 인(因)마저도 찾아내지 않고
또한 일법(一法)마저도 보(觀)지 않는다.
그는 넓고 큰(廣大) 지혜자(智慧者)이며
온(全) 법신(法身)을 본 사람이다.
삼승(三乘)은 본래부터 없는 것이며
오직 일승(一乘)만 여기에 있다.
일체(一切)의 제법(諸法)은 모두 같은 것
평등(平等)하여서 항상 등등(等等)하니
이렇게 알면 죽지 않는(不死)
평안한 멸도(滅度)를 얻을 수 있다.』

그리고 "범문 원전"에도 이와 같은 운문(韻文)이 있으므로 여기에 소개하면 다음과 같다.

또 〈모든〉 사물(諸法)이, 허깨비(幻)이나. 꿈(夢)을 자성(自性)으로 삼 고, 파초(芭蕉)의 줄기처럼 실질이 없는,
(소리의) 메아리와 같은 것이라는 것을 아는 사람,
그러한 사람은 또한 3계(三界)에 속하는 것이 모두가 그것을 자성으 로 하고 있어,
속박되어 있는 것도 아니고, 〈속박에서〉 해탈하고 있는 것도 아니라 는 것을 알고, 마음의 적정을 아는 것이다.
평등하며, 공이며, 여러 가지로 다르게 생겨나는 것이 없는 성질을 가졌으며, 사고의 영역에 속하고 있는 모든 사물(一切法)을,
〈그 사람은〉 보지도 않고, 또한 어떠한 사물도 식별함이 없는 것이다.
그 큰 지혜를 가진 사람이, 사물의 집합을 모두 보는 것이며, 세 가지의 찰것(三乘)이 결코 있는 것이 아니며,
그런데 이 세상에는 〈오직〉 하나의 탈것(一乘)이 있을 뿐이다.
모든 사물은 평등하며, 일체가 평등하고, 항상 완전히 평등하다.
이와 같이 안 다음에, 〈그 사람은〉 길상(吉祥)하여 불사(不死)의 열반을 요해하는 것이다.

그리고 또, 『첨품묘법연화경』과 『범문원전』을 합쳐 해석하면 다음과 같으므로 참고하기 바란다.

『우리들은 자기 자신을 비롯하여 우리들을 둘러싼 환경과 현상의 본 질이 모두 공성(空性)이어서 무상(無常)하며 그 존재도 인(因)과 연(緣)의 만남에 의해 생(生)하는 무아(無我)의 현상이다. 그 사실은 마치 식물인 파초(芭蕉)의 줄기 속에 심(芯)이 없는 것과 같고 또 산골짜기에서 소리가 되돌아오는 메아리에 본체가 없는 것과 같다.

이와 같이 아는 사람은 이 세상에서 번뇌에 속박된다는 감정도 일어나지 않는다,

번뇌의 속박 감이 없으면 〈번뇌에서〉 해방된다거나 해 방 되지 않는다는 생각도 일어나지 않는다.

이와 같이 자성 〈그 자체의 본성〉을 남김없이 아는 사람은 마음의 평안함을 볼 수가 있다.

일체의 현상은 모두 이와 똑같아서 본체라는 것이 없음과 동시에 본질적인 차이가 없음을 알고,

또 모든 것에 집착심을 가지지 않고 또 저것과 이것, 이것과 저것하고 비교해 보려고 하지 않는 사람〈이를테면 병들었을 때에 새삼 건강했을 때와 비교해 보려고 하지 않는 사람〉은,

위대한 이지(理智, 도리와 지혜)의 주인공이어서 가르침의 본체를 남김없이 보아 성문·연각·보살의 세 가지 가르침을 구별할 리 없고, 이 세상에는 오직 하나의 가르침밖에 없음을 안다.

일체의 현상은 똑같은 것이어서 모두는 한결같고 언제나 평등하게 동일하다는 것.

이처럼 알면 불멸하고 길상(吉祥, 마음의 안온)한 "깨달음"의 경지를 바르게 알 수 있다.』

즉 성문·연각·보살의 3승 사상을 1승의 법으로 지양(止揚)하여 "평등"의 법을 가르친 "3초2목의 비유"에는 앞 장(章)의 "장자 궁자의 비유"에서 시사해 보인 것과는 달리 "어떻게 하면 마음의 평화를 얻을 수 있을까"에 대해 차원(次元)을 달리해서 설하고 있다.

식물인 파초(芭蕉)는 파초과의 대형(大形) 다년초(多年草)인데, 중국이 원산지라고 하며, 이 파초의 줄기와 잎 그리고 뿌리는 끓여서 이뇨제(利尿劑)로 사용하는 약초이므로 「약초유품」의 비유로 쓰였음도 또한 알맞다고 생각된다.

우리들 범부는 말나식(末那識)에 의해 실체가 없는 일체의 현상을 실

체가 있다고 착각하고, 이에 집착하기 때문에 괴로움을 받는 것이므로 껍질을 벗기고 또 벗겨도 알맹이(實體)가 나오지 않고 끝에 가서는 텅 빈 공간만이 존재하는 "파초"를 인용하여 실체가 없음을 설명하고 있다. 그러므로 눈앞의 경관(景觀)이나 현상을 상징으로 사용하여 각각 자기의 사상을 말하고 있으나 그것은 표면뿐만 아니라 그 속에 있는 진리·진실을 이야기하고 있음(諸法實相)을 꿰뚫어 보고(觀照) 나아가 불법은 문법에서 말하는 2인칭이나 3인칭은 없고 오직 제1인칭(第一人稱)인 "나"가 있을 따름이므로 "파초"가 곧 "나"임을 알면 변화하는 현상에 사로잡히지 않아 마음의 평화를 얻을 수 있음을 설하고 있다.

끝으로 이 비유에서 배울 점은 이 3초2목의 비유는, 위에서 말한 바와 같이 차별을 최종적으로 긍정한 것이 아니라, 차별이 있기 때문에 부처님의 설법도 여러 가지의 가르침이 있음을 지적한 것이다. 물론 최종적으로는 그와 같은 차별을 초월하여 모두 똑같이 그리고 평등한 성불이라는 이상에 도달할 수 있음을 말하고 있는 것이다.

따라서 이 최종적인 이상에 도달하기 이전의 단계에서는 다른 사람의 갖가지 개성을 존중하는 것이 중요하다는 것이다.

妙法蓮華經 授記品 第六
묘법연화경 수기품 제육

梵本『법화경』제6장
예 언(豫 言)

1. 수 기(授 記)

이「수기품」은 마하가섭을 비롯하여 대목건련(大目犍連)에 이르기까지의 네 사람의 큰 성문(大聲聞)들에게 부처님의 수기가 차례차례 주어졌는데, 여기서 본 장의 장명(章名)인 "수기(授記)"에 대해 살펴보기로 한다.

"수기"란 싼쓰끄리뜨어로 비야까라나(vyakarana) 팔리 어로 베이야까라나(veyyakarana) 티베트어로 룬브스탄파(lun-bstan-pa)라 하며 "수기""기별(記莂)""기설(記說)" 등으로도 번역되고 있다. "수기(授記)"는 주(授)는 쪽에서 말한 것이며 "수기(受記)"는 받는 쪽에서 말한 것이다. 불교경전에서는 본래 9분(九分), 12분경(十二分經)의 한 갈래(一支)로 분류하고 있다. 불전 가운데 설해져 있는 수기라는 말의 의의 내용은 여러 가지이나 이를 크게 나누면

(1) 제자 등의 사후에 태어날 곳을 밝히는 것.

(2) 부처님께서 중생에게 보리심을 일으키게 하고 또 보리심을 일으킨 사람의 마음을 견고하게 하도록 하기 위해 주는 증과(證果)의 예언 약속,

(3) 미래에 성불한다는 예언,

이 세 가지의 뜻으로 정의할 수 있다. 이 가운데 대승경전 중에서 사용되고 있는 수기라는 말은, 세 번째 의미인 미래에 성불한다는 예언의

뜻으로 사용되고 있는 것이 대단히 많다. 이『법화경』도 그러하다.

미래 성불의 수기에는 기필코 성불하는 나라의 이름, 성불하는 시대의 이름. 부처님의 수명, 정법과 상법(像法)이 존폐(存廢)하는 기간이 열거되는 것이 상례이다. 이것을 여섯 항목으로 들어 6사(六事)라 칭한다. 6사(六事)란 즉

(1), 행인(行因)…미래세에서 여러 부처님 세존을 공양하고 찬탄하는 모습.

(2), 득과(得果)…최후신(最後身)에서 성불한 부처님의 이름(佛名).

(3), 겁국(劫國)…성불하는 곳의 나라와 시대(劫)의 이름.

(4), 불수(佛壽)…성불한 부처님의 수명.

(5), 정상(正像)…정법과 상법이 세상에 머무는 기간.

(6), 국정(國淨)…성불한 나라의 장엄된 청정한 모양.

이상의 여섯인데 이는 경론(經論)에 따라 다소 출입이 있다. 예를 들면『대승장엄경론(大乘莊嚴經論)』에서는

(1), 찰토(刹土;ksetra).

(2), 명호(名號;naman).

(3), 시절(時節;kala).

(4), 겁(劫;kalpa).

(5), 권속(眷屬;parivara).

(6), 정법(正法)이 세상에 머무는 것(saddharmanuvrtti),

이상의 여섯 항목(項目)을 들고 있으며 또 경전에 따라서 매우 상세하게 기록한 것도 있다.

이제 이「수기품」에 설해진, 네 사람의 큰 성문의 수기 가운데 그 한 가지 예로서 마하가섭의 6사(六事)를 들면 다음과 같다.

(1), 미래세에서 3백만 억의 여러 부처님을 섬긴다.

(2), 부처가 되어 광명여래(光明如來)라 한다.

(3), 그 국토의 이름을 광덕(光德)이라 하고, 시대(劫)를 대장엄(大莊嚴)이라 한다.

(4), 부처님의 수명은 12 소겁.

(5), 정법이 세상에 머무는 것은 20소겁, 상법도 또한 20소겁.

(6), 국계(國界) 장엄하여 청정하며, 유리(瑠璃)를 땅으로 하고, 평탄하다 운운.

네 사람의 큰 성문 각각의 6사는 저마다 다르지만 불국토의 장엄된 모습은 공통된 표현을 볼 수 있다. 그것은 어쨌든 이『법화경』에서「수기」라고 하는 1장(一章)이 개설되어, 4대 성문들의 수기의 양상이 자세히 설해져 있다. 그 까닭은 무엇인가. 이『법화경』에서의 "수기"는 미래성불의 예언, 약속 또는 증명이다. 이『법화경』의「제2장 방편품」에서 "지금까지는 절대로 성불할 수 없다."고 되어 있던 성문 2승의 성불이 처음으로 밝혀졌다. 진실한 가르침은 단 한 가지(一種), 부처가 되기 위한 가르침이며, 2승, 3승이라는 가르침은 방편인 것이다. 그러므로 불제자들은 성문도 보살도 모두가 본래 불자 즉 부처님의 아들(佛子)이어서, 2승도 기필코 장래에 부처가 된다고 하는 것 즉 2승작불(作佛)이 설해진 것이다. 따라서 2승에 대해 부처님께서 성불의 예언을 주신다고 하는 "수기"는 그 2승작불이라는 것을, 보다 확실하게 하고 보증한다는 의미에서 설해져 있다고 생각할 수 있다.

「제3장 비유품」에서는 사리불에게 수기를 하시고, 이「수기품」에서는 4대성문들에게 수기, 다음「제8장 오백제자수기품(五百弟子受記品)」에서는 부루나(富樓那)를 비롯한 5백 인의 아라한들에게 수기, 그리고 「제9장 수학무학인기품(授學無學人記品)」에서는 2천 인의 성문들에게 수기하신다. 이와 같이 성문 2승에게 성불의 예언, 약속이 계속된다는 것은 부처님께서 직접 성문들에게 성불의 예언을 준다고 하는 형식을 취해 2승작불이라는 교설을 보다 확실한 것으로 하며, 철저히 하려는 의도에서 나온 것이라고 생각된다. 바꾸어 말하면 2승작불에 의해서 세워진 1승사상의 보다 깊은 철저화라고 할 수 있다.

이 수기품의 최후의 글(文)은

『나의 여러 제자로 위덕 갖춘 사람,

그 수 5백 인데 예언해 줄 것이니,

미래세에 빠짐없이 부처님 되리라.

나와 그리고 그대들의 전생 사연,

내 이제 말하니 그대들은 잘 들어라.』

라고 하며 맺고 있다. 『그 수 5백』이라 하는 것을, 범본(梵本) 및 티베트 역에서는 『5인』으로 되어 있어, 사리불과 4대성문을 가리키는 것이 되지만, 이 『묘법연화경』에서는 5백 인이라 하여 다음의 『오백제자수기품』을 예상케 하며, 비유를 가지고 설해도 이해하고 믿을 수 없었던(未領解) 제자 5백 인, 1천2백 인, 2천 인을 위해 다음 「제7장의 화성유품」에서 비로소 인연을 설해 밝히겠다고 말해 다음 장으로 연결을 짓고 있다.

2. 『법화경』은 수기(授記)의 경(經)인가.

「수기(授記)」란, "그대는 틀림없이 부처님의 경지에 도달할 수 있다." 라고 하는 보증 즉 기별을 부처님께서 주시는 것을 뜻한다고 앞에서 이미 설명했다.

『법화경』에는 이 "수기"라는 것이 많이 나오고 있다. 이미 『비유품』에서 사리불(舍利弗)이 수기되었으며, 이 『수기품』에서는 마하가섭(摩訶迦葉)·대목건련(大目犍連)·수보리(須菩提)·가전연(迦旃延)의 네 사람이 수기된다.

그런데 지금까지 배운 것은 "수기"란, 어느 특정한 큰 제자들에게만 그 성불을 예언하는 것처럼 생각되기 쉽지만 그렇지 않다. 앞으로 「제8장 5백제자수기품」과 「제9장 수학무학인기품」까지 읽어 가면, 5백 인이거나, 2천 인이거나, 아무튼 무수한 사람들이 수기되고, 다시 「제12장 제바달다품」에 이르러서는 악인(惡人)인 제바달다(提婆達多)와 겨우 여덟 살짜리 여자아이인 용녀(龍女)까지도 성불을 인정받고 있다.

이리하여 "『법화경』은 수기의 경이다."라고 말하는 사람도 있다. 물론 그렇다. 『법화경』은 일체중생에게 "수기"되는 경이다. 바꾸어 말하면, 일체중생이 모두 부처가 될 수 있다고 하는 진실을, 혹은 이론적으로 혹은 실예(實例)를 들어서, 혹은 비유를 인용하여 자세히 설해 밝힌 것이 『법화경』임에 틀림없다.

그러므로 "수기"란, 단순한 예언이 아니라 "보증"인 것이다. 일체의 인간이 모두 다 불성을 가지고 있으므로, 기필코 부처로 될 가능성을 가지고 있음은 당연한 일이다. 석존께서는 이 진실을 『법화경』에 의해서 밝힌 것이다. 결국 진리에 입각하여 만인의 성불을 보증한 것이다.

그러나 여기서 깊이 생각하지 않으면 안 될 일이 있다. 그것은 "아무 것도 하지 않아도 부처로 될 수 있다."라고 하는 안일한 보증이 아니라는 것이다. 항상 말하지만, 종교가 타락하면 어느 일정한 말을 노래라도 부르듯이 부르기만 하면 극락에 왕생할 수 있다고 하거나, 혹은 거기까지는 좋다 치더라도 어떤 표 같은 것을 돈을 주고 사면 일체의 죄가 소멸되어 천국에 갈 수 있다고 하여, 세상의 양식(良識) 있는 사람들로부터 경멸되고 따돌림을 당하고 만다.

석존께서 설하신 성불, 석존께서 주신 "수기"라는 것은 그런 안일한 것은 아니다. 그렇기에 이 「수기품」에 들어가기 전에, "수기"라는 것을 여러 방면에서 생각해 보고 예비지식 내지 예비적인 마음가짐을 갖는 것이 좋다.

첫 번째로, 석존께서는 어떤 경우에도 "당신은 부처이다."라고 하시지 않고 "당신도 부처가 될 수 있다."라고 말씀하신다. 원래부터 부처님의 눈으로 보면 『일체중생이 모두 불성을 가지고 있다(一切衆生 悉有佛性).』지만, 그렇다고 누구에게나 "당신은 이미 부처이다."라고 말한다면 큰 오해를 불러일으킬 사람이 많을 것이다. 즉 범부는 자칫하면 그것을 안일하게 받아들여 미혹투성이의 자기가 그대로 부처라고 우쭐대거나, 에스컬레이터라도 탄 듯이 아무것도 하지 않아도 부처가 된다고 생각하기 쉽다.

그리하여 기필코 "지금으로부터 이러이러한 행을 계속하면……"이라는 조건을 붙이는 것이다. 즉 수기(記莂)는 불도(佛道)의 졸업증명서가 아니라 입학허가서이다. "부처가 된다는 최고의 대학에 당신은 합격했다. 여기서 몇 년간 이것저것을 철저하게 공부하면 기필코 졸업하여 부처가 된다."라고 하는 보증이다. 그러므로 금후 더욱 열심히 수행하고 노력하지 않으면 안 된다는 것이다.

그러나 부처가 된다는 대학에 입학을 허가받는다는 것은 무어라 말할 수 없이 기쁜 일이며 고마운 일이다. 『제3장 비유품』에서 사리불이 성문으로서는 처음으로 이것을 받았을 때, 그 설법의 자리에 함께 있던 대중들이 뛸 듯이 기뻐한 것도 무리는 아니다.

그것은 그대로 후세의 우리들 마음이다. 뒤의 「제8장 5백제자수기품」이나 「제9장 수학무학인기품」을 읽으면 알게 되겠지만, 우리들도 대학에 입학이 허가되어 있다. 비록 서울대학교나 그 밖의 일류대학에서 배우지 않았다 하여 결코 자신을 깎아내려서는 안 된다. 마음으로부터 『법화경』을 믿고 『법화경』의 정신을 몸으로 행하는 사람은 이 우주에서 최고의 대학인 〈부처가 되는 대학〉에 입학을 허가받고 있는 것이다. 이것을 생각하면 저절로 어깨가 으쓱해지고 가장 삶의 보람이 있는 인생이 될 것이다.

그렇다고 하여, 결코 그러한 마음을 자기만족으로 끝내서는 안 될 것이며, 자기만의 기쁨으로 해버려서는 아무런 의미가 없다. 이것이 두 번째로 중요한 점이다.

이 「수기품」을 읽어 가면, 대목건련·수보리·가전연이 『큰 용기를 가지신 세존께서는 언제나 세상 평안케 하시리니, 원컨대 저희들에게 예언을 내리소서.』하고 말씀드린다. 그 참뜻이 어디에 있는가 하면, "부처님께서는 항상 세상 사람들을 평안케 하시려고 생각하고 계십니다.

저희들도 부처가 되어 세상 사람들을 평안케 하는 것이 소망입니다. 그러므로 아무쪼록 너희들도 부처가 될 것이라고 말씀해 주시기 바랍니다.”라는 간청이다.

 자기만이 구제되어 부처가 되고 싶다, 자기만이 부처가 되어 자유 자재한 몸이 되고 싶다는 것이 아니며, 최초의 목적은 세상 사람 모두를 행복하게 한다는 데에 있다. 이것이 매우 중요한 것이어서 많은 제자들이 필사적으로 성불의 예언을 간청하고 있는 진의가 “일체의 모든 사람들을 행복하게 하는 자유 자재한 힘을 얻고 싶다.”라고 하는 점에 있음을 이해하지 않으면, 자칫 자기의 깨달음이나 마음의 평안을 위해 간청하는 것 같은 잘못된 느낌을 받을 우려가 있으므로 거듭 설명해 두는 것이니 이해하기 바란다.

 세 번째로, 불제자들은 석존께서 하신 지금까지의 설법에 의해 자기들도 부처가 될 수 있다는 것을 알고 있을 터인데, 왜 꼭 이름을 들어 “그대는 기필코 부처가 될 것이다.” 하고 말씀해 주시기를 바라는 것일까 하는 문제이다.

 참으로 학문과 신앙의 차이가 여기 있다. 불교는 이성으로 아는 가르침이라는 것은 몇 번이고 말해 왔다. 틀림없이 그대로다. 그러나 학문 쪽은 이성으로 알면 그것으로 충분하지만, 종교라고 하는 것은 아는 것만으로는 아직 그 가치의 반쪽밖에 붙잡지 못한 셈이다. 이해한 것이 마음의 감격으로 변하면 비로소 “믿음(信)”이 생긴다. “믿음”이 생기면 저절로 세상을 위해, 사람을 위해 넓혀 가지 않으면 안 되게 된다. 이와 같이 “이해”한 것이 “믿음”으로 되어, 그것이 “사람을 위하고 세상을 위해서 헌신하는 행동”으로 전개되어 가야만 비로소 신앙이라 말할 수 있고 종교라 할 수 있다. 그러므로 참다운 신앙에는 “힘(力)”이 있는 것이다. “힘”이 없으면 안 된다. 그렇다면 그 “힘”의 원천인 “감격”은 어디에서 솟아 나오는 것일까. 감격은 이론이나 이치에서 나오는 것이 아니고 마음과 마음의 맞부딪침에서 솟아나는 것이다. 위대한 인격에 맞부딪쳐서, 그 거룩한 말씀을 미음으로 들을 수 있을 때에 비로소 우리들의 가슴은 불타오르는 것이다. '그렇다 목숨을 던져서라도 이 길을 오로지 한결같이 살아가자.'라고 하는 열렬한 결정이 생기는 것이다. 석존의 위대함이 여기에 있다. 우주의 진리도 우리들 인간의 이상적인 자태로 앙모되는 석존의 말씀을 들었을 때, 단순한 이해를 넘은 커다란 힘이 되어 우리들을 일어서게 한다. 불제자들이 석존의 입에서 "그대도 부처가 될 수 있다."라고 하는 단 한마디의 말씀을 듣고자 열망하지 않을 수 없는 까닭이 여기에 있다. 이 한마디의 말씀이 불제자들에게는 결정적인 힘이 되는 것이다.

믿음 즉 신(信)이라는 글자는 사람 인(亻)변에 말씀(言)이라 쓴다. 여기에도 나타나듯이 말이라는 것은 믿음(信)을 만들기 위해서는 없어서는 안 된다. 우리들이 마음속으로 무엇인가를 생각할 때에도 말에 의해서 생각한다. 말없이는 아무것도 생각할 수 없다, 인간이 다른 동물보다 더 발달하고 향상된 존재인 것은 정신을 가지고 있다고 하지만, 그 정신이라는 것은 실은 말에 의해서 된 것이다. 말이 없다면 정신도 없고 사상도 있을 수 없다. 말이란 그처럼 중대한 것이므로 불교에서는 『성자즉실상(聲字卽實相)』 즉 말이 곧 실상이라고 하며, 기독교에서도 이와 똑같은 의미의 것을 요한복음의 첫머리에 "태초에 말씀이 계시니라. 이 말씀이 하나님(神)과 함께 계셨으니 이 말씀은 곧 하나님이시니라. ……만물이 그로 말미암아 지은 바 되었으니 지은 것이 하나도 그가 없이는 된 것이 없느니라. 그 안에 생명이 있으니 이 생명은 사람들의 빛이라.』라고 말하고 있다.

마음속으로 생각하는 말이 정신으로 되고, 사상으로 되고, 믿음이 되어서 자기를 만들고 자기를 움직이게 한다. 이와 마찬가지로 소리로서 내는 말은 사람을 만들고 사람을 움직이게 하며 사람을 살리기도 하고 혹은 죽이기도 한다. 정신분석의학(精神分析醫學)이라는 것은, 말의 힘으로 병을 치료하는 의학이며 최면술도 말로 사람을 자유자재로 조종한다.

보통 사람들의 말도 이러하거늘 하물며 성인(聖人)의 입에서 나온 진리의 말씀이 얼마만큼의 큰 힘을 가지고 있는가는 가히 상상할 수 있을 것이다. 예수가 앉은뱅이에게 "서서 걸어라." 하고 말하니까 곧바로 일어섰다는 것은 결코 기적이 아니고 당연한 일이다.

불제자들이 "그대도 부처가 될 수 있다."라고 하는 석존의 말씀을 듣고자 열망한 이유는 이상의 설명에서 잘 알았을 것이나 이 기회에 "말의 힘"이라고 하는 것을 새삼 깊이 인식하고 이제부터 신앙생활에 또 일상생활에 바르게 그것을 활용하기를 바라는 바이다.

妙法蓮華經 化城喩品 第七
묘법연화경 화성유품 제칠

梵本『법화경』제7장
과거(過去)와의 결부(結付)

1. 인 연(事 緣)

이「화성유품」은, 아득한 옛날에 대통지승불(大通智勝佛)이라는 부처님과 그 16인의 왕자(王子)들에 관한 이야기가 설해져 있는데, 그 왕자 중의 한 사람과 현재의 석존이 결부되어 설해져 있다. 대통지승불과 16왕자, 그리고 현재『법화경』을 설법하고 계시는 석가모니불과 아득한 옛날부터의 연결 즉 숙세(前生)의 인연이 이 화성유품의 "메인 테마"이다.

석존께서 비구들에게 말씀한 바에 의하면,

「3천진점겁(三千塵點劫)이라는 헤아릴 수 없는 그 옛날에, "큰 신통한 지혜에 뛰어난 사람"(大通智勝佛)이라는 부처님이 계셨다. 이 부처님이 출가하여 불도를 구했을 때, 부처님에게는 16인의 왕자가 있었다. 대통지승불은 전륜성왕의 아들이었고 일찍이 왕자였다.

대통지승불께서 부처님의 깨달음을 얻은 것을 알자, 16왕자들은 그 권속들과 함께 즉시 깨달음의 장소인 보리도량(菩提道場)에 계시는 부처님께 이르러 부처님을 찬탄하고 여러 천신(諸天)과 인민을 위해 법을 설하소서 하고 부처님께 간청했다. 또 부처님께서 깨달음을 얻었을 그 때, 시방(十方)의 5백만 억이나 되는 세계가 여섯 가지로 진동하고 대광명이 널리 세계를 비추었다. 그 빛은 여러 천신의 궁전, 드디어는 범천(梵天)의 궁전에까지 미쳤다. 이 기이한 상서(奇瑞)에 놀란 시방의 범천의 왕들은, 우선 처음에 동방의 범천왕들이 그 궁전과 함께 서방으로 날아와 그 까닭(事緣)을 찾았다. 그러자 거기에는 대통지승불께서 보리도량에 앉아 계시고 여러 천신을 비롯하여 많은 대중이 부처님을 에워싸고 있고 거기에 16왕자가 부처님께 가르침을 설하시기를 청하고 있는 모습이 보였다. 이것을 본 범천들은 즉시 부처님께 예배하고 스스로의 궁전을 바치(獻上)며 부처님의 설법을 간청했다. 이에 대해서 부처님께서는 침묵(黙然)으로 이를 허락했다.

다음에는 동남방의 범천왕들이 날아와 부처님께 궁전을 바치며 설법을 청하고, 또 다음에는 남방의 범천왕들이, 또 서남방 내지 하방의 범천왕들도 똑같았다. 최후에는 상방의 범천왕들도 시기(尸棄)이라는 범천왕을 우두머리로 하여 똑같이 궁전을 바치며

『바라옵건대, 이 공덕으로써 널리 일체에 미치어(願以此功德 普及於一切). 저희들과 중생이 모두 함께 불도를 이루게 하옵소서(我等與衆生 皆 共成佛道).』

하고, 부처님의 설법을 간청했던 것이다. 즉 시방(十方)의 범천들에 의한 설법의 권청이다. 이 시방의 범천(梵天)의 권청(勸請)과 16왕자의 간청을 받고 대통지승불께서는 3전12행상(三轉十二行相)에 의해 네 개의 진리 즉 4제(四諦)를 설하고, 또 널리 12인연(十二 因緣)의 법을 설하셨다. 이 설법에 의해서 많은 중생은 해탈을 얻고, 두 번째, 세 번째, 네 번째의 설법 시에도 역시 많은 중생들이 해탈하여, 이후 무수한 성문 대중이 생겼다.

16왕자는 그때, 아직 소년이었으나 모두 출가하여 사미(沙彌)가 되었다. 그들은 일찍이 백천만억의 부처님을 공양하며, 수행한 일이 있었으므로 부처님의 지혜를 구하여 대통지승불에게 부처님의 위없는(無上) 깨달음의 법을 설하소서 하고 원했다. 이 간청에 의해서 부처님께서는 2만겁을 지난 후에 대승경인 『법화경』을 설하신 것이다. 16인의 보살사

미는 모두, 이 가르침을 받아 기억(受持)하고 믿었(信受)다. 그러나 성문 대중 가운데에는, 믿는 사람도 있고, 믿지 않는 사람도 있었다. 대통지승불께서는 이『법화경』을 8만겁이라는 긴 세월에 걸쳐 계속 설하시고 나서, 조용한 방(靜室)에 들어가 8만4천겁 동안 선정(禪定)에 들었다. 그러자 16인의 보살사미들은 부처님께서 선정에 들어 있는 동안, 각각 가르침의 자리(法座)에 올라 많은 중생에게『법화경』을 설해 각각 6백만 나유따 갠지스 강의 모래(恒河沙) 만큼의 수가 넘는 중생들을 교화했다. 이것을 16왕자의 "법화복강(法華覆講)"이라 한다.

대통지승불께서는 선정에서 나오시자, 16인의 보살사미의『법화경』설법을 훌륭했다고 말하신 후, 대중을 향해 16인의 보살사미가 설한 가르침(經法)을 믿는(信受) 사람은 부처님의 지혜(佛智)를 성취할 것이라고 하시며 칭탄하시는 것이었다. 16인의 보살사미들은 이와 같이 항상『법화경』을 설하고, 대통지승불께서 멸도하신 후에도 계속 설해서 많은 중생을 교화했는데 그 하나하나의 보살사미가 교화한 많은 중생들은 세세생생((世世生生) 태어날 때마다 항상 그 보살사미와 함께 태어나 그 보살사미에게 가르침(法)을 듣고 믿고 이해(信解)한 것이다.」

석존께서는 이상의 과거 이야기를 비구들에게 말씀하셨으며, 다시 이 이야기와 현재를 연결시켜서 다음과 같이 말씀하셨다.

「이 16인의 보살사미는 모두 성불하여 현재 시방의 국토에서『법화경』을 설하고 있다. 자세히는 4방 4유(四維)의 국토에 각각 두 부처님씩 계시는데, 동북방의 두 부처님 중의 16번째의 부처님이 사바세계에 있는 나 즉 석가모니불이다. 또 나는 보살사미였을 때에 무수한 중생을 교화해 왔으나 그 교화한 무수한 성문 제자들이란 도대체 누구인가. 참으로 현재 여기에 있는 그대들이다. 그리고 또 내가 멸도 한 후의 미래세에서의 성문 제자들이다.」

이상이 석존께서 비구들에게 이야기한 숙세 즉 전생의 인연이다. 석존께서는 또 이에 계속해서,

「부처님은 중생의 심성(心性)을 깊이 관찰하여 알고, 불도 성취를 참

고 견디며 감당할 수 없어서 중도에서 퇴전 하지 말도록 임시로 2승의 열반을 설했으나, 2승 성문의 열반은 진실한 것이 아니다. 오직 1불승에 의해서만이 참다운 열반 멸도가 얻어지는 것이다.」라고 설한다. 이를 해설하기 위해 다음에「화성의 비유」를 설한다.

그런데 위에서 밝힌 숙세의 인연은 어떠한 의미를 갖는가.

『법화경』의 설상(說相)에서 말하면,「제2장 방편품」에서부터 앞의「제6장 수기품」에 이르기까지에 상근기(上根機)의 사리불, 중근기(中根機)의 마하가섭 등의 4대성문들에게 설해 왔기 때문에, 다음에는 하근기(下根機)의 부루나(富樓那) 등을 위해 설하는 것이 이「제7장」이다. 사리불이나, 4대성문과는 달리 근기가 낮고(下根) 지혜가 낮은(下智) 부루나(富樓那) 등의 비구들에게 설하려면 보다 구체적인 사실을 가지고 가르치지 않으면 안 된다. 그러기에 현재 설하는 이『법화경』이 현세만이 아니라 구원(久遠)의 옛날부터 여러 부처님에 의해 계속 설해져 왔다는 것, 그리고 그 법을 듣는 여기 있는 제자들도 이 현세뿐만 아니라 구원의 옛날 과거세로부터 연결이 있다고 하는 것, 이 과거세의 인연을 설하는 것에 의해서『법화경』을 믿도록(信受) 하여 1불승(一佛乘)에 귀일(歸一)케 하려는 뜻을 가지고 있다는 것이 된다. 이것은『법화경』의 설상(說相)에서 본 전통적인 해석이지만, 여기서도 조금 자세히 이 과거세의 인연에 대해 살펴보기로 하자.

이 과거세의 인연에는 크게 두 가지의 것이 설해져 있다. 그 하나는 "법(法)"이고 또 하나는 "사람(人)"이다. "법"이란『법화경』을 말하는데, 이『법화경』이 과거로부터 현재에 이르기까지 계속 설해져 왔으며 더욱이 여러 부처님이 한결같이 설해 왔다는 것, 이 두 가지 점이 "법"에 대해 설해져 있다. 또 "사람"에 대해서는 이것은 교화를 하시는(能化) 부처님과 교화를 받는(所化) 중생이 스승과 제자의 양쪽에 걸쳐 과거로부터 현세까지의 결부가 설해져 있다. 이 "법"과 "사람"에 대해 각각의 뜻을 살펴보기로 한다.

첫째로 법에 대해서 보자면,『법화경』이 구원의 옛날부터 현재에 이르기까지 계속 설해져 왔다는 것은 어떠한 뜻이 있는가. 그것은 이 법이 극히 옛날부터 전통을 가진 유서 바른 것임을 의미하고, 다시 나아가 이 법이 시간을 초월한 것임을 표시하고 있다. 헤아릴 수 없는 과거로 부터 현재에, 그리고 미래에도 계속 설해져 간다는 것은, 이 법이 언제 어떠한 때에 있어서도 보편성을 가지고 있다는 것이며, 그것은 시간을 초월한 것이라는 사실이다. 그것은 말할 것도 없이 그 법이 절대의 진리라는 것도 가리키고 있다. 왜냐하면 시간 속에 퇴색되어 가는 것은 진리라는 이름에 걸맞지 않기 때문이다. 다음에 여러 부처님이 모두 한결같이 『법화경』을 설한다는 것은 무엇을 의미하는가. 16보살사미가 성불하여 시방의 여러 부처님이 된 후 모두가 『법화경』을 설한다는 것은, 『법화경』이 모든 불국토 즉 모든 장소에서도 보편성을 가진 진리임을 나타내고 있는 것이다. 즉 공간을 초월한 진리라는 것이다. 『법화경』은 "법"에 대해서 이 두 가지의 점을 이야기하므로 써 『법화경』이 시공을 초월한 유일절대(唯一絶對)의 보편적진리(普遍的眞理)임을 강조하려고 한 것이다.

그렇다면 "사람"에 대해서는 어떠한가. 처음에 교화의 주인이신 부처님에 대해서 말하자면, 옛날 대통지승불의 왕자인 16보살사미 가운데의 한 사람이 현재의 석가모니불이라는 사실. 이것은 대통지승불과 부자 관계임을 나타내므로 써, 현재의 석가모니불이 부처님으로서는 정통성을 가진 부처님이며, 또 대통지승불이 설한 『법화경』의 가르침의 정통적인 후계자임을 표시하는 것이다. 부자 사이라고 하는 것은, 부계사회(父系社會)인 인도에서는 극히 중요한 의미를 가지고 있다. 제4장의 "장자궁자의 비유"에도 아버지와 아들간의 계승이 그 모티브로 되어 있는 것은 이미 본 바와 같다.

다음에 교화되는 중생에 대해 보면, 과거에 교화된 중생과 현재의 제자가 동일하다는 것. 즉 과거 16보살사미의 한 사람 한 사람에게 각각 교화된 중생이, 세세생생 다시 태어나 항상 16보살사미와 함께 하며, 그 법을 듣고 그리고 현재에도 또한 석가모니불의 교화를 받고 있다.

더욱이 옛날의 16보살사미로부터 현재에 이르는 석가모니불은 항상 부처님의 위없는 깨달음으로 사람들을 향하도록 교화해 왔다고 한다. 이 사실은 교화를 받는 쪽에는 성불의 근거를 얻고 있다는 점에서 중요한 의미를 갖는다. 항상 부처님은 중생에 대해서 성불의 길을 설해 왔으므로, 만일 그 가르침을 듣는 사람이 성불의 가르침을 잊어버리거나 혹은 믿지 않아, 현재 2승의 지위에 있더라도 후에 기필코 그 성불의 가르침을 생각해 내고 자각하여 성불할 수 있다는 것이다. 이것은 현재뿐만 아니라 미래에 있어서도 부처님은 항상 『법화경』이라고 하는 성불의 가르침을 그들을 위해 설하기 때문에, 이 법을 듣는 사람 모두는 "불자"로서 석가모니불께서 멸도한 후의 미래에서도 성불의 가능성이 주어져 있는 것이다. 이것은 이 「화성유품」 가운데뿐만 아니라 「제3장 비유품」의 첫머리에 있는 사리불에 대한 기별(記莂)에서 이미 보이고 있는 것이다.

이와 같이 보아 오면, 이 「화성유품」에서 설해진 과거세의 인연이 의미하는 것은, 이 『법화경』 전체를 통해서도 중요한 의의를 지니고 있다 해도 무방하다. 그러나 이 인연 가운데서 말한 개개의 것은, 이 「화성유품」에 이르러서 처음 설한 것은 아니다. 이를테면 대통지승불과 16왕자의 부자 관계는 「제1장 서품」의 일월등명여래(日月燈明如來)와 8왕자의 이야기와 비슷하며, 『법화경』이 아득한 옛날의 과거에서부터 설해져 왔다는 것은 앞의 일월등명여래가 『법화경』을 설했다고 하는 것에 의해 표시되고 있다. 다시 여러 부처님이 한결같이 『법화경』을 설했다고 하는 것은, 「제2장 방편품」에서 『법화경』이라는 1불승을 설해 부처님의 지혜(佛知見)를 얻도록 하는 것이 모든 부처님이 세상에 출현하는 이유(本懷)이며, 과거·현재·미래의 모든 부처님도 또한 이와 같다고 하는 곳에 나타나 있다. 그렇지만, 이 「화성유품」에서는 과거의 인연 이야기 속에 각 장(各章)에서 설했던, 그러한 사상(思想)이 총합적(總合的)으로 설해진 점이 중요하다.

예로부터 중국의 천태에서는 이 「화성유품」이 설하는 과거세의 인연에 대해 "화도(化導)의 시종(始終)"을 나타내는 것, 또는 "종(種)·숙(熟)·탈(脫)"을 나타내는 것이라 하여 중요시했다. 그것은 화도(化導) 즉 석존이 중생을 교화하여 인도하는 그 시작은 16보살사미의 『법화경』 복강이며, 그 끝은 『무량의경』에서 "40여 년 동안 아직 진실을 설하지 않았다(四十餘年 未顯眞實)."라고 선언하신 후, 이 『법화경』을 설하는 것이어서, 그 화도(化導)가 시종일관해 있다고 하여, 『법화경』이 다른 경전에 비해 뛰어나(殊勝) 있는 특장(特長)의 하나로 들고 있다. 또 삼익(三益)이란 무언가 하면, 처음의 "종(種)"이란 "하종(下種)"을 말하는 것으로서, 중생에게 불종(佛種)을 심는 것을 의미한다. 그리고 이 하종은 「16왕자의 복강」을 말하고, 다음에 "숙(熟)"이란, "조숙(調熟)"을 말하며, 하종한 불종을 기르고 성숙시키는 것, 이것은 "16왕자의 복강"이후 세세생생 『법화경』을 계속 설하여 현재의 석존에 이르고, 40여 년동안 이전의 모든 경(經)을 설하기까지를 말한다. 최후의 "탈(脫)"이란 "성불해탈(成佛解脫)"을 말하며, 방편의 여러 경전을 설한 후에 1승진실을 설하는 것을 말한다. 이 세 가지의 이익(三益)이 이 화성유품의 과거세 인연에 의해 설해져 있다고 하여 중시하는 것이다.

2. 보배가 있는 곳은 가까이 있다.

이 화성유품에는 다음과 같은 「화성의 비유」가 설해져 있다.
「여기에 5백 요자나(由旬)가 계속되는 황야가 있는데, 인적은 끊어졌고 험난한 길이 있었다. 더욱이 야수(野獸)가 우글거렸으며 물도 풀도 없는 무서운 곳이었다. 그런데 이곳을 지나면 진귀한 보배가 있어, 사람들은 대상(隊商)을 지어 그 보배가 있는 곳에 도달하려고 했다. 그들 가운데에 한 사람의 훌륭한 지도자가 있었다. 그는 그 험난한 길을 자세히 알고 있었으므로 사람들을 인솔하고 이 험악한 곳을 통과하려고 했다. 그런데 일행들은 중도에서 피로해져 그 이상 한 걸음도 앞으로 나아갈 수 없게 되어 "이제부터의 앞길은 아득히 멀기만 하다. 이미 지쳐 버렸으니 되돌아가는 것이 좋겠다."라고 말했다. 그 지도자는 그들을 보고 불쌍히 생각하며 진귀한 보배를 구하려 하지 않고 도중에서 되돌아가서는 안 된다고 생각한 나머지, 수단을 강구하여 그 신통력에 의해 광야 가운데의 3백 요자나가 되는 곳에 하나의 성(城)을 출현시켰다. 그리고 그는 이렇게 말했다. "여러분 무서워할 것은 없다. 되돌아가서는 안 된다. 저기에 성이 있다. 성안에 들어가면 휴식을 취할 수 있다. 만일 더 가고 싶은 사람은 보배가 있는 곳에 갈 수도 있다." 이때에 피로하여 지친 사람들은 크게 기뻐하며 자진해서 성안에 들어가 험악한 길을 통과할 수 있다고 안심했다. 그리하여 지도자는 그들이 성에서 휴식하여 피로가 풀려서 건강해진 것을 보고 신통력으로 출현시킨 변화한 성을 소멸시키고 나서 "여러분 출발합시다. 보배가 있는 곳은 가깝습니다. 그 성은 모두를 쉬게 하기 위해 내가 거짓으로 만든 것입니다."라고 말했다.」는 것이다.

이 화성의 비유담은 2승의 열반이 진실한 것이 아니고 부처님이 임시로 방편에 의해서 시설한 것, 1불승에 의한 부처님의 열반이야말로 진실한 열반이라고 하는, 2승방편 1승진실을 비유한 것이다. 비유 이야기 중의 지도자란 부처님이며, 모든 사람들의 대도사(大導師)가 되어 그들을 생사 번뇌의 악도에서 구제하려고 한다. 그 때문에 만일 1불승만을 설한다면 보배가 있는 곳이 멀다는 것에 지쳐서 물러나려고 하는 것과 같이 불도를 피하고 말 것이다. 그리하여 부처님께서는 중도에 임시로 휴식처를 만들었던 것이다. 이것이 유여의(有餘依)와 무여의(無餘依)라고 하는 두 가지의 열반이다. 이 두 종류의 열반은 성문과 연각의 휴식처에 불과하다. 이 휴식처 즉 신통력으로 출현시킨 성에서 보배가 있는 곳은 바로 가까이에 있다. 부처님의 지혜라고 하는 보배는 바로 가까이에 있는 것이다. 2승이 얻은 열반은 진실한 것이 아니다. 오직 여래의 방편을 가지고 거짓으로 마련한 것에 불과하다고 말하고,『보물은 가까운 곳에 있다. 앞에 있는 이 성은 진실한 것 아니며 내가 임시로 환상으로 만들었다.』라고 설하며 화성의 비유를 끝맺는다.

그런데 앞에서 이 비유의 이야기는 「2승방편 1승진실」을 밝히는 것이라고 말했으나, 이 「화성유품」에서는 성문·연각의 2승을 말하고, 보살승을 더한 3승을 설하지 않는다 ― 「화성유」의 끝에, '여래 방편의 힘을 가지고 1불승을 분별하여 3으로 설한다.' 라고 하지만 ― 이런 사실에서 「비유품」, 「신해품」, 「약초유품」에서 설하는 3승방편 1승진실과 이 「화성유품」의 2승방편 1승진실과는, 그 1불승의 측면에서 양자가 서로 다른 것으로 되지만, 이 문제에 대해서는 선학(先學)의 논구(論究)가 있으므로 상세한 것은 그쪽에 미루기로 하고 지금은 문제만 제기해 둔다.

앞에서 본 것과 같이, 이 「제7장 화성유품」을 별행(別行)으로 한, 하나의 경전으로 보는 학자도 있으나, 이 설은 수긍하기 어렵지 않다. 이 「화성유품」을 빼고 장(章)을 쫓아가면 「수기품」, 「오백제자수기품」, 「수학무학인기품」과 이어져 수기단(授記段)이 가지런히 연결되어 있다.

그러나 이 「화성유품」을 이곳에 삽입함에 의해서 지금까지 「제3장 비유품」의 3계화택의 비유에서 「제5장 약초유품」의 3초2목의 비유까지의 일련의 비유에 의해서 3승이라는 방편 시설, 1승진실을 설해 밝히고, 다시 2승의 수기를 전개하고자 할 때에 이 「화성유품」에서 현재의 『법화경』의 설상(說相)을 과거의 옛날로 그 근원으로까지 소급(遡源)시켜서 구원(久遠)의 옛날에다 그 근거를 둔 것은 ― 이 「화성유품」의 1승설(一乘說)에 질적으로 서로 다름(相違)이 인정되지만, ―『법화경』의 1승진실을 구원의 시간 속으로 짜 넣었다는 점에서 의의가 있다고 생각된다.

3. 전생의 인연을 아는 지견력(知見力)

「옛날 아주 그 옛날 비구들이여, 헤아릴 수도 생각할 수도 추측할 수도 없을 만큼의 먼 겁(劫)의 옛날에, 아니 그보다 더 아득한 이전에 "큰 신통한 지혜에 뛰어난 사람"(大通智勝如來, Mahabhijnajnanabhibhu,)라는 위없이 바르고 완전한 "깨달음"에 도달한 아라한인 여래가 이 세상에 출현하셨다.…… 완전한 학식과 수승한 소행을 갖추고 위없는 행복에 도달하여…… 나는 여래의 지혜로 이것저것 분별해 보는 힘(知見力)을 갖추고 있기 때문에 그 여래가 오늘이나 어제 입멸한 것처럼 생각해 낼 수 있다. 여래들의 지혜는 이와 같은 것이다. 비구들이여 여래의 지혜는 한량없다. 나는 정확하고 더러움 없는 기억에 의해 몇백 겁의 옛날의 것을 깨달았다.…… 이 거룩한 여래는 최고의 완전한 "깨달음"에 도달하기 전에 깨달음의 단상(壇上)에 앉아 있을 때에 악마의 군사를 분쇄하고 물리쳤으나 그때에는 완전한 "깨달음"에 도달할 수 없었다. 그는 보리수 아래의 깨달음의 단(壇)에 1소겁 동안 앉아 있었다. 제2소겁, 제3, 제10의 소겁 동안에도 보리수 아래의 단에서 한 번도 일어나지 않았고, 마음도 흔들리지 않았으며, 몸도 미동하지 않고 앉아 있었으나, 완전한 "깨달음"에 도달하지 못했다. 여러 비구들이여, 10소겁이 만료되었을 때에, 모든 부처님의 "법"이 앞에 나타나서 아뇩다라삼먁삼보리에 도달했다.」

『법화경』「제七장 화성유품」의 이름은 이 제7장 가운데에 설하고 있는 "화성의 비유"에서 따온 것인데 이 이름의 유래는,

이 글 가운데에 대상(隊商)의 우두머리가 황야 가운데에 도성(都城)을 화현(化現)시켜 인솔하는 대상들을 안도케 한다는 비유가 있기 때문이다. 이 「화성유품」에서부터 「제9장 수학무학인기품」까지가 인연설에 해당하며, 또 이 인연설은 인연을 설하는 정설(正說)과 수기(授記)를 설하는 부분으로 나누어진다. 이 「화성유품」은 그 정설에 해당하고 수기는 「제8장 오백제자수기품」과 「제九장 수학무학인기품」이 이에 해당한다.

상근기의 사리불에게는 "법설(法說)"을, 중근기의 4대성문들에게는 "비유"를 설해 왔으며, 세 번째로 하근기의 부루나 등을 위해서는 "과거세의 인연"을 설하여 『법화경』이 현세만이 아니고 구원(久遠)의 옛날부터 모든 부처님에 의해 계속 설해 왔다는 것과 그 법을 듣는 제자들도 금생만의 인연이 아니라, 전생부터 계속 인연이 있음을 밝히고 1승에 귀의토록 한다. 그런 까닭에 범본(梵本)의 장명(章名)은 뿌르바요가 (Purvayoga)라 하며 "푸르바"란 「과거, 또는 전생」이라는 뜻이다. 『정법화경』의 장명(章名) 『왕고품(往古品)』은 여기에 유래한다. 다음에 "요가"란 「맺음, 결부」 또는 「인간관계」를 의미한다. 그러므로 "뿌르바요가"란 「과거와의 결부」를 뜻한다. 사실 이 「화성유품」에서는 "부루나" 등 5백 인의 제자들에게 부처님께서 과거와의 결부를 설하고 있다.

이 「화성유품」은 도입 부분과 그 이후의 과거와의 결부를 밝히는 부분으로 크게 나누어진다. 도입 부분은 대통지승불이라는 여래가 구원의 옛날에 출현한 것을 말하고, 부처님은 지견력(知見力)즉 자각(自覺)에 의해 그 먼 옛날의 일들을 오늘과 어제의 일처럼 알 수 있다고 한다. 불지견이란 부처님의 지혜에 의한 자각이며, 부처님의 지혜란 평등상(平等相) 즉 공(空)을 아는 지혜와 차별상(差別相)을 아는 지혜 즉 이것저것 분별해서 아는 지혜를 합친 일체종지(一切種智)인데, 이 지견력으로 아득히 먼 옛날의 일을 안다는 것은 곧 아득히 먼 앞날의 일도 아는 것이니 부처님의 지견이란 무시무종(無始無終) 즉 영원한 것이 된다.

그런데 범부가 가지고 있는 지식·편견·아는 체하는 것(慢) 즉 자기에게 사로잡힌 자아(自我)가 깨달음의 지혜를 얻는 데에는 최대의 장애(魔)가 된다. 이 장애가 제거되면 모든 것이 있는 그대로 보이는 지혜가 개발된다. 이 "있는 그대로 보인다."라는 말은, 현상으로 존재하는 것은 모두 인(因)과 연(緣)에 의해서 일시적으로 나타난 것에 불과하며, 그 속에는 말로서는 표현할 수 없는 그 무엇이 겹쳐져 있음도 함께 보는 것이 바로 "있는 그대로 보는 것"이다. 우리들은 현상(假)을 통해 법성(空)을 보지만, 어느 한쪽에 치우치지 말고(雙遮) 현상과 법성이 겹쳐(卽) 있음을 보면, 둘을 한꺼번에 보아(雙照) 사물의 있는 참모습을 알 수 있게 된다. 이렇게 되면 나와 우주가 하나임을 깨닫게 되어 자신이 곧 진리이며, 생명이며, 길임을 자각할 수 있다. 그러면 자신이 곧 우주이기 때문에 자신의 지난 일 즉 우주의 지난 일을 안다는 것은 말할 필요조차 없다. "자신이 자신인 줄 아는 것" 이것이 지견력이며 자신이 자신인 줄 모르면 수백 수천 겁을 수행해도 헛수고에 지나지 않는다.

그러므로 대통지승불은 10소겁 동안 앉아서 명상을 계속했어도 최고의 깨달음을 얻지 못했다고 말한 것이다.

이에 관해서 이런 이야기가 있다.

「어떤 초롱초롱한 눈(碧眼)을 가진 젊은이가 자칭 "앉아서 졸고 있는" 스님을 찾아가서 "부처님께 인사드립니다." 하고 절을 했더니, 그 스님 정색을 하고 하시는 말씀이 "무슨 말씀을 그렇게 하오. 내가 웬 부처란 말이오."라고 했다. 그러자 그 젊은이가 "자성을 알면 부처가 된다 하여 참선을 한 것 아닙니까." 스님이 "네 그렇지요." 하고 대답했다. "원래(自性)가 부처이기 때문에 자성을 알면 부처가 되지, 원래가 부처가 아니라면 자성을 안다고 부처가 될 수 없는 일 아닙니까. 그래서 제가 스님을 부처님이라 한 것입니다."

이렇게 말한 후 인사를 드리고 산에서 내려갔다. 그 뒤에 스님은 크게 깨달았다고 한다.」

그렇다. 바로 그것이다. 깨닫고 나면 우주가 바로 나일진대 내가 나를 모른다면 어찌 부처라 하겠는가. 즉 내가 부처님의 지혜로서 부처인 줄 아는 것이 불지견이다.

아무튼 이 "화성의 유"는 중생의 공리적인 신앙에서 영원한 진리를 구하는 커다란 신심(信心)으로 인도하고자 하는 석존의 바램(願)을 나타낸 것으로서, 석존 자신이 "캐러밴"의 대장이 되어 돈벌이를 목적으로 삼는 많은 사람들을 이끌고 길을 떠난다. "캐러밴"은 사막지방을 낙타에 짐을 싣고 떼(隊)를 지어 가는 상인의 한 무리 즉 대상(隊商)을 말한다. 몇 날 며칠을 두고 험한 길을 가는 어려운 여행이 계속되므로 대원은 지쳐서 대장에게 "이제 되돌아가자."고 하지만, 대장은 훌륭하게 격려하여 드디어 소기의 목적을 달성한다는 이 이야기는 인간완성에의 길 즉 불도를 행함에는 갈 길은 멀고 때로는 험한 길을 만나더라도 목적을 달성하기 위해서는 보다 높은 가르침을 듣고 훌륭하게 그 어려움을 극복하여야 한다. 라는 것을 암시하고 있다.

4. 불교사상의 뿌리인 「4제 · 8정도 · 12인연」

대통지승불께서 간신히 깨달음을 연 다음, 계속해서 『법화경』을 설하시지만, 이 여래께서 출가하기 이전에 얻은 16인의 아이들이 아버지인 여래에게 "법을 설하소서."하고 간청하여 부처가 될 수 있는 연을 맺는다. 소위 "대통결연(大通結緣)의 사람" 16인(人)인데 그중에는 아촉불(阿閦佛)과 아미타불(阿彌陀佛)과 석가여래가 계신다고 한다. 이러한 구상은 "법은 일미(一味)로서 비록 16으로 나누어져도 법 그 자체에는 변함이 없다."는 사실을 이 비유로 표현하고 있다.

대통지승불께서는 불교사상의 근간이며, 우리들의 삶에 지침이 되는 "4제 · 8정도 · 12인연"의 세 가지 항목을 설하신다. 이 세 가지 항목은 석존의 가르침이라는 것이 상식이지만 『법화경』에서는 대통지승불의 설법이라고 하는 즉 근원적인 불교사상은 겁초로부터 영원한 진리라는 사실을 암시하고 있다.

"4제"란 고제(苦諦) · 집제(集諦) · 멸제(滅諦) · 도제(道諦)라는 네 개의 기본적인 진리(諦)를 말한다. "고제"란, 인생의 현실은 괴로움(苦)이라고 하는 것 이외는 다른 것이 없다는 진리. "집제"란, 그 괴로움의 원인은 번뇌와 집착에 있다는 진리. "멸제"란, "괴로움"은 불가항력적인 존재가 아니라 기필코 조어(調御, 컨트롤)된다는 진리. "도제"란 고뇌를 컨트롤(Control)하는 실천방법에 대한 진리이다.

그리고 이 도제를 다음의 여덟 가지 항목으로 전개한 것이 "8정도"인데, "정도"란 인연의 진리(인과율·인과법)에 합치하는 것을 정(正) 또는 성(聖)이라 — 하고 이에 반대되는 것을 사(邪) 또는 악(惡)이라 — 하기 때문이다.

(1), "정견(正見)"은 바른 견해, 인연의 이법(理法)에 바탕을 두고 보는 방법을 말하고,

(2), "정사(正思)"란 바른 사색,

(3), "정어(正語)"는 바른 말씨로 이야기하는 것,

(4), "정업(正業)"은 바른 행위,

(5), "정명(正命)"은 바른 생활,

(6), "정정진(正精進)"은 바른 노력,

(7), "정념(正念)"은 바르게 마음으로 생각하는 것,

(8), "정정(正定)"은 바르게 심신(心身)을 안정시키는 것을 뜻한다.

이상의 8정도는 서로 원인·결과로 상호 관련되어 있기 때문에, 하나하나 단독적인 실천에 의해 이루어지는 것은 아니다. 이를테면 바르게 진리를 보는 "정견"의 눈이 뜨이게 되면, 자연히 사물을 바르게 사유하게 된다. 그렇게 되면 바르게 이야기하고 바르게 행동하게 된다.

그런데 인간의 고뇌는 어찌하여 생기는 것일까.

우리들이 흔히 보고 듣는 모든 현상에는 반드시 원인이 있다. 그러나 이 원인만으로는 결과가 생기지 않는다. 결과가 나오도록 원인(줄여서 因)에 작용하는 것을 "연(緣)"이라 하며, 또 "인"이라는 말에는 가능성이라는 어감이 있고 "연"에도 인의 가능성을 돕는 "계기(契機)"라는 의미도 내포되어 있다.

예를 들면 여기 포도의 씨앗이 있다고 하자. 이 씨앗은 꽃을 피우고 포도 열매를 맺게 할 가능성(因)을 가지고 있으나, 만일 책상 위에 그대로 내버려두면 맛있는 열매는 맺지 않는다. 열매가 맺어지기 위해서는 그 어떤 계기 즉 조건이 필요하다. 즉 땅에 심어야 하고, 태양 빛과

비료 등의 조력(助力)이 없어서는 안 된다. 그러한 "연(緣, 條件, 補助原因)"을 얻어야만 비로소 "포도"의 "씨앗"이 '포도'가 된다.

이와 같이 무수한 인과 연이 한없이 관계되어 갖가지의 결과를 낳는 것을 "인연의 진리" 즉 "인연법"이라 한다. 또 여러 가지의 연(契機)에 의해서 기복(起伏)하기 때문에 "연기(緣起)"라 하며, 이 "연기"란 "인연 생기(因緣 生起)"를 줄인 말이다. 그리고 "12 인연"은 우리 인간의 고뇌가 어떻게 하여 생겨나는가, 그 원인 관계를 추구하여 열 두 항목의 계열로서 설한 가르침이다.

이 「화성유품에」는 「12인연」의 가르침도 자세히 설했으니 「무지로 말미암아 갖가지의 착각을 일으키고 그 착각에 기인한 행위를 오랫동안 행해 왔으며(無明이 緣하여 行이 있고), 그러한 경험이 쌓이고 싸여서 그 대상을 식별하는 근원적인 작용인 의식이 비뚤어진 형태로 생겨났고(行이 緣하여 識이 있으며), 그것이 발달하여 현상으로서의 자기라는 존재 즉 명칭과 형상을 식별하게 되었으며(識이 緣하여 名色이 있고), 이 명색에 의지하는 시각·청각·후각·미각·촉각의 다섯 가지 감각 기관과 그 5관으로 느끼는 존재를 판별하여 아는 의식으로 나누어지니 이를 6입이라 한다(名色이 緣하여 六入이 있다). 또 이 6입이 있기 때문에 식과 명색과의 접촉에 의해 사물을 이것저것 식별하게 되며(六入이 緣하여 觸이 있고), 이렇게 식별하게 되면 갖가지의 감정 즉 수(受)가 일어난다.(觸이 緣하여 受가 있으며), 그런데 이런 감정이 생기면 자연히 사물에 대한 애착이 생기고(受가 緣하여 愛가 있고), 애착이 일어나면 그것을 끝까지 추구하는 욕망과 그것을 꼭 붙잡아 두고자 하는 마음 즉 취(取)가 생긴다(愛가 緣하여 取가 있다). 이 취가 있기 때문에 저마다 다른 감정·다른 생각·다른 주장 즉 차별심(有)이 생기며(取가 緣하여 有가 있으며), 이러한 차별심이 있기 때문에 사람과 사람 사이에 대립이 생기고 다툼이 일어나니, 괴로운 인생 즉 삶(生)이 생긴다(有가 緣하여 生이 있다). 그리고 삶이 있기 때문에 온갖 근심·슬픔·고뇌가 일어나며, 이러는 사이에 늙음이 다가와 결국에는 죽음이 찾아온다(生이 緣하여 生老 憂悲 苦惱가 있다).

우리들의 최대 고뇌는 죽음이다. 왜 인간은 죽지 않으면 안 되는가. 12인연법에 의하면, 그것은 "무명(無明)"에 원인이 있다고 한다. 무명이란 인연과 4제의 도리를 바르게 알지 못하며 혹 알고 있더라도 이 도리를 무시하는 데에서 생기는 "미혹(迷惑)의 근원"인 무아(無我)를 모르는 것을 말한다.

이와 같이 『법화경』에서는 대통지승불께서 16인의 아들의 요청에 응하여 이 "4제·8정도·12인연"의 법을 설하셨다. 즉 불교의 진리는 이 16인의 후계자에 의해 16의 세계로 전도(傳道)되어 간다는 뜻이며, 불교의 근간(根幹)은 바로 이 "4제·8정도·12인연"임을 강조하고 있다.

끝으로 이 「화성보처(化城寶處)의 비유」는 훌륭(巧妙)한 교화방법을 마련하는 힘에 의해 화성을 만들어 낸다는 점이 중요하다. 너무나 높은 이상(理想)은 사람으로 하여금 두려운 마음을 생기게 하는 경우도 있다. 겁쟁이가 되어 버리면 쉽게 될 수 있는 일마저도 종종 실패하고 만다. 최종적인 목표 앞에다 중간적인 목표를 세우는 것의 중요성을 배울 수 있다.

이것을 자기의 생활에 적용시켜 보자. 천리길도 한 걸음부터라는 말이 있으나 앞의 길고 또 높은 목표는 때때로 잊어버리기 쉽기 때문에 하루하루 작은 목표를 세우고 그것을 확실히 달성해 갈 연구가 필요하다. 이 작은 쌓아 올림이 최종적인 목표의 실현에 확실히 직결하는 것이다.

또 사람을 육성하는 경우에도 중요하다. 결국 장기적인 목표를 자각하면서 다른 사람에 대해서는 달성 가능한 중간적인 목표를 설정하고, 그리고 그와 같은 작은 달성을 마음껏 즐기면서 다음의 목표를 설정해 가는 것이 중요하다. 중간적인 지점에서 즐기는 기쁜 측면과 비유 중의 지도자가 결연히 화성을 지우고 다시 보배가 있는 곳을 향해 떠나자고 격려하는 엄격한 측면의 양면성을 갖추고 있지 않으면 사람을 육성할 수 없는 것이다.

또 우리들의 일상생활로서 쉽게 처음 세운 뜻(初志)을 망각하고, 화성에 만족하고 마는 경우는 없는가. 이 비유는 본래의 목표=보배가 있는 곳(寶處)을 일시적인 안락한 생활 속에서 잊어버리는 것을 엄격히 경계하고 있는 것이다. 청년 절에 세운 초지(初志), 목표(目標), 이념(理念)은 장년(壯年), 노년(老年)이 됨에 따라서 풋내난다고 생각되는 것이 상례이며, 또 그러한 것들이 충분한 지식에 바탕을 두지 않았던 불충분한 것이라고도 지적되어 반성하기도 하는데, 그런데도 불구하고 청년 시절에 세운 초지, 목표, 이념에는 직관적(直觀的)인 올바름과 기본적인 올바름이 있는 경우가 많은 것도 결코 잊어서는 안 된다고 생각한다.

이것이 「화성보처(化城寶處)의 비유(譬喩)」에서 우리가 배워야 할 점이다.

梵本『법화경』제8장
5백 인의 남성출가자에의 예언

1. 옷 속(衣裏)의 보배 구슬(寶珠)

앞의「제7장 화성유품」전반(前半)에서는, 3천진점겁(三千塵點劫)의 옛
날에 대통지승불이 세상에 나오셔서 그 16인의 왕자들에게『법화경』을
설했으며, 그 16왕자(十六王子)들은 또『법화경』을 복강(覆講)하여 대
중에게 결연(結緣)하고, 그리고 그것이 현재의 석존과 불제자들에게도
연결시켰다. 또 후반(後半)에서는「화성의 비유」에 의해서 화성(化城)인
2승(二乘)의 열반(涅槃)은 부처님의 방편(方便)이며 1불승(一佛乘)이야
말로 참다운 보배가 있는 곳 즉 보처(寶處)로 인도하는 가르침이라는
취지가 설해져 있었다.

그것을 이어받은 이「5백제자수기품」에서는 우선 부루나・미다라니자
(富樓那彌多羅尼子)가 1천2백 인의 아라한(阿羅漢)의 대표로서 최초로
등장하여 지금까지의 부처님의 방편의 설법, 사리불, 수보리(須菩提)
등의 4대성문(四大聲聞)에 대한 부처님의 수기(授記), 그리고 과거와
현재와의 결부, 모든 부처님의 자재한 신통력 등을 듣고 부처님의 거룩
한 얼굴을 우러러본 채 말없이 알아차린(黙然領解)다. 이것에 대해 부
처님께서는 대중을 향해 부루나에 대해 이렇게 말씀하셨다.『부루나는
변설제일(辯舌第一)로서 훌륭히 나의 정법을 지켜 유지해 왔으며(護

持), 나를 도와 가르침을 널리 전(助宣)하여 사람들을 이익토록 함이 매우 컸다. 그는 과거세에서도 90억의 부처님을 수행하며 정법을 지켜왔고 설법제일(說法第一)이었다. 그는 이와 같이 현재, 과거뿐만 아니라 미래에서도 또한 변설제일이며, 설법자 중의 으뜸일 것이다. 그는 미래에 부처님의 깨달음을 얻어 이름을 "진리의 빛남을 가진 사람"이라는 법명여래(法明如來)라 하고, 그 시대(劫)를 보석의 빛남을 가졌다는 보명(寶明)이라 하며, 나라를 매우 맑고 깨끗하다는 선정(善淨)이라 하리라.」 이렇게 말씀하시며 부루나에게 수기하신 것이다.

이 부루나의 수기를 듣고 1천2백 인의 아라한들은 마음에 부루나와 똑같이 부처님으로부터 기별(記莂)이 주어지기를 원했다. 부처님께서는 그 마음을 아시고서 마하가섭을 향해 이제부터 1천2백 인의 아라한들에게 미래 성불의 예언을 주겠다고 말씀하시며, 그 대표로서 교진여(憍陳如)의 수기를 설하신 것이다. 즉 큰 제자 교진여는 6만 2천의 부처님을 섬기고, 그다음에 부처가 되어 "널리 빛나는 사람"이라는 보명여래(善明如來)라 이름하리라. 그리고 계속해서 5백 인의 아라한도 차례차례로 성불하고, 모두 같은 이름의 보명여래라는 부처님이 될 것이라고 설하시어 5백 인에 대한 수기를 하셨다. 이리하여 이 5백 인의 아라한들은 부처님의 수기에 크게 기뻐하며 지금까지의 자기들의 허물을 참회하고, 자신들의 현재의 심경을 비유 이야기에 의해 부처님께 말씀드렸다. 이 비유의 이야기가 "법화7유(法華七喩)" 가운데의 다섯 번째인 「의리계주(衣裏繫珠)의 비유(譬喩)」이다. 그것은 어떤 비유인가 하면 다음과 같다.

「비유하면, 어떤 사람이 부유한 친구의 집을 찾아가 음식 대접을 받고 술에 취해 잠들어 버렸는데, 그때, 그 집주인은 급한 공무로 출장을 가게 되어 잠들어 있는 벗을 깨운다는 것이 옳지 못하다고 생각해, 가난하게 지내고 있는 그 친구를 위해, 값을 매길 수 없을 정도의 비싼 보배구슬을 그의 저고리 안쪽에 매달아 두고 떠났습니다. 술에 취해 잠들어 있던 친구는, 그것을 전혀 알지 못한 채 잠이 깨어 일어나자, 친구가 없기 때문에 그 집에서 떠났습니다. 그리고 방랑의 길에 올라 다른 나라에 이르러, 먹을 것·입을 것을 구하기 위해 많은 고생을 하면서, 적은 돈이 생겨도 그것으로 만족하며 살았습니다.

 그 후 얼마가 지난 뒤에, 그 친구와 다시 만나게 되었는데, 그 친구는 이 사람의 가련한 모습을 보고,

"이 무능한 친구야, 훌륭한 사내가 어찌해 먹고 입는 것 때문에 그렇게 초라해져 버렸나, 나는 자네가 안락하게 지내도록 어떤 욕망이라도 만족시키는 데 흡족한, 값을 매길 수 없는 비싼 보배구슬을 어느 해, 어느 달, 어느 날, 자네가 찾아왔을 때, 자네 저고리 안쪽에 매달아 두었으니, 지금도 그대로 있을 것이야. 자네는 그것도 모르고 먹을 것과 입을 것을 구하기 위해 고생하고 걱정하며 구차하게 살고 있으니, 참으로 어리석구먼, 자네는 이제 그 보물로 소용되는 것을 사들인다면, 항상 무엇이든지 뜻대로 되어 가난하거나 부족함이 없을 것일세."라고 말했습니다.」

 이상이 「의리계주(衣裏繫珠)의 비유(譬喩)」, 줄여서 「계주(繫珠)의 유(喩)」 또는 「의주(衣珠)의 유(喩)」이다. 이 비유를 『법화경』은 다음과 같이 끝맺고 있다.

「부처님께서, 아득한 옛날 보살이었을 때에, 우리들을 교화하였고 그렇기 때문에 우리들은 부처님의 깨달음을 얻고자 뜻을 세웠으나, 중도에서 그 뜻을 잊어버리고 말았습니다. 그 때문에 우리들은 성문(聲聞) 2승(二乘)으로서의 수행을 하고, 곤란신고(困難辛苦) 끝에 겨우 2승의 열반(涅槃)을 얻어, 그것이 진실한 열반이라고 생각한 나머지 그것으로 만족하고 있었습니다. 그러나 지금 부처님에 의해서, 우리들 자신 속에 그 옛날 매달아 둔 보배구슬 즉 1불승(一佛乘)의 부처님의 지혜를 지향하는 가르침이 지금도 있다는 것을 가르쳐진 것입니다. 우리들은 그 옛날 부처님에 의해서, 부처님의 지혜를 지향하는 가르침을 받았기 때문에, 우리들은 진실로는 보살이며 미래에 반드시 부처가 된다는 예언을 받을 수 있는 것입니다.」

이 비유에서 자신의 옷 안쪽에 있는 보석에 대해 알지 못했던 남자는 성문·연각의 2승이며, 그 보석을 매달아 준 친우를 석존에 비유하고, 그리고 보석은 1불승에, 작은 분량의 옷과 밥은 2승의 열반에 비유하고 있다. 이 비유는 5백 인의 2승인 아라한들의 알아차림(領解)이라는 형식을 취하면서, 전 장의 "화성유"에서 밝힌 2승방편(二乘方便), 1승진실(一乘眞實)이라는 뜻을 거듭 되풀이하여 설한 것이다. 「제2장 방편품」에서 처음으로 3승방편(三乘方便), 1승진실(一乘眞實)이 설해진 이래, 이 「제8장 오백제자수기품」에 이르기까지 「화택(火宅)의 비유」 「3초2목*삼초이목(三草二木)의 비유」 「화성(化城)의 비유」등 갖가지의 비유를 구사하여 3승 또는 2승은 방편이며, 1승이 진실이라는 것을 『법화경』이 설하고 있는 것은, 이 1승진실이라는 것이 이 『법화경』의 하나의 기둥이 되어 있기 때문이다.

그리고 특히 종래에 성불이 불가능하다고 하여 얕잡아 보던 2승의 작불(作佛)을 설함에 의해서, 『법화경』은 성불의 가능성을 모든 중생에게까지 넓혀서 그것에 의해 1승을 철저하게 믿도록 하려고 의도하고 있는 것이다. 이 「계주의 비유」도 2승은 실은 방편으로서 그들은 본래 보살이며, 부처님으로부터 성불의 기별(記莂)을 받을 수 있다고 설하여, 2승작불(二乘作佛)을 말해 『법화경』의 일관된 위의 주장을 거듭 철저하게 한다는 뜻을 가지고 있다.

2. 삶의 기쁨을 발견

이 「5백제자수기품」은 부루나·미다라니자를 비롯한 1,200인의 하근기(下根機)의 아라한(阿羅漢)들이, 「제7장 화성유품」까지의 설법을 듣고 부처님께서 설법하신 그 뜻을 이해하였으므로, 그들 1,200인의 아라한들에게 수기하는 내용이다. 이 「5백제자수기품」에서는 그 1,200인

가운데 직접 500인(五百人)의 아라한에게 기별(記莂)을 주기 때문에「5백제자수기품(五百弟子授記品)」이라 한다.

수기(授記)는 석존께서 제자들에게 미래에 반드시 부처가 된다는 것을 예언하고 약속하며 증명하는 것인데, 말하자면 실유불성(悉有佛性) 즉 일체의 모든 존재는 부처가 될 가능성이 있다는 전제 아래『그대는 지금 비록 범부(凡夫)이지만, 원래 불성이 있기 때문에 좋은 연(緣)을 만나 보살행(菩薩行)을 하면 반드시 성불 ─ 인간성의 완성 ─ 한다.』라고 하는 보증이다.

즉 이미 정해진 성불의 사실을 알지 못하거나 잊어버리고 있는 사람들을 어떻게 해서라도 알게 하고, 또는 기억해 내도록 하고 싶다는 것이 석존의 무엇보다도 큰 바람이다. 그러므로 수기를 정의하면, 모든 사람들이 성불을 달성했으면 하는『석존의 바램(誓願)』이라 할 수 있다.

「의리 계주(衣裏 繫珠)의 비유(譬喩)」즉「의주(衣珠)의 유(喩)」는,「장자궁자(長者窮子)의 유(喩)」와 같이 제자들이 "나레이더"가 되고, 석존이 듣는 이(聽取者)가 되는 그러한 구성(構成)으로 되어 있다. 즉 아라한의 경지에 도달하여 거기에 만족하는 소승의 제자들은, 더 이상 향상되어 부처님이 된다고는 생각하지도 않았다. 아니 부처님이 된다는 것은 도저히 불가능하다고 비굴하게 단념하고 있던 제자들이었다.

석존의 성불에 대한 예언 즉 기별은 너무나도 크고 또한 깊어서 쉽사리 사람들은 이해할 수 없었다. 그런 까닭에 수많은 비유의 설법이 필요하게 된다. 미지의 세계를 사람들에게 납득시키려면, 치밀한 이론으로 이야기하기보다는 신화(神話)나 전설(傳說)이나 비유(譬喩)가 훨씬 알기 쉽다는 사실을, 석존을 비롯하여 고대의 인도 사람은 잘 알고 있었기 때문에 수기를 받은 제자들도, 자기 속에 숨겨져 있는 불성(佛性)에 눈뜬 기쁨과 감격을 비유를 가지고 이야기하는 것이「의리계주(衣裏繫珠)의 비유(譬喩)」이다.

부처님께서는 많은 제자들에게, 일체중생은 누구나 부처가 될 가능성을 가지고 있다고 기별(記莂)을 주신다.

이 기별을 주는 것을 수기(授記)라 하고, 기별을 받는 것을 수기(受記)라 함은 앞에서 말한 바와 같다. 기(記)란 기별의 줄인 말이며 "장래에 반드시 깨달음을 열어 부처가 된다는 예언과 증명"이다. 기별의 "별(莂)"은 제자 한 사람 한사람에게 개별적으로 예언한다는 의미와 동시에 "무별(無別)" 즉 구별이 없다는 일반적인 통념과는 정반대의 뜻도 포함하고 있음에 주의하여야 한다. 즉 구별이 없다는 것은 평등(平等)이라는 의미인데, 눈에 보이는 현상에는 비록 차별이 있을지라도, 본래의 불성(佛性)은 평등하다는 것이다.

이 「수기(授記)」의 사상은 『법화경(法華經)』 「제3장 비유품」에서 석존께서 사리불(舍利弗)에게 주는 것이 시발점이다.

사리불은, 『법화경』 「제2장 방편품」에서 석존께서 설하시는 「10여시(十如是)」와 「개(開)・시(示)・오(悟)・입(入)」 등의 매우 훌륭한 가르침을 듣고 깊이 감동한다. 사리불은 이미 말했듯이, 석존의 제자 가운데서 "베스트 텐"으로 일컬어지는 10대제자(十大弟子)의 한 사람이다. 석존의 교단(僧伽) 가운데서 가장 지혜가 빼어난 사람으로 「지혜제일(智慧第一)」이라는 칭호를 받는 수재(秀才)였다.

그는 당시의 고대 인도에서 저명한 회의파(懷疑派) 철학자의 제자가 되어, 잠깐 사이에 두각을 나타내어 이름이 나게 된다. 그는 어느 날 길거리에서 석존의 제자인 아스바짓뜨(앗사지, 阿說示, 馬勝)와 만나게 된다. 아스바짓뜨의 예의(禮儀) 바른 태도에 감복한 나머지, "그대의 스승은 어떠한 분이며 어떤 가르침을 설하십니까."라고 묻는다.

아스바짓뜨는 "나의 스승은 붓다이시며, 오직 모든 것은 연(緣)에 따라 생(生)겨나고, 연에 따라 사라지는(滅) 것이라고 하는 인연(因緣)의 법(法)만을 설하십니다."라고 짧게 대답한다.

사리불은 깜짝 놀란다. 그것은 당연한 일이다. 왜냐하면 당시 인도의 종교 사상은 바라문의 교리가 모든 사상계를 제압하고 있었다. 바라문교(婆羅門敎)는 창조신(創造神)을 인정하고, 일체만물은 창조신에 의해 만들어지는 것이라고 하기 때문에, 만물이 인연법(因緣法)에 의해 생

(生)한다는 말을 듣고 깜짝 놀라는 것과 동시에, 그가 지금까지 품고 있던 모든 의문이 해결되었으므로, 친우인 목건련(目連)과 함께 석존의 교단에 입단한다. 후에 그는 석존으로부터 깊이 신뢰를 받아 나후라(석존의 친아들이면서 제자이기도 하다)의 지도를 맡는다. 『반야심경』은, 이 사리자(舍利子, 舍利弗)에게 "픽션"의 관자재보살(觀自在菩薩)이, 수냐따(sunya-ta) 즉 고정된 실체가 없다는 "공성(空性)"을 이야기하는 짜임새로 된 경전이다.

그러나 석존의 교단에 들어간 당시의 사리불은, 비록 바라문적인 교리에서는 벗어나 있었지만, 소승적인 사색에 깊이 빠져 있었다고 생각된다. 소승불교(小乘佛敎)에서는, 「인간은 수학(修學)과 수행에 의해서 아라한에 도달하는 것이 최고의 목표임과 동시에 이것이 그들이 가진 한계점이어서 아라한의 선은 넘지 못한다.」라고 되어 있다. 아라한이 되어 자기가 구제되면 그로써 충분하기 때문에, 그 이상은 아무것도 바라는 것이 없다고 한다면 인간은 누구라도 퇴영적으로 되는 것은 당연한 일이다.

현대의 "샐러리맨" 사회에서도 과장이나 부장 선을 아라한과(아라한의 위치)로 생각하고, 거기에 도달하기까지는 일단 노력하던 사람이, 그곳에 도달하면 그것을 마지막으로 삼고 가능하면 사고가 생기지 말았으면 하고 보신(保身)에만 급급(汲汲)한다면, 이것이야말로 "성문근성(聲聞根性)"이라 아니할 수 없다.

이 성문근성의 샐러리맨에게 "당신도 사장이 될 수 있는 소양이 본래 갖추어져 있다."라고 말해 보아도 믿으려 하지도 않을 뿐만 아니라, 도리어 "비웃지 말라" 또는 "웃기지 말라" 하며 성낼 것이다. 이러한 일은 『법화경』에서도 마찬가지다.

아라한과(果)로 만족하고 있는 성문 그룹에게 "그대에게도 나와 똑같이 부처가 되는 본성이 갖추어져 있다."라고 석존께서 불성을 설해도 믿지 않는다. 믿지 않는다기보다는 믿으려 하지 않는다. 석존의 설법 자리에서 5,000인의 청중이 퇴장한 것은 그 좋은 예라 할 수 있다. 처

妙法蓮華經 五百弟子受記品 第八 | 175

음의 사리불도 그러한 사람이었다고 생각된다. 석존의 가르침에 의심과 반발을 했던 그가 설법을 거듭 듣는 가운데 완고한 고집은 차츰 무너져 갔다. 그는 아스바짓드(阿說示)에게서 처음 들은 인연의 법(因果律)이 이해됨에 따라서 자기 속에 있는 부처가 될 인(因, 可能性)에 눈 뜨게 되자 "연(契機, 條件)"의 소중함이 잘 납득되었을 것이다. 『범문법화경』 "비유품"에서는 사리불의 환희를 다음과 같이 기록하고 있다.

「그때, 사리불은 펄쩍 뛰며 기뻐하면서, 곧바로 일어나 합장하고, 세존의 얼굴을 우러러보며, 부처님께 이와 같이 말씀드렸다. …… 세존이시여, 저는 오늘, 평안(涅槃)을 얻었습니다. 세존이시여, 오늘 완전히 해탈했습니다. 세존이시여, 저는 오늘 아라한의 자리에 도달했습니다. 세존이시여, 저는 오늘 세존의 최연장의 아들로서, 〈붓다의〉 가슴에서 태어나고, 입에서부터 태어나고, 법으로부터 태어나고, 법에서 화작(化作)되고, 법의 상속인이며, 법에 의해서 완성되었습니다. 세존이시여, 오늘, 이와 같이 지금까지 듣지 못했던 감탄해야할 법(진리의 가르침)을 세존의 가까이서 〈세존의〉 말씀을 〈통해〉 듣고, 저는 고뇌가 모두 사라져 버렸습니다.」

사리불이 말하는 "아라한의 자리"란, 소승의 성문이 도달한 최고의 자리가 아니라, 대승의 아라한이다. 전자는 자기만의 해탈에 만족하고 그곳에 머무는 것이지만 후자는 자리(自利)와 함께 이타(利他)의 해탈을 도모한다는 점에 큰 차이가 있다. 소승의 나한(羅漢)이 원하는 열반은 번뇌를 멸하는 것이며 대승의 열반은 부처가 되는 것을 말한다.

3. 깨달음은 자기를 기억해 내는 것이다

사리불이 대승의 사상을 이해하고 깨달음을 얻었음에 대해 기뻐하는 말을 들은 석존께서 그에게 하시는 말씀이 매우 멋지다.

"사리불이여, 그대는 아득한 옛날부터 지금까지 나의 제자였다. 그 사실을 그대는 잊고 자기 혼자서 깨달음을 얻었다고 생각하고 있다. 나는 그대로 하여금 본래의 서원(本願)에 의해 행했던 바를 생각해 내도록 하겠다."라고 하신다. 『묘법연화경』의 번역자 구마라집은 다음과 같이 격조 높이 기술하고 있다.

『나는 옛날, 2만억의 부처님 아래에서, 위없는 부처님의 깨달음을 위해 항상 그대를 교화해 왔다. 그대 또한 긴 세월동안 나를 따라 배워 왔다. 나는 교화의 수단을 가지고, 그대를 〈부처님의 깨달음으로〉 이끌어 넣었다. 그런 까닭에 〈그대는〉 나의 설법 가운데서 태어난 것이다.

사리불이여, 나는 옛날 그대들 부처님의 깨달음으로 지원(志願)시켰다. 그런데도, 그대는 지금은 모든 것을 말끔히 잊어버리고, 스스로 이미 깨달음의 경지를 얻었다고 생각해버리고 있다. 나는 지금, 재차 그대에게 옛날에 세운 서원에 의해서 수행해 온 길(道)을 생각해 내기 위해서, 많은 성문들에게, 이 대승경전(大乘經典)인 『묘법연화(妙法蓮華)』, 보살을 가르치는(訓誨) 법(法)이라는 『교보살법(教菩薩法)』, 부처님에게 호지(護持)되는 것 『불소호념(佛所護念)』이라고 이름하는 것을 설하는 것이다.』

이 석존의 말씀에 몇 가지의 주목해야 할 점이 있다.

"그런 까닭에 〈그대는〉 나의 설법 가운데서 태어난 것이다."라는 말은 되새기면 되새길수록 의미심장한 말씀이다. 이 말의 뜻은 우리들이 부처님의 가르침 즉 "진리(法, 教, 道)"에 의해 살아가도록 되어 있다는 말이다. 우리에게는 태어날 때부터 불성 즉 부처님의 성품을 갖추고 있으므로 이미 부처가 된다는 수기는 받고 태어난 셈이다. 그런데도 이 사실을 까마득하게 잊어버렸으므로 새삼 부처님께서 기억을 불러일으키려는 의식(儀式)이 바로 수기임을 알아야 한다.

부처님을 믿는다는 것은 부처님의 말씀 즉 진리를 믿는 것이며, 이 진리를 믿지 않기 때문에, 우리는 고통의 세상을 살고 있다. 이 진리를 모르는 것이 바로 어리석음이며, 이를 무명 또는 무지라 한다. 이를 더 자세히 말한 것이 바로 다음으로 이어진다.

"나는 옛날 그대들 부처님의 깨달음으로 지원(志願)시켰다. 라는 부분을 범문(梵文)에서는 "그대는 오랜 세월에 걸쳐서, 나에서 배웠던 것이다." 이 말은 먼 옛날부터 사리불에게 불성이 갖추어져 있었음을 암시하고 있다. 그런데 사리불은 그 사실을 "말끔히 잊어버리고 자기는 이미 열반에 도달한 것처럼 생각해 버렸으니."라고 하며 자기 스스로 깨달음을 얻었다고 생각하고 있음에 대해 석존은 훈계한다.

석존은 사리불에게 "그대는 자기 몸에 불성이 기억되어 있는 사실을 잊고 자기의 힘으로 깨달음을 얻었다고 생각하지만 그것은 그대의 힘이 아니라 그대의 몸과 마음속에 갖추어져 있는 불성이 그대를 깨닫도록 한 것이다."라고 말씀하시며, 다시 석존은 "나는 지금, 재차 그대에게 옛날에 세운 서원(本願)에 의해서 수행해 온 길(道)을 생각해 내기 위해서,"라고 한다.

그런데 여기 "옛날에 세운 서원(本願)"이라는 정토교사상(淨土敎思想)의 숙어(熟語)가 보인다. 본원은 부처님과 보살이 먼 과거세(過去世)에서 수행하고 있었을 때에 세운 "모든 사람을 구제하고 말겠다."라고 하는 근본적인 바램과 다짐을 말한다. 이 본원의 의미를 깊이 음미해 보면 수기의 사상에 통함을 알 수 있다. 우리들은 자기의 심신(心身)에 원래부터 불성이 갖추어져 있다는 사실을 잊고 있다. 이 잊고 있는 불성의 진실을 기억해 내는 것이 곧 제도되는 일이다.

즉 기억해 내고 눈뜨는 것이 깨달음이다. 남으로부터 지식에 의해 가르쳐지는 것이 아니라, 자기가 자기를 인식하고 생각해 내는 것이 깨달음인 것이다. 즉 이와 같이 깨닫는 것이 구제 받는 것이므로 "제도(濟度)됨"과 "깨닫는 것"은 동의어(同義語)의 관계에 있음을 알 수 있다.

다음에 석존은 사리불이 본원에 의해서 얻은 바의 길을 잃어버리고 있으므로 이 사실을 "억념(憶念, 기억해 내는 것)토록 하련다."라고 말한다. 즉 기억하도록 하려는 것이지, 새롭게 가르치는 것이 아니다. 내(釋尊)가 말하는 가르침이란, "잊어버리고 있는 사실을 기억해 내도록 하여 알아차리도록 하는 것"이라고 말씀하신다. 그러므로 지금까지 배운 어떤 비유도 모두가 이 "억념"을 위한 것이었음이 여기에 잘 요약되어 있다.

이 「의리계주의 비유」에서 말하는 의복은 가난한 사람이 걸치고 있는 것이므로 더러울 것은 빤한 일이지만, 불성이라고 하는 보배는 꿰매어져 있는 의복(우리들의 심신)이 제아무리 더러워져도 결코 더럽혀지지는 않으며 또한 도둑맞는 물건도 아니다.

이 「의리계주의 비유」를 음미하면, 진리는 가르치려고 해도 가르쳐지는 것이 아니며, 본인에게 본래 갖추어져 있는데도 이를 잊어버리고 있는 그 진리를 어떻게 하면 생각해 내도록 할 수 있는가, ― 바로 이점에 교육의 가능성에 대한 비밀이 숨겨져 있다고 본다.

妙法蓮華經 授學無學人記品 第九
묘법연화경 수학무학인기품 제구

梵本『법화경』제9장
2천 인의 남성출가자에 대한 예언

1. 아난(阿難)의 과거와 나후라(羅睺羅)의 밀행(密行).

이 「수학무학인기품」의 내용은, 아난(阿難, Ananda)와 나후라(羅睺羅, Rahula) 및 그 밖의 2천 인의 배우고 있는(學, Saiksa) 사람과 배움을 마친(無學, Asaiksa) 사람들에 대한 예언(授記)이다.

부처님의 시자(侍者) 아난과 부처님의 큰 아들(長子)인 나후라는, 지금까지 사리불을 비롯한 많은 성문들이 수기되는 것을 보고, 우리들도 그 수기를 받고 싶다고 원했다. 배우고 있는 사람과 배움을 마친 2천 인도 똑같은 마음이었다. 부처님은 그들의 마음을 알고, 아난에게는 "큰 바다처럼 뛰어난 깨달음을 가지고 유희(遊戲)하는 신통을 가진 사람"이라는 산해혜자재통왕불(山海慧自在通王佛)에, 나후라에게는 "칠보의 연꽃을 밟고 넘어 가는 사람"이라는 도칠보화여래(蹈七寶華如來)가 되리라고 수기를 주었다. 이 때에 새롭게 불도(佛道)에 뜻을 세운(新發意)보살들 8천 인은, 대보살(大菩薩)들마저도 얻을 수 없는 부처님의 성불에 대한 예언이 왜 성문들에게도 주어지는 것일까 하는 의문을 품었다. 여기서 부처님께서는 그 보살들의 의문에 응답하여 설하신 것이 아난의 과거이며 나후라의 밀행이었다.

그런데, 아난은 석존의 종제(從弟) 즉 4촌(四寸) 동생이다. 석존이 성도 후에 고향인 까삘라성(迦毘羅衛城)에 돌아갔을 때에, 석존에 의해서 출가시켜서, 이후 시자(侍者)가 되어 석존의 멸도 때까지 항상 따르기를 무려 30년간이었다. 따라서 그는, 언제나 석존의 곁에서 그 설법을 들었으므로, 이것이 다문제일(多聞第一)이라 칭하게 된 이유인 것이다.

아난은 정(情)에 두터운 사람으로 잘 알려져 있다. 여성에 대해서도 두드러지고, 또 미남(美男)이었다. 불교교단에 여성의 출가자를 허락하는 빌미가 된 것도, 이 아난의 주선에 의한 것이었다. 석존의 양모(養母)인 마하파사파제(摩訶波闍波提)의 강(强)한 출가의 원을 아난이 석존에게 중재(仲裁)한 것이다. 석존께서 멸도에 드신 후의 불교교단의 통솔자, 마하가섭(摩訶迦葉)은 엄격(嚴格)한 사람으로 알려져서, 아난과는 성격적으로도 서로 용납되지 않았던 것 같다. 그는 다섯 가지 허물(五過)을 들어서 아난을 책망하고, 석존 멸후, 왕사성(王舍城)에서 행해진 불전(佛典)의 제일결집(第一結集) 때는, 아난을 넣지 않으려고 했다. 그러나 아난은 결집회의(結集會議) 직전에 수행을 완성하여, 유학(有學)에서 무학(無學)으로 나아가서, 결집에 참가할 수 있어서, 경전의 편집에 관여할 수 있었다고 한다.

참고로, 본경(本經) 나집역(羅什譯)과 축법호역(竺法護譯)의 한역(漢譯) 두 가지에서는 아난은 마하가섭, 사리불, 수보리 등의 무학(無學)의 대아라한과 함께 열기(列記)되어 있으나, 싼쓰끄리뜨 본과 티베트 역에는, 아난은 무학이 아니라 유학(有學)으로 되어 있다.

그리고 아난과 부처님과는 그 옛날, 전생에서 함께 동시에 가르침의 천공(天空)에 오른 왕이라는 부처님 즉 공왕불(空王佛) 아래서 불도를 지향했었다. 아난은 항상 많이 듣기(多聞)를 원했고, 부처님은 언제나 열심히 정진했다. 그리하여 부처님은 불도를 완성할 수 있었으나, 한편 아난은 법(法)을 기억하며 지키는 사람인, 호지자(護持者)가 되었다. 그래서 아난은 부처님의 법을 호지(護持)하고, 또 장래에 걸쳐서도 부처님의 교법을 호지하고, 많은 보살들을 교화할 것이다. 이것이 아난의 전생에서 품은 서원(誓願)이었던 것이다.

이상이 부처님께서 아난에게 수기를 주신 것에 대한 과거 전생의 사연이며, 아난은 이것을 듣고, 곧바로 과거의 기억을 되살린 것이었다.

다음에는 부처님께서 장자(長子) 나후라(羅睺羅)를 향해 설하신다. 나후라는 미래세에 성불할 것이며, 무수히 많은 부처님을 섬기고, 그리고 그 여러 부처님의 맏아들(長子)이 될 것이다. 나후라는 출가 전에는 석존의 맏아들이고, 불도를 성취한 지금은, 부처님의 법을 계승하고 상속할 맏아들이며, 미래세에는 많은 부처님의 맏아들이 될 것이다. 그리고 나후라의 밀행(密行)은 오직 부처님만이 아시는 바라고 설한다.

나후라가 부처님의 혈연상(血緣上)의 장자라는 점은, 다른 경전에서는 거의 생략되어 있다. 본경(本經)이, 현세에서 세속의 육친관계로서의 장자라는 것을 출가의 세계에 그대로 반영(反映)시켜서, 현세뿐만 아니라 과거의 제불의 장자라고 하여 거슬러 올라가고, 또 더욱이 미래세에서도 부처님의 장자라고 하는 것은, 본경에서의 불자(佛子)라고 하는 개념과 더불어 충분히 주의하지 않으면 안 된다.

2. 아난다와 나후라는 왜 늦게 수기되는가.

그런데, 아난과 나후라는 왜 늦게 수기되는가 하는 점에 대해 살펴보기로 한다. 석존께서 멸도하신 후, 불교교단의 통솔자 마하가섭(摩訶迦葉)은 엄격한 사람으로 알려져 아난다와는 성격적으로도 서로 용납되지 않았던 모양이다. 그는 다섯 가지 허물(五過)을 들어서 아난다를 책망하고 석존 멸후 왕사성(王舍城)에서 행해진 불전(佛典)의 제일결집(第一 結集)에 즈음해서는 아난을 참가시키려 하지 않았다. 그러나 아난은 결집회의가 열리는 직전에 수행(修行)을 완성하여 유학(有學)에서부터 무학(無學)으로 나아가 결집에 참가할 수 있게 되어 경전의 편집에 종사하게 되었다고 앞에서 이야기했다.

주제 넘는 생각이지만, 석존의 마음속을 미루어 생각해 보면, 아난은 자기의 4촌 동생(從弟)이며 20여 년간이나 항상 곁에서 시봉하고 있었다는 것, 또 나후라는 육신의 아들이라는 것 즉 양쪽 모두 현재신(現在身)의 석존에게는 가장 가까운 사람이었기에, 도리어 수행을 위해서는 마이너스의 요소가 숨어 있음을 고려하여, 그것을 우리들에게 보여주기 위해 일부러 늦게 수기한 것이 아닌가 생각된다. 즉 가장 가까운 사람이기 때문에 교단의 다른 사람들에 대해 사양한 것이 아닌가 하고 생각하는 것은 속된 해석일 것이다. 석존은 그런 옹졸한 분은 아니었다.

결국, 항상 곁에 있어 식사의 심부름도 하고, 허리도 주물러 주고, 목욕을 할 때에는 등도 밀어 주는 경우도 있으므로, 부처님으로서의 석존의 위대함이나, 그 가르침의 거룩함도 현재신의 석존의 모습과 서로 뒤섞여서, 아무래도 다른 제자들처럼 순수한 귀의가 어려운 것이 보통이다.

육신의 아들에 대해서도 마찬가지여서 아버지가 아무리 훌륭한 분일지라도 외부의 사람이 마음으로부터 존경하고 있는 것과 똑같은 마음으로 육신의 아버지를 대하기는 대단히 어려운 것이었고 또 응석부리는 마음도 전혀 일어나지 않는다고는 단언 할 수 없다. 그리하여 그런 처지에 있는 사람에게는 단호히 마음속에 공사(公私)의 구별을 세우지 않으면, 너무 몸 가까이 있는 것이 도리어 수행에 장애가 된다고 하는 것을, 암암리에 가르치고 있는 것이 아닌가 하고 받아들여야 할 것이다.

이것을 반대로 생각해 보면 우리들이 가까운 사람 즉 처라든가 남편이라든가 또는 아들이라든가 부모를 교화하는 것이 가장 어려운 일이라는 것이 된다. 말로 인도하려고 해도 쉽게 되는 것은 아니다. 일상생활 위에 실제의 행에 의해서 감화하는 방법밖에 없다.

그 행이라는 것도 훌륭한 일은 가끔 있을 뿐, 평소에는 자기중심적인 행위나, 보기 흉한 행위가 더 많아서는 감화의 결실을 거둘 수 없는 것이어서 항상 끊임없이[常住不斷] 좋은 본보기를 보여주지 않으면 도저히 가족이나 직장의 동료들이 따르지 않을 것이다.

아난과 나후라는 다른 큰 제자들보다 깨달음이 늦었었다고도 전해지고 있으나 "5백제자"보다 늦었다는 것은 도저히 상상할 수 없다. 역시 거기에는 앞에서 말한 바와 같이 석존의 깊은 배려가 있었다고 추측된다. 또 그와 같이 받아들이는 것이 후세의 불제자로서 바른 태도라고 생각된다.

그와 같은 이해를 깊게 하기 위해서 아난다와 나후라의 사적(事跡)을 대충 살펴보기로 하자.

3. 아난다의 사적(事蹟)

아난은, 숫도다나(Suddhodana, 淨飯)왕의 동생, 아므리따(Amrtadana, 甘露飯)왕의 아들로, 석존의 4촌 동생(從弟)에 해당하며, 제바달다(提婆達多)의 동생이기도 한다. 석존께서 성도한 후에 처음으로, 카필라바스투(迦毘羅衛城)에 돌아갔을 때, 아난다는 출가하여 제자가 되었으며, 그 후 사리불나 목건련의 추천으로 항상 부처님을 모시고 따르는 시자(侍者)가 된 사람이다. 그 때까지 곁에서 모신 사람은 몇 사람 있었으나 모두 다 실증이 나서 오래 모시지 못했던 것이다. 그런데 아난다는 20년 동안 한시도 곁을 떠나지 않고 정성껏 섬겼던 것이다.

그 뿐만 아니라, 매우 훌륭한 기억력을 가져, 석존의 설법을 정확히 기억하고 있었다. 불전(佛典)에는 『불고아난(佛告阿難) 즉 부처님께서 아난에게 말씀하시기를』이라고 하는 말이 수없이 나오는데, 그만큼 직접 가르침을 받을 기회를 가졌고, 또 그만큼 붓다의 말씀을 잘 기억하고 있었기 때문이다. 물론 사리불·마하가섭·목건련, 그 밖의 제자들에게 가르침을 내린 일이며, 설법회에서 많은 청중에게 설하신 가르침도 아난이 그 장소에 있었던 한, 모조리 기억하고 있었던 것이다. 그리하여 교단 중에서 "다문제일(多聞第一)"이라 불렸으며, 부처님께서 멸도하신 후, 제1회결집 때, 법 즉 경전의 송출자(誦出者)로서 선출되었음은 앞에서 말한 바와 같다.

그런데 아난은 매우 선량하고 온순하여 마음이 약한 곳이 있었다. 그렇지만 석존에 대한 충직함은 누구에게도 뒤지지 않았으니, 제바달다가 코끼리에게 술을 먹여 석존을 해치려고 했을 때에도, 다른 비구들은 모두 도망쳤지만 아난 혼자만은 곁을 떠나지 않았다고 한다.

아난은 또 마음이 곱고 인정이 많은 사람이었다. 석존께서 동원 녹자모강당(東園 鹿子母講堂)에 계실 때에 목욕을 하시고 난 후, 등을 말리고 있자 아난은 그 등을 만지며, 석존의 육체가 쇠퇴한 것을 알고 눈물을 흘리면서 이것을 말씀드렸다고 전한다.

또 쿠시나가라에서 석존께서 점점 위독상태에 빠져 계실 때, 아난은 견딜 수 없어 밖으로 뛰쳐나와 문고리를 붙잡고 울었으므로 아노루다(阿那律)가 "비구라는 사람이 평정을 잃으면 어쩌자는 것인가"하고 질책했다는 이야기도 유명하다. 과연 비구로서는 걸맞지 않은 태도였는지 모르지만, 우리들이 보면 무어라 말할 수 없는 친근함이 느껴지는 인품이었다.

이렇게 고운 성질을 가진 위에, 또 매우 미남자였기 때문에 여성 사이에 매우 인기가 있었으니, 혹은 짝사랑에 시달리기도 하고 거리의 부랑자들에게 놀림도 당했다고 한다.

그리고 가장 유명한 마등가(摩登伽)라는 전다라(栴陀羅) 즉 불가촉민(不可觸民)인 천민(賤民)의 딸에게 열렬히 사랑 받았다고 하는 이야기가 있지만, 여기서는 생략하기로 하고 아무튼 엄격하고 준엄한 비구교단 가운데, 아난과 같은 사람이 있었다는 것은 재속(在俗)의 신도들은 물론, 비구니교단 사람들에게도 하나의 구원이었다. 아니 비구니교단 그 자체가 원래 아난의 덕분에 생긴 것이라고 해도 무리가 아니다. 거기에는 이런 사연이 있다.

석존께서 성도하신지 5년 후, 부왕이신 숫도다나(淨飯)왕은 천수(天壽)를 다하여 돌아가시게 되었다. 석존께서는 그 장례를 위해 카필라바스투에 가셨으며 거기서 비샤리국으로 향했다. 그런데 석존의 생모 마야 부인의 동생으로 정반왕의 후처가 되어 석존을 양육한 고타미(Gautami, 憍曇彌; 摩訶波闍波提)는 앞서 친아들인 난타(難陀, Nanda)도 의손자(義孫子)인 나후라도 출가하고 지금은 또 남편인 대왕도 앞서 떠나 보내고 나니 점점 세상의 덧없음(無常)을 느끼고 있었으므로 석존께 출가를 말씀드렸다. 그러나 석존께서는 고타미가 몇 번이고 간청했지만 허락하지 않았다.

그 때 석존께서는 비사리(毘舍離, Vaisali)국을 향해 출발했다. 궁전에 남게 된 고타미는 아무래도 출가의 뜻을 버릴 수 없었으므로 드디어 그 뒤를 따라갈 것을 결심했다. 그러자 남편들의 출가에 의해 같은 생각을 품고 있던 많은 귀족 부인들도 고타미와 동행하겠다고 말했다.

부인들은 일제히 검은머리를 풀어 내리고 허술한 옷을 걸친 후 손에는 한 개의 나무 바루를 들고 맨발로 카필라바스투를 떠났다. 지금까지 훌륭한 궁전의 깊은 곳에 살며 어떤 부자유도 없는 생활을 하고 있던 귀부인들에게는 이러한 여행은 매우 어려운 고난의 연속이었다. 그리하여 겨우 석존이 계시는 정사(精舍)의 문밖에 당도했을 때는 모두 피로에 지쳐서 서 있을 수조차 없을 정도였다. 이 소식을 듣고 시자인 아난다가 나와 보았더니 고타미를 비롯하여 많은 부인들이 완전히 변한 모습으로 있지 않은가. 깜짝 놀란 아난다가 그 사유를 묻자 불도에 들어갈 결심으로 먼 길을 마다 않고 여기 까지 왔노라고 대답하는 것이었다.

그러자 즉시 석존의 곁으로 되돌아간 아난다는 이 사실을 말씀 드리자 석존께서는

"아난다여, 여인이 엄한 계율 아래서 도를 닦는다는 것은 불가능한 일이다. 포기하도록 설득하라"

라고 말씀하시는 것이었다. 아난다는 언뜻 승복하지 않았다.

"말씀을 거역하는 것 같지만, 그렇다면 세존의 가르침은 남자에게만 문을 열고 여자에게는 닫는다는 것입니까."

"아니 그렇지는 않다. 진리라는 것은 천상계의 것들이나 인간계의 것들에게나 진리이거늘 하물며 남녀의 차별 따위는 있는 것이 아니다. 그

렇지만 교단에 여자가 들어온다는 것은 그 자체가 별문제인 것이다. 기필코 교단에 악영향을 끼칠 것이다. 그러므로 출가를 허락하지 않는 것이다.”

미완성의 남녀 출가 수행자가 함께 생활해 가면 자연히 여러 가지의 문제가 일어나서 도(道)를 잃어버리는 사람도 생길 가능성도 많이 있을 터이니 그 점을 석존께서는 걱정하셨던 것이다. 그러나 인정이 많은 아난다로서는 문밖에서 무릎 꿇고 앉아 있는 부인들을 지금 다시 쫓아 버릴 수는 도저히 없었다. 일생 동안 말씀을 거역한 적이 없었던 아난다도 이때만은 자기의 주장을 굽히려 하지 않았다.

“세존이시여, 가르침의 문이 남녀의 어느 쪽에도 열려 있다고 하면 여인의 출가를 막을 수 없다고 생각됩니다. 지금 세존을 오랫동안 길러 주신 고타미가 목숨을 걸고 여기까지 왔습니다. 세존이시여, 고타미를 비롯한 일동의 진심을 가엾이 여기시고 아무쪼록 출가를 허락해 주십시오.”하고 간청하는 것이었다. 아난다의 말에는 무리가 없다. 원래부터 석존께서도 인정이 많은 분이었으므로 드디어 아무 말 없이 허락하게 되었다. 아난다가 이 사실을 부인들에게 전하자 일동은 감격하여 크게 울었다 한다. 석존께서는 새롭게 여자의 출가 수행자를 위해 계율을 정하시고 엄히 그것을 말씀하신 후 제자 가운데 동참시켰으니 비로소 비구니 교단이 성립되었다.

이런 일이 있었기 때문에 석존께서 입멸하신 후 그 가르침을 확인하기 위해 행한 제1회의 결집 즉 왕사성 결집 때에 아난다는 많은 비구들의 공격을 받게 되었다. 마하카샤파가 대표가 되어 다섯 가지의 죄를 들어 비난했는데 그 중에「여인의 출가를 억지로 세존께 간청한 것」「세존의 유체(遺體)를 맨 먼저 여인에게 예배시킨 것」등 여인에 관한 조항이 두 개나 있는 것은 자못 아난다다운 것이었다.

그러나 그 온화한 인품과 훌륭한 교학의 지식과 설법의 교묘함은 비구니 교단이나 재가 신도뿐만 아니라 차츰 비구 교단 사람들의 신뢰를 얻게 되었다. 그리하여 마하카샤파가 입적(入寂)할 때에는 교단의 일을 아난다에게 위임하고 죽었다고 하니 어느덧 교단 제일의 실력자가 되었던 것이다. 그리고 아난다는 120세의 장수를 유지하였고 화정 삼매(火定 三昧)에 들어 시적(示寂)했다고 전한다.

4. 밀행제일(密行第一)의 나후라

나후라(羅睺羅)가 부처님과 혈연 상의 큰아들이라고 하는 점은 다른 경전에서는 거의 언급하지 않고 있다. 그런데 『법화경』이 현세에서 세속의 육친 관계로서의 맏아들이라는 것을 출가의 세계에 그대로 반영시켜서 현세뿐만 아니라 과거의 여러 부처님의 맏아들로까지 소급시키고 또 다시 미래세에 부처님의 맏아들이도록 하고 있는 것은 이 『법화경』에서 불자(佛子)라는 개념과 더불어 다시 음미해야 할 점이다.

나후라란 장애(障碍)라는 의미이다. 싯다르타 태자가 진리를 구하기 위해 출가하려고 은밀히 생각하고 있을 무렵, 왕자 탄생의 보고를 듣고 무심코 "나후라(장애)가 생겼다."라고 중얼거린 것을 심부름꾼이 숫도다나왕에게 전했으므로 왕은 그 깊은 뜻을 이해하지 않은 채 그렇게 명명(命名)했다고 한다.

나후라의 출가에 대한 이야기는 여러 설이 있다. 나후라에게 아버지를 그리는 마음이 있었다고도 하고 석존께서 〈참다운 행복〉이라는 유산을 주기 위해서 무리하게 출가시켰다고도 한다. 그리고 출가의 나이에도 이설(異說)이 있으나 그러한 것에 관해서는 여기에서 다루지 않기로 하며 아무튼 왕손으로서 궁전에서 태어나 양육되고 또 출가해서도 붓다의 친아들이라고 하는 지울 수 없는 입장에 있던 나후라가 어떤 수행을 하였으며 비구로서 어떻게 성장했는가를 약간 살펴보려고 한다.

석존께서는 나후라를 자기 곁에 가까이 둔다는 것은 본인을 위한 것이 아니라고 생각하여 사리불에게 그 교육을 맡겼던 것이다. 사리불은 어디까지나 나후라를 하나의 사미로서 취급하여 엄격하게 지도했다. 나후라도 신참의 일개 사미로서 교단의 규율은 매우 잘 지켰던 모양이다. 이런 이야기가 있다.

석존께서 코삼비(Kausambi, 憍賞彌)국의 구시라원(瞿師羅園)에 머물고 계셨던 때의 일이다. 당시의 규칙으로서 정사에서는 한 방에 한 사람 뿐이 잘 수 없었던 것인데 어느 날 나후라가 탁발을 하러 간 사이에 정사의 심부름 당번을 맡고 있는 비구가 한 사람의 나그네 비구에게 나후라의 방을 빌려주고 말았다. 당시는 유행(遊行)하여 온 비구를 특히 소중히 하는 것이 일반적인 관행이었다. 저녁때가 되어 나후라가 돌아와서 보니 낯선 비구가 방을 차지하고 있는 것이 아닌가. 그런데 ― 당번인 비구가 이곳을 사용하라고 했기 때문이라고 ― 주장하며 움직이려고 하지 않는다. 그러한 사이에 해가 저물었으며 더욱이 큰비가 내리기 시작했다. 여기고 저기고 아무데도 갈 수 없게 되고 말았다. 막연해진 나후라는 언뜻 생각난 곳이 변소여서 그곳에 들어갔다. 그곳에서 하루 밤을 지새우려 했던 것이다. 밤이 깊어지자 석존께서 때마침 그 변소 앞에 오셔서 헛기침을 하시자 속에서도 헛기침 소리가 들려 왔다. 그런데 언제까지도 나올 기미가 없었으므로 "누구냐"하고 묻자 "나후라입니다." 하고 대답하는 것이었다. 미심쩍게 생각하신 석존께서 그 까닭을 묻자, 나후라는 사유를 있는 그대로 말씀드렸다.

석존께서는 즉시 나후라를 자기의 방으로 데려 와서 그 밤은 거기서 자게 하였다 그런 일이 있고 부터 아직 구족계를 받지 않은 사미에 한해서는 두 밤만은 비구와 한 방에 동숙해도 좋다고 규칙을 바꾸게 되었다고 한다. 석존의 자못 아버지다운 일면을 엿볼 수 있는 이야기이다. 이야기에서 알 수 있듯이 나후라는 매우 인내심이 강한 소년이었다. 다음과 같은 이야기도 있다.

어느 날 아침, 사리불을 따라 왕사성(王舍城)의 거리에 탁발을 하려고 나가자 거리의 무뢰한이 갑자기 사리불의 바루 속에 모래를 집어넣고 뒤따라오던 나후라의 머리를 몇 번이고 때리는 것이 아닌가. 사리불이 뒤돌아보니 나후라의 얼굴은 피에 젖어 있었다. 나후라는 옆에 있는 연못의 물로 얼굴을 씻고 "나는 화나지 않습니다. 그러나 세존께서는 대자비를 가르쳐 주십니다만 저런 무도한 사람은 어떻게 교화하면 좋은지 도무지 알 수 없습니다. 그것이 안타까울 따름입니다."라고 말했다. 그리고 돌아와서 즉시 석존의 곁에 가서 가르침을 구걸했다고 한다.

이런 인욕의 미덕은 갖추었다고 해도 아직은 소년이었다. 궁전에서 유유하게 길러졌을 때의 개구쟁이 기분이 쉽사리 없어지지 않았고 더욱이 애처로운 수도 생활에 대해서 교단 내외에서 동정의 눈길이 쏟아진 것이 역시 수행을 위해서는 장애로 되었으므로 석존께서도 그 점에 대해 특히 엄하게 지도하셨다고 전한다. 나후라가 라쟈그리하에 있었을 적에 온천 가까운 숲 속에 머물고 있었는데 재가의 신자들이 석존께 가르침을 구하려고 찾아오면 흔히 나후라에게 와서 "지금 세존께서는 어디에 계십니까?" 하고 묻는다. 그러면 나후라는 세존께서 영축산에 계실 때에는 대숲 절(竹林精舍)에 계신다 하고 대숲 절에 계실 때에는 영축산에 계신다고 하며 재미있어 했다. 허탕을 치고 돌아오는 사람을 만나면 "만나셨습니까." 하며 유들유들 태연했던 것이다.

그러한 장난이 어느 날, 석존의 귀에 들어갔으므로 석존께서는 일부러 나후라가 있는 곳에 오셔서 이치를 다하고 정을 쏟아서 차례 차례로 꾸짖었던 것이다. 나후라는 온통 송구스러워 했고 그것이 그의 커다란 탈피의 계기가 되었다고 한다.

그로부터 나후라는 돌변하게 되어 사람이 있거나 없거나 그리고 어떤 작은 계율이라도 기필코 그것을 지켜 위배하지 않았다고 한다. 그리고 자기의 출생이나 신분을 내세우지 않고 항상 차근차근 음덕을 쌓고 조용히 좌선하는 것을 일삼았다. 그러므로 드디어 〈밀행제일(密行第一)〉이라 하여 교단 안팎에 신망을 모으게 되었던 것이다, 어쨌든 나후라는 훌륭한 비구였다.

妙法蓮華經 法師品 第十
묘법연화경 법사품 제십

梵本『법화경』제10장
설법자(說法者)

1. 법 사(法 師)

앞의「제9장 수학무학인기품」까지는, 사리불을 비롯한 많은 성문들에 대해 3승방편 1승진실의 법이 설해졌으나, 이「법사품」에 이르러서는 약왕보살(藥王菩薩)을 직접 대상(對象)으로, 8만 인의 보살들에 대해 법이 설해진다. 그리고 그 설법 내용의 중심은, 말세의 사람에게 어떻게 하면 이『법화경』을 넓히고 받아들여 유지(受持)시켜 갈 것인가 하는, 포교문제를 취급하고 있다. 그렇기 때문에 이「법사품」이하를「유통분(流通分)」이라 부르며 앞의「제9장 수학무학인기품」까지와 구별하고 있다.

이「법사품」은,『법화경』이라는 경전이 여러 경전 가운데서, 가장 높은 경지의 경전이며, 어떤 사람이라도 이『법화경』의 한 시송(一偈)의 한 구절(一句)이라도 받아들여 믿는(信受) 사람은 모두 성불한다고 설한다. 그리고 이 거룩한 경을 받아들여 기억하고 넓히는 사람은, 여래의 심부름꾼(使者)이며, 여래의 대행자(代行者)라고 한다. 그러나 또, 이 경전은 여래가 세상에 계시(在世)는 현재 마저도, 원망하는 사람이 많을진대, 하물며 말법시대 즉 후 악세(後惡世)에서는 이『법화경』을 넓히는 것은 극히 어려운 일이라고 하여, 여래 멸후에 이 경을 수행하고 넓히는 사람의 마음가짐을 「홍경(弘經)의 삼궤(三軌)」 즉 가르침을 넓히는 세 가지의 바른 길이라 하여 설하고 있다.

이상 내용의 중심적인 역할을 맡은 것이 이 법사품의 타이틀로 되어 있는 「법사(法師)」이다. 「법사」라는 말은, 불교전체에서는 법을 설하여 신도를 올바른 깨달음으로 인도하는 승려를 말하지만, 이 「법사품」에서는 그렇지 않다. 『법화경』을 설하는 사람은, 출가, 재가를 불문하고, 모두를 「법사」라고 부르는 것이다. 이 법사에 대한 「법사품」에서의 원어는, 다르마바나까(dharmabhanaka)로서 이는 "설법자(說法者)"라는 뜻이다. 더욱 구체적으로 말하면 법을 독송하는 사람이라는 의미로서, 이 『법화경』을 신도를 위해 널리 읽어 들려주는 것을 직분으로 하는 사람이다. 출가의 스님보다도 오히려 재가의 지도자들이 그 주류(主流)였다고 생각된다.

그렇다면, 그와 같은 법사를 이 「법사품」에서는 어떻게 설하고 있는가. 부처님께서는 약왕(藥王)보살을 비롯한 8만의 보살들에게 말씀하셨다. "출가수행인이든, 재가수행인이든, 하늘의 천신들이나 인간 이외의 것들이든, 모두가 불도를 구하여서 이 『법화경』의 한 시송(詩頌)의 한 구절(一偈 一句)이라도 듣고, 비록 한 생각(一念)이라도 기쁨을 내는 사람에게 나는 모두 성불의 예언을 주겠다. 이것은 현재뿐만 아니라, 여래가 멸도한 후인 미래의 세상에서도 똑같다." 그리고 이어서 이 『법화경』을 비롯 한 시송이라도 믿어 기억(受持)하고 읽고 외우(讀誦)며 해설(解說)하고 옮겨 써(書寫)서 부처님처럼 공경하며, 이 경전에 꽃(華)·향(香)·목걸이(瓔珞)·가루향(抹香)·바르는 향(塗香)·사르는 향(燒香)·비단 해 가리개(繒蓋)·깃발(幢幡)·의복(衣服)·기악(伎樂)을 공양하고, 합장하며, 공경하는 사람에 대해 설한다. 『법화경』 경전에 대해, 이와 같이 수행을 하고 공양하는 사람이 본 장에서 "법"사라고 부르고 있는 사람들이다. 이 수지·독송·해설·서사의 수행 가운데, 독송을 둘로 나누어 수지·독·송·해설·서사의 다섯 가지(五種) 수행으로 하고, 이 다섯 가지의 수행을 하는 사람을 5종법사(五種法師)

라 부르고 있다. 첫 번째의 수지(受持)란, 경의 뜻을 믿어 이해(信解)하고 마음에 기억하는 것, 두 번째의 독(讀)이란, 경을 입으로 읽는 것, 세 번째의 송(頌)이란 경을 암송(暗誦)하는 것, 네 번째의 해설(解說)이란, 사람들에게 경을 설법, 해설하는 것, 다섯 번째의 서사(書寫)는, 경전을 옮겨 써서 후세에 전해 넓혀서 남기는 것이다. 전통적인 해석으로는 이 5종의 수행을 신(身, 書寫)·구(口, 讀·誦·解說)·의(意, 受持)의 3업(三業)으로 나누고, 이 가운데 수지를 가장 기본적인 것으로 하여 정행(正行)으로 하며, 다른 네 가지를 조행(助行)으로 한다. 또 꽃(華)·향·영락·말향·도향·소향·증개·당번·의복·기악에 의해서, 경전에 대해 공양을 하는 것을 열 가지의 경전공양(十種 經典供養)이라 부르고 있다.

이상과 같은 경전수행과 공양을 하는 사람을 『법화경』에서는 "법사"라고 하는데, 그 사람들은 과연 어떤 사람들인가. 부처님께서는 설하시기를, "실은 이 사람들은 과거 전생에서 10만억의 부처님을 공양하고, 많은 부처님 아래서 큰 서원(誓願)을 성취한 사람들이다. 또한 지금도 중생을 불쌍히 여겨 이 세계에 중생제도를 위해 스스로 원해서 태어난 사람 즉 원생(願生)들이라고 한다. 또 그렇기 때문에, 부처님께서 멸도하신 후의 미래세에서도, 이 사람들은 자원해서 악세에 태어나 이 『법화경』을 넓히려고 설하는 사람들이다. 비록 『법화경』의 한 구절(一句)이라도 설하는 사람은, 여래의 심부름꾼으로서, 여래가 해야 할 일을 하는 사람이라고 설한다. 그리고 그와 같은 사람들은, 여래의 어깨에 무등 태워진 사람이어서, 여래의 장엄을 갖추고 있는 사람이므로, 부처님에 대한 공양과 똑같이 최고의 공양을 바쳐야 한다고 설한다.

이와 같이 이 「법사품」에서는 『법화경』을, 그 한 시송의 한 구절이라도, 들은 사람은 모두 부처가 될 수 있다는 거룩한 경전이라 하여, 경전숭배를 설하고, 그 『법화경』을 받아들여 기억하고 넓히는 사람 즉 "법사"의 공덕이 크다는 것을 언설(言說)을 다해 강조하고 있다. ― 이것은 다시 뒤의 「제17장 분별공덕품」, 「제18장 수희공덕품」, 「제19장 법사공덕품」에서 거듭 자세히 설하고 있다 — 다시 이 「법사품」은 법화경 전과, 그것을 받아들여 기억하고 넓히는 사람에 대해 박해(迫害)가 있을 것을 설하고, 그와 같은 박해 가운데의 미래세에서 『법화경』을 넓히는 사람의 마음가짐을 설하고 있는데, 이것은 다음 항(項)으로 미루기로 한다.

덧붙여서 말하건대, "법사"란 출가와 재가를 불문하고, 가르침(法)을 설하는 스승(師)을 말하는 것이어서, 종래에는 큰 법회에서 법을 설하는 큰스님을 일컬어 "법사스님"이라고 했었다. 그런데 요즈음 웬일인지 스님 아래에서, 스님을 돕는 재가자를 "법사"라고 부르고 있는데, 그것은 매우 잘못된 일이 아닌가 한다. 아무리 존칭이라고 하지만, 심지어는, 무당도 법사라고 부르니, 어디 할 말이 있겠는가.

2. 『법화경』을 넓히는 세 가지의 바른 길(三軌).

『법화경』을 넓히는 세 가지의 바른 길(弘經)의 삼궤(三軌)란, "『법화경』「제10장 법사품」의 장항(長行) 즉 산문(散文)은 『기억하는 바(所持)의 법을 찬미하고, 『법화경』을 넓히는 바른 길(方軌)을 교시(示)하는 것"이라 한다. 그리하여 이 장항을 둘로 나누어 「경법을 찬탄」하는 부분과, 「바른 길을 교시」하는 부분으로 나누어 설명하는 것이 전통적인 해석방법이며, 후반부의 시작은 『약왕(藥王)이여, 만일 선남자・선녀인이 여래가 멸도한 후에, 비구・비구니・우바세・우바이의 4종(四種)의 회중(會衆)의 사람들에 대하여, 이 『법화경』을 설하려고 한다면, 도대체 어떻게 설하면 좋을 것인가.』라고 하는 데서부터이다.

전반부에서는 『이 『법화경』은 믿기 어렵고 이해하기 어려우며 모든 부처님의 비밀스러운 가르침이다. 그리고 이 『법화경』은 현재뿐만 아니라 미래에서도 박해가 있을 것이나 만일 미래에 이 『법화경』을 수지・독송하고 설하는 사람에게는 여래가 그의 옷으로 그를 감쌀 것이며, 여래의 손으로 그의 머리를 어루만질 것이다.」라고 말한다. 또 『경권(經卷)이 있는 곳에 경탑(經塔, 支提, Caitya, 廟)을 세우고 공양하라.』하며 경권 숭배를 설하고 있다. 그리고 『법화경』을 보고, 듣고, 믿고, 기억하는 사람은, 위없는 깨달음에 도달할 것이며 이를 알지 못하는 사람은 성불하기가 요원한 사람』이라 하여 「고원천착(高原穿鑿)의 비유(喩)」를 설한다.

그리고 후반부는 여래가 입멸한 후의 세상에서 어떻게 이 『법화경』을 설해야 할 것인가에 대한 설법자의 마음가짐으로서, 의(衣)·좌(座)·실(室)의 3궤(三軌) 즉 실천해야 할 세 가지의 바른 길(法度)을 설하고 있다.

「여래의 방(室)에 들어가, 여래의 옷(衣)을 입고, 여래의 자리(座)에 앉아 4부 대중을 위해 널리 이 경을 설해야 한다. 여래의 방이란, 일체중생에게 꼭 들어맞는 대자비심, 여래의 옷이란, 유화인욕(柔和忍辱)의 마음, 여래의 자리란, 일체의 현상(法)이 공성(空) 즉 법공(法空)을 말한다.」라고 한다.

즉 여래의 방이란 중생에 대한 넓고 큰 자비의 마음이며, 여래의 옷이란 부드럽고 화평한 마음과 인내심, 그리고 여래의 자리란 일체의 현상이 실체가 없는 공성(法空)임을 말하는 것이다. 이 〈존재의 무실체성(無實體性)의〉 가운데에 편안히 머물며, 그러한 후에, 게으름이 없는 마음에 의해서, 많은 보살들과 4종(四種)의 회중(會衆) 사람들을 위해, 널리 이 『법화경』을 설해야만 한다.

이 여래의 방에 들어가, 여래의 옷을 입고, 여래의 자리에 앉아 법을 설하는 것을 "의좌실(衣座室)의 3궤(三軌)" 혹은 "홍경(弘經)의 3궤"라 하여 말법시대에 『법화경』을 설하는 법도(法度). 또는 바른 길이라 일컫고 있다. 이것은 모든 사람들에게 자비의 마음을 가지고 대하여야 하고, 어떠한 박해를 받더라도 참고 견디면서 법을 설하라는 말이다. 법을 설하는 경우에 가장 중요한 일이 『여래의 자리에 앉아서』라고 하는 것 즉 일체의 존재가 공성이라는 깨달음의 경지에서 법을 설함을 말한다. 일체법공(一切法空) 즉 모든 존재에는 실체라는 것이 없다고 꿰뚫어 보았을 때, 보살수행자의 눈에는 이 세계가 너와 나, 사랑과 미움이라고 하는 차별, 상대가 없는 절대평등의 세계로 비치어 그 어떤 것에도 사로잡히지 않는 자재무애의 경지가 나타난다. 이와 같은 경지에 몸을 두어야만 모든 사람들에게 고른 자비심을 가질 수 있으며 또 박해에도 견딜 수 있게 된다. 이것을 『법화경』에서는 『여래의 자리란 일체법공이며 이 가운데 안주(安住)하여 해태(懈怠)하지 않는 마음을 가지고 여러 보살 및 4부 대중을 위해 널리 이 『법화경』을 설하라.』라고 말한다. 이 「홍경의 3궤」가 설해진 것은, 여래께서 멸도한 후의 세상에서 『법화경』을 설하는 사람을 위한 마음가짐을 교시한 것이다. 그런데 왜 이와 같은 마음가짐이 필요한가 하면, 이 『법화경』은 여래가 계시는 지금 마저도 미워하고 질투하는 사람이 많아 칼·막대기·기왓장·돌 등으로 박해를 받기 때문이다.

왜 이 『법화경』을 설하면 이런 박해를 받게 되는가? 이에 대해서는 뒤의 「제13장 권지품」의 게송부분에, 미래의 일로서 박해의 내용이 구체적으로 설해져 있다. 그 요점만을 살펴보면,

(1), 마을에서 떨어진 한적한 곳에서 누더기 옷을 입고 수행하는 사람 들이 『법화경』을 설하는 사람을 경멸하고 비방하는 것. 이는 『법화경』을 신봉하고 넓히는 사람들을 비방하는 사람이란 종래의 출가 자로서의 계율 즉 두타행(頭陀行)을 충실하게 지키는 출가 수행자들 이라는 것이다.

(2), 그 비방하는 사람들이 말하는 것은 "너희 『법화경』을 신봉하는 집단의 수행자들은 외도(불교 이외의 가르침)의 논의를 설하며 스스 로의 명성을 구여 제멋대로 경전을 만들어 세간을 속인다."라고 한 다. 이것은 『법화경』을 신봉하는 집단을 비난하는 사람들 즉 종래 의 출가수행자들에게는 『법화경』이 제멋대로 만들어진 것이어서 그 내용이 사견(邪見)인 외도의 논(論)과도 같은 것으로 받아들이고 있음을 보여주고 있다.

(3), 그 비난, 비방의 말은 "너희들은 모두 부처가 되겠구나."라고 한 다. 이는『법화경』이전의 경전을 신봉하고 수행하고 있는 사람들 에게는 '모든 존재가 평등하게 부처가 될 수 있다'고 하는『법화경』의 1승의 가르침을 도저히 믿을 수 없어 마땅히 이들을 경멸해야 하 는 것으로 받아들이고 있음을 나타내고 있다.

위의 점들을 살펴보면,『법화경』집단의 사람들이 '종래의 경전은 모두 이『법화경』을 위한 방편이며,『법화경』은 가장 높은 것이어서 이『법화경』을 잠깐만이라도 신수하고 경전에 공양하면 모든 사람이 부처가 된다' 라고 주장한다면, 출가의 생활을 엄격하게 지키며, 천신만고 끝에 깨달음에 이르고자 수행하고 있는 종래의 출가수행자는 소승인 이건 대승인 이건 경천동지(驚天動地)할 일이라고 생각되었을 것이며 세간을 속이는 것, 사견의 외도라고 매도하였을 것은 쉽게 상상할 수 있다. 아무튼 이와 같은 일이 박해의 원인이었을 것으로 생각되지만, 그 원인의 유래는 1불승의 가르침임은 말할 것도 없다. 당시의 세간에서 쉽게 받아들일 수 없는 가르침이었기 때문에, 이『법화경』을 스스로 "비밀장(秘密藏)" "비요장(秘要藏)"으로 불러 이 「법사품」에『아무렇게나 사람에게 수여(授與)해서는 안 된다.』라고 설하고 있다.

이와 같이 수용할 수 없는 교설을 설하기 때문에,『법화경』을 넓히는 세 가지의 길이 설해지고, 경전을 받아들여 기억하는(受持) 공덕과 설법자의 공덕이 강조되고 있다고 생각된다.

이 법사품은 앞에서 말한 바와 같이 앞의 제9장까지와는 그 내용이 크게 바뀌어서『법화경』경전을 받아들여 기억함과 그 넓힘이 테마로 되어 있고 경전 성립사상(成立史上)에서도 이 「법사품」에서 「제22장 촉루품」까지를 한데 몰아서 취급하고 있다. 그리고 보살행의 실천을 설하는 이 한 덩어리의 부분이야말로『법화경』본론의 중심부라고 하여 이 한 덩어리의 맨 처음 부분인 이 제10장을 기점으로『법화경』을 재검토하려는 사람도 있음을 말해 둔다.

3. 자비와 지혜

이 「법사품」에서 가장 중요한 요점이라 할 수 있는 "법사가 지녀야 할 세 가지의 근본적인 마음가짐" 가운데 "여래의 방에 들어가서" 법을 설해야만 된다는 것은 이미 앞에서 말한 바와 같다. 그런데 이 말은 "일체 중생에 대한 큰 자비심"을 뜻하는 것으로서 즉 부처님의 방(자비심)은 광대무변하여 모든 중생을 구제하여 그 속에 넣는 것이다. 우리들이 남에게 법을 설할 때, 그와 같은 넓고 큰 자비심을 가지고 설해야만 한다. 상대방이 선인이든, 악인이든, 가르침에 등을 돌리는 사람이든, 고분고분 잘 따르는 사람이든, 가리지 않고 똑같이 감싸 안아 주는 넓고 큰 자비심을 밑바닥에 가지고 있지 않으면 안 된다.

그런데 자비란 어떤 것일까. 불교는 "지혜"와 "자비"의 가르침이라고 한다. 틀림없이 이 두 개의 기둥 위에 서 있는 가르침이다. 그래서 이 기회에 자비란 도대체 어떠한 것인가를 철저하게 살펴보고자 한다.

자비란, 일반적으로 남을 불쌍히 여기는 것, 또는 사랑하는 애정, 혹은 동정심 등의 감정적인 것으로 해석하고 있다. 물론 그렇다, 그러나 그러한 감정만의 것이라고 생각한다면 그것은 아직 반쪽만의 이해밖에 되지 않는다. 사전에 보면 〈① 사랑하고 가엾게 여기는 일. ②《불교》부처 또는 보살이 중생에게 낙(樂)을 주고 고(苦)를 없이하여 주는 일.〉(이 희승 편저 민중서관)로 되어 있으며 다른 사전에도 대동소이하다.

자비란, 함께 즐거워하려는 마음이다. 즉 자비란 흔히 말하는 〈사랑〉이라든가 〈애타심(愛他心)〉이라든가 하는 말이 갖는 뜻보다도 더욱 깊은 불교 특유의 사상에서 나온 것이다.

〈자(慈)〉란, 범어 마이뜨레야(Maitreya)의 번역으로서, 마이뜨레야란, 미뚜라(벗, 友)라는 말에서 파생된 말인데, 그대로는 「최고의 우정」이라는 의미이지만, 그것에 포함된 깊은 뜻은 〈특정한 사람에 대한 것이 아니라 모든 사람들에 대해 우정을 갖는 것〉이라 한다. 그리하여 중국인은 이것을 보편적인 인애(仁愛)라는 말을 붙인 것이다.

이 자(慈)의 마음은, 평등심에서 나온다고 부처님은 가르치고 있다. 자기가 즐겁다고 느끼면 다른 사람에게도 즐거움을 맛보게 하고 싶다는 마음이다. 좋은 가르침을 듣고 기쁨을 느끼면, 그 기쁨을 다른 사람에게도 나누어주고자 하는 마음이다. 그러므로 〈자〉란 한 마디로 말하면 〈여락(與樂) 즉 즐거움을 주는 마음〉이라고 정의(定義)하고 있다.

〈비(悲)〉란 범어 까루냐(Karunya)의 번역으로서, 까루냐란 원래 〈신음(呻吟)〉이라는 의미인데 인생살이의 갖가지 괴로움에 신음소리를 내는 것을 말한다. 그 신음소리를 듣고, 자기도 동감하고 동정하여 "음." 하고 신음 소리를 내는 것이 〈비〉이다.

자기 자신도 일찍이 인생고에 신음하고 탄식한 일이 있는 사람이 아니면, 남의 괴로움을 진정으로 이해할 수 없다. 일찍이 참으로 괴로워한 경험이 있는 사람이 아니면 남의 괴로움에 뼈저리게 동감할 수 없다. 이리하여 남의 괴로움을 내 괴로움처럼 느껴 마음속에서부터 이해하고 걱정해 주는 것이 까루냐이다. 속설에 "눈물젖은 빵을 먹어보지 않고는 진정으로 빵맛을 알 수 없다."라는 말이 있는데, 중국인은 이것을 〈비〉라는 말을 붙인 것이다. 참으로 명역(名譯)이라 아니할 수 없다.

그런데 남보다도 좀 더 앞서 인생고에서 해탈하고 있는 사람은 현재 인생고에 괴로워 신음하고 있는 사람을 보면 자연적인 정으로서 어쨌든 그 괴로움에서 건져 주고 싶은 마음을 일으키지 않을 수 없다. 이것도 또한 평등심의 발로이다. 그리하여 〈비〉란 〈발고(拔苦) 즉 괴로움을 뽑아 주는 마음〉이라 정의하고 있다.

이렇게 자비란 어떤 상항에서, 혹은 어떤 시점에서, 남보다 즐거운 처지에 있는 사람이, 그 즐거움을 남에게 나누어주고 싶어 하는 마음이며, 또 어떤 상항에서, 혹은 어떤 시점에서, 이미 괴로움에서 벗어난 사람이 남의 괴로움을 자기의 괴로움으로 느끼고, 거기에서 벗어나게 하려는 노력을 함께 맛보려는 마음을 말한다.

결국 그것은 평등심의 발로(發露)에 지나지 않는다. 인간은 모두가 평등한 것인데 어떤 처지에서 어떤 시점에서 낙(樂)과 고(苦)의 불평등이 생겨난다. 그 불평등이 자연히 마음 속 깊이 메아리쳐서 그 불평등을 평등으로 되돌리려는 마음이 거의 무의식적으로 솟아난. 도저히 그렇게 하지 않고서는 견딜 수 없게 되는 마음 이것이 자비심인 것이다.

그러므로 자비심이란 인간이면 누구라도 가지고 있는 자연적인 성질이지만, 그것이 항상 크게 발동하는가 하지 않는가는 〈인간평등〉이라는 진리에 투철한가 아닌가에 의해 좌우된다. 불교에서는 우선 〈인간평등〉이라는 큰 지혜를 가르치고 있다. 『법화경』에서도 그 전반(前半)의 적문(迹門)에서 〈실상〉이라는 큰 지혜를 가르친 것이다. 그 점을 깊이 마음에 새기지 않으면 안 된다. 그러한 지혜에 바탕을 둔 자비가 아니면 때때로 정에 치우친, 번뇌에 사로잡힌, 잘못된 〈동정심〉으로 끝나는 경우가 생긴다. 예를 들면 아이가 넘어진 것을 무조건 "아! 가엾어라" 하고 일으켜 주는 것은 언뜻 보아서는 자비처럼 보이지만 참다운 자비는 아니다. 그 아이가 스스로의 생명력을 자각케 하기 위해 마음을 모질게 갖고 일으켜 주지 않는 편이 좋은 경우가 많다. "착하지 자 혼자 일어설 수 있어요" 하고 격려하거나 암시를 주는 것, 이것이 참다운 자비인 것이다. 친구에게나 부하직원에게나 그 밖의 세상 사람들에 대해서도 그 원리는 변하지 않는다. 어느 때는 위로하고 어느 때는 안아주지 않으면 안 되지만, 어느 때는 꾸짖고, 어느 때는 모른 체 하는 것이 좋은 경우도 있다. 상대방의 성격, 상태, 환경, 그 밖의 다른 조건에 따라서 그때그때 그 경우에 꼭 들어맞는 행동을 취해서 그 사람의 생명력을 진정으로 발현시키고 신장시켜 주는 그것이 〈지혜〉에 바탕을 둔 〈자비〉인 것이다.

『방편품』에서 5천 인의 제자들이 자리를 뜬것에 대해 석존께서는 이를 저지하지 않고 모르는 체 한 것도 커다란 〈지혜〉에 바탕을 둔 것이었다.

결론적으로 자비란 평등성의 원리 위에서 너와 내가 하나라는 것에 눈을 떠야만 비로소 참 자비가 생기는 것이다. 왜냐하면 『내 속에 네가 있고 네 속에 내가 있다.』는 동체(同體) 사상을 온 몸으로 즉 안·이·

설·신·의 전체에서 체득하여 부처님의 지혜(般若)를 완성(波羅蜜多)하고 남 즉 나, 나 즉 남이라는 일체감(一體感) 속에서 남(他)과 나(我)라는 상대적인 생각마저 사라진 자리에서 자기가 자기 아닌 자기에게 베푸는 것이 자비인 것이다. 그런데 만일 여기에 털끝만큼이라도 너와 나의 구별이 있거나 베푼다고 하는 생각이 있다면 이 사람은 아직도 나(我)라는 생각(我相), 살아 있는 사람(人)이라는 생각(人相), 개체(個體)라는 생각(衆生相), 개인(個人)이라는 생각(壽者相)에 사로잡혀 있는 사람이기 때문에, 이 사람이 하는 모든 행위는 자비가 아니라 우월감이거나 단순한 동정에 불과하며, 진정한 의미에서의 자비는 아닌 것이다. 그러므로 예로부터 동체대비(同體大悲)라는 말이 회자되고 있음을 알아야 한다. 동체대비란, 예를 들면, 어떤 사람이 길을 가다가 발을 헛디뎌서, 넘어져 발과 손을 다쳤다고 하자. 그런데 손에서는 찰과상으로 피가 나고, 발을 삐어서 매우 아팠다고 하자. 그런데 손이 발에게 너 때문에 내손에서 피가 흐른다고 원망하기 이전에, 그 피나는 손으로 발을 자기도 모르게 주무르는 것이 바로 동체대비인 것이다. 더욱이 말세에서 남에게 법을 설하는 사람은 우선 이 평등성의 지혜에 바탕을 둔 큰 자비심을 가지고 설하라고 하신 그 참뜻을 깊이 새기면서 이 「법사품」을 이해해야만 할 것이다.

4. 고원천착(高原穿鑿)의 비유

『법화경』에는 일곱 가지의 큰 비유(七喩)를 비롯하여, 모두 열여섯 가지(16)의 비유 — 약초유품의 「병 만드는 사람(作瓶者)의 비유」를 포함하여 — 가 있는데 그 하나인 「고원에서 우물을 파는 비유」 즉 「고원천착(高原穿鑿)의 비유」가 이 「제10장 법사품」에 있다.
「법사품에」서 석존께서는 약왕(藥王)보살에게 『법화경』의 위대함을 갖가지로 설한다. 그 가운데에서 사람들은 『법화경』의 신앙에 의해서 아 녹다라삼먁삼보리 = 최고의 바르고 완전한 깨달음에 가까이 갈 수 있 음에 대해 다음과 같이 설한다. 요약하면, 『법화경』을 설하고 읽고 외 우고 옮겨 쓰며 『법화경』이 존재하는 곳은 어디라도 일곱 가지 보배로 된 탑을 세워야 한다.

그러나 이 탑 속에는 부처님의 유골(舍利)을 두어서는 안 된다. 왜냐 하면 『법화경』 가운데에는 여래의 전신(全身)이 존재하기 때문이다. 이 탑을 꽃(華) · 향(香) 등 갖가지의 물건으로 공양 · 존경 · 존중 · 찬탄해 야 한다. 만일 이 탑을 보고 예배 · 공양한다면 최고의 바른 깨달음에 가까이 감을 알아야 한다.

이상의 사실은 『법화경』을 넣은 탑을 세워서 공양해야 할 것을 지적하 고 있다. 흥미 깊은 것은 그 탑에는 부처님의 사리(佛舍利)를 안치(安 置)해서는 안 된다는 가르침[戒]이다. 그 이유로서는 『법화경』 가운데 에는 부처님의 유골이 아니라, 여래의 전신이 깃들이어 있기 때문이라 고 한다. 불탑(佛塔) 숭배(崇拜)에 대한 비판이 여기에 나타나 있는 것 이다. 대승불교의 기반(基盤)에 재가신자(在家信者)를 중심으로 하여 영위(營爲)되어 온 불탑 숭배가 있었는가, 아닌가는 학설이 나누어지는 분기점이기는 하지만, 적어도 대승경전이 성립한 단계에서는 종래의 불사리의 숭배에 대한 대승경전의 우월성(優越性)을 주장한 것은 명백 한 일이다. 그것이 잘 나타나 있다고 할 것이다.

여래의 전신이 『법화경』 가운데에 존재한다고 하는 것은, 『법화경』이 여래 그 자체를 설한 경전임을 지적하고, 다시 『법화경』을 신앙하는 사 람을 모두 성불시킬 수 있는 경전임을 의미하고 있다고 생각된다.

또 다음에 재가든지 출가든지 보살도를 수행하는 경우, 『법화경』을 보 고, 듣고, 읽고, 외우고, 옮겨쓰고, 믿어 기억하고, 공양하지 않는 사람 은, 보살도를 완전히 수행한 것이 아니며, 『법화경』을 들을 수 있는 사 람이 보살도를 완전히 수행한 것이 된다고 한다. 부처님의 깨달음(佛 道)을 구하는 중생이 『법화경』을 보고, 듣고, 믿고, 이해하며, 기억한다면, 최고의 바르고 완전한 깨달음에 가까이 갈 수 있다고 한다. 요컨대 보살도의 수행의 중심이 『법화경』의 신앙임을 지적한 것이다.

이와 같이, 『법화경』의 신앙에 의해서, 최고의 바르고 완전한 깨달음에 가까이 가는 것을, 석존께서는 "높은 들판에서 우물을 파는(高原穿鑿) 비유"를 들어 설하시는 것이다.

이 비유의 내용은 다음과 같다.

「비유하면, 어떤 사람이 목이 말라 물을 필요로 하여, 고원(高原)에서 우물을 파서 물을 구한다고 하자. 아직 건조(乾燥)한 흙을 보면, 물은 아직 먼 곳에 있음을 알 수 있다. 다시 노력하여 계속 파서(掘削) 차츰차츰 습기가 있는 흙을 보게 되고, 이리하여 점차로 진흙에 도달하면, 그 사람의 마음속에서는 단호히 물이 반드시 가까운 곳에 있음을 안다.」

이상이 "고원천착의 비유"이다. 『법화경』 자신은 이 비유에 대해 다음과 같이 설명하고 있다. 이 비유와 똑같이 보살도 이 『법화경』을 아직 듣지도 못하고 이해하지도 못해서 수행할 수 없다면 당연히 이 사람은 최고의 바른 깨달음은 아직 멀다고 알아야 한다. 만일 『법화경』을 듣고 이해하고 사유하고 수행할 수 있다면 반드시 최고의 바르고 완전한 깨달음에 가까이 갈 수 있음을 안다. 왜냐하면 모든 보살의 바르고 완전한 최고의 깨달음은 모두 이 『법화경』에 소속하기 때문이다. 이 『법화경』은 방편의 문을 열어서 진실의 모습(樣相)을 나타낸다. 이 『법화경』의 가르침의 창고는 깊고 견고하며 깊숙하고 아득히 먼 것이기 때문에 아무도 도달하는 사람이 없다. 지금 부처님은 보살을 교화하여 성숙시키려고 (그들을) 위해서 (『법화경』을) 열어 보이는(開示) 것이라고 한다.

『법화경』은 모든 부처님의 근원의 법을 열어 보인(開示) 것이기 때문에 성불을 지향하는 보살에게 최고의 바른 깨달음은 당연히 『법화경』에 소속되는 것이다.

妙法蓮華經 見寶塔品 第十一
묘 법 연 화 경 견 보 탑 품 제 십 일

梵本『법화경』제11장
스뚜빠(塔)의 출현

1. 보배 탑(寶塔)이 솟아나다(涌現)

이 「제11장 견보탑품」에 이르러 석가모니불과 이 법회에 동참한 대중
들 앞에 일곱 가지 보배(七寶)로 된 큰 보배 탑(寶塔)이 홀연히 땅(大
地, 無明)으로부터 솟아나서 영축산의 하늘(第一義空) 가운데 높이 머
물렀다. 이 보배 탑은 높이가 5백 요자나(由旬), 가로 세로가 2백 5십
요자나 라고 하는 거대한 탑으로서 갖가지의 보옥(寶玉)에 의해 장식되
고 5천이나 되는 난순(欄楯)과 1천 만의 감실(龕室)이 붙어 있었다. 또
한 일곱 가지 보배로 된 깃발과 해 가리개, 보석으로 된 목걸이(瓔珞),
보배 방울 등으로 웅장하고 아름답게 장식되고 4면에서는 따말라
(tamala) 잎과 찬다나(candana) 나무에서 만든 향 즉 다마라발 전단향
(多摩羅跋 栴檀香)의 향기가 풍기고 있었다. 그리고 천용8부중(天龍八
部衆)이, 이 보배 탑에 온갖 꽃과 향, 영락, 깃발과 해 가리개, 음악을
가지고 정성을 다하여 공양을 드리자, 보배 탑 안에서 큰 음성이 발하
기를,

『훌륭하고 훌륭하시도다. 석가모니세존이시여, 훌륭히 부처님의 지혜
즉 평등이라는 큰 지혜(平等大慧)로서, 보살을 가르치는 법(教菩薩法)
이며, 부처님께서 지켜 주시는(佛所護念)『묘법연화경』을 가지고 대중

을 위해서 설하시니, 이와 같은 석가모니세존께서 설하시는 것은 모두 진실합니다.」라고 하는 찬탄의 소리가 들려 왔다. 영축산에 모인 이 법회의 대중은 보배 탑의 돌연한 출현이라는 신비한 상서로움(奇瑞)에 놀라움과 동시에 보배 탑 속에서 나온 큰 음성에 기뻐하면서, 이 보배 탑은 무엇 때문에 이곳에 출현하였으며, 그 목소리의 주인은 도대체 어떤 부처님이실까 하는 의문을 품었다.

이 대중의 가슴속에 있는 의혹을 없애 주기 위해, 〈위대한 웅변가라는〉 대요설(大樂說, Mahapratibhana)이라는 보살이 대표가 되어 석존께 말씀드리자, 부처님께서는 다음과 같이 대답했다.

「이 보배 탑은 아득한 옛날에 입멸하신 다보여래(多寶如來)라는 부처님의 사리탑이며, 지금도 이 탑 안에는 그 부처님의 전신(全身) 사리가 계신다. 이 부처님은 옛날 보살로서 수행할 때에 큰 서원을 세웠다. 자기가 멸도한 후에, 언제 어떠한 장소이든 간에 만일 『법화경』을 설하는 경우가 있으면, 자기는 이 보배 탑과 함께 그 『법화경』 설법의 장소에 가서 그 『법화경』이 진실한 가르침이라는 것을 증명하고 찬탄하겠노라고, 이와 같은 이유로 지금 이 『법화경』 설법의 자리에 이 큰 보배 탑이 출현하여, 다보여래께서 큰 음성을 탑 속에서 내시어 "모두 진실하다."라고 말하며 "훌륭하고 훌륭하도다." 하고 찬탄한 것이다.」

석존께서 이와 같이 말씀하시자, 대요설보살은 다시 "세존이시여, 원컨대 저희들은 이 부처님의 몸을 뵙고자 합니다."라고 부처님께 말씀드렸다. 부처님께서는 이에 답해서 다음과 같이 말씀하셨다.

「이 다보여래는 또 깊고 깊은(深重)한 서원을 세웠었다. 그것은 『법화경』 설법의 자리에 내 보배 탑이 출현했을 때, 사람들이 만일 내 몸을 보고자 하면 그때, 『법화경』을 설하고 있는 부처님의 시방(十方)에 계시는 분신(分身)의, 모든 부처님이 그 장소에 되돌아와 모이도록 하고, 그런 후에 비로소 내 몸을 나타내 보일 것이라고 하는 서원이다.

그러므로 나도 나의 분신인 시방에 있는 부처님들을 이제부터 이곳에 모이도록 하겠다.」

이상이 지금까지의 개요를 기술(記述)한 것이다. 이 11장은 돌연한 보배 탑의 출현이다. 지금까지는 없었던 불가사의하고 기이한 상서로움으로부터 비롯된다. 앞장의 「법사품」에 이어서 이 11장은 『법화경』의 호지(護持)와 유포를 테마로 하는 「유통분」의 설법에 해당하지만 돌연한 보배 탑의 출현과 다보여래라고 하는 과거에 멸도하신 부처님의 등장 및 처음 밝혀진 분신(分身)의 여러 부처님들, 이들은 도대체 이 11장에서 어떤 의미를 가지고 있는 것인가.

다보불은 아득한 옛날에 입멸하신 부처님이시다. 그 부처님은 보살수행 때에 세운 서원에 의해서, 지금 이 석가모니불께서 『법화경』을 설법하시는 자리에 나타나서 그 설법을 찬탄하고 『법화경』이 진실한 가르침임을 증명한다. 이 다보불의 찬탄과 진실의 증명은 석가모니불의 설법에 대해서 뿐만 아니라 과거·현재·미래의 3세에 걸쳐, 『법화경』이 설해질 때에는 언제 어디서라도 출현하신다고 한다. 이것은 이 『법화경』이 과거·현재·미래의 3세에 걸쳐, 언제나 진실한 바른 가르침(正法)이라는 것을 증명하려는 것이다. 시간을 초월하여 영원히 보편적인 진실, 이것이 이 『법화경』이라고 하는 것이 이 『법화경』이 말하고자 하는 점이다. 이러한 사실은 이 11장에 이르러 처음으로 설한 것은 아니다. 이미 「서품」에서 과거의 일월등명불(日月燈明佛)이 『법화경』을 설하였고, 현재의 석가모니불도 다시 똑같이 『법화경』을 설한다고 하여, 과거에서부터 현재의 부처님들이 일관하여 『법화경』을 설하는 것을 말하고 있으며, 또 「화성유품」에서도 대통지승불(大通智勝佛), 16보살(十六菩薩), 그리고 석가모니불로, 과거에서 현재에 연결되어 한결같이, 모두 『법화경』을 설하신다는 것이 밝혀져 있었다. 여기서도 또한 같은 테마가 새로이 다보불(多寶佛)이라는 부처님을 등장시켜 강조하고 있다. 다만 지금까지와는 다른 것은, 그 다보불이라는 부처님이 탑 속에 전신이 흩어지지 않은 몸으로 ― 석가모니불은 그 사리가 시방으로 분산되어 사리탑에 봉안되었지만 ― 앉아 계시면서 보배 탑과 함께 출현했다고 하여, 불탑(佛塔)과 결부하여 설하고 있다는 점이다. 『법화경』에서는 불탑에 대해 여러 곳에서 탑공양(塔供養)과 조탑 공양(造塔供養)이 설해져 있어, 이『법화경』의 기반(基盤)에 강한 불탑 신앙사상이 자리 잡고 있음을 알 수 있으나, 이 11장에서는 그것이 극히 구체적으로 보배탑 출현이라는 형식을 취해 설하고 있다.

그런데, 다보불에 의한『법화경』이 진실하다는 증명 — 이것을 증명법화(證明法華)라 한다 — 은「서품」에서 차례차례로 이 11장에 이르기까지 하신 설법을 진실하다고 증명하는 것이 되므로, 이것을 증명하기 이전이라는 뜻에서 "증전(證前)"이라 한다. 구체적으로는 지금까지 밝히신 1승진실 3승방편과 2승작불(二乘作佛)의 설법을 가리키는 것이 되지만, 그러나 이것은 형식상의 것으로서, 실제로는『법화경』 전체의 설법을 진실한 것이라고 증명하는 것은 말할 것도 없다.

다음에 다보불이 계신 보배 탑을 열기 위해, 석존의 분신인 여러 부처님이 밝혀지고, 그 여러 부처님이 모이(來集)는 것이 설해지는데, 이것을 "기후(起後)"라 칭한다. 그것은 여러 부처님이 모여 옴으로써 보배탑이 열리고, 석존이 그 보배 탑 안에 들어가 다보불과 자리를 나누어서 두 분의 부처님이 나란히 앉는다(二佛並坐). 그 후에 아래에서 설하는 것처럼 석존께서 세 가지의 고칙(告勅)에 의해 부처님께서 멸도한 후의 유통을 맡을 사람을 불러 모으자, 뒤의「제15장 종지용출품」에서 부처님 멸도 후의 유통을 담당할 보살들이 땅에서부터 출현하고, 이 보살들이 모두 전생에서 석존의 제자였음이 밝혀진다. 그러자 이 법회에 모인 대중은, 지금의 석존과 땅에서 솟아난 지용(地涌)의 보살들과의 결부에 대해 의문을 일으키자, 여기서「여래수량품」에 이르러 지금의 이 석존은, 실제로는 아득히 먼 구원(久遠)의 옛날에 성불하여 지금에 이른다고 하는 본문(本門)의 구원실성(久遠實成)이 밝혀지게 된다. 그렇기 때문에, 이「견보탑품」에서 다보불의 보배 탑, 석존의 시방 분신의 많은 부처님(諸佛) 등을 실마리로 하여 후의 본문(本門)「수량품」이 불러 일으켜지는데, 이것을 "기후(起後)"라고 한다. 그러므로 앞의 "증전(證前)"과 합하여 "증전기후(證前起後)"라 하며, 다보불의 보배 탑을

"증전기후(證前起後)의 보탑(寶塔)"이라 부르고 있다.

더욱이 이 제 11장은 다음의 「제12장 제바달다품」과 더불어 법화경성립사(法華經成立史) 상(上)에서는, 극히 문제가 많은 장이기도 하다. 모든 범본(梵本)과 티베트 역에서는, 이 11장과 다음의 「제바달다품과」를 나누고 있지 않다. 그러므로 범본 및 티베트 역과, 이『묘법연화경』과는 장(章)의 수(數)가 이로부터 하나씩 앞으로 당겨져 있게 된다. 그것은 형식상의 것이지만, 내용적으로 보아도 앞의 「제10장 법사품」및 다음의 「제바달다품」과의 접합이 좋지 않고, 연관상의 필연성이 희박하게 되어 있다. 어떤 학자에 의하면 이 11장이 현재의 형태로 정리되기 전에는, 독립된 경전이었을 것으로 추측하고 있으며, 그 내용이 드라마틱한 것에서부터 똑같이 독립된 경전으로서 유포되고 있던, 「제바달다품」과 더불어 "법사"에 의해서 사람들에게 널리 독송되고 있었던 것이 아닌가 하고 있다. 그리고 이 11장인 「견보탑품」과 다음 장의 「제바달다품」과를 하나로 묶은 것 같은 경전이『법화경』의 가장 오래 된 형태였으리라는 상상이 가능하다고 한다.

2. 이불병좌(二佛並坐)

석존께서는, 이 자리에 모인 대중을 대표하여, 다보탑을 열어 줄 것을 (開塔) 간청한 위대한 웅변가인 대요설보살(大樂說菩薩)에게 답해서, 시방분신(十方分身)의 여러 부처님을 불러서 모이도록 (來集) 했다. 석존께서는 미간(眉間)의 백호상에서 한 줄기의 빛을 발하여, 우선 동방 5백만억(五百萬億) 나유따(那由陀) 항하사(恒河沙)의 국토에 계시는 여러 부처님을 비추시고, 그로부터 차례차례로 4방 8방(四方八方), 상하(上下)를 합쳐, 시방(十方)의 세계를 비추시어, 그곳의 부처님들과 그 국토를 비추시며, 그 부처님들을 초청하여 오시도록 했다. 석존께서는 그 부처님들을 수용하기 위해, 이 사바세계를 신통력에 의해 더 없이 청정케 하였는데, 다만 이 자리에 있는 사람들만을 남기고 다른 천신들과 사람들을 다른 국토에 옮겨 놓았던 것이다. 그리고 또 다시 이 사바세계에 들어 올 수 없는, 여러 부처님을 수용하기 위해 두 번에 걸쳐 각각 2백만억 나유따의 나라들을 신통력에 의해 청정케 하고, 그들 모두의 세계를 뭉쳐서 하나의 불국토로 만드셨다. 이를 3변토전(三變土田)이라 한다. 이리하여 시방으로부터 모여 온 많은 부처님들은, 지금은 사바세계가 변하여 청정 광대한 불국토가 된, 그 안의 각각 보배나무 아래에 마련된 사자자리(獅子座)에 앉아서, 모두 석존에게 탑을 열 것을 전했으므로, 석존께서는 영축산으로부터 공중에 올라, 이윽고 보배 탑을 여시려고 했다. 오른 쪽 손가락으로 문을 열자, 마치 큰 성문을 여는 것처럼 큰 소리와 함께 문이 열렸다. 그러자 그 속에는 사자좌에 앉아 마치 선정(禪定)에 들어 계시는 것 같은 다보불의 전신(全身)이 보였으며 더욱이 다보불께서 '나는 여기에『법화경』을 듣기 위해 왔노라' 하고 말씀하시는 것이 들렸다. 그리고 다보불께서는 석가모니불을 위해서, 자기의 반쪽 자리를 나누어서 앉을 자리를 양보하며, 탑 안으로 초대하자 석가모니불께서는, 보배 탑 안에 들어가 다보불과 나란히 똑같은 자리에 앉으셨다. 이것을 두 분의 부처님께서 나란히 앉으심 즉 2불병좌(二佛並坐)라 한다. 그러자 이 법회 가운데 있는 사람들은, 석존께서 보배 탑 안에 들어가셔서 다보불과 나란히 앉으신 것을 보고, 자기들도 공중에 머물고 싶다고 원했으므로, 부처님께서는 즉시 이 법회 가운데 있는 사람들을 허공 가운데에 올려 두셨다. 이로써『법화경』설법의 자리는, 지상(地上)의 영축산에서 허공으로 옮겼으므로, 이후「촉루품」에서 법회자리가 재차 영축산으로 되돌아오기까지를 "허공회(虛空會)의 설법"이라 한다.

그런데 부처님께서는, 함께 공중에 머문 한 무리의 사람들을 향해서 큰 음성을 놓아,

『누가 능히 이 사바세계에서 널리『묘법연화경』을 설하겠는가. 지금이

바로 〈이 가르침을 설할〉 때이다. 여래는 머지않아 열반에 들 것이니, 이 『묘법연화경』을 〈누군가에게 단단히〉 맡겨 언제까지라도 남기고자 한다.」

라고 설하시고, 부처님께서 멸도 하신 후에 이 경을 유통시킬 사람을 모집(勸募)하셨던 것이었다.」

이상, 이렇게 이야기의 순서를 따라가면 보배 탑의 솟아 남(涌現), 시방의 여러 부처님이 모여 옴, 삼변전토(三變田土), 다보탑의 문을 열음(開塔)과 두 부처님이 나란히 앉으심(二佛並坐), 법회 자리가 가 허공(虛空)으로 이동 등등 어느 것이나 모두, 기상천외(奇想天外)의 것이어서 이 「견보탑품」은 웅대(雄大)하고도 장려(壯麗)한 하나의 「드라마」라고 해도 좋을 것이다.

법사들이 사람들을 향해 낭랑하게 이 11장을 암송(暗誦)하노라면, 사람들은 그것에 열중하여 일심으로 귀 기울여서 듣고 있는 모습이 구체적으로 다가오는 것 같이 느껴진다. 그러나 이 극중(劇中)의 하나하나의 모티브에는 각각 그 나름대로의 뜻이 내재되어 있다. 그것은 어떠한 뜻일까?

우선, 석존의 분신인 여러 부처님의 모여 옴(來集)이란, 어떠한 것인가. 중국 삼론종(三論宗)의 길장(吉藏)의 해석에 의하면, 『법화경』이 분신의 여러 부처님을 설하는 것은, 이 석가모니불이 참다운 부처님이라는 사실을 없애고 응신불(應身佛)임을 밝히기 위해서라고 해석한다. 즉 시방의 정토에 있는 모든 부처님들마저, 석가모니불의 수적(垂迹) 즉 본지(本地)에 가지 못하는 중생들을 위하여, 임시로 몸을 나타낸 화신(化身)이어서, 본지 즉 그 근본의 진실한 몸이 아닌 터인데, 하물며 이 현재 설법하는 석가는 진불(眞佛)일 수 없다, 그러므로 시방에 계시는 분신의 여러 부처님을 모아 석가모니불이 응불임을 나타낸 것이라고 설명하고 있다.

또 2불병좌(二佛並坐)에 대해서는 다보불께서 멸(도)했지만 불멸(不滅), 불멸이면서도 멸(滅)의 상(相)을 나타내고 있기 때문에, 그 다보불과 함께 석가불이 앉음에 의해서 지금의 석가모니불도 실제로는 생멸(生滅)은 없으나, 방편으로 생멸한다는 것을 나타내려고 한다고 해석한다. 이것은 뒤의 「수량품」에서 밝혀지는 석존의 구원실성(久遠實成)에 대한 전초(前哨)가 된다. 사실 이 과거·현재·미래의 3세에 걸쳐, 『법화경』의 설법자리에 출현한다는 다보불과, 현재의 석가불이 탑 가운데(塔中)의 동일한 자리에 앉는다는 것은, 석가모니불이 다만 현재의 부처뿐만 아니라 다보불과 똑같이 과거에서 미래에 이어지는 구원(久遠)의 본불(本佛)임을 쉽게 암시하고 있는 것이다. 그 의미에서도 이 2불병좌는 뒤의 「수량품」을 불러일으키는 "기후(起後)"라 할 수 있다. 이제까지의 것은, 길장(吉藏)의 해석이지만, 천태(天台)는 보배 탑의 문을 여는 것(開塔)에 대해, 이것을 방편을 연다는 개권(開權)에 적용시키고, 탑중의 부처님을 뵙는 것을 진실을 나타낸다는 현실(顯實)에 비교하여 해석하고 있다. 또 앞의 2불병좌에 관해, 뒤의 해석에서는 경(境)인 법신(法身)의 다보(多寶)와 지(智)인 보신(報身)의 석가(釋迦)와의 경지묘합(境智妙合)을 나타내는 것이라는 해석도 행해지고 있어, 여러 가지의 해석이 성립되는 것이다. 그러나 주의해야 할 것은, 이상의 여러 가지의 모티브가 경전의 유통이라 하는 커다란 목적 아래, 통일 되어 있다는 것이다. 본 장의 극적(劇的)인 구성(構成)도 모두 그 목적에 따라 기획(企劃)된 것으로서, 참으로 이 『법화경』을 듣는 사람으로서 유통의 대원(大願)을 일으키기에 걸맞은 것이라고 말할 수 있다.

더욱이 이 11장에서 설한 다보탑에 얽힌 갖가지의 「모티브」. 이를테면 보배 탑의 출현, 보배 탑 안에서의 마치 입정(入定)하고 있는 것 같은 전신이 흩어지지 않은(全身不散) 다보불의 신체, ─ 석가모니불은 입멸 후에 사리가 여덟으로 나뉘어 흩어져 모셔졌음 ─ 석가와 다보의 2불이 병좌, 이것들은 학자의 연구에 의하면, 결코 『법화경』 경전 제작자의 엉뚱한 공상(空想)의 소산(所産)이 아니라, 역력한 불교신앙 속에 계승되어 온 전승(傳承)에 기인하는 것이라고 한다. 즉 현실의 석가모니불 입멸 후에, 교단의 장로로서 사람들을 인솔하고, 경전의 제일결집(第一

結集)을 주재(主宰)한 마하가섭의 전기(傳記)에 바탕을 두고, 그것을 계승발전시켜 집성(集成)한 것이라고 한다. 그것은 『근본설일체유부 비내야잡사(根本說一切有部 毘奈耶雜事)』 권40 등에는, 석존의 남긴 법(遺法)을 전승할 임무를 짊어진 마하가섭이, 미륵(彌勒)의 하생(下生)까지 탑 속에 입정(入定)하고 전신(全身)을 보전하여 다음 부처님의 출세(出世)를 기다린다고 하는 설화가 전해지고, 또 『잡아함(雜阿含)』 권41 등에는, 석존이 마하가섭에게 대중 앞에서 자기의 자리를 반으로 나누어 양보하고, 거기에 마하가섭을 앉혔다고 하는 설화가 실려져 있다고 한다. 이러한 설화들의 내용은, 이 11장의 탑에 얽힌 모티브의 하나하나와 흡사하므로, 설령 이 『법화경』에 이르기까지의 그러한 설화의 전승 과정이 자취가 없다고 하더라도, 경청해야 할 의견이라고 할 수 있다.

3. 허공법회(虛空法會)와 진리는 하나(一乘).

『법화경』 「제11장 스뚜빠(塔)의 출현」 즉 「견보탑품」에서 간과해서는 안 될 가장 중요한 부분은, 바로 허공회(虛空會)라는 것과, 보배 탑 안에 여래의 신체가 흩어지지 않고 한 덩어리로 안치되어 있다는 점이다.

대부분의 사람들은, 이 허공회에 관해 자못 허무맹랑하여 마치 꿈같은 이야기라서 믿기 어렵다고 말하지만, 『법화경』은 "드라마(劇)"로 엮어져 있음은 수차 언급한 바이다. 가능한 모든 지각과 감각기능을 총망라한, 총지성적(總知性的)인 의식(意識)을 통한 상상(想像)에 의해, 시간과 공간을 상호 관통케 하여 "체험"하도록 즉 그 속에 몰입하여 감지하도록 극화(劇化)한 것 ― 지식을 통한 이해를 배제하고, 다시 말해서 분별을 버리고 오직 순박한 마음으로써 지혜의 문으로 들어오게끔 의도된 것으로서, "믿음"을 갖지 않은 사람들에게는 매우 이해하기 어려운 일

이다. 믿음도 없이 인간의 때 묻은 지식만을 가지고, 이 무구청정(無垢
淸淨)한 부처님의 가르침 즉 진리를 자기의 작은 잣대(尺度)로 가늠하
여 해석한다는 것이 얼마나 잘못되고 어리석은 짓인지 크게 반성해야
한다. "믿음(信)"은 바로 부처님의 마음과 일치되는 마당이며, 부처님
과의 대화의 광장이다. 이 대화의 광장 밖에서 부처님의 마음을 설명하
려 함은, 마치 장님이 코끼리를 만지는 격에 지나지 않는 어리석은 소
행임을 알아야 한다.

　허공회(虛空會) 즉 허공법회(虛空法會)란, 하늘에서 법회를 가졌다는
것이니 "하늘(天)"은 인간계를 떠난 이상(理想)의 세계를 말하며 "땅"은
인간과 가장 밀착된 현실의 세계를 뜻한다 ― 천태대사는 땅은 무명(無
明)을 말하고, 하늘은 제1의공(第一義空) 즉 진리를 뜻한다고 함. ― 석
가모니세존께서는 "보배 탑의 주체는 아득히 먼 동방 즉 과거의 세계에
서 오신 다보여래(多寶如來, Prabhuta-ratna)라고 하는 부처님으로
서, 그 부처님이 아직 보살로 계실 적에 '내가 부처가 된 후에 어떠한
세계에서라도 『법화경』이 설해진다면, 그 가르침을 듣기 위해, 그 설법
하는 마당 앞에 큰 탑을 출현시켜서 그 『법화경』이 진실임을 증명하겠
다.' 라는 큰 서원을 세웠고, 부처님이 되신 후, 세상을 떠나실 적에
'나의 전신을 공양하려면 마땅히 큰 탑을 세우라.'라고 유언하셨던 것
이다."라고 말씀하신다.

　다보여래란 '아득히 먼 동방의 나라 부처님'이라는 말이 시사(示唆) 하
듯이, 아득히 먼 과거에 출현하신 부처님이라는 뜻이어서, 실제로 이
세상에 출현하신, 모습(相)을 가진 부처님이 아니라, 다만 '진리 그 자
체' '진리의 완전한 모습'을 인격화하여 다보여래라 이름 한 것이다. 즉
보정세계(寶淨世界, Ratnavis raddhalokadhatu)란, "어머니의 태내
(胎內)"라는 말인데, 그 태내에서 인간이라는 자연현상이 출현했다는
뜻으로서, 이 말은 곧 불성(佛性) 즉 진리 그 자체에 의해서 왔다는 것
이다. 불성이란, 부처가 될 수 있는 성품을 말하는데, 이 부처가 된다
는 성질이 왜 진리인가 하면, 진리의 성질은 외향성(外向性) 또는 향상

성(向上性)이기 때문에 불성이 바로 진리라고 한다. 그런데 불성이 바로 진리 그 자체라든가, 또는 진리의 완전한 모습이라고 말한댔자, 그 당시의 인도 사람들로서는 이해가 불가능한 것이었기에 여래님 즉 부처님으로 인격화하여 말씀하신 것이다.

언제, 어디서나, 다시 말해, 시간과 공간(時空)을 초월하여, 변함이 없는 것이 진리이다. 그런데 이 진리는 여러 가지의 형태로 나타나지만, 그 여러 가지의 모습으로 나타나는 것을 한 덩어리로 뭉쳐서 통일된 모습으로 상징화한 것이 바로 다보여래이다. "많은 보배를 모은 여래" "많은 불성을 한데 모은 것 즉 사람"이라 이름 붙인 것이다.

그런데 왜 다보여래께서는, 『법화경』을 설하는 장소에 나타나 이를 증명하는 것일까. 이에 대해 "용수(龍樹)보살"은 그의 저서(著書) 『대지도론(大智度論)』에서 말하기를, 「다보여래께서는 세상에 계실 때(在世時)에 『법화경』을 설하지 못했다. 그 이유는 중생의 근기가 『법화경』을 소화시킬 수 있는 단계까지 성숙되지 못했기 때문이었다. 그러므로 모든 부처님이 빠짐없이 최후에 설하시는 『법화경』을 자기는 설하지 못했으므로 혹시 『법화경』에 대해 의심을 품는 사람이 있어서는 안 되기 때문에, 『법화경』이 설해지는 장소에 나타나 진실하다고 증명하게 되었다.」라고 한다.

그리고 여래의 전신 즉 여래의 신체가 한 덩어리로 되어 안치되었다는 의미는 무엇일까.

불전문학(佛典文學)에 의하면, 부처님께서 입멸하신 후, 그 유골(佛舍利)은 분배되어 여덟 지방에 모셔졌다고 한다. 그런데 여기서는 '여래의 신체가 한 덩어리로 되어' 라고 하며, 일반적인 전승을 부정하고 영원히 가르침을 설하는 부처님의 출현이라는 복선을 깔고 있다. 아무튼 『법화경』은 진리 그 자체 내지 모든 사상의 통일이라는 거대한 의의를 가진 경전이기 때문에, "최상승의 법문"이라고 하는 까닭이 여기 있는 것이다.

4. 무아(無我)임을 알았을 때에, 비로소 진리를 붙잡을 수 있다.

부처님께서 시방에 계시는 분신의 제불을 모여 오게 하기 위해, 사바세계에 있는 모든 중생 즉 천·인·수라·아귀·축생·지옥 등을, 여기 이 법회에 모인 사람을 제외하고는 모두 다른 세상으로 옮기고 나니, 이 사바세계는 『마을, 도시, 바다. 강, 산, 숲도 없다.』라고 한다.

여기서 마을, 도시, 바다, 강, 숲이 없다는 것은, 사람들의 마음이 모든 현상(事物)이 실체가 없음(空)을 알았음을 상징한 것이다. 산도 강도 숲도 마을도 실체가 없는 공(空)의 세계, 그곳에는 인간이 영위할 것은 하나도 없는 오직 부처님의 광명만이 비추고 있으며, 사람들은 모두 무아(無我)의 마음으로 그 빛을 받고 있는 것이다. 이와 같은 마음의 세계를 말하고 있는 것이다. 우리들은 공의 마음, 무아의 마음, 온갖 번뇌가 멸진되어 청정한 마음이 되지 않으면, 눈에 보이지 않는 진리를 붙잡을 수 없다. 예를 들면 이것은 과학적인 진리의 예이지만 뉴톤이 썩은 사과가 나무에서 떨어지는 것을 보고 지구의 인력(引力)을 깨달았다고 하는 것은 유명한 이야기이다. 그때 뉴튼은 멍하니 생각에 잠겨 있었다고 하는데, 결국 무아(淸淨)의 상태에 있었던 것이다. 현실적인 인간의 생활에서 떠난 일종의 방심상태에 있었지만 마음속에서는 생생하게 활동하고 있는 그런 상태였다. 마치 참선하는 사람이 좌선을 하고 있을 때의 경우와 비슷한 것이었다.

거기에 사과가 툭 떨어졌다. 그 순간 속마음이 활동을 하며 앗 하며 깨달은 것이다. 만일 뉴튼이 잠깐이나마 "저 사과를 주워 먹을까?"했다든지 또는 "맛있을까, 어떨까?"했다든지 혹은 "썩은 것은 아닐까?"하는 그와 같은 잡념 즉 실체가 있는 나(我)라는 생각(我相), 개념화된, 형상화된 사과라는 생각을 가지고 있었다면 사과가 떨어지는 것을 보고 "어디 맛 좀 볼까"등등 사과라는 것에 사로잡힌 생각을 일으켰을 뿐, 지구의 인력이라고 하는 커다란 문제를 문득 깨달을 수는 도저히 없었을 것이다.

선정(禪定)이라든가, 삼매(三昧)의 중요성은 여기에 있는 것이다. 그것은 속세를 떠난 성문·연각에게는 매우 필요한 수행이었으나, 특히 현실생활을 영위하고 있는 우리들에게는 더욱 필요한 것이다.

하루 24시간 동안, 현실적인 인간생활을 영위하는 것에만 마음을 빼앗겨 있으면, 마음이 좁게 되고 근시안적으로 되어 우리들을 살려주고 있는 커다란 근본생명이라든지, 진리라고 하는 것과는 두꺼운 벽을 만들고 만다. 여기서 생각해 내는 것이란, 자질구레한 나에 대한 것들뿐이며, 따라서 항상 불안이 따르게 된다. 또 그 나(我)와 너(對象)가 서로 부딪혀서 이 세상은 크고 작은 다툼의 소용돌이가 생기게 된다. 그 보기 흉한 상태를 해소하려면 — 조금이라도 경감하려면 — 하루 중 어느 시간만은 생활을 영위하는 것에서 떠나, 무아의 상태에 들어가는 것이 절대적으로 필요하다. 조용히 앉아서 독경을 하거나, 명상을 하거나, 혹은 무한한 우주나 인간의 구원(久遠)한 근본생명을 일심으로 생각하는 것이다. 그러한 명상이 어렵다고 생각하는 사람은, 그저 아무 생각 없이 부처님의 세계를 마음에 그려보고 있기만 해도 된다.

이리하여 나와 네가 없어진 무아의 마음이 되었을 때에, 비로소 우리들 안에 있는 〈참다운 인간〉이 표면에 떠오른다. 그리고 부처님의 빛을 한데 뭉쳐서 받을 수 있다. 즉 우주의 근본생명이 살려 주는 작용을 직접 몸에 받을 수 있게 된다.

불교에서 선정과 삼매를 중요시하고, 기독교나 기타의 종교에서도 명상이라는 것을 소중히 여기는 것은 이러한 이유에 의한 것이므로, 이것은 꼭 그 어떤 형식으로도 하루의 생활 속에 집어넣고 실천했으면 좋겠다.

이러한 이유에서 〈모든 마을·도시·바다·강·산천·숲도 없다〉라고 하는 것은, 인간이 「나(我)」의 대상으로 되는 것이 없어져서, 마음이 번뇌로부터 자유로워진 「절대평등」으로 된 해탈의 상태를 말한 것이다.

妙法蓮華經 提婆達多品 第十二
묘 법 연 화 경   제 바 달 다 품   제 십 이

梵本『법화경』에는 앞의 견보탑품에 합쳐져 있음

1. 제바달다(提婆達多)의 성불

이 「제바달다품」은 앞의 「서론」에서 말한 것과 같이, 구마라집의 『묘법연화경』에서는 「제12장」으로 독립되어 있으나, 『정법화경』이나 『싼쓰끄리뜨 본(梵本)』에서는, 「제11장 견보탑품」 속에 포함되어 있으므로, 앞으로는 『묘법연화경』의 품수(品數)와 『범본』의 장수(章數)가 서로 일치하지 않음에 유의하기 바란다.

이 「제바달다품」은, 석존의 전생 이야기로부터 시작된다. 그것은 현재의 석존이 아득히 먼 옛날에 어떻게 하여 『법화경』을 얻었던가, 라고 하는 석존의 과거수행에 관한 이야기이다. 석존께서는 이 법회에 모인 보살과 천신들과 사람들, 비구·비구니의 모든 사람들에게 이렇게 말씀하신다.

「나는 헤아릴 수 없을 만큼의 옛날, 오랜 세월에 걸쳐 『법화경』을 계속하여 구해 왔다. 큰 나라의 국왕으로 있을 때에, 원(願)을 세워 최고의 바르고 완전한 깨달음을 구해 왔다. 대승의 보살로서 갖추어야 할 여섯 가지의 수행(六波羅蜜)을 완성하려고, 보시의 행을 닦아, 재물, 나라, 처자(妻子), 심지어는 자신의 몸과 목숨까지도 아끼지 않았다. 마침내 임금 자리를 버리고 북을 쳐서 사방에 포고를 내려 법을 구했던 것이다. 그 때에 아사 선인(阿私仙人) 즉 무비(無比)라는 선인(仙人)이 있어 대승의 『묘법연화경』을 가지고 있었다. 나는 그 선인에게 가서 필요한 것을 모두 주었으니, 열매를 따고, 물을 긷기도 하고, 땔나무를 줍고, 식사를 준비하며, 이 몸을 모두 바쳐 시봉하기를 1천년을 지냈으나, 그래도 몸과 마음이 피곤한 줄 몰랐다. 마음속에 묘법을 구하는 마음을 계속 품어 왔기 때문이었다. 그리하여 드디어 『법화경』을 얻어 성불할 수 있었던 것이다.」

석가모니불은 이상의 『법화경』을 구하는, 과거세의 수행을 대중에게 설하고, 그리고 과거세와 현재와를 연결시켜서 이렇게 말한다.

「그 때의 왕이야말로 지금의 나이며, 내가 섬긴 선인(仙人)은 누구인가 하면 지금의 "제바달다(Devadatta)"이다. 그리고 제바달다야말로 나의 좋은 벗(善友)이며, 그의 덕으로 나는 깨달음을 완성하고 부처로서의 온갖 덕성을 갖추게 된 것이다.」

이렇게 설하신 다음, 부처님께서는 그 제바달다에 대해 미래에 성불할 것이라는 예언(授記)을 주고, 무량겁 후에 "천신의 왕이"라는 천왕여래(天王如來, Devaraja)라는 부처님이 되리라고 보증하신 것이다.

그리고 대중을 향해.

「미래의 세상에 만일, 선남자, 선여인들이 있어, 『묘법연화경』의 「제바달다품」을 듣고, 청정한 마음으로, 믿고 공경하며, 의혹을 일으키지 않는 사람들은, 〈죽은 후에〉 지옥·아귀·축생계에 떨어지는 일이 없고, 시방의 부처님의 면전에 태어날 것이다. 그 태어나는 곳에서, 항상 이 경전을 들을 것이다. 만일, 인간계, 천계에 태어나게 되면, 수묘(殊妙)한 낙(樂) 받고, 만일 부처님 면전에 있다면, 연꽃 가운데에 홀연히 태어날 것이다.」

라고 말하며, 미래의 세상에서 이 제바달다품을 믿고 공경할 것을 권한다.

그런데 이상으로 이 장의 전반(前半)에 대한 개요(槪要)를 살펴보았다. 여기서의 테마는 석존의 과거 『법화경』을 구하기(求法) 위한 수행과 제바달다에의 수기(授記)이다. 이것이 과거와 현재와를 연결시켜 하나로 결부시키고 있다. 『법화경』이라는 경전이 현재의 석존에 의해 처음으로 설해져, 세상에 나온 것이 아니라, 아득히 먼 과거에서부터 많은 부처님들에 의해 설해 온 것이라는 생각은 이미 「제1장 서품」, 「제7장 화성유품」 등에서 설해져 왔다. 그러므로 지금의 석가모니불의 『법화경』을 얻기 위한 수행도 그 취지의 되풀이라 해도 된다. 그러나 여기서 중요한 것은, 그것이 제바달다와 결부시켜 설하고 있다는 것이다. 한문 번역에서의 제바달다란, 데바닷따(Devadatta)의 음역으로서 흔히 "제바(提婆)"라고 줄여서 부르기도 하며, 천수(天授) 또는 조달(調達) 등으로 번역하고 있다. 그는 석존의 4촌 동생인데, 아난(阿難, Ananda)의 형이라고 한다. ― 그러나 팔리어 경전에는 석존의 처남, 그러니까 부인의 동생이라고 한다. ― 전설에 의하면, 그는 석존께서 성도한 후에 출가하여, 5백 인의 비구를 꼬여서 교단을 분열시켜 화합승(和合僧, 僧團)을 파괴(破壞)했고, 큰 돌을 던져 부처님의 몸에서 피를 내게 하였으며, 마가다국의 아사세(阿闍世) 왕에게 술에 취한 코끼리를 풀어놓게 하여, 부처님을 밟아 죽이도록 하였으며, 주먹으로 화색(華色)비구를 때려 죽였고, 독을 손톱에 발라, 부처님의 발에 상처를 주려고 하였다 ― 이를 제바달다의 5역(五逆)이라 한다 ― 하여 악역 무도(惡逆 無道)한 인물로 전해지고 있다. ― 실제로는 만년의 석존에게 교단의 계율을 한층 엄격하게 하자고 제의하였으나, 그것이 받아 드려지지 않았으므로, 자기의 일파(一派)를 거느리고 교단을 떠났다 한다. ― 주지하는 바와 같이, 제바달다는 불교의 전설 속에서는 5역죄(五逆罪)를 범한 대악인(大惡人)으로 되어 있다. 이 『법화경』 성립시에도 이미 그러한 전설은, 일반에 널리 퍼져 있었다는 것이다. 그러나 이 장에서는, 제바달다가 악인이라는 사실이 어디에도 설해져 있지 않다. 오히려 그와 반대로 제바달다는 석존의 선지식(善知識) 즉 좋은 벗이며 그의 덕분으로 석존은 과거에 『법화경』을 구할 수가 있어 수행을 완성하여 부처가 될 수 있었던 큰 은인으로 설해져 있다. 그것은 어떤 것인가. 역사적 사실로서 제바달다가 이끈 교단의 전통이 인도(印度) 땅에 법현(法顯)이나 현장삼장(玄奘三藏) 때까지 존속해 있었다는 것은 사실이다. 이러한 사실에서 추론하여, 제바달다가 전설처럼 극악인(極惡人)이였다면, 그가 이끈 교단이 1천년이나 계속될 까닭은 없다. 또 이 장의 설법방식에서 보아, 이 장의 경전제작자 그룹과, 제바달다의 교단과는 그 어떤 관계가 있었던 것은 아닐까 하고 보는 의견이 있다.

그러나 지금까지의 이 제바달다품에 대한 제가(諸家)의 해석은 이러하다. 제바달다는 5역죄를 범한 악인이며. 이 성불하기 어려운 악인이 본장에서 부처님으로부터 성불의 예언을 받았다. 대악인 조차 성불할 수 있다. 하물며 선인(善人)이야 말해 무엇 하겠는가. 이 악인성불은 뒤의 용녀성불(龍女成佛)과 더불어, 『법화경』을 수지하고 신앙하는 사람들에게는 커다란 격려가 되는 것이어서, 그렇기 때문에 이 제바달다품의 존재 의의(存在意義)가 있다, 라고 하는 것이다. 예로부터 일천제(一闡提, Icchantika)는 선근을 끊은 사람이라 뜻의 단선근(斷善根)·믿음이 없는 사람이라 뜻의 신불구족(信不具足)이라 하여, 성불할 수 없는 사람을 가리킨다. 즉 성불에서 배제되어 온 사람들이다. 그러나 『법화경』의 사상은 일체의 만물만상(萬物萬象)이 평등하다는 대원칙으로 일관되어 있으므로, 누구나 다 성불할 수 있다는 『열반경(涅槃經)』의 「일체중생(一切衆生) 실유불성(悉有佛性)」 사상과 그 맥을 같이하고 있음을 알 수 있다.

그런데 사실은, 사실로서 수용하지 않으면 안 되지만, 이 위의 사실이 뚜렷하지 않는 이상, 『법화경』의 해석으로서 이 「제바달다품」의 "제바달다에의 수기"는 역시 악인성불을 설해 『법화경』의 경력(經力)을 나타내어 그것을 신봉(信奉)하는 사람에게 격려로 삼았을 것으로 받아 드리고 싶다. 그러므로 수기(授記)의 다음에 대중에게 말하여진 부처님의 말씀 "미래세에 운운"의 말이 생생해진다.

2. 용녀(龍女)의 성불(成佛, 一名 女人成佛).

이「제바달다품」은 앞에서 악인(惡人) "제바달다(提婆達多)의 성불"을 밝히고, 다음에 "용녀(龍女)의 성불"을 밝히는데, 여기서는 용녀의 성불에 대해 이야기 하고자 한다.

우선 줄거리를 말하자면, 제바달다에게 석가모니불께서 수기를 마치시자 다보여래를 따라 온 지적(智積, 理智의 頂上, Prajnakuta)이라는 보살이 다보불에게 본래의 불국토에 되돌아갑시다. 하고 종용했다. 그러자 석가모니불께서는 지적보살을 말리며 문수(文殊師利)라는 보살이 있으므로 그 보살과 묘법(妙法)을 서로 논한 후에 돌아가는 것이 좋다고 말씀하셨다. 그 때에 문수보살이 수레바퀴만한 1천 잎(千葉)의 연꽃에 앉아 큰 바다의 사가라용궁(娑竭羅龍宮, sagara)으로부터 부처님께 돌아왔다. 다보불과 석존의 두 부처님을 경배한 후, 지적보살과 인사를 나누었으니, 여기서부터 두 보살의 문답이 시작된다. 지적(智積) 보살은 큰 바다 속의 용궁에서 문수의 교화 상태를 묻고, 문수는 항상『법화경』을 설하여 왔고, 그 교화한 사람의 수는 수없이 많아서 헤아릴 수 없다, 라고 대답했다. 그에 대해 지적보살은『법화경』은 심심미묘(甚深微妙)하여 모든 경전의 보배인데, 이『법화경』을 수행하여 부처가 될 수 있는가 어떤가 하고 묻는다. 여기서 문수가 대답하기를, 사가라용왕의 딸은 나이는 여덟 살이지만, 지혜가 예리하고 여러 부처님의 비밀스러운 가르침(秘說)을 기억 하여 잊지 않고 정(定)·혜(慧)를 갖추어 불퇴전(不退轉)의 경지를 얻어 깨달음에 도달하고 있다고 말한다. 그것을 들은 지적보살은 석가모니불마저도 무량겁에서 난행고행(難行苦行)하여, 겨우 그 깨달음을 완성했다고 하는데, 더구나 용녀가 아주 쉽게 깨달음을 얻을 수 있다고는 믿기 어렵다고 불신(不信)과 의혹(疑惑)을 표명했다. 그러자 그 말이 채 끝나지도 않은 사이에, 용녀가 홀연히 용궁에서부터 부처님 앞에 출현하여 부처님을 찬탄하는 시(詩)를 읊는 것이었다. 이 번에는 그것을 본 불제자 중의 우두머리인, 사리불(舍利弗)이 용녀에게 질문한다. 여자의 몸은 때 묻고, 더러워서 다섯 가지의 장애(五障)가 있다고 하는데, 도대체 여인의 몸으로 성불이 가능한 것인가. 라고 묻는다. 그러자 용녀는, 한 개의 보배구슬(寶珠)을 끄집어내어 부처님께 바치자, 부처님은 즉시 이것을 받으셨다. 용녀는 지적보살과 사리불 두 사람을 향해, 나의 성불은 부처님께서 보배구슬을 받으신 것 보다 더 빠르다고, 라고 말하며, 즉시 여자의 몸이 변하여 남자가 되어(變成男子), 눈 깜짝할 사이에 부처님의 깨달음을 얻어, 부처님의 덕을 갖추었던 것이다. 그리고 사람들을 위해 묘법을 연설하자, 그것에 의해서 모두 깨달음의 예언을 얻고, 그 불국토의 무구세계(無垢世界)는 여섯 가지(六種)로 진동했다. 이상을 자세히 본 지적보살과 사리불의 두 사람을 비롯하여 많은 사람들이 모든 것을 납득하고 믿게 되었다.

이상이, 용녀성불을 설하는 부분의 개괄적인 요점이다. 용녀는 말할 것도 없이 인간으로서의 여성이 아니다. 그 몸은 축생의 몸이어서 앞의 제바달다보다도 성불이라는 것에 관해서는 보다 한층 불리한 조건에 있다. 그 용녀의 성불이 설해졌다고 하는 것은 어떠한 의의가 있는 것일까. 그것은 역시 성불하기 어려운 존재의 성불이 설해졌다고 하는 데에 있다. 이것에 의해서 그 이상의 존재들에 대한 불도(佛道)의 성취로 향하도록 마음을 일으키게 권함과 아울러 분발(勸發)토록 격려(奮勵)함이 교시된 것이다.

그런데 이 『법화경』에 사리불의 말로서 설해진 "여자의 몸은 때 묻고 더러워서 법을 담을 그릇(法器)이 아니다. 어찌 무상보리(無上菩提)를 얻겠는가."라든가, "여인의 몸은 다섯 가지의 장애가 있다."라고 하는 말에 의하면 여성은 가르침을 받아들일 그릇이 못되고 다섯 가지의 장애가 있다고 한다. 오늘날 여성의 입장에서 보면, 여성경멸의 최고라고 하는 비난도 면할 수 없으나, 불교는 인도의 다른 여러 종교, 이를테면 자이나교 등과 더불어 그 당시부터 여성에 관해서는, 남성에 대하는 것과는 달리 한 단계 낮은 존재로 보는 견해를 가지고 있었던 같다. 붓다는 아난(阿難)의 재삼재사(再三再四)의 간청에 의해 처음으로 여성 — 〈고타미 즉 석존의 이모〉 — 의 출가를 허락했으나, 그 때에 붓다는 만일 여성이 출가하지 않았더라면 정법은 1천년이 존속하지만, 여성이 출가한 지금, 정법은 5백 년밖에 계속되지 않을 것이다, 라고 개탄했다고한다. 또 하나는 앞에 여러 차례 말했듯이 붓다(佛陀) 멸도 후에 아난은 장로 마하가섭으로부터 "오실(五失)" 즉 다섯 가지의 과실이 있다고비판받는데, 그 가운데 하나가 여성의 출가를 허락하도록 한 것을 들고있다. 이와 같은 남존여비(男尊女卑)의 여성관은 불교가 인도의 힌두문화권의 틀 속에서 성립되었다고 하는 사정에 의한 것이라는 것이 명백한 것이다.

그러나 대승불교에서는, 『열반경』에 "일체중생 실유불성(一切衆生 悉有佛性)"이라고 설하는 것처럼, 모든 생명 있는 것은 모두 성불할 수있다고 하여, 모두가 다 성불한다는 개성사상(皆成思想)을 표방했다. 그것은 본래, 출생이나 지위, 남녀의 성차별(性差別) 마저도 넘어선 이상(理想)인 셈이다. 그렇기 때문에 대승불교에서는, 종래 얕잡아 보아온 여성에 대해서 그 성불을 설하게 되었던 것이다. 그러나 그런 즈음에도, 이 『법화경』에서 보는 것과 같이 여성은 여자의 몸 그대로 성불하는 것이 아니라, 남성으로 변화 — 또는 다시 태어나서 — 하는 것, 즉 "변성남자(變成男子)"에 의해서 부처가 될 수 있다고 설하는 것이다. 이 "변성남자"에 의해서 여성성불을 설하는 경전에, 『불설 초일명 삼매경(佛說 超日明三昧經)』 2권, 『무소유보살경(無所有菩薩經)』 4권, 『불설 무구현녀경(佛說 無垢賢女經)』, 『불설 전여신경(佛說 轉女身經)』 등이 있다. 그러나 그와 동시에, "변성남자"를 필요로 하지 않고 여성의 몸 그대로 부처가 될 수 있다고 설하는 경전도 출현했다, 그 가장오래된 것이 이 『법화경』과 똑같은 사갈라용왕(娑竭羅龍王)의 딸의 성불을 설한 축법호(竺法護) 역(譯) 『해룡왕경(海龍王經)』 4권이다. 또 후에 잘 알려진 경전으로서 『승만경(勝鬘經)』이 있으나, 그들의 수(數)는매우 적다. 이렇게 "변성남자"를 거치지 않고 여성의 몸 그대로 성불할 수 있다고 설하는 것이, 대승불교의 이상에 뿌리를 두었으리라고 생각한다. 그러나 이『법화경』과 같이 "변성남자(變成男子)"에 의한 성불이거나, 혹은 직접 여자의 몸 그대로의 즉신성불(卽身成佛)이거나를 막론하고, 어떤 경우에도 일부러 여성의 성불을 문제 삼아 설하고 있는 곳에 성차별(性差別)의 의식(意識)이 있는 것이므로, 양자를 비교하는 것은 그다지 의미가 없을 것이다. 그 보다도 오히려 중요한 것은 불교가 성립된 인도 문화권의 사회적배경, 관습, 풍속이라는 것을 모두 제거한 후에도 차별이 남는다면 그 본질에 대해 생각해 볼일이다.

妙法蓮華經 勸持品第 十三
묘법연화경 권지품제 십삼

梵本『법화경』
제12장 과감한 노력

1. 인내와 노력

이 13장의 장명(章名)을 옛날에는 「지품(持品)」이라고도 했는데 이는 가르침(經)을 기억(持)한다는 의미에서였다. 앞의 「제11장 견보탑품」에서 석가모니불이 부처님 멸도 후의 홍경(弘經), 즉 부처님께서 멸도하신 후 『법화경』을 넓힐(弘經) 사람을 세 번씩이나 불러 모집(唱募)했는데, 이 13장에서는 그에 호응하여, 약왕(藥王)과 대요설(大樂說)의 두 큰 보살을 비롯하여 2만의 보살, 5백의 아라한, 8천의 배움을 마친 사람과 아직 배우고 있는 사람들, 6천의 비구니들, 다시 80만억의 보살들이 『법화경』을 받아 기억하고 널리 유통시킬 것을 맹세한다고 하는, 구성으로 직접적으로는 「견보탑품」과 연결된다. 이 「권지품」의 내용은 부처님께서 멸도 하신 후 『법화경』을 받아 기억(受持)하는 것과, 그 넓힘(弘通)이 중심 "테마"이다. 그리고 그 가운데는 마하파사파제(摩訶波闍波提)비구니를 우두머리로 하는, 비구니들에 대한 수기(授記)가 있고, 후반의 게송에서는, 경전을 넓히는 사람에 대한 박해(迫害)에 관해, 구체적 내용이 설해져 있음에 주목할 가치가 있다.

앞서 말했듯이 부처님께서는, 「제10장 법사품」 이래, 여래가 멸도한 후의 『법화경』을 넓히는 것에 관해 설하여 왔다. 특히 「견보탑품」에서는

『누가 이 사바세계에서 널리 『묘법연화경』을 설하겠는가, 지금이 바로 이 가르침을 설할 때이다. 여래는 오래지 않아 열반에 들것이니, 이 『묘법연화경』을 누군가에게 단단히 맡겨 언제까지라도 남기고자 한다.』라고 하신다. 또 『내가 세상을 떠난 뒤에 누가 이 『법화경』 믿고 기억하며 읽고 외울 건가. 지금 부처님 앞에 나와 스스로 서원을 말하라.』라고 말하시고, 다시 거듭 『내가 멸도한 후에 누가 이 『법화경』을 믿고 기억하며, 읽고, 외울 것인가. 지금 부처님 앞에서 스스로 맹세의 말을 하라.』라며 여래가 멸도한 후에 『법화경』을 홍통할 사람을 세 번에 걸쳐 모집했다. ― 이것을 세 개의 고칙(告勅)이라 한다 ― 지금의 이 「권지품」은 직접적으로는 이 부처님의 말씀에 연계되는 것으로서, 부처님께서 불러 모집함에 답하여 불제자들이 스스로의 경전을 마음에 기억하고 넓힐 것을 맹세하는 장이다.

우선 최초에 약왕보살과 대요설보살이 2만의 보살들과 함께, 부처님 전에 나아가 여래가 멸도한 후의 험악한 세상(惡世)에서, 몸과 목숨을 아끼지 않고 이 『법화경』을 믿어 기억하고, 읽고, 외우며, 베껴 쓰고(書寫), 사람들에게 설할 것을 맹세한다. 그러자 다음에는 5백 인의 아라한들이 맹세를 하고, 또 8천 인의 배움을 마친 사람・아직 배우고 있는 사람들이 『법화경』을 넓힐 것을 맹세한다. 그러나 이들은 모두, 이 사바세계 이외의 다른 국토에서 넓힐 것을 맹세한다. 그 이유는 「이 사바국토의 사람들은, 나쁜 습관이 많아, 교만하며, 덕을 베풀어 사람들을 행복하게 하는 일이 극히 적고, 성내기를 잘하며, 정신이 흐려서 삿된 견해에 빠지기 쉽고, 아첨하고 발림 말을 잘해, 정직하지 못하기 때문」이라고 한다.

그리고 다음에는, 붓다의 이모(姨母)이며, 길러주신 어머니(養母)이기도 한, 마하파사파제(摩訶波闍波提, Mahaprajapati)와 붓다가 태자 시절에 결혼한 태자비인 야수다라(耶輸陀羅, Yasodhara), 이 두 사람의 비구니를 비롯하여 6천 인의 비구니들도 맹세를 한다. 이 마하파사파제와 야수다라 두 사람은 아난(阿難)의 주선으로, 출가를 허락 받고 불도 수행을 계속해 왔으나, 이 13장에 이르기까지는 이해력이 높은 상근기인 사리불(舍利弗)을 비롯해, 이해력이 낮은 하근기인 부루나(富樓那)와 교진여(憍陳如)들이 차례차례로 부처님으로부터 미래에 성불한다는 예언을 받았지만, 이 두 사람을 비롯한 비구니들에게는 아직껏 어떤 말씀도 없었다. 그런데 여기에 이르러, 겨우 부처님께서 성불의 예언을 주시므로, 더 없는 기쁨을 느끼고 타방국토에서 『법화경』을 홍통할 것을 맹세한다.

그리고 맨 끝에 불퇴전의 경지에 있는 80만억 나유따의 대보살들은 「여래 멸후의 악한 세상에서도, 사바세계이든, 어떤 세계이든 간에, 시방세계를 왕래하면서 모든 곳에서, 이 『법화경』을 넓히며, 사람들에게 옮겨 쓰게(書寫)하고 기억(受持)케 하며, 독송케 하여, 마음속에 항상 생각해 내도록 하겠습니다.」하고 맹세를 한다.

이상 다섯 종류의 사람들이 부처님의 말씀에 응하여 여래가 멸도하신 후의 세상에서 경전을 기억할 것과 넓힐 것을 맹세한 사람들이다. 경전을 기억한다는 것이란 가르침을 기억하고 마음에 기억하여 잊지 않는 것인데 이것은 경전을 기억하는 사람 자신의 일이지만 경전을 널리 전파하는 것은 이것을 다른 사람에게 이해시키고 받아들이게 하여 믿도록 하는, 즉 남에 대한 역할이므로 이것은 매우 어려운 일이라 아니할 수 없다. 사람은 저마다 각각 다른 가치관을 가지고 있으며 또 뽑아 없애기 어려운 선입견(先入見)을 가지고 있다. 거기에다 스스로의 잘못을 인정하려 들지 않는다. 누가 보아도 뚜렷한 객관적인 사실마저도 받아들이는 데에는 오랜 세월이 걸리는 경우도 가끔 있다. 그런데 더구나 『법화경』의 교설은 당시에는 전혀 다른 새로운 사상이었다. 나고 죽고 하면서 삼지(三祇) 백겁(百劫)이라고 하는 기나긴 세월 동안 보살 수행을 거쳐야 겨우 부처가 될 수 있다고 했는데 『법화경』에서는 한 구절(一句), 한 시송(一偈)이라도 부르면 누구라도 부처가 된다고 했다. 혹은 방편품의 게송에서는 어린애[童子]가 놀이 삼아 모래를 모아 탑을 만들거나, 누구나 한 번이라도 "나무불." 하고 부르는 것만으로도 부처가 될 수 있다고 설한다면 종래의 가르침을 믿고 받드는 사람 편에서 보면 이것은 이미 불교가 아닌 외도의 가르침으로 생각해도 이상할 것이 없다. 당시의 세상에서는 도저히 받아들일 수 없는 가르침이었으리라. 그렇기 때문에 『법화경』은 스스로의 가르침을 비밀스러운 가르침 즉 비설(秘說)이라 부르고, 세상 사람이 받아들이기 어려운 가르침이라고 말한다. 이와 같은 가르침을 세상에 넓히려 할 때, 세상 사람들로부터 꾸지람을 받고 비방과 박해를 받을 수 있음은 쉽게 상상할 수 있다. 앞의 법사품에 『이 가르침은 여래가 세상에 있는 현재마저도 미워하고 질투하는 사람이 많은데 하물며 멸도한 후에야 말해 무엇하랴.』하고 설하고 있는 것은 바로 그런 뜻이다.

이 권지품 후반부의 게송[詩]에서는 이러한 박해를 무릅쓰고 부처님의 분부대로 어떠한 어려운 일도 참고 견디며 『법화경』을 넓히겠다고 맹세한다.

「저희들은 부처님을 공경하니 이런 악(惡) 다 참으며
그들이 빈정대며 "너희들 모두 부처다." 하는
이와 같은 깔보는 말도 모두 참고 받으오리다.………
부처님 믿는 우리 인욕의 갑옷 입고
『법화경』 설하기 위해 이 어려움 다 참으며
목숨도 아끼지 않고 다만 무상도를 구해
앞으로 오는 세상 부처님 분부대로 지키고 기억하오리다.………
어떤 마을 어떤 도시라도 가르침 구하는 사람 있으면
우리 모두 찾아가서 부촉하신 법 설하리다.」

2. 『법화경』을 넓히는 사람에 대한 박해

앞의 제10장 법사품에 『이 가르침은 여래가 살아 있는 현재에 있어서도 무지한 사람들의 원한이나 질투를 초래해 배척을 받고 있는데 하물며 내가 멸도한 후에는 더 말해 무엇하겠는가.」라고 설해져 있음을 보아도 알 수 있듯이 『법화경』은 세상 사람들에게는 받아들이기 어려운 가르침이다. 이와 같은 가르침을 세상에 넓히려 할 때에 세상 사람들로부터 꾸지람 받고 비방과 박해를 받는다는 것은 당연한 일이라고 생각된다.

그렇다면 『법화경』을 넓히는 사람이 받는 박해란 도대체 어떠한 것일까. 그것을 구체적으로 설한 것이 뒤에 나오는 20번째부터의 게송이다. 경에는 미래 부처님께서 멸도 하신 후의 악한 세상에서 박해를 받을 것이라고 설해져 있으나, 현실로는 『법화경』을 받들어 기억하는 신흥(新興)의 『법화경』을 믿는 집단이 실제로 만난 수난을 기록한 것이라고 생각해도 좋을 것이다.

『법화문구기(法華文句記)』 권23에 의하면 천태종의 6조(六祖)인 묘락대사(妙樂 大師) 감연(堪然)은 그 박해를 박해자에 따라 세 종류로 나누고 있다.

첫 번째는 속중증상만(俗衆增上慢)이다. 이는 출가 수행자가 아닌 재가의 사람들로서 잘난 체 뽐내는 사람들을 가리킨다. 『법화경』에 의하면 이 사람들은 정법(正法)을 홍통하는 사람들에 대해 악구(惡口), 잡언(雜言), 중상하고 꾸짖고 헐뜯고 욕하며 몽둥이로 때리고 칼을 휘두른다고 한다.

두 번째는 도문증상만(道門增上慢)이다. "도문"이란 출가한 이들로써 잘난 체 우쭐대는 사람들을 말한다. 이 사람들은 삿된 지혜를 갖고 그 심근(心根)이 삐뚤어져 있어 아직 깨달음을 얻지 못했으면서도 깨쳤다고 생각하고 우쭐대는 사람들이다.

세 번째는 참성증상만(僭聖增上慢)이다. "참성"이란 실제로는 성자(聖者)가 아닌데도 그 분수를 너머 성자의 흉내를 낸다는 뜻으로서 성자인 체 하며 우쭐대는 출가자를 말한다. 『법화경』에서는 이와 같이 말하고 있다. 『그들은 인적 없는 조용한 곳에 살며 누더기 옷 걸쳐 입고 스스로는 진실한 수행을 한다고 생각하며 남들을 경멸한다. 이러한 사람들은 악한 마음을 품고 마음속으로는 항상 세속의 일들을 생각하면서도 성자인 체 하며 그 때문에 세상 사람들로부터 살아 있는 부처님[生佛]처럼 공경 받고 있다.」

이상이 세 종류의 박해자인데 이들이 『법화경』을 넓히는 사람을 비방하고 욕하며 위해(危害)를 가하고 승원(僧院)에서 추방시키는 것이다. 박해자들이 말하는 비난의 말은 "『법화경』 신봉자들은 제멋대로 경전을 만들어 세상에 넓히며 외도의 가르침[論]과 같은 것을 설하여 세상 사람들을 속이고 있다. 그것은 『자기들은 부처가 된다.』고 하는 삿된 견해의 가르침이다."라고 한다. 『법화경』 신봉자들에 대한 출가 수행자가 위와 같은 박해를 가하는 원인은 한결 같이 『법화경』의 내용 그 자체에 있다. 『법화경』이 스스로를 "비밀장(秘密藏)" "비설(秘說)"이라 부르고 있음은 아직 세상에 용납되지 않고 더욱이 그 내용이 지금까지의 출가 수행자뿐만 아니라 속인들도 놀랄 만큼의 내용이기 때문이다. 그 내용이란 『법화경』이 설하는 1불승의 가르침임은 말할 것도 없다. 『법화경』 이전에 설해진 많은 가르침은 실제로 『법화경』을 설하기 위한 교화의 수단으로서의 가르침, 즉 방편(方便)이며 '『법화경』이야말로 모든 사람을 부처님과 똑같은 깨달음으로 인도하는 가르침이다.' 라고 하는 것이다. 이와 같이 설한다면 종래의 출가자는 놀라고 분노하며 『법화경』을 외도의 논(論)이라고 배척할 것은 당연한 일이리라. 이것이 박해의 원인이다. 『법화경』은 이와 같이 하여 가해지는 박해에 대해 그 몸과 목숨을 아끼지 않을 뿐더러 인욕의 갑옷을 입고 참고 견디며 가르침[法]을 구하는 사람이 있으면 어디라도 찾아가 법을 설하겠다고 하는 결의를 말하고 있다.

일본(日本)의 니찌렌(日蓮)스님은 『법화경』을 넓혔기에 사도(佐渡)로 유배(流配)되는 박해를 받았고 그 자신의 체험을 통해 이 권지품 20항의 게송을 특히 중요시하여 말하기를 "지금 니찌렌(日蓮)은 말법(末法)에 태어나서 묘법연화경이라는 다섯 글자(五字)를 넓히려다 박해를 받는다. 부처님께서 멸도 하신 후 2천 2백여 년 동안 실로 천태(天台) 지자대사(智者大師)도 일체 세간에 원망이 많고 믿기 어려운 경문을 실천하지 않았도다. 자주[數數] 몰아낸다[擯出]는 명문(明文)을 봄[見]은 오직 니찌렌 이 한 사람 뿐"이라고 하며 경문을 몸으로써 읽었음을 말하고 있다. 그리고 그는 감연(堪然) 대사가 열거한 『법화경』의 세 종류의 사람들을 가리켜 "세 종류[三類]의 강적(强敵)"이라 하고 "당세에 법화의 세 종류의 강적이 없다면 누가 불설(佛說)을 믿고 받아 기억하겠으며 니찌렌이 없으면 누가 『법화경』 행자로서 부처님 말씀을 펴겠는가."라고 하며 자신이 『법화경』의 행자 즉 실천자라는 자각을 강력히 주장하고 있다.

이렇듯 『법화경』은 이해하고 받아들이기 어려운 경전임에 틀림없다. 왜냐하면 우리는 근본적인 무명으로 말미암아 실상을 바르게 보지 못하기 때문이다.

3. 법화경(法華經)의 세 종류(種類)의 강적(强敵)

이 장(品)에 설해 있는 〈삼류(三類)의 강적(强敵)〉의 예언(豫言)은, 참으로 잘 적중(適中)하고 있다. 지금의 세상에도 이러한 강적(强敵)이 충만(充滿)하고 있다는 것이다. 그래서 새삼 이 〈삼류(三類)의 강적(强敵)〉이라는 것을 현대(現代)에 적용(卽)시켜서 생각해 보기로 한다.

《속중증상만(俗衆增上慢)》……이란, 어떤 사항(事項)을 거의 알지 못한 주제에, 그것을 비난(非難)하거나, 반대(反對)하거나, 박해(迫害)하거나 하는 것이다.

속중(俗衆)이란, 일반대중(一般大衆)이라는 의미인데, 일반대중은 무어라 해도 권위(權威)에 약(弱)하고, 또한 무드에 의해서 움직이는 경향(傾向)이 다분(多分)히 있다. 그러므로 그 시대(時代)에서 지도적(指

導的) 계층(階層)의 생각에 따르는 일이 많다. 또 확고(確固)한 자기의 신념(信念)에 의하지 않고, 단순히 그 시대의 흐르는 무드에 의해서 사물(事物)을 판단(判斷)하기 쉽다.

가령, 종교(宗敎)라 해도 구미(歐美)의 문물(文物)이 도도(滔滔)하게 흘러들어 온 오늘날에는 많은 지식인(知識人)들이 기독교(基督敎)를 믿게 되어, 교회(敎會)에 출입(出入)하는 것도 이른바 하이칼라의 사람들이었기 때문에, 일반인은 그저 어딘지 모르게 기독교를 고급(高級)의 종교(宗敎)처럼 느끼고(물론 기독교가 고급이 아니라는 것은 아니지만) 불교(佛敎)는 낡아 빠지고 미신적(迷信的)인 가르침처럼 느끼게 것이다.

다만 느끼는 것 만이라면 좋지만, 〈느낀 것〉을 〈판단(判斷)한 것〉처럼 착각(錯覺)하고, 말이나 행동(行動)에 나타내게 되는 것이, 무지(無知)한 대중(大衆)의 슬픔이다. 예를 들면, 법화경(法華經)이란 어떠한 것인가, 그 일게일구(一偈一句)도 읽은 적이 없는 주제에 「법화경쯤이야……」 하고 없인 여기거나, 「광신적(狂信的)인 가르침이다.」라고 결정(決定)해버리기도 하는 부류(部類)이다.

대중에게 그렇게 느끼게 하여, 그렇게 생각하게 한 것은 법화경행자(法華經行者) 측에도 큰 죄(罪)가 있는 것이다. 현재(現在)에는 법화경을 제목(題目)만 부르면, 모든 것이 이루어진다는 왜색적(倭色的)이고 미신적(迷信的)인 현세이익(現世以益)과 이기적(利己的)인 종교활동(宗敎活動)에 결부(結付)시키고 있는 교단(敎團)도 있기 때문에, 일반대중들은 그러한 느낌을 가지는 것은 어찌할 수 없는 것인지도 모른다. 뿐만 아니라 법화경 아니 대승불교에서 빠져서는 아니 되는 반야(般若)의 공(空)을 전혀 모르는 채 「나는 최고(最高)의 법화경을 믿는다, 그리고 다른 종파(宗派)에서 믿는 것은 이전경(爾前經)이니 보아서도 안 된다.」라는 스스로가 증상만(增上慢)에 빠져 있는 사람이 거의 대부분(大部分)이라 해도 과언(過言)이 아니다.

그러므로 속중증상만(俗衆增上慢)을 비난하는 것은 마땅치 않는 일로서, 법화경행자가 스스로 반성(反省)하지 않으면 안 되는 것이다.

그러기 위해서는 법화경을 널리 알려야 함과 동시에, 그러한 무드를 세상에 조성하지 않으면 안 된다. 그러려면 무엇보다도 우선 법화경행자가 스스로의 언동(言動)을 바르게 하고, 생활을 바르게 하는 것이 중요하다. 그 생활 ·언동을 통해서 법화경은 이렇게 좋은 가르침이라는 것을 실증(實證)해 보이는 것이다.

이와 같이 몸을 가지고 하는 PR이야 말로 최고의 PR이어서, 문서(文書) ·영화(映畫) ·방송(放送) 등에 의해서 PR은 물론 중요하지만, 법화경행자로서는 제이의적(第二義的)인 것이라고 알지 않으면 안 된다. 《도문증상만(道門增上慢)》……인데, 도문(道門)이란, 일반대중과는 달라서, 그 길에 일단 소양이 있는 사람이다. 종교에서 말하면, 어느 종교의 전문가이며, 어떤 종교의 베테랑이라고 할 수 있는 사람을 가리킨다.

인간(人間)의 이성(理性)이 그다지 발달(發達)하지 않았던 무렵에는, 그와 같은 사람들은 자기의 종교(宗敎) ·종파(宗派)가 절대적(絶對的)이며, 다른 종교 종파는 틀린 것이라고 생각해버리는 경향(傾向)이 강(强)했던 것으로서, 그러한 착각(錯覺)을 도문증상만(道門增上慢)이라고 한 것이다.

그 착각(錯覺)의 원인(原因)이 되는 태반(殆半)은, 종교인(宗敎人)의 비관용성(非寬容性)에 있다. 더욱 단적(端的)으로 말하면 다른 종교(宗敎) ·종파(宗派)에 대한 적의(敵意)에 기인(基因)하는 것이다. 적의(敵意)가 올바른 판단(判斷)을 어둡게 하는 것이다. 아니 올바른 판단을 하려고 하는 의지(意志) 앞에 우선 적의(敵意)가 가로막아서 그와 같은 의지(意志)의 활동(活動)을 저지(沮止)하고 마는 것이다.

옛날 중국(中國)의 큰 나라인 송(宋)의 재상(宰相)에까지 이른 장상영(張常英)이라는 사람은, 18세에 진사시험(進士試驗)에 합격(合格)할 정도(程度)의 수재(秀才)였으나, 어느 때 절에 들어가서 훌륭한 경전(經典)이 산처럼 쌓여 있는 것을 보고「외국(外國)의 가르침이 이렇게 존중(尊重)되고 있다는 것은 웬일이냐.」라고 분개(憤慨)하며 무불론(無佛論)을 쓰려고 결의(決意)하여, 곧바로 그것에 착수(着手)했다고 한다.

이것도 자국(自國)의 유교(儒敎)를 절대시(絶對視)한 나머지 불교(佛敎)가 어떤 것인가를 판단(判斷)하려고 하는 마음조차 일으키지 않고, 우선 적의(敵意)를 일으키고 만 것이다. 이러한 예(例)는 종교(宗敎)에 한(限)하지 않고, 학문(學問)의 세계(世界) 등에도 흔히 있는 일로서, 관학파벌(官學派伐)이 사학출신(私學出身)의 사람보다 뛰어난 연구(硏究)를 여러 사람이 합세하여 부셔버린 실례(實例) 등이 많이 있다. 뛰어난 학식(學識)을 가진 사람들마저 새로운 학설(學說) 등에 대해서 처음부터 적의(敵意)를 일으키는 것은 참으로 안타까운 일이다.

이 장상영(張常英)은 마누라의 충고(忠告)를 받고, 일단 그 기획(企劃)을 그만두었었는데, 훗날 우연(偶然)한 기회(機會)에 『유마힐소설경(維摩詰所說經)』을 읽고 크게 감동(感動)하여 깊이 불교(佛敎)에 귀의(歸依)하게 되었다고 하므로, 어떤 일에도 비난(非難)하거나, 적대시(敵對視)하기 전(前)에, 우선 그 대상(對象)의 본질(本質)을 연구(硏究)해 보는 것이 중요하다는 것을 이 예(例)가 잘 가르쳐 주고 있다. 연구(硏究)해 보아서 만일(萬一) 잘못이 있거나, 나쁜 것이었다면, 그때 비로소 크게 논란(論難)해야 할 것이다.

이 도문증상만(道門增上慢)은 적의(敵意)에 기인(基因)하는 것으로서, 매우 위험(危險)한 것이며, 예로부터 이 증상만(增上慢)에 빠져버린 종교인(宗敎人)들이 타교(他敎)의 신자(信者)를 박해(迫害)하거나, 추방(追放)하거나, 죽이거나 하는 예는 헤아릴 수 없을 만큼 있다. 이른바 종교전쟁(宗敎戰爭)으로까지 발전(發展)한 예(例)도 적지 않게 있다.

지금에서 생각하면, 인간(人間)의 행복(幸福)을 원(願)하기 위한 종교(宗敎) 때문에 사람을 죽이거나, 전쟁(戰爭)을 하는 것은, 얼마나 모순(矛盾)이며 불가사의(不可思議)한 일이라 하지 않을 수 없으나, 근대(近代) 이전(以前)의 사람들은 그 만큼 시야(視野)기 좁고, 마음이 완고(頑固)했던 것이다. 한마디로 말하면 참다운 지혜(智慧)가 없었던 것이다. 그러므로 큰 눈으로 종교(宗敎)의 본질(本質)을 보고, 부드러운 마음으로 타교(他敎)의 사람들도 포용(包容)하는 마음이 부족(不足)했던 것이다.

현대(現代)의 문명사회(文明社會)에서는 일반인(一般人)들도 종교가(宗敎家)도 한층 시야(視野)가 넓어지고 마음도 대범(大凡)해져서 점점(漸漸) 참다운 지혜(智慧)에 가까워지고 있다. 그러므로 저마다의 종교(宗敎)의 교조(敎祖)가 말한 일언일구(一言一句)를 고스란히 그대로 현대(現代)에 적용(適用)하려고 하는 교조주의(敎條主義)도 그다지 볼 수 없게 되고, 따라서 타교(他敎)를 함부로 배척(排斥)하는 일도 적게 되었다.

다만 일부(一部)에는 그러한 문화(文化)의 진보(進步)에 역행(逆行)하는 종교단체의 존재(存在)가 보이고 있다. 그 교단(敎團)에서는 다른 종교(宗敎)는 모두 사교(邪敎)라고 결정(決定)짓고, 불교(佛敎)라도 다른 종파(宗派)는 모두 사종(邪宗)이라 하며, 심지어 똑같은 일련종(日蓮宗)이라도 다른 파(派)의 신앙(信仰)은 모두 사교(邪敎)라고 하여, 배척(排斥)하기도 하는 등 도저히 상식(常識)으로는 생각할 수 없는 일이다. 그것도 결국(結局)은 가르침의 내용(內容)이 아니고, 그것에 부가(附加)하고 있는 보물(寶物)과 같은 것이라든가, 그 밖의 요란스러운 형식(形式)이나, 계율(戒律) 등에 사로잡힌 매우 시야(視野)가 좁고, 무지(無知)한 적의(敵意)에 가득한 생각이라고 말하지 않으면 안 된다. 참으로 현대(現代)에서 도문증상만(道門增上慢)의 전형(典型)이라고 해야 할 것이다. 하루라도 빨리, 한사람이라도 많이, 그 잘못을 반성(反省)하고 올바른 불도(佛道)로 되돌아갔으면 하는 것이 바람직한 일이다.

다음에 《참성증상만(僭聖增上慢)》인데, 이것은 교계(敎界)에서 높은 지위에 있으며, 세상의 존경(尊敬)을 받고 있는 사람이, 그 상태(狀態)에 도취(陶醉)하여, 혹은 그 지위를 지키고자하여, 진리(眞理)의 가르침을 소홀하게 여기거나 하는 증상만(增上慢)이다.

그러한 사람은 높은 지위에 올라갔으나, 젊은 시절에는 공부도 열심히 하고 수행(修行)도 했을 것이다. 그런데 나이가 들고, 어느 정도의 지위에 도달(到達)하면, 이제 이것으로 충분(充分)하다고 하는 마음을 일으키고 공부나 노력의 마음이 둔해지는 것이다.

참으로 위대한 사람이라면, 죽을 때까지가 공부라고 믿고 끊임없는 진보를 원하며 정진(精進)을 계속(繼續)하는 것인데, 대부분의 사람은 그러한 지위에 도달(到達)하면, 현상유지(現狀維持)가 모두라고 하는 상태에 정체(停滯)하고 만다.

그렇게 되면 그것이 마음이 좁은 사람이면 신흥의 세력에 대해 일종의 위협(威脅)을 느끼게 된다. 보다 훌륭한 가르침 등이 제창(提唱)되거나 하면, 흐려지게 느끼게 된다. 종파의 내부에서도 젊은 층으로부터 교리의 새로운 해석 등이 나오게 되면 마침내 매슥매슥해진다. 자기의 높은 지위를 믿고 으스대며, 그 젊은 세력·새로운 진리를 말살(抹殺)해 버리려고 꾀하기도 한다. 그러한 경우 어떻게 해서라도 「저 사람은 훌륭한 사람(성(聖))이다.」라고 하는, 세간(世間)의 신용(信用)과 존경(尊敬)을 의식적(意識的)으로 이용(利用)하기 쉽기 때문에, 이것을 참성증상만(僭聖增上慢)이라고 이름 하는 것이다. 참성증상만(僭聖增上慢)은 그 사람이 지위(地位)와 명성(名聲)의 힘을 가지고 있는 것만으로 영향력(影響力)이 큰 것이다. 젊은 사람의 증상만(增上慢)은 그 사람 자신을 진보(進步)가 저지(沮止)되는 것만으로 끝이기 때문에, 아직 죄(罪)는 가벼운 것이나, 지위와 명성을 가진 사람의 증상만(增上慢)은 진리의 현현(顯現)을 저해(沮害)하거나, 그 홍통(弘通)을 방해(妨害)하는, 즉 사회적(社會的)인 넓힘을 갖는 것만으로도 죄(罪)는 참으로 중대(重大)하다. 게다가 그것이 일반인(一般人)에게 신용(信用)되기 쉽기 때문에 점점 무서워지는 것이다.

그러므로 참성증상만(僭聖增上慢)이 세 가지 증상만(增上慢) 가운데서 가장 악질적(惡質的)인 것이라고 하고 있다.

妙法蓮華經 安樂行品 第十四
묘 법 연 화 경 안 락 행 품 제 십 사

梵本『법화경』 제13장
안락한 생활

1. 안락행

앞의 제13장 권지품에서 약왕(藥王) 보살과 대요설(大樂說) 보살의 두 보살을 우두머리로 하는 2만의 보살들에서부터 80만 억 나유타의 보살들에 이르기까지 부처님께서 멸도하신 후에 『법화경』을 기억하고 넓힐 것을 맹세했다. 이「제14장 안락행품」에서는 그 경전을 기억하고 넓히겠다는 맹세를 받고 다음의 험악한 세상이 된 이 사바세계에서 어떻게 『법화경』을 설해 넓힐 것인가 즉 경전의 넓힘에 즈음하여 가져야 할 몸가짐과 마음가짐을 밝히고 있다. 그 몸과 마음가짐으로서 설한 것이 4 안락행이다.

천태의 해석에 의하면 이것을 몸[身]·입[口]·뜻[意]·서원(誓願)의 네 가지로 분류한다.

첫 번째, 몸[身]의 안락행은 보살의 행위, 행동[行處]과 교제 범위[親近處]가 설해지고 있다. 행처란 인욕의 경지에 머물러 제법 실상의 모습을 관(觀)하는 것이라고 한다. 또 친근처에 대해서는 우선 최초에 보살이 가까이 해서는 안될 사람들을 열거하고 다음에는 친근해야 할 것으로서

(1) 조용한 곳에서 좌선을 닦아 마음을 다스릴 것,

(2) 일체 현상[一切法]이 공성[空]임을 관찰할 것,

등을 열거하고 있다.

이 14장의 이름의 유래가 된 "안락행"이란, 원어 수카비하라(Sukhavi hara)의 중국어 번역으로서, 원래의 의미는 "낙(樂)에 머무[住]는 것, 즉 심신(心身)이 안락한 상태에 머물러 있는 것"이라는 뜻이다. 그러므로 중국말의 안락행이란 안락한 수행이라는 뜻이 아니라 안락한 상태에 몸과 마음을 두기 위한 실천 행법을 말한다. 다시 말해서 이것을 실천하므로써 안락을 얻을 수 있는 수행을 말한다. 그러므로 범본(梵本)에서는 이 14장을 "안락한 생활"이라 이름 한다.

이 안락행품의 첫 머리에 문수보살은 부처님께 다음과 같이 질문했다.

『세존이시여, 이 여러 보살[菩薩]들은 참으로 보기 어려운 사람들입니다.

이들은 부처님을 존경하고 따르기 때문에 큰 서원 세우기를 〈부처님께서 멸도 하신〉 뒤의 험악한 세상에서 이 『법화경』을 수호하며 읽고 외워 배우고 남에게 전해 주겠다고 했습니다.

세존이시여, 이 큰 뜻을 세운 초심의 보살들이 다음의 험악한 세상에서 『법화경』을 설할 때에 어떻게 해야 됩니까?』

앞 장[前章]의 권지품에서 다섯 종류의 사람들이 『법화경』을 마음속에 기억하고[受持] 넓힐[弘通] 것을 부처님 앞에서 맹세했다. 그것을 이어받아서 이 안락행품에서는 보살 문수가 대표가 되어, 그렇다면 구체적으로 "다음의 악한 세상에서는 이 『법화경』을 어떤 방법으로 설하면 좋겠습니까." 하고 부처님께 말씀드리는 것이다. 이에 대해 부처님께서는 『만일 보살 마하살이 미래의 악한 세상에서 이 『법화경』을 설하려면 마땅히 다음의 네 가지의 행법에 편히 머물러야 한다.』

라고 하시며 다음 네 가지의 행법에 대해 차례차례로 설하신다. 그래서 부처님께서 설하신 이 네 가지의 법이 4안락행(四安樂行)이라 이름 하는 것이다. 그러므로 4안락행이란 부처님께서 멸도 하신 후의 악한 세상에서 『법화경』을 넓히는 사람이 지녀야 할 마음가짐에 대해 설한 것

이라 말할 수 있다. 이것은 앞의 법사품에서의 「홍경(弘經)의 삼궤(三軌)」 즉 『법화경』을 넓히는 세 가지의 바른 길과 비록 그 길은 하나이지만 그 내용은 법사품의 옷[衣]·자리(座)·방[室]의 세 가지의 길보다도 훨씬 구체적이며 현실에 입각하여 설해져 있다.

첫 째의 안락행은 앞서 말했듯이 천태(天台)에 의하면 신안락행(身安樂行)이라 하는데 이를 둘로 나누어서 설한다. 즉 보살의 행처(行處)와 친근처(親近處)가 그것이다. 행처란 원어 아차라(acara)의 번역으로 행동 또는 거동 등의 뜻이다. 『법화경』에서는 '인욕의 경지에 머물러 그 어떤 것에도 마음이 사로잡히지 않고 제법여실의 상(諸法如實相)을 관(觀)하라' 라고 설하고 있다. 즉 항상 모든 것에 대해 참고 견디며 어떠한 것에도 마음이 사로잡히지 않고 사물의 있는 그대로의 모습을 관찰하라는 것이다. 사람은 어떤 것에 대해서든 그 마음에 집착이 있으면 사물의 진실한 모습을 보는 눈이 흐려진다. 그러므로 이 집착심을 버리고 있는 그대로의 진실을 보지 않으면 안 된다. 이것은 법사품에서 설한 "유화인욕(柔和忍辱)의 옷을 입고, 일체법공(一切法空)이라는 여래의 자리에 앉아서"라고 하는 것과 똑같은 것이다. 말법 시대의 『법화경』을 넓히는 사람은 이러한 마음가짐이 꼭 필요하다고 한다.

다음의 친근처란 그 원어는 고차라(gocara)로서 행위의 대상 또는 행동 범위라는 뜻이다. 여기에는 『법화경』을 넓히는 사람이 가까이해서는 안 되는 것과 반대로 가까이 해야 할 것, 이 두 가지가 설해져 있다. 가까이해서는 안 되는 것이란 대인관계(對人關係)인데 우선 다음에 열거하는 사람들을 가까이해서는 안 된다고 한다. 즉 국왕이나 왕자, 대신이나 관리 등의 권력자. 다음에 이교도(異敎徒)의 사람들, 문학자나 음악가, 격투인(格鬪人) 등, 세상에 오락을 제공하는 사람들, 뿐만 아니라 그 오락도 물론 가까이해서는 안 된다. 또 전다라(栴陀羅) 라고 하는 천민(賤民) 계층의 사람들이나 짐승을 기르거나 어업과 사냥을 생업으로 하는 사람들, 이와 같은 세속의 사람들을 자진해서 가까이해서는 안 되지만 '그러나 상대방이 찾아 왔을 경우에는, 마음에 아무 것도 바라지 말고 즉 어떤 댓가를 바라지 말고 법을 설해 줘라'라고 설한다. 다시 또 성문 2승의 출가자 및 그 남녀 신도를 가까이해서는 안 되며 또 성적(性的) 능력이 결여된 남성과도 가까이해서는 안 된다고 한다. 이상이 가까이해서는 안될 사람들인데 최후의 사람들에 대해서는 언뜻 기이한 생각이 들지만 불교 교단에서는 원래부터 성적으로 건전한 남자 아니면 승가[僧團]에 입단할 자격을 얻을 수 없었다. 결국 출가의 수행인이 될 수 없었던 것이다. 원래부터 성욕이 없거나 성적으로 불구여서 불능인 사람은 불도 수행에서 성욕이 왕성한 사람보다 깨달음에 더 가깝지 않을까 하고 생각되지만 사실은 그렇지 않다. 다른 욕망과 마찬가지로 성의 욕망도 극복할 수 있어야만 해탈 열반이 가능하다는 것이다. 그렇기 때문에 처음부터 성적으로 불능인 사람은 불교의 수행 길에서는 결격자로 규정되어 왔다.

이상과 같은 배경에서 수행자가 아닌 가르침을 받는 쪽의 사람에 대해서도 성적으로 건전해야 할 것을 요구한 것이리라.

이 대인(對人)관계에서는 이상과 같이 가까이해서는 안될 사람들을 열거하고 있는 것 외에 또 나이 어린 제자나 사미(沙彌) 및 어린애 등을 기르지 말라고 한다. 특히 여성과의 관계에 대해서도 자세히 설하고 있다. 이것도 앞의 성 문제와 연관되는 것이지만 그 근본은 어떤 경우에도 욕망의 생각[欲想]을 가지고 접근치 말라는 것이다. 성의 문제는 불교 교단에 있어서 결코 작은 문제가 아니었다. 출가 수행자의 계율의 맨 처음에 불음계(不淫戒)가 두어져 율(律)의 문헌에 갖가지의 케이스가 설해져 있는 것으로도 그것을 알 수 있다.

다음에는 앞과는 반대로 친하고 가까이 해야 할 것이 있다. 이것에 두 가지가 있다. 그 첫 째는 '항상 좌선을 부지런히 하고 한적한 장소에서 그 마음을 다스려라' 하는 것과 둘째는 '이 세상의 모든 것에 대해 공의 입장에 서서 있는 그대로 관찰하라'라고 하는 것이다. 이 두 번째의 것은 보살의 행처 즉 행동으로서 설한 것과 같다.

2. 섭수(攝受)와 절복(折伏)

첫 번째의 안락행인 신안락(身安樂) 즉 보살의 몸가짐으로서는 어떤 일에도 참고 견디며, 몸을 위태롭게 하는 것을 가까이하지 않고 조용한 곳에서 좌선에 정진해야 한다는 점에 중점을 두었다. 이를 제13장 권지품과 비교하면 매우 소극적인 처신(處身)이라는 느낌이 든다. 권지품에서는 "내 목숨을 사랑하지 않고 다만 위없는 깨달음(無上道)을 아낀다." 하며 인욕의 갑옷을 입고 『법화경』을 넓히는데 매진하는 『법화경』을 넓히는 사람[弘通者]의 마음가짐이 설해져 있다. 그러나 여기서는 그와 같은 결연한 모습은 없다. 이것은 다음의 구안락행(口安樂行)에서도 같다. 그러므로 천태는 「이 네 가지 안락행은 초심의 얕은 행을 하는 보살을 위해 설한 것」이라고 해석한다. 이는 길장(吉藏)도 똑같다. 즉 「초심의 보살이란 사실 이 사바세계에서 이 『법화경』을 전파할 능력이 없기 때문에 부득이 다른 국토에서 『법화경』의 홍통을 지원한 5백의 아라한, 8천의 성문들을 말한다. 『법화경』에 의해서 보살이 된 이들은 아직 경험이 없어 위대한 보살로서의 힘을 갖추지 못했다. 이 사람들에게 이 사바세계에서의 경전 홍통에 대한 마음가짐을 설한 것이 이 안락행이다.」라고 「의소(義疏) 권 10」에서 말하고 있다.

두 번째의 안락행이란 천태가 구안락행(口安樂行)이라고 부르는 것이다. 왜 이렇게 이름 했는가 하면 그 내용이 언어에 관한 것이기 때문이다. 즉 넓히는 사람은 『법화경』을 남에게 설하거나 경을 읽을 때에는 사람이나 경전에 대해 그 허물을 지적하거나, 다른 법사를 경멸하지 말며, 남의 장단점을 말하지 말라. 또 사람들에게는 부드러운 얼굴로 설해라. 그리고 질문을 받았을 때에는 대승으로써 답해라. 등등 설법에서의 말이나 태도상의 마음가짐에 대해 설하고 있다.

세 번째의 안락행은 몸[身]·입[口]에 이어서 의안락행(意安樂行)이라 부른다. 이것은 주로 홍통자의 마음가짐에 대해 설한 것으로서 즉 타인에 대한 질투, 거짓말, 아첨, 경멸 등의 마음을 품지 말며 다른 수행자의 장단점을 거론치 말라. 또 희론(戱論)으로써 남과 다투지 말라고 설한다. 그리고 홍통자(弘通者)는 모든 사람에게 대비심(大悲心)을 일으키고 모든 부처님에게는 자애로운 아버지[慈父]라는 생각을, 보살에 대해서는 큰 스승[大師]으로 생각해야 한다고 설한다. 그리고 법을 설할 경우에는 어느 한 사람을 편애하지 말고 모든 사람에게 평등하게 설하라 라고 하는 마음가짐을 가르치고 있다.

마지막 네 번째의 안락행을 천태는 서원안락행(誓願安樂行)이라 이름한다. 그것은 넓히는 사람에게 『법화경』에 의한 중생 제도의 서원을 일으키게 하기 때문이라고 한다. 즉 『법화경』을 넓히는 사람은 출가·재가를 불문하고 모든 사람에게 큰 자비의 마음을 일으키고 자기가 깨달음을 얻었을 때에는 그 모든 사람들을 『법화경』 속으로 이끌어 들이도록 하겠다는 서원을 세워야 한다고 설한다.

이상의 첫 번째부터 네 번째 까지가 4안락행이다. 『법화경』은 말법 시대에서 이 『법화경』을 넓히는 사람은 이 네 가지의 몸과 마음가짐 즉 마음을 닦음에 의해 그 설법에 과실이 없어, 출가 수행자나 재가의 국왕을 비롯하여 브라흐만·거사 등 온갖 계층의 사람들에게도 존경과 찬탄을 받는다. 만일 사람들에게 어려운 질문을 받더라도 천신들이 주야(晝夜)로 항상 그를 지켜 줄 것이라고 설한다.

천태지의(天台智顗) 대사의 스승인 남악혜사(南岳慧思 : 515-577)스님은 중국(中國) 남북조(南北朝) 말기(末技)에 강학(講學) 불교로 변화한 당시의 불교계를 통렬하게 비판하고 좌선(坐禪)을 중심으로 하는 실천 불교를 강하게 제창하였으므로, 그 때문에 몇 번이나 목숨을 잃을 정도의 박해(迫害)를 받은 사람이다. 그는 『법화경』을 보살의 실천수행(實踐修行)을 설한 경전(經典)으로 보고, 특히 이 「안락행품(安樂行品)」을 그 실천불교(實踐佛敎)의 기반(基盤)으로 삼았다. 그의 저서(著書) 『법화경(法華經) 안락행의(法華經安樂行義)』는 법화삼매(法華三昧)라는 『법화경』에 의거한 제법실상(諸法實相)을 관(觀)하는 삼매행(三昧行)을 설한 것이다. 이 가운데에서 그는 4안락행을 보살 수행(修行)의 규범(規範)으로 파악하고 이를 무상행(無相行)이라 이름 하였다.

무상행(無常行)이란, 항상 좌선(坐禪)을 행하고 일체법공(一切法空)의 입장에 몸을 두게 하는 수행을 말한다. 그는 이 4안락행에 의거하면서 다시 독자적(獨自的)인 해석(解釋)을 하여, 적극적(積極的)인 절복(折伏)의 근거(根據)로 삼았다. 이와 같이 이 장(章)의 4안락행(四安樂行)은 혜사(慧思)스님에게는 중요한 의의를 가진 것이었다. 이 혜사(慧思)스님의 법화불교(法華佛教)가 그 제자(弟子) 지의(智顗)스님에게 전수(傳授)되어, 이윽고 그 스승을 능가한 그에 의해 남북 두 불교를『법화경』에 의해 통일한 천태종(天台宗)이라고 하는 하나의 큰 통일 불교가 성립된다. 그러므로 이『법화경』이 중국 천태에서는 중요한 것은 말할 것도 없지만 혜사(慧思)스님의 법화삼매(法華三昧)도 제자인 지의(智顗)스님에게 이어져 그의 저서「법화삼매참의(法華三昧懺儀)」에서는 이 4안락행이 그 행법으로서 채용 되어 있다. 이와 같이 천태에 있어서 이 14장의 4안락행은 행법으로서 중요한 의미를 가지고 있는 것이다.

그러나 한 편 일본의 니찌렌(日蓮)스님은 앞 장의「권지품」을 말법 시대에서『법화경』을 넓히는 사람이 받는 박해를 현실로서 받아들여 권지품 20행의 게송을 몸으로써 읽었다고 자각했다. 큰 어려움[大難]은 네 차례, 작은 어려움[小難]은 헤아릴 수 없을 정도의 박해를 받은 그는 권지품의 경문(經文)을 그대로 몸으로써 체험했던 것이다. 그래서 니찌렌은 이 14장의 4안락행을 절복(折伏), 즉 강제적(强制的)으로 인도(引導)하는 방법이 아니라 섭수(攝受), 즉 온화적인 태도로 인도하는 방법으로 받아들였다. 그는 "무릇 불법을 수행하려는 사람은 섭수와 절복의 두 가지를 알아야 한다. 그런데 섭수인 4안락의 수행을 지금 한다면 겨울에 씨앗을 뿌려서 이익을 구하는 사람이 어찌 아니랴.……권실(權實) 즉 방편과 진실이 잡란(雜亂)한 이때,『법화경』의 적을 책하지 않고 산림에 들어앉아 섭수의 수행을 한다면 어찌『법화경』수행의 시기를 뜻하지 않게 잃고 말 것이 아니고 무엇이랴."라고 말해 말법의 악한 세상에서의 널리 유통케 하는 것은 섭수(攝受)가 아니라 절복역화(折伏逆化)에 있다고 하여 섭수를 부정한 것이다.

사이쪼오(最澄)를 경유하여 중국 천태를 계승하면서 양자택일을 허락하지 않는 절복이라는 엄한 실천 수행을 선택한 니찌렌스님의 『법화경』 신앙의 태도와 시대성을 여기서 엿볼 수 있다.

이상 4안락행의 해설이 길어졌으나 『법화경』은 이 4안락행을 설한 후, 다음에 "상투 속의 밝은 구슬의 비유" 즉 계중명주(髻中明珠)의 비유에 의해 이 『법화경』이 모든 부처님 여래의 비밀장(秘密藏)으로서 최고의 얻기 어려운 경전이라고 말한다.

3. 질투와 증오심의 극복[調伏].

『상투 속의 밝은 구슬[髻中明珠]』에 관한 비유 즉 『계주유(髻珠喩)』는 아래와 같다.

「문수여, 비유하면 강력한 전륜성왕이 그 위력으로 여러 나라를 평정하려 하지만 여러 나라들은 그의 명령에 따르지 않기 때문에 왕이 직접 토벌에 참가한다. 왕은 전공(戰功)을 세운 장병에게 각각 그 공로에 알맞게 여러 가지의 상을 내린다.

그러나 전륜왕은 어떠한 경우에도 자기의 상투 속에 있는 훌륭한 보배만은 주지 않는다. 왜냐하면 이 보배구슬은 임금만이 머리털 속에 비밀히 감추고[秘藏] 있는 것 — 왕위를 상징 — 이므로 만일 그것을 주면 다른 왕들이 "왜 왕위를 남에게 주었을까" 하고 놀라고 괴이하게 여길 것이기 때문이다.

문수여, 여래의 경우도 이와 같다. 여래는 선정(禪定)과 지혜의 힘으로 진리의 국토를 얻은 전세계의 왕이다.

그러나 많은 마왕은 진리의 왕에게 복종하지 않으므로 진리의 왕은 부하인 수행자의 여러 장군을 마군(魔軍)과 싸우게 한다. 이 싸움에서 전과(戰果)를 올린 수행자에게는 다시 많은 가르침을 설하여 그들을 기쁘게 한다. 또 여래는 해탈과 번뇌에 물들지 않는 소질과 힘이라는 진리의 재물[法財]을 그들에게 나누어준다. 포상을 받은 그들은 번뇌를 멸하여 피안으로 건너갈 수 있다고 기뻐하지만 그래도 이 『법화경』을 여래는 설하지 않는다. 문수여, 전륜왕이 자기의 상투 속에 감추어 두고 누구에게도 주지 않았던 밝은 구슬을 큰 공을 세운 신하에게 주려고 하는 것처럼 여래도 또한 마음속의 악마인 탐냄・성냄・어리석음의 세 가지의 독(三毒)을 멸한 위대한 수행자에게도 일찍이 설하지 않았던 『법화경』을 지금 여기서 설하려 한다.

문수여, 왜냐하면 이 『법화경』은 일체 중생을 훌륭하게 여래의 지혜에 도달케 하지만 그 가르침을 알지 못하는 많은 사람에게는 도리어 원수가 될 때도 있다. 그만큼 사람들이 믿기 어렵기 때문에 지금까지 설하지 않았던 것이다. 그러나 여래는 지금 이 경을 여기서 설한다.

문수여, 『법화경』은 여래의 가장 높은 설법이며 수많은 설법 가운데서 가장 깊은 비밀의 가르침이므로 가장 최후에 그대들을 위해 자세히 설하려고 한다.」

이 "계주유"에 등장하는 악마란 불도 수행을 방해하는 마음속의 번뇌를 표상한 것으로서 이 악마를 극복하는 것을 "항마(降魔)"라 한다.

석존의 전기에 의하면 석존께서 깨달음을 완성하려고 보리수 아래 앉아 있을 때, 갖가지의 악마가 나타나 협박하기도 하고 유혹하기도 하며 석존의 깨달음을 방해하였지만 석존께서는 그 습격을 참고 견디며 악마를 항복 받고 깨달음을 얻었다고 한다. 이때의 석존께서 취하신 좌선(坐禪)의 자세는 가부좌(跏趺坐)인데 바른 손을 아래로 왼 손을 무릎 위에 두었다. 이를 항마좌(降魔坐)라 하며 왼손을 무릎 위에 두고 바른 손을 무릎 위에서 아래로 떨어뜨려 두 번째 손가락으로 대지(大地)를 가리키는 모습을 하였더니 악마가 물러갔다고 하여 이 두 손의 모양을 항마인(降魔印)이라 이름 한다.

그런데 사람들은 이 악마가 밖에 있는 줄로 착각하고 있다. 그러나 우리들 마음속에는 부처와 범부가 함께 살고 있으니 이를 선가(禪家)에서는 "불범 동거(佛凡 同居)"라 한다. 여기서 말하는 부처와 범부는 모두 인격체가 아니며 부처는 불성을 범부는 인간성을 비유한 말이다. 따라서 불성과 인간성과는 원래 이질적이거나 다른 차원의 것이 아니라 동일성의 것이니 이것이 대승 불교의 사상이다.

윤리의 세계에서는 우리들의 마음속에 일어나는 선악과 정사(正邪)의 현상을 상대적으로 보고 선과 악, 정과 사를 서로 싸우게 하여 선과 정이 악과 사에 이기도록 한다. 그러나 불교에서는 선과 악, 정과 사를 서로 적대적(敵對的)인 것으로 여기지 않고 동거(同居)하는 것으로 여겨 나란히 앉게 하여 선과 악, 정과 사를 하나의 몸[一體]으로 지향한다. 마치 동거하는 부부가 고립하지 않고 한 몸이 되어 활동하는 것과 흡사하다.

선악, 정사를 한 몸으로 그 위치를 향상시키려면 양자는 싸움에 의하지 않고 정과 선이 각각 사와 악을 조어(調御; 컨트롤)하여 정리하는 방법을 강구하여 실천하는 것이 불교적인 발상이라 할 수 있다. 부처님의 다른 이름의 하나에 "조어사(調御師)"가 있는 까닭이 여기 있다.

조어사란, 말[馬]을 사육하는 말몰이꾼이 말을 잘 "리드"하는 것처럼 인간의 몸[身]과 입[口]과 뜻[意]을 잘 지배하여 나쁜 행위를 억제하는 사람을 의미한다. 이처럼 자기 자신을 "컨트롤"할 수 있는 사람을 "조어 장부(調御 丈夫) ― 바른 길을 곧 바로 나아가며 뒤로 물러서지 않는 사람 ― 을 비유한 것이다. 또 우리들의 마음과 몸을 잘 다스려 사와 악을 물리치고 마음과 몸을 안락하게 하는 것을 "조복(調伏)"이라 한다. 그런데 오직 한문으로 번역된 경전을 읽어 가면 사와 악, 또 모든 번뇌를 『멸한다, 끊는다, 다[盡]한다.』 등의 표현을 자주 만나게 된다. 그러나 이러한 표현 방식은 번역 상의 스타일이어서 그 의미는 어디까지나 조어에 있음을 알아야 한다. 왜냐하면 우리가 살아 있는 한, 결코 모든 번뇌를 뿌리 째 뽑아 버릴 수는 없는 것이다. 그러므로 이 절대로 멸할 수 없는 번뇌를 완전히 끊어 없애려고 애쓰는 것은 번뇌의 수를 하나 더 증가시키는 결과가 된다. 그러므로 사(邪)와 악(惡)을 ”컨트롤“하여 조복하는 방법에 따르는 것이 현명한 길이다.

조복이란, 조화제복(調和制伏)의 준말인데 〈마음과 몸을 고르게 진정시키는 것·몸의 존재 방식을 바른 상태로 고르게 하여 악을 눌러 제거하는 것〉을 말한다. 『악을 눌러서 제거함』이란 악을 정돈하는 것, 악을 “컨트롤”하는 것이다. 이런 마음으로 앞의 『항마』나 『계주의 비유』를 읽노라면 조복을 위해서는 불도 수행자의 실천 강목인 6바라밀과 8정도가 희곡적으로 상징되어 있으므로 잘 이해될 줄 믿는다.

『계주의 비유』에서 전륜성왕이 왕위의 상징인 자기 상투 속의 밝은 구슬을 가신(家臣)에게 준다면 그 가신과 임금과는 동격(同格)이 된다고 하는 것은 이 비유가 수평적인 인간, 즉 범부라도 부처가 된다는 『실유불성(悉有佛性)』 사상의 상징임을 알 수 있다.

그러나 이러한 대승 사상은 부처와 중생과의 사이에 하나의 선을 긋고 있는 소위 소승의 사람들에게는 믿을 수 없을 뿐만 아니라 존엄한 부처님을 모독하는 위험한 사상으로만 비칠 것이다. 그러므로 『법화경』 교단의 사상 내용이 분명히 밝혀지면 세간에 커다란 반대를 불러일으킬 것은 분명하다.

『법화경』 신봉 “그룹”이 지금까지 밝히지 않았던 『법화경』의 사상을 설해 보인다면 소승교도는 물론 대승불교의 사상과 서로 수용될 수 없는 많은 신앙 “그룹”으로부터 격렬한 비난을 받을 것은 확실한 일이다. 이것을 생각하면 『계주의 비유』에는 법화 교도가 장래에 걸쳐 박해를 받을 것이라는 암시가 있음도 읽게 될 것이다.

妙法蓮華經 從地涌出品 第十五
묘법연화경 종지용출품 제십오

梵本『법화경』제14장
보살[菩薩]들이 대지의 갈라진 틈새에서
출현했다

1. 땅속에서 솟아 나온 보살들.

범본(梵本)『법화경』제14장「보살(菩薩)들이 대지(大地)의 갈라진 틈새에서 출현했다.」는 것을『묘법연화경』에서는「종지용출품 제십오(從地涌出品 第十五)」라고 번역하고 있다.

이 종지용출품에서는 첫 머리에 6만 갠지스강의 모래(恒河沙)만큼이나 되는 수없이 많은 보살[菩薩]들이 땅속에서 돌연히 출현하여 이 사바 세계에서『법화경』을 지키고 기억하며 넓히는 사람으로서 등장한다. 이 땅속에서 솟아난[地涌] 보살들을 지금까지 듣지도 보지도 못한 이 법회에 동참한 사람들은 당연히 놀라고 의심하는 마음을 품는다. 이에 대해 부처님께서는 참으로 이 보살들은 내가 옛날부터 교화한 사람임을 밝히지만 사람들은 성도(成道)하신지 40여년 밖에 되지 않으신 석존께서 어떻게 이와 같이 많은 사람들을 교화할 수 있었을까 하는 의문을 풀 수가 없었다. 그래서 사람들은 부처님께 그 까닭을 해설해 주소서 하고 간청한다.

이것이 이 15장의 줄거리인데 이 자리에 모인 사람들이 품은 의문은 다음의 제16장 여래수량품(如來壽量品)에서 밝혀진다. 그러므로 이 15

장은 구성상에서 다음 여래수량품의 도입부에 해당되며, 또한 여래수량품을 설하기 위한 복선이 되어 있다고 말할 수 있다.

그런데 이『법화경』을 성립사상의 관점과는 달리 그 형태상으로 보면 제14장 안락행품과 제15장 종지용출품과의 사이에서 둘로 나누는 것이 중국 이래의 전통적인 해석이다. 특히 천태 지의(天台智顗)가 전반(前半) 14품을 적문(迹門), 후반(後半) 14품을 본문(本門)이라고 부른 이후 이렇게 부르는 것이 일반적인 것으로 되었다. 이「본(本)·적(迹)」이라는 글자의 뜻은「근본」과「흔적」이라는 의미인데, 원래『장자(莊子)』천운편(天運篇)에 나오는「적(迹)」즉 눈에 보이는 모습으로서 나타나 있는 것과 "적하는 까닭" 즉 그것을 생하게 하고 나타나게 하고 있는 근원적인 바탕[本]이라는 데에서 유래한다 함은 앞에서 이미 말한 바와 같다.

이 15장에서부터『법화경』의 본문(本門)에 들어간다. 이 15장의 첫머리에 타방의 국토에서 온 8 갠지스 강 모래 수보다 더 많은 보살 즉 보살들이『만일 저희들에게 부처님께서 멸도 하신 뒤에도 이 사바 세계에 있으면서 부지런히 정진하며 이『법화경』을 지켜 기억하고 읽고 외우며 쓰고 베껴서 공양할 것을 허락해 주신다면, 참으로 이 국토에서 널리『법화경』을 설할까 합니다.』하고 말씀드린다.

그러나 부처님께서는 이렇게 대답하신다.

『그만두자, 선량한 남자들이여. 그 뜻은 고맙지만 그대들이『법화경』을 지키고 기억할 필요가 없다. 왜냐하면 내가 거느리는 이 사바세계에는 6만 갠지스 강 모래 수만큼이나 되는 위대한 뜻을 세운 보살이 있으며, 그 하나하나의 보살에게는 각각 6만 갠지스 강의 모래와 같은 숫자의 제자들이 있어, 이 여러 사람들이 내가 멸도한 뒤에『법화경』을 지켜 기억하고 읽고 외우며 널리 설할 것이기 때문이다.』

이렇게 말하는 순간 사바세계 전체의 땅이 모두 다 진동하면서 벌어지더니 그 속에서 한량없는 천 만 억의 큰 뜻을 세운 보살들이 동시에 솟아나왔다. 그 보살들의 몸은 황금색으로 서른두 가지의 위대한 사람이 갖는 모습(大人相)을 갖추었으며 무수한 광명을 발하고 있었다.

이상의 줄거리에서 『법화경』은 우리에게 무엇을 가르치고 있는가.

이 사바세계는 문수(文殊)·보현(普賢)·관세음보살·마이트레야(彌勒)와 같은 관념상의 보살이 아닌 사바세계의 사람들에 의해 교화되고 구제되어야 한다. 즉 지구 밑에서 솟아나온 보살들 즉 무명을 깨고 일어난 사람들은 석존의 제자이기 때문에 석존의 가르침을 넓히는 것이 당연한 일이며, 이 사바세계에 살고 있기 때문에 이 세계의 중생과 연(緣)이 깊어서 『법화경』을 넓히는 것이 쉽다는 것이다. 그리고 여기에 새로 등장하는 네 사람의 위대한 보살(四大菩薩)이란, 모두 행(行)을 위주로 하는 보살이므로, 앞으로 『법화경』을 설해 중생을 교화하고 구제할 보살은 행을 통하여 구제해야 하며, 훌륭하게(上行), 끝없이(無邊), 청정하게(淨), 그리고 꿋꿋하게(安立) 행(行)해야 함을 시사하고 있다.

그러므로 이 사바세계에서 『법화경』을 설할 사람들은 앞에서 본 것과 같이 누구라도 한결같이 훌륭하게 끝도 없이 항상 맑고 깨끗하며 꿋꿋하게 굽히지 않고 『법화경』을 설해야 할 것이다. 즉 세간 법에 물들지 않음이 마치 연꽃이 물에 있음과 같아야 한다.

2. 아비 젊고 아들 늙음의 비유

이 유는 법화 7유(七喩) 중의 하나는 아니지만 아래와 같다.

금빛으로 빛나는 부처님만이 갖춘 서른두 가지의 특별한 모습을 가진 위덕 있는 보살들이 땅속에서 솟아나왔다. 이 보살들은 아득한 옛날부터 사바세계 아래의 허공 가운데 머물러 있었으나, 석가모니불께서 자기들에게 교화를 맡긴다는 음성을 듣고 아래로부터 솟아오른 것이다.

그런데 이 보살들 가운데 네 사람의 도사(導師)가 있었다. 그 첫째의 이름은 뛰어난 행을 하는 상행(上行 : sistacaritra)이요, 둘째의 이름은 한없는 행을 하는 무변행(無邊行)(Anatacaritra)이요, 셋째의 이름은 깨끗한 행을 하는 정행(淨行 : Visuddhacaritra)이요, 넷째의 이름은 확고한 행을 하는 안립행(安立行 : Supratisthitacaritra)이다. 이 네 분의 보살은 대중 가운데 우두머리로서 앞에 서서 그들을 인도해 가는 지도자였다.

이 자리에 있던 모든 사람들 가운데에는 한 사람도 그 보살들에 대해 알고 있는 사람이 없었다. 이 자리에 모인 대중들은 이 땅속에서 솟아난 지용(地涌) 보살(菩薩)의 출현이라고 하는 전대미문(前代未聞)의 사실에 대해 놀라움을 금치 못함과 동시에 한결같이 의문을 품었다. 도대체 이 보살들은 어디에서 왔으며 또 그들이 오게 된 연유는 무엇일까. 그리고 그들은 누구에 의해서 교화되었으며 또 어떤 법을 기억하고 있을까 라고 생각하는 것이었다.

이와 같은 일동의 의문을 보살 마이트레야(彌勒)가 대중을 대표하여 부처님께 질문한다. 그러자 부처님께서는 다음과 같이 대답하신다.

"이 지용보살들은 부처님인 내가 이 사바세계에서 위없는 바른 깨달음을 얻은 후에 교화한 사람들이며, 그들은 나의 법(즉 『법화경』)을 배워 익히기를 밤낮으로 정진하며, 사바세계의 아래 쪽 허공 가운데에 머물고 있던 구원(久遠)의 옛날부터 내가 교화해 온 보살들이다. 이 사실을 일심으로 믿어야만 한다."

이 말씀을 들은 보살 마이트레야를 비롯한 대중들은 한층 더 의혹을 품게 되었다. 왜냐하면 눈앞에 계시는 석가모니불께서는 출가하여 가야성 근처의 보리수 아래서 깨달음을 여시고 붓다(佛陀)가 되신지 아직 40 여년 밖에 되지 않았다. 그런데 천 만 억겁이라는 긴 세월에 걸쳐 가르쳤어도 가르칠 수 없을 만큼의 보살들을 교화해 왔다고 부처님께서 말씀하시기 때문이다. 그러므로 거듭 보살 마이트레야는 이 의문을 비유를 들어 부처님께 질문을 한다.

「머리털은 검고 얼굴과 살결이 고운 25세의 젊은이가 백발에 주름살투성이인 100세 노인을 가리키며 '이 사람은 내 아들이다' 하고, 그 노인도 '이 분은 내 아버지입니다' 라고 하는 것과 같은 이러한 일은 세상 사람들이 모두 믿지 않는 것처럼 지금 부처님께서 말씀하신 것은 믿기 어렵습니다." 하고 여쭙는다. 이것이 아비 젊고 아들 늙음의 비유이다.

부처님께서는 보살 마이트레야 등 많은 보살들에게 미리 말씀하시기를 "그대들은 믿음의 힘(信力)을 내어 잘 참고 들어라" 하셨는데도 불구하고 마이트레야를 비롯한 일동은 더욱 의심을 품지 않을 수 없었던 것이다. 이처럼 이 자리에 있던 사람들은 석가모니불께서 이렇게 많은 지용의 보살들을 교화해 왔다는 사실이 커다란 놀라움이며 의문이었던 것이다. 부처님은 진실한 말씀[實語]만을 하신다고 믿으면서도 마이트레야는 후세의 신발의(新發意)보살들이 이 경을 의심하고 법을 깨뜨려서는 안 된다는 이유로서 부처님께 그 까닭을 말씀하소서. 하고 간청한다. 이 마이트레야의 의문에 대해 부처님께서 널리 비유를 들어 설명한 것이 다음의 여래수량품이다. 그러므로 앞서 이 장에서 설한 지용의 보살이 다음 장인 수량품이 설해지는 열쇠가 된다고 한 것은 그러한 의미이다. 또 지용보살의 출현을 설한 이 종지용출품 그 자체가 다음 장의 수량품을 위한 커다란 복선이며 『법화경』에서 이 장의 의의(意義) 역할은 이로써 다한 것이다.

그런데 앞에서 말한 바와 같이 마이트레야의 최초의 질문에 대해 부처님께서는 지용보살들이 머문 곳(住處)과 그 교화의 스승, 그리고 그들이 기억(受持)하고 있는 가르침(法)에 대해 대답하셨다. 그 대답 가운데의 게송 맨 끝에 "내 아득한(久遠) 옛날부터 이 대중들을 교화해 왔었다."라고 하는 말씀이 있다. 이 말씀의 의미는 성도(成道)한 이래 40여년, 현재 이렇게 대중 앞에서 『법화경』을 설하며 나이 80에 입멸하시는 석존이 실제로는 우주가 시작된 아득한 옛날부터 수명(壽命)을 계속 유지하며 교화해 왔다는 것이다. 그러나 마이트레야는 물론 현재의 우리들도 이 점에 대해 이해가 가지 않는다. 한편 이 눈앞의 나이 80에 입멸하는 우리와 가까운(近) 석존이 실제로는 아득한 옛날부터 수명을 유지하며 지금에 이르렀음(遠])을 밝히는 것을 "개근현원(開近顯遠)" 즉 가까운 것을 열어서 먼 것을 나타낸다고 한다. 그런데 이 장에서는 이 사실이 간략하게만 설해져 있기 때문에 "약개근현원(略開近顯遠)" 즉 간략한 개근 현원이라 하고 다음 장인 부처님의 목숨은 영원하다[如來壽量品]에서 마이트레야와 대중에게 이해되도록 넓고 상세하게 설하시므로 이를 "광개근현원(廣開近顯遠)"이라 한다.

또 이러한 사실은 35세 성도(成道), 80세에 멸도(滅度)라는 이 현실의 석존에 대한 종래 사람들의 부처님에 대한 생각(佛身觀)을 뿌리에서부터 변혁시키는 것이 된다. 한량없는 수명(壽命無量)의 부처님이란 어떠한 존재이며 80세에 입멸하시는 현실의 부처님과의 관계는 과연 어떤 것일까 라고 하는 부처님의 신체에 관한 문제가 여기에서부터 생겨나오게 된다. 이에 대한 해설이 다음의 「여래수량품」이다. 즉 바꾸어 말하면 "무량수품(無量壽品)"이 되므로 지난날의 천태종에서는 "아미타불"을 정근의 대상으로 삼은 것이다.

결론적으로 부처님의 영원한 생명을 설명하기 위한 가르침을 「아비 젊고 자식 늙음」의 비유로써 우리들을 진리의 세계로 인도하고 있음을 알아야 할 것이다.

妙法蓮華經 如來壽量品 第十六
묘법연화경 여래수량품 제십륙

梵本『법화경』제15장
여래 수명(如來 壽命)의 길이

1. 부처님[眞理]의 본체(本體)

구원(久遠)의 본불(本佛)

이 제16장 여래수명의 길이[如來壽量品] 즉 영원한 생명의 장에서는 "훌륭한 의사[良醫]의 비유(譬喩)" 혹은 "의사와 아들[醫子]의 비유"가 설해져 있어 유명하다.

제2장 훌륭[巧妙]한 수단(手段)이라는 방편품(方便品)이 이론적이며 공간적으로 사물[現象]의 참모습[實相]을 밝힌 것이라고 한다면, 이 영원한 생명의 장에서는 실천적[宗敎的]이며 시간적으로 부처님[眞理]의 본체[法身]를 밝힌 것으로서 이 두 장[2品]은 둘[2]임과 동시에 하나[1]이니 마치 손등과 손바닥과 같은 상즉(相卽)의 관계이다.

앞의 제15장 종지용출품에서 보살 마이트레야를 대표로 하는 많은 사람들이 한결 같이 품은 놀라움과 의문에 대해 부처님께서 대답하는 것이 이 여래 수명의 장이다. 첫 머리에 부처님께서는 세 차례에 걸쳐 『그대들은 여래의 〈마음속에 깊이 기억했던〉 진실한 깨달음[誠諦]의 말을 똑똑히 듣고 이해해 굳게 믿도록 하라.』하고 반복해 말씀하셨다(三誠). 이에 대해 대중들도 역시 세 차례에 걸쳐 『세존이시여 원하고 원하오니 그 진실을 설해 주소서. 저희들은 반드시 부처님의 말씀을 믿고 따르겠습니다.』하고 간청하고(三請) 다시 한 번 더 청한다(重請). 그러자 부처님께서 이를 받아『그대들은 〈극히 깊고 오묘한〉 여래의 본체[如來秘密]와 자유자재한 능력[神通之力]을 자세히 들어라.』하시며(重誡) 이제부터 비로소 부처님의 설법이 시작된다. 이렇게 삼계 삼청(三誡三請) 중청 중계(重請重誡)의 형식을 거친 후 말씀하신 부처님의 설법 내용은 지금까지의 석가모니불에 대한 사람들의 인식을 그 밑바닥에서부터 흔들어 버리는 충격적인 것이었다.

즉 사람만 아니라 천신과 아수라도 모두『지금의 석가모니불이 출가 후에 가야성에 가까운 곳에서 성도(成道)하여 정각(正覺)을 얻었다.』라고 생각하지만 실제로는 그렇지 않다. 지금의 붓다[覺者]인 석가모니불은 아득한 구원(久遠)의 옛날에 성도하여 이미 한량없고 가가없는 [無量無邊] 백천만억(百千萬億) 나유타(那由陀) 겁(劫)이라고 하는 한없이 길고 긴 시간이 경과하고 있다고 한다. 이 부처님의 설법을 듣기 이전까지의 모든 사람들은 물론 천신들이나 아수라나 모두가 눈앞의 석가모니불은 우리들과 똑같이 태어나고 똑같이 나이 들어갔으며 이윽고 이 세상에서 사라져 갈 뿐이라고 생각했었다. 그러나 그렇지 않고 실은 아득한 옛날에 이미 성불해 있었다고 한다. 그리고 그 석가모니불이 지나온 시간은 오백진점겁(五百塵点劫)이라고 하는 긴 시간을 경과한 백천 만억 나유타 아승기라고 설하며 이 사이에 석가모니불은 항상 이 사바 세계에 계시면서 설법 교화를 계속해 왔다고 한다. 이것이 종래의 부처님의 몸[佛身]에 대한 인식의 일대 변혁(一大 變革)이 아니고 무엇인가. 이 수량품의 설법에 의해서 80세 입멸(入滅)의 현실의 석가모니불이 영원한 생명을 가진 불멸의 부처님임을 밝힌 것이다. 이 수량품의 설법에서 밝혀진 영원한 부처님을「구원(久遠)의 본불(本佛)」이라 하며 본불(本佛)이란 적불(迹佛)에 상대한 말이다. 우리들과 똑같이 태어나 멸해가는 부처님의 근본적인 뿌리[本源]에 영원불멸의 부처님이 계시고 이 불멸하는 부처님의 응현(應現)이 현실의 석가모니불이다, 라고 하는 이런 생각 끝에 생겨난 것이 본불이다. 구원에서부터 불멸의 부처님은 중생 교화를 위해 여러 가지로 몸을 나타내어 「만일 어떤 중생(衆生)이 나[我]에게 찾아오면[來至] 나는 부처님의 눈[佛眼]으로 그 사람의 신근(信根)등이 날카로운가, 둔한가[利鈍]를 분별[觀]하고 어떻게 가르치면 깨달음[度]을 얻게 할 수 있을까 하는 수단을 생각한 후 그들에 알맞도록[隨] 가지가지[處處]의 다른[不同] 부처님의 이름[名字]을 들어 이야기한다. 〈그러므로 부처님들의 이름이 같지 않으며〉 또 그 부처님의 연대[年紀]가 크고 작아[大小] 같지 않은 것이다. 그리고 다시 이 세상에 나타나[應現] 가르침을 설하고 나면 또 다시 이 세상에서 떠나[涅槃]리라는 것도 말[言]한다.」라고 설하는 것이다. 그러므로 영원불멸의 부처님을 본불이라 하고 거기에서 응현하여 현실에 모습을 나타내어 법을 설하는 부처님을 적불이라 하는 것이다. 그러나 주의해야 할 것은 본불이나 적불이라고 하는 본적(本迹)의 두 부처님이 있는 것이 아니라는 것이다. 영원불멸한 부처님으로서의 본불이 수승(殊勝)한 것이 아니며 그 응현으로서의 생멸의 모습을 취하는 적불은 보다 한 단계 가치가 낮은 것이라고 하는 우열론 등은 『법화경』의 참뜻에서 전혀 벗어난 것이다. 『법화경』에는 원래 "본"이나 "적"이라는 말은 전혀 설해져 있지 않다. 이것은 어디까지나 현실의 구체적인 석가모니불이 그대로 영원불멸의 부처님, 즉 수명이 한량없는 무량수불[阿彌陀佛]이라 설하고 있을 뿐이다.

그런데도 아직껏 석가모니불과 아미타불이 따로 있다고 생각하는 사람은 『법화경』을 잘못 이해하고 있는 사람이 아닐 수 없다.

2. 이 세상의 모든 현상은 진리의 나타남[即事而眞]이다

이 제16장 여래수량품에서는 부처님께서 보살 마이트레야를 비롯해 이 법회에 모인 모든 사람들에게 『그대들은 극히 깊고 오묘한 여래[如

來]의 본체[秘密]와 자유자재[神通]한 그 능력[力]을 자세히 들어라.」하고 말씀하신다. 그런데 여기서 말하는 부처님이란 생신(生身)의 석가모니를 일컫는 것이 아니라 구원실성(久遠 實成)의 부처님, 다시 말해서 이름 붙일 수 없고 그림으로 나타낼 수 없는 진리를 임시로 이름지어 부처님이라 한 것이다. ― 그러므로 부처님이라는 말도 가명(假名) 즉 일시적으로 붙인 이름이다 ― 왜냐하면 부처님도 실체가 없는 공성, 즉 변해가는 존재[法空]이기 때문이다. 앞에서 설명했듯이 법이라는 말 자체가 변화를 전제로 한 것이다. 이 부처님의 본성은 변하는 것이라는 것을 뒷받침하는 말이 바로 『비밀』이라는 말인데 이를 천태(天台)는 비(秘)란, 1신즉 3신(一身卽三身; 法身·報身·應身)인 것, 밀(密)이란, 3신즉 1신(三身卽 一身)인 것, 다시 말해 1신과 3신의 상즉(相卽)을 『비밀』이라 해석하며 "법화 문구"에는 '지금까지 설하지 않았던 것을 "비"라 하고 오직 부처님만이 아시는 것을 "밀"이다.' 라고 해석한다. 또 삼론종의 길장(吉藏)도 그의 저서 "법화의소 권10"에 서 말하기를 '지금까지 설한 바가 없는 것을 "비"라 하고 그 감춰져 온 법이 매우 깊기 때문에 "밀"이라 한다.' 라고 말하여 천태의 "법화 문구"와 그 해석을 같이 하고 있다. 그런데 법상종의 자은 대사(慈恩大師) 기(基)는 "법화현찬(法華玄贊) 권9 말(末)"에 '법신과 보신의 2신(二身)의 본성이 심묘(深妙)하므로 "비밀"이라 한다.' 라고 말하고 있다.

다음에 『신통(神通)』이란, 천태에서는 '법·보·응 3신의 작용을 『신통지력』으로 해석'하고, 길장은 '부처님의 수명이 장원(長遠)함을 짧게 나타낸 것이 "신통"이라' 하며, 자은대사 기는 '화신(化身)이 중생으로 응해서 나타나는 작용이 "신통"이다.' 라고 해석한다. 이상 길장을 제외하고는 모두 불신론(佛身論)에 의한 해석을 하고 있다. 그런데 이 『비밀신통지력』의 원어는 가지력(加持力) 또는 위신력(威神力) 즉 신비한 힘[力]이라는 뜻이다.

그런데 『아설연등불등(我說燃燈佛等)』에 대해 해석의 차이가 있다. 연등불이란 과거세에 출현하여 석존에게 성불의 예언을 주신 부처님이신

데 정광(錠光) 또는 보광(普光)이라 번역된다. 제1장 서품에서는 묘광 (妙光)에게 교화되어 차례차례로 성불한 일월등명불(日月燈明佛)의 여 덟 왕자 가운데 최후에 성불하신 분이 연등불이라고 설하고 있지만 이 연등불과 석존의 관계에 대해서는 밝히고 있지 않다. 지금 이 "아설연 등등"이라는 말은 쉽게 지나칠 글귀가 아니기 때문에 예로부터 두 가 지로 해석해 왔다. 그 첫 번째는 '내[釋迦佛]가 연등불 등이라 설해 왔 다'는 뜻으로 해석하는 설, 즉 연등불 등의 부처님들은 본불인 석존이 중생 교화을 위해 방편으로 나타난 응현불(應現佛)이며 본래는 석존과 동체라고 하는 설이다.(천태이전의 해석과 자은대사의 "현찬" 등) 이 설이 일반적인 해석이다. 두 번째의 해석은 연등불과 석가는 별도의 부 처님이라는 설이다. 이 해석은 천태의 학설인데 천태는 앞의 해설을 비 판하여 배척하고, 『법화경』 이전의 경에서는 석가불은 연등불 아래서 수행하고 연등불로부터 성불의 예언을 받았다고 설해져 있으나 그것은 모두 방편으로서 실설(實說)은 아니며 종래의 석가[迹]에 대한 인식을 개혁시키기 위한 것이 『법화경』이 바라는 글의 뜻이라고 주장한다. 이 와 같이 경을 해석하면 「아설연등불」의 뜻은 '나[釋迦佛]는 연등불 등의 일을 설해 왔다.'라고 하는 의미가 되고 이런 경우에는 첫 번째의 해석 인 연등불이 곧 석가불이라고 하는 의미가 아니라 연등불과 석가불은 별도의 부처님이라는 것이 된다. 그러나 범문(梵文)에서는 『좋은 집안 의 아들들이여, 나는 그 동안에 디판카라여래 등을 칭찬해 왔다.』라고 되어 있어 '내가 연등불 등을 설해'라는 첫 번째의 설이 타당하다.

결론적으로 법신에서 법이란, 변화하는 능력[功能]을 법이라 하고 이 법이 의지하는 자체를 몸[身]이라 한다. 이 몸이란 마음[淸淨一心]을 말하고 이를 세간에서는 진여・부처님・우주의 대생명 또는 본불 등으 로 표현하고 있다. 그런데 종래에는 부처님이란 석가모니불만을 가리 켜 부처님이라 생각해 왔으나 그 석가모니불은 본불 즉 대생명 또는 비 로자나불이 일시적으로 변화해서 나타난 적불(迹佛)이므로 적불은 화 신불 또는 응신불을 말한다.

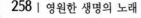

그러므로 이 글의 밑바닥에 숨겨져 있는 참뜻을 새겨보면 이 세상의 모든 현상은 본불의 화현임을 말하고 있으니 두두물물(頭頭物物) 화화초초(花花草草)가 부처[如來]가 아닌 것이 없다. 이로써 우리 모두는 여여불(如如佛)임을 알아야[覺] 한다. 이것이 바로 여래수량품이 가지고 있는 진면목(眞面目)이다.

3. 부처님의 세계와 중생의 세계

원래 이 세상은 부처님이 보는 세계나 중생이 보는 세계는 어디까지나 절대 평등하여 똑같은 세계이지만

『〈깨치지 못한〉 중생들은 큰 불이 나서 이 세상이 끝나는 줄 알지만, 부처님의 세계는 언제나 안온하여 천신과 인간들이 넘쳐흐르며 수많은 놀이동산과 아름다운 누각에다 보배로 이룩된 산과 들에는 나무마다 꽃과 열매 무성하여 중생들이 놀며 즐긴다. 천신들은 북을 치며 갖가지 음악 연주하고 만다라꽃비 내려 부처님과 제자들에게 뿌린다. 나(부처님)의 정토는 항상 이와 같이 허물어지지 않건만 중생들은 불에 타 없어진다고 생각하며 근심하고 두려워하며 괴로움에 가득차 있다.』 하고 『법화경』 여래수량품은 노래하고 있다.

이 노래[偈]는 허공 법회(虛空法會)에서 근본불(根本佛)인 구원 실성의 부처님[眞理]께서 지옥[瞋恚], 아귀[慳貪], 축생[愚癡], 수라[鬪爭], 사람[人間] 등의 다섯 갈래의 마음을 모두 없애고 오직 향상된 마음만을 가진 사람들을 향해 가르침을 설한 것이다. 예로부터 『법화경』을 설하신 장소는 두 곳이며 법회는 세 번 열렸다 하여 2처 3회(二處三會), 다시 말해 2막 3장(二幕三場)이라 한다. 그 세 번의 법회 가운데 두 번째의 법회가 이 허공 법회인데 인간의 마음을 공 즉 제일의 공(第一義空)의 세계로 끌어 올렸음을 비유하여 허공이라 한 것이다. 바꾸어 말

하면 허공이란 "없다" 또는 "허망"의 뜻이 아니라 사람들의 마음을 일체 만법이 실체가 없는 공성임을 아는 경지에 끌어 올렸다는 의미에서 비롯된 말이다. 만일 부처님께서 인간의 마음속에 인간 이하의 마음이 지배하고 있다면 이『법화경』을 설해도 전혀 알아듣지 못할 것이기 때문에 그들을 공을 아는 경지로 끌어올린 것이다. 우리의 마음속에는 정법(淨法)과 염법(染法)이 평등하게 자리 잡고 있다. 이 두 가지 가운데 밖으로 표출되는 것은 오직 그 하나뿐이며 둘이 동시에 표출되지 않는다. 이렇게 표출되는 것이 하나라는 것은 생각이 하나만 일어난다는 것이다. 그러므로 이 둘 가운데 어느 쪽을 연으로 하느냐에 따라 정과 염의 행이 생기므로 의상대사는 그의『법성게』에 "불수자성수연성(不守自性隨緣成)"이라 한 것이다. 이렇게 사람들을 반야의 경지로 끌어올린 것이 허공 법회이다. 그러므로 이 허공 법회에 동참한 사람들은 모두 마음이 공의 경지에 사무쳐 해탈을 하였고 동시에 너와 내가 본래 근원적으로 절대 하나임을 알았다는 말이다. 부처님께서는 이들을 향해 부처님의 경지에서 말씀하시기를 이 세상은 극락정토이며 너희들[衆生]이 착각[顚倒]된 눈으로 보는 세계는 너의 마음이 만들어낸 것이다 라고 말씀하시는 것이다. 극락과 지옥은 별개의 것이 아니라 손바닥과 손등처럼 상즉(相卽)된 것인데 그 어느 한 쪽만 보고 지옥이라고 단정한다는 것은 올바로 보지[正見] 못하고 삿되게 보는[邪見] 것이니 중도(中道)로써 보면 나[佛]와 같이 실상을 볼 수 있다. 즉 있는 현실[存在] 그 자체가 모두 부처[如來]이니 여래가 살고 있는 이 세상이 극락 정토가 아니고 어디에서 극락을 구하려 하느냐 하고 말씀하시는 것이다. 부처님은 삼계의 참모습을 있는 그대로 꿰뚫어볼 수 있기 때문에 모든 것은 나고 죽고 하여 기필코 변화하는 것이나 그것은 오직 현상 위에서 만의 일에 불과하며 여래의 눈으로 그 속에 있는 실상[不變의 眞理, 즉 마음]을 보면 모든 것은 사라지지도 않고 나타나지도 않으며 모든 생명체는 그대로 살아 있을 뿐 이 세상에 있다든지 혹은 세상을 떠난다고 하는 것은 본래 없으므로 눈앞의 사물이 실재(實在)로 있다고 보는 것도 잘못이며 없다고 단정하는 것도 잘못이다. 또 사물이 항상 변하지 않고 있는 것처럼 생각함도 미혹이지만, 그렇다고 현상면만 보고 상주하는 것이 없다고 생각함도 얕은 소견이다. 여래는 삼계에 살고 있는 인간들의 그와 같은 생각을 초월해 그 속에 있는 실상을 꿰뚫어보고 있기 때문에 결코 잘못 보는 일이 없다. 일체의 현상[事物]은 우리의 마음이 만들어낸 허상(虛像)에 지나지 않지만, 깨치지 못한 중생은 저마다 각기 다른 성품을 가지고 있으며 제각기 다른 욕망, 다른 행을 하고 있고 다른 생각을 가지고 사물을 자기의 주관에 의해 분별해 보는 습성이 있으므로 항상 이렇게 착각된 생각을 하게 된다. 그러나 진리[佛]는 항상 이 세상에 있으면서 방편을 가지고 교화를 쉬지 않고 계속해 왔다. 이와 같이 진리는 이 우주가 처음 시작되면서부터 존재해 왔고 또한 영원하기 때문에 항상 이 세상에 머물고 있어 없어[滅]지는 일은 없다. 결론적으로 진리는 영원한 것[常]이다. 진리는 고통이 아닌 즐거움[樂]이며 진리는 부처님[我]이며 진리는 청정일심[淨]이며 조화[寂滅]된 즉 평등한 모습인 것이다.

4. "영원한 생명"을 지향하는 의사와 아들의 비유

이 『여래수량품』에는 "훌륭한 의사의 비유[良醫의 譬喩]" 또는 "의사와 아들의 비유[醫子의 喩]"가 설해져있는데 그 줄거리는 다음과 같다.
『어떤 이름난 의사가 있었는데 그는 어떠한 어려운 병도 고칠 수 있었다. 그는 또 많은 아이들을 가진 아버지이기도 했다. 그가 여행 중에 아이들이 무엇인가에 중독 되어 앓고 괴로워하는 불행한 일이 생겼다. 때 맞춰서 아버지가 여행에서 돌아 왔다.
아버지의 모습을 본 아이들은 괴로워하는 가운데도 기쁘게 아버지를 맞이하며 "저희들의 고통을 빨리 치료해 주십시오" 하고 간청한다.

아버지인 이름난 의사는 아이들이 마시고 싶도록 보기만해도 깨끗하고 향기도 좋은 약을 만들어 "빨리 마셔라." 하고 아이들에게 권한다. 증상이 가벼운 아이는 곧 바로 마셨으므로 즉시 나았으나 증세가 무거운 아이는 독이 몸 속 깊이 스며들었기 때문에 마음도 평정을 잃고 있었으므로 약의 색깔이나 냄새가 마음에 들지 않아 약을 먹으려 하지 않는다.

훌륭한 의사인 아버지는 어떻게 하면 귀여운 중증(重症)의 아들들이 약을 먹을 마음을 일으킬까 하고 고심한 끝에 한 가지의 방법을 생각해낸다. "나는 늙었으니 머지 않아 죽을 것이지만 울며 슬퍼하지 말라. 여기 내가 조제한 약을 둘 것이니 마시고 싶어지면 마셔라." 하는 말을 남기고 그는 먼 여행 길에 오른다. 그리고 "아버지가 돌아 가셨다." 하고 거짓 소식을 전한다.

아버지가 사망했다는 소식을 듣고 아이들은 슬퍼하며 아버지를 그리워하는 가운데 아버지가 최후에 남긴 말씀을 생각해 내어 아버지가 남기고 가신 약을 마실 마음이 생겨나서 약을 먹고 간신히 병이 나았다.

아버지는 이 소식을 듣고 여행에서 돌아와 건강을 되찾은 아이들을 보고 기뻐했다.』

이 명의(名醫)인 아버지가 주는 약을 거부하는 중증 환자(重症 患者)인 아들의 이야기는 소박하다고 할까 극히 단순한 비유처럼 생각되지만 깊이 생각해 보면 여러 가지의 가르침이 내포되어 있음을 알 수 있다. 우선 첫 째로 "아버지가 돌아가셨다."는 것을 알게 된 아이들은 의지할 곳 없는 외로움으로 인한 슬픔이라는 충격에 의해 비로소 미혹에서부터 깨어난다고 하는 점이다.

이 "의사와 아들의 비유"에서 석존은 이렇게 가르친다. "내가 언제 까지나 살아 있다면 사람들은 어느 때라도 나의 가르침을 들을 수 있다고 생각하여 언제까지라도 가르침을 구하려 하지 않을 것이다. 나는 사람들의 이 마음을 일깨워 주기 위해 방편으로 매우 드물게 이 세상에 출현한다고 설한다. 그렇게 말하면 사람들은 놀라고 슬퍼하며 나의 가르침을 들으려 할 것이다."

이 석존의 말씀에서 "의사와 아들의 비유"가 설정된 의미와 그 비유 가운데 "이름난 의사[名醫]"는 석존, "중독된 아이들"은 미혹한 우리들, 그리고 "묘약(妙藥)"은 훌륭한 가르침임을 바로 알 수 있다. "어버이와 돈은 내곁에 항상 있다고 생각지 말라."라고 하는 옛말도 이 "의자유(醫子喩)"의 해석에 도움이 되리라고 생각한다.

어느 시대라도 아이들은 아버지를 어려워하고 아버지의 잔소리나 훈계를 귀찮게 생각하지만 막상 아버지가 돌아가시면 비로소 아버지의 존재가 중요함을 알게 된다. 이 비유도 이러한 일을 밑에 깔고, 병석에 누운 아이들이 아버지의 사후(死後)에야 가까스로 아버지가 조제해 준 약[가르침]을 생각해 낸다고 하는 구성으로 되어 있다.

다음에 『독이 몸에 깊이 스며들어 마음도 평정을 잃고 있기 때문에 약을 먹을 생각이 없다.』라고 하는 것 가운데서 현대인의 많은 정신적 고뇌를 읽어야 할 것이다. 우리들은 머리가 아프다든지 몸에 열이 나면 스스로가 이를 알고 즉시 약을 먹거나 의사의 치료를 받기도 하여 큰일이 일어나기 전에 방지한다.

그러나 난치병이라고 하는 것은 흔히 자신은 건강하다고 믿고 있는 가운데 병세가 진행된다. 그러나 그것을 자각했을 때에는 이미 손쓸 수 없는 상태라고 하는 비극적인 결과가 초래되는 것을 우리는 매일 같이 보고 듣고 한다. 육체뿐만 아니라 정신에 있어서도 마찬 가지이다. "내 잘못이다." 하는 자각 증상을 느낄 경우에는 사죄나 참회에 의해 그 죄과를 무겁게 하지 않을 수 있지만 나쁜 일을 하면서도 나쁜 일을 했다고 하는 자기 자신에 대한 의식, 즉 자의식(自意識)이 없는 사람처럼 구제하기가 어려운 사람은 없다. 마치 자각 증상이 없는 병이 그 사람의 목숨을 앗아 가는 것처럼 죄의식이 없는 악행(惡行)은 본인의 인간성 상실이라는 중환(重患)으로 이어지는 것이다.

"알고 짓는 죄보다 모르고 짓는 죄가 더 무겁다."라고 하는 죄에 대한 불교적 해석이 바로 여기에 있음을 알아야 한다.

5. 『법화경』에는 두 사람의 석존(釋尊)이 등장한다.

　세 번째로 이 "의사와 아들의 비유"에는 다음과 같은 중요한 복선이 깔려 있음을 알 수 있다. 그것은 양약(良藥)을 병든 아들들에게 남긴 채 재차 여행길에 오른 아버지가 타관에서 "죽었다." 하고 알리는 명의인 아버지라는 석존과, 아이들이 완쾌된 것을 알고 귀국하는 명의인 아버지라는 석존과는 "다른 차원의 석존"이라는 것이다. 참으로 이 비유는 육체를 가진 역사상에 존재하는 유한(有限)한 생명을 가진 인간 석존과 육체를 갖지 않고 역사를 초월하여 영원한 진리[法]의 상징으로서의 석존이라고 하는 두 사람의 석존이 계신다는 것을 시사하고 있다. 바꾸어 말하면 생신(生身)의 석존에 대한 신앙에서 진리를 몸으로 하는 고차원(高次元)적인 석존에 대한 신심(信心)으로 몸을 바꾸[轉身]라고 하는 가르침이 이 "의사와 아들의 비유"에 가득 채워져 있다. 즉 인격적인 석존 신앙에서 법(法; 眞理)인 석존에 대한 신심을 권장하는 가르침에의 대전환이 이 비유에 설해져 있다.

　『법화경』의 설정에 의하면 이 때의 석존은 여든 살에 가깝고 입멸 직전의 시점으로 마가다국의 수도인 라자그리하[王舍城]의 교외에 있는 영축산에서 이 『수량품』을 설하고 있다.

　석존으로서는 유한(有限)한 자기에 대한 인격 신앙에서 자기가 깨닫고 또 누구든지 깨칠 수 있는 영원한 생명을 가진 법신심(法信心; 진리를 믿는 마음)으로 차원을 높이는 가르침을 설하는 것이 마땅히 최후의 설법이어야 한다고 결심한 것이다. 이 심원(深遠)한 사상을 이해시키기 위해서 우선 "의사와 아들의 비유"를 설할 필요가 있었다. 그러나 죽지 않은 아버지를 죽었다고 거짓말을 한 것에 문제가 남는다. 석존과 제자들은 이 점에 대해 다음과 같이 문답을 한다.

　『"그대들은 어떻게 생각하는가? 그 의사가 방편을 사용한 것을 거짓말을 했다고 비난하는 사람이 있겠는가." "아닙니다. 그런 일은 없습니다." 하고 제자가 대답하자 부처님께서는 말씀하셨다. "나도 아득한 옛날에 성불하여 지금까지의 오랜 세월동안 사람들을 위하여 방편으로 '나는 죽을 것이다' 하고 말하지만 그것은 진리 그대로를 말하는 것이어서 거짓말을 한 것은 아니다."』

이처럼 『법화경』에는 "두 사람의 석존"이 등장하고 있다. 이 점에 대해 살펴보면 다음과 같다.

그 한 사람은 말할 필요조차 없는 역사상의 "석존"이다. 대승 불교에서는 이 세상에 태어나 육체를 갖춘 역사상의 석존을 "사[事實]의 석존"이라 하여 공경하고 이 사(事)의 석존이 깨달은 법을 "이[眞理]의 석존"이라 하여 신심의 대상으로 삼는다. 사의 석존은 육체를 가진 인간이므로 우리들과 똑같이 멸하는 시간적인 존재이다. 지금 석존께서 "나는 죽을 것이라고 말하지만 그것은 진리 그대로를 말하는 것이어서 거짓은 아니다."라고 말하는 그대로이다.

이(理)의 석존은 사(事)의 석존과는 달리 육체가 없으므로 태어나지도 않고 죽지도 않는 불생 불멸의 구원(久遠)한 존재이다. "또 한 분의 석존"이란 이 불멸의 이(理)인 석존을 말한다. 이렇게 사의 석존과 이의 석존이 같은 "석존"이라는 이름으로 『법화경』을 설하고 있다. 그 까닭은 뒤에 설명하기로 하고 사와 이라는 두 사람의 석존에 대한 관계를 우선 생각해 보기로 하자.

예를 들면 만유인력(萬有引力)을 발견한 뉴톤은 1643년에 태어나 1727년에 사망하였다. 그러나 인력은 뉴톤이 태어나기 이전부터 존재하고 뉴톤이 사망하여도 없어지지 않고 영원히 존재한다. 여기에 임시로 인간 뉴톤을 "사의 뉴톤"이라 하고 그 인력을 인격화(人格化)하여 "이의 뉴톤"이라 부른다면 어떠할까. 두 사람의 석존에 대한 관계와 내용이 서로 다름도 이해될 것이다.

이(理)의 석존은 법의 인격체이므로 "법신불(法身佛)"이라 한다. 이 법신불은 모습이 없으므로 우리의 눈으로는 볼 수 없다. 『법화경』의 『수량품』에서는 눈으로 볼 수 없는 법신불인 석존이 눈에 비치는 인간인 석존의 모습[相]으로 나타[應]난 것으로 믿어 사(事)의 석존을 "응신불(應身佛)" 또는 "화신불(化身佛)"이라 칭한다. 응신이란 몸을 나타내는 것, 화신은 법신이 육신으로 변화하는 것을 뜻한다.

중국의 천태는 이(理)의 석존, 즉 법신의 석존을 본지(本地; 根源이라는 뜻)의 부처님으로서 「본문(本門)의 석존」이라 하며 「문(門)」이란 총합(總合)이라는 뜻으로서 모든 진리나 가르침이 본문의 석존으로 통일·총합된다고 생각한다. 그리하여 본문의 석존을 신심(信心)의 대상으로 삼는다. 또 천태는 사(事)의 석존 즉 역사상의 석존을 「적문(迹門)의 석존」이라 하는데 「적(迹)」이란 인간으로 나타난 모습이라는 뜻이다. 다시 말해 적문의 석존은 앞서 말한 응신불이다.

법신의 석존·본문의 석존을 신앙의 대상으로 하는 점에서 인격 신앙이나 우상 숭배를 초월한 『제16장 여래수량품』의 사상적인 깊고 오묘함이 여기 있다.

6. 나의 생명[壽]은 영원[無量]하도다

천태 지의(智顗)는 『법화경』 28품[章]을 둘로 나누어 전반 14품을 적문의 가르침, 후반 14품을 본문의 가르침이라 했다함은 앞에서 이미 설명했다. 즉 전반은 붓다가야에서 깨달음을 여신 "사(事)의 석존"의 설법이며 후반은 『수량품』에서 나타내 보이는 "이(理)의 석존"의 설법이라고 해석하고 있다. 따라서 『수량품』 이후는 인간 석존이 아니라 석존이 깨달은 진리[法] 그 자체가 설법한다. 즉 법이 법을 설한다고 하는 지금까지 전혀 없었던 사상이 전개되고 있다. 다시 말해 진리가 따로 있는 것이 아니라 자기가 바로 진리임을 깨달은 석존이 진리의 입장에서 설법을 하고 있다는 말이다.

그러나 "본문·적문의 석존" 혹은 "법신·응신의 석존"이라고 한다면 역사상의 석존과 진리인 석존으로 2분화(二分化)되어 마치 순위가 정해진 것 같은 인상을 주고 있지만 이 2분화의 인상을 하나로 정리하는 것이 또한 "의사와 아들의 비유"이다. 여행에서 병든 아들 곁으로 돌아와 약을 만들고 다시 여행길에 나서서 "죽었다"라고 전했던 석존은 적문(迹門)의 석존이며, 아이들이 완쾌한 후 귀국하는 석존은 본문(本門)의 석존인 것이다.『사망했다고 전해졌으나 참으로는 죽은 것이 아니었다.』라고 하는 말 속에 "두 사람의 석존"의 1인화(一人化)를 느낄 수 있다. 아이들은 즉 미혹한 사람들은 아버지[적문의 석존]의 사망에 의해 미혹에서 깨어나니 비로소 아버지[본문의 석존]를 만날 수 있는 것이다. 즉 경전에서는 이렇게 노래하고 있다.『소식을 듣고 돌아와[尋便來歸] 아이들로 하여금 모두 그를 보게 했다[咸使見之].』라고 "의사와 아들의 비유"는 적문의 아버지와 본문의 아버지를 동일 인격(同一 人格)으로 본다. 그러므로 "두 사람의 석존"을 동격(同格)으로 보고 있음을 나타내는 것이 "의사와 아들의 비유"가 가진 네 번째의 가르침이다. 교리 상으로는 사(事)와 이(理)의 두 사람의 석존으로 나누어 설하지만 궁극에 있어서는 사와 이의 석존을 한 분[一體]의 석존으로 신봉하는 것이다. 우리들은 "나무시아본사서가모니불(南無是我本師釋迦牟尼佛)." 하고 예배한다. "본사"란 나의 근본적인 스승, 석가모니는 적문의 석존이며, 불 즉 부처님이란 본문의 부처님을 말하는 것이므로 이 예불문 속에는 사(事)의 석존과 이(理)의 석존의 일체화(一體化)를 엿볼 수 있다.

그런데 이 "의사와 아들의 비유"에서

『아버지가 살아서 돌아왔다.』는 대목이 있는데 그것은 기독교 사상의 "부활(復活)"과는 전혀 그 의미가 다르다. 이것이 "의사와 아들의 비유"의 다섯 번째의 가르침이다. 즉 부활은 인간이 죽은 후에 다시 생명을 회복하는 것을 말하지만, 이 비유에서의 아버지는 참으로 죽은 것은 아니다. 아버지가 돌아 가셨다고 알린 것은 적문의 석존의 사망을 의미하지만 적문의 석존에 깃들어 있는 깨달음의 진실, 즉 본문의 석존은 불멸인 것이다. 앞의『보게 하였다.』라고 하는 것은 만난다는 것을 뜻하므로 여기서는 부처님을 뵙게 되었다는 것이니 바꾸어 말해서 깨달음을 얻음 즉 마음의 눈이 열렸다는 뜻이다. 이와 같이 "의사와 아들의 비유"는 여러 가지의 교훈을 우리에게 주고 있다.

『법화경』의 수량품에서 말하는 구원(久遠)의 생명(生命)이란 요컨데 법[다르마]을 말한다. 법·진리는 구원의 과거로부터 현재를 통해서 영원한 미래에 이르기까지 존재하므로 "법[佛]의 생명은 영원한 생명"인 것이다. 그런데 여기서 일부의 독자 가운데 혹시 고정된 인습으로 말미암아 "명색(名色)"에 의지하여 "아미타(Amita)"에 관해 오해를 불러일으킬 우려가 있으므로 다시 한 번 말씀 드리고 싶은 것은 이 "아미타"라는 말은 싼쓰끄리뜨[梵語]의 "아(A)" 즉 "없다"라고 하는 부정사이며 "미타(mita)"란 "수명"이라는 말이므로 "수명이 없다" 다시 말해 "영원한 생명"이라는 말인데 마치 "아미타"라는 고정된 실체가 있는 부처님으로 오해하고 있는 경우가 있음은 반야(般若)의 공(空)사상 즉 법공(法空)사상을 이해하지 못하고 있는 경우라고 본다. 『법화경』이 일승(一乘)사상에 일관되어 있다는 것은 단순히 삼승(三乘)을 일승으로 귀일(歸一) 시킨 것이 아니라 만법(萬法) 동귀(同歸)를 말하는 것이다. 그러므로 기독교이든 회교이든 유교이든 도교이든 이 세상의 어떤 종교 및 어떤 사상이든 이를 통일하는 사상이 이 『법화경』이니 예수이든 공자이든 모두가 법신의 화현(化現)인 줄 알아야 한다. 누가 말했던가 "스님이 교회에서 키타를 친다."는 말을, 이제는 성철 큰스님의 이 말씀을 참으로 이해할 수 있으리라. 일체의 모든 것을 하나(一)로 꿰뚫어 보는 혜안(慧眼)을 얻고 이 통일된 사상 위에서 본문인 수량품 즉 무량수품을 보아야 영원한 생명을 알 수 있는 것이다. 아! 나는 이로써 영원한 생명[아미타유스]의 소유자임을 알았도다. 이 어찌 기쁘고 기쁘지 않을 수 있겠는가. 춤이라도 한 번 덩실 추어나 보세 그려.

妙法蓮華經 分別功德品 第十七
묘 법 연 화 경 분 별 공 덕 품 제 십 칠

梵本『법화경』제16장
복덕(福德)의 구분

1. 복덕(福德)의 구분(區分)

앞의『제16장 여래수량품』에서 석가모니불의 수명이 길고 길다[長遠] 즉 영원하다는 것이 밝혀졌다. 입멸이 가까운 석존께서는 아득히 먼 옛날에 성불하여 지금에 이르렀고 미래에도 지금까지의 수명보다 배나 되는 수명을 가지고 항상 영축산에 계시며, 부처님을 간절히 보기 원하는 사람에게는 언제라도 그 모습을 나타내신다는 것이다. 이것이『여래수량품』에서 설해진 내용이다. 이 설법을 들은 대중들은 헤아릴 수 없는 공덕을 얻는다. 왜냐하면 부처님의 수명이 영원하다는 것을 어떻게 받아드렸느냐에 따라 다르기 때문이다. 부처님께서는 그들이 얻은 저마다의 공덕[福德]을 각각 구별하여 설하신다. 또한 부처님께서 멸도하신 후의 미래세에 이 법문을 듣고 함께 기뻐[隨喜]하는 즉 감사하는 마음을 일으켜서, 믿어 기억[受持]하며 독송하고 설법하는 사람들의 공덕이 설해져 있다.

이것이『제17장 분별공덕품』의 내용인데『분별 공덕(分別 功德)』이란 공덕을 사유(事由)별로 구별한다고 하는 의미로서 그 공덕이란 직접적으로는 앞의『여래수량품』의 법문을 들은 공덕이며 넓게는『법화경』실천의 공덕이다. 그러므로 이 17장은 내용적으로는 직접 16장 여래수량품을 계승한 것이다.

부처님께서는 첫 머리에 마이트레야 보살을 향해 수량품의 법문을 듣고 얻은 공덕을 다음과 같이 열두[12] 가지로 나누어 설하신다.

(1) 6백 80만 억 나유타의 갠지스강 모래와 같은 수의 중생이 이 세상에 존재하는 것은 생하는 것도 멸하는 것도 없다는 무생법인 (無生法忍) 즉 「공(空)」의 깨달음을 얻었다.

(2) 그 중생의 천 배가되는 보살[菩薩]들이 다른 사람을 교화하기 위해 지녀야 할 기억력인 문지다라니문(聞持陀羅尼門)을 얻었다.

(3) 하나의 세계를 아주 작은 입자(粒子)로 부순 수[微塵數]만큼의 보살들은 자진하여 즐겨 가르침을 설하되 어떤 장애에도 걸림이 없이 자유자재로 법을 설하는 요설무애변재(樂說 無礙 辯才)를 얻었다.

(4) 하나의 세계를 아주 작은 미립자로 부순 수만큼의 보살들이 백 천만 억 한량없는 가르침을 원만히 익혀 자유자재한 지혜의 능력인 선다라니(旋陀羅尼)를 얻었다.

(5) 3천대천 세계를 아주 작은 입자로 부순 수만큼의 보살이 번뇌를 깨뜨리고 깨달음의 경지에서 물러서지 않는[不退轉] 가르침 [法輪]을 설할 수 있게 되었다.

(6) 중천(中千) 세계를 미세한 입자로 부순 수만큼의 보살들은 어떤 보답도 바라지 않는 깨끗한[淸淨] 마음으로 가르침을 설할 수 있게 되었다.

(7) 소천(小千) 세계를 미세한 입자로 부순 수만큼의 보살들은 여덟 번 다시 태어난 후에 위없는 바른 깨달음에 도달할 수 있게 되었다.

(8) 네 개의 4천하(四天下) 미세한 입자로 부순 수만큼의 보살들 은 네 번 다시 태어난 후에 위없는 바른 깨달음을 얻을 수 있게 되었다.

(9) 세 개의 4천하를 미세한 입자로 부순 만큼의 보살이 세 번 다시 태어난 후에 위없는 바른 깨달음을 얻을 수 있게 되었다.

(10) 두 개의 4천하를 미세한 입자로 부순 수만큼의 보살이 두 번 다시 태어난 후에 위없는 바른 깨달음을 얻을 수 있게 되었다.

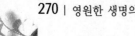

(11) 한 개의 4천하를 미세한 입자로 부순 수만큼의 보살이 한 번 다시 태어난 후에 위없는 바른 깨달음을 얻을 수 있게 되었다.

(12) 여덟 개의 삼천 대천 세계를 미세한 입자로 부순 수만큼의 중 생들은 이 가르침을 듣고 모두 위없는 바른 깨달음에 도달하고자 하는 마음을 일으켰다.

이상의 열 두 가지이다. 엄청난 수의 보살들 가운데에 어떤 보살들은 위없는 바른 깨달음에 도달하고자 하는 마음을 일으켰다. 또 어떤 보살들은 몇 번씩이나 다시 태어난 후에 그 깨달음에 도달하며 또 어떤 보살들은 가르침을 설할 수 있게 되었다.

이와 같이 법을 듣는 사람 개개인의 소질과 능력에 따라서 각각의 이익을 얻은 것이다.

부처님께서 이와 같이 설하시자 허공으로부터 만다라바 꽃과 마하만다라바 꽃이 비처럼 내려 한량없는 백 천 만 억의 보배 나무 아래 사자좌에 앉아 계시는 부처님 위에 뿌려졌다. 아울러 다보탑 속에 나란히 앉아 계시는 석가모니불과 다보여래의 위에도 그리고 이 자리에 모인 모든 사람들의 위에도 흩어져 내렸다. — 석가모니불은 『제11장 견보탑품』 이래 공중에 있는 다보탑 안에 다보여래와 함께 앉아 계셨고 이 자리에 모인 대중들도 부처님의 신통력에 의해 공중에 올라 있었음에 유의 — 찬다나(栴檀)와 침수(沈水)의 향과 천신들의 옷[天衣]이 쏟아져 내렸으며 천신 들의 북[天鼓]이 스스로 아름답게 울렸다. 한 분 한 분의 부처님 위에는 비단 해 가리개[天蓋]를 든 보살이 줄을 지어 범천에까지 이르렀으며 이 많은 보살들은 아름다운 음성으로 한량없는 시를 읊어 부처님을 찬탄하는 노래를 불렀다.

이와 같이 훌륭한 광경 속에서 마이트레야 보살은 시송[偈]에 의해 방금 석가모니불께서 설하신 것을 되풀이하여 신비한 광경을 노래하였던 것이다.

천태의 해석에 의하면 여기까지가 이 『법화경』 본문(本門)의 정종분이며 이하 맨 마지막 장인 권발품 제28까지의 11품 반(半)이 유통분이다.

이렇게 분단하는 방식은 법운(法雲)의 『법화의기(法華義記)』의 해석을 이어 받은 것이다. 여기서 『법화경』을 크게 나누고 이하의 내용은 경의 유통을 목적으로 하여 설한 것으로 해석한다.

2. 네 가지의 믿음[四信]

앞에서 정종분을 마치고 유통분에 해당하는 이 17장에서는 공덕의 설시(說示)를 통하여 후세에 "네 가지의 믿음[四信]"이라고 하는 『법화경』의 수행 덕목이 설해져 있다고 천태대사는 "법화문구(法華文句)"에서 말하고 있다..

그 네 가지의 믿음이란 무엇인가 하면

(1) 부처님께서는 시송을 마친 마이트레야 보살에게 다시 설했다.

「만일 어떤 중생이 부처님의 수명이 영원하다는 설법을 듣고 그 저 한 생각이라도 그 가르침을 믿고 이해한다면, 그 사람이 얻 는 복덕은 한량없다.」

이것이 네 가지의 믿음 가운데 첫 번째인 "일념 신해(一念 信解)"이다. 즉 부처님의 수명이 영원하다는 것을 잠깐만이라도 「확실히 그렇다.」라고 확신하고 받아 드린다면, 그 사람이 얻는 복덕은 한량없다는 것이다. 짧은 한 생각이지만 마음속으로 확신할 수 있다면 그 공덕은 6바라밀 가운데 반야 바라밀을 제외한 5바라밀의 수행을 80만 억 나유타 겁 동안 계속한 것보다도 백배·천배·백천만억배를 넘어서 계산이 불가능하다고 한다. 여기서는 "믿음[信]"이라는 것이 "일념 신해"라는 말로서 크게 강조되어 있다.

(2) 다음에 또 부처님께서 설하신다.

「만일 부처님의 수명이 무한하다는 것을 듣고 그 말이 품고 있 는 큰 뜻을 이해하면, 그 사람이 얻는 복덕은 한량없어 헤아릴 수 없으며 능히 여래와 같이 위없는 지혜[無上慧]를 얻겠다는 마음을 일으키게 되리라.」

이것이 네 가지의 믿음 중에 두 번째인 "약해 언취(略解言趣)"이다. 즉 부처님의 수명이 무한하다는 것을 듣고 그것을 믿는 단계에서 더 나아가 그 뜻을 거의 이해한다는 것이다. 이와 같은 사람의 복덕은 한량없어 부처님의 위없는 지혜를 얻겠다는 마음을 일으키게 한다는 것이다.

(3) 계속해서 부처님께서는 설하신다.

「하물며 널리 이 가르침을 듣고 많은 사람들에게도 들려주며 자신도 굳게 마음속에 기억하고 남에게도 기억케 하며 자신도 베껴 쓰고 다른 사람에게도 쓰도록 하며, 또 꽃·향·영락·당번·비단 해가리개·향유와 우유를 정제하여 만든 기름으로 밝히는 소등(蘇燈)으로 『법화경』에 공양하면, 그 사람이 받는 공덕은 한량없고 끝없어 결국에는 부처님의 지혜를 갖추게 된 다.」

이것이 네 가지의 믿음 가운데 세 번째인 "광위 타설(廣爲他說)"이다. 자기뿐만 아니라 다른 사람에게도 들려주어 기억[受持]케 하며 베껴 쓰도록 할 뿐만 아니라 갖가지의 공양물로 『법화경』에 공양한다면 그와 같은 사람이 얻는 복덕은 한량이 없어 부처님의 일체를 아는 지혜를 얻을 수 있다고 한다. 여기서 자신이 듣고 그것을 믿으며 받아 기억하고 공양한다고 하는 실천 행을 남에게도 권하여 실천케 함을 설하고 있다.

(4) 계속해서 부처님이 설하신다.

「만일 소질이 훌륭한 남녀가 나의 수명이 무한하다는 말을 듣고 깊이 마음속에 믿고 이해하면, 그 사람들은 내가 항상 영축산[耆闍崛山]에 있으면서 보살 대중이나 많은 성문 대중에게 둘러싸여 설법하고 있는 것을 볼 수 있다.

또 이 사바세계의 땅이 청보석[琉璃]으로 되어 단단하고 평평하며 여덟 개의 길이 서로 교차되는 곳에는 염부단금(閻浮檀金)으로 경계하고 보배 나무가 늘어서 있으며, 많은 집들이 다 보배로 지어져 있고 보살 대중이 그 속에 살고 있는 것을 보게 된다.」

이것이 네 가지의 믿음 가운데 네 번째인 "심신 관성(深信觀成)"이다.

여기서는 마음 깊이 부처님의 수명이 영원하다는 것을 믿어 확신(確信)함으로써 항상 부처님이 영축산에 계시는 것을 볼 수 있으며, 이 현실의 사바세계를 마치 지상(地上)의 패러다이스[樂園] 처럼 볼 수 있다고 한다. 앞장의 『여래수량품』에서도 「자기의 몸과 목숨[身命]도 아끼지 않고 일심으로 부처님을 구하는 사람에게는 부처님은 항상 영축산에 그 모습을 나타내신다.」 라고 설하고 있다. 여기서는 그것이 마음속 깊이 『여래수량품』의 법문을 믿고 그것을 확신함에 의해서 가능하다고 설한다. 이상 네 가지 믿음[四信]의 첫 번째부터 네 번째까지를 보면 모두가 "믿음"으로써 일관되어 있다. "믿음"으로 시작되어 "믿음"으로 끝났다고 말해도 된다. 통상적인 상식적 이해로는 눈앞의 입멸이 가까운 석가모니불이 사실은 아득한 옛날로부터 영원한 생명을 유지하여 현재에 이르고 더욱이 미래에도 계속 살아갈 것이라고 하는 것은 조리에 맞지 않으며 도저히 이해가 불가능한 일이다. 그러나 경전에서는 이것을 "우선 믿어라."라고 말한다. 믿는 것에서 모든 것이 시작되고 다시 "믿음"을 깊게 하여 철저해 지면 "믿음"의 결과로서 부처님을, 그리고 이 세상의 낙원을 볼 수 있다고 설한다.

무릇 모든 종교는 "믿음"을 기반으로 하여 성립되고 있으나 그 중에서도 이 『법화경』은 "믿음"에 의해서 비로소 들어갈 수 있는 세계이다. "믿음"이 없으면 2승의 작불도 구원의 본불도 없는 것이다. 그러한 의미로는 기독교의 신약성서가 「증언(證言)의 서(書)」라고 불리는 것처럼 이 『법화경』은 「신앙(信仰)의 서(書)」라고 말할 수 있는 것이다.

3. 다섯 가지의 실천 사항[五品].

부처님께서는 앞의 네 가지 믿음[四信]에 대해 설하신 후에 이어서 5품(五品)이라고 하는 부처님께서 멸도 하신 후 다섯 가지 실천 사항과 그 공덕에 대해 설하신다.

이 "5품"이란 (1) 초수희(初隨喜),(2) 독송(讀誦), (3) 설법(說法), (4) 겸행 6도(兼行 六度), (5) 정행 6도(正行 六度)의 다섯 가지 실천을 말한다.

이 다섯 가지 실천은 부처님께서 멸도 하신 후의 수행이므로 "멸후의 5품"이라 하며 그 내용은 다음과 같다.

(1) 첫 번째는 "초수희"이다.

「여래가 멸도한 후 만일 이 가르침을 듣고서 비방하지 않고 순 수하게 감사하는 마음[隨喜心]을 일으킨다면, 그것이 참다운 신앙을 얻은 사람의 경지[深信解相]임을 알아야 한다.」

부처님께서 입멸하신 후 이『법화경』을 듣고 그 가르침[經說]을 비방하지 않고 순수하게 수용하며 기쁜 마음을 일으키는 것, 이것이 "초수희"이다. 경에서 설하는 것을 듣고 기쁜 마음이 일어난다는 것은 그 가르침의 내용을 자기가 받아들여 "확실히 그렇다." 하고 이해하고 믿어야 한다. 그러므로『법화경』은 이를 깊이 믿고 이해하는 경지라 한 것이다.『법화경』 실천의 첫 출발은『법화경』을 듣고 그것을 자신이 받아들이는 것에서부터 비로소 시작되는 것이다.

(2) 다음은 두 번째 "독송"이다.

「하물며 이『법화경』을 읽고 외우며 믿고 기억하는 사람은 말해서 무엇 하겠는가. 이런 사람은 곧 여래를 머리 위에 항상 받들어 모시고 있는 것과 같다.」

처음에『법화경』을 이해하고 확신한다면 다음은 그 경전을 읽고 외워 가르침을 뚜렷이 기억하고 기억해야 한다. 이것이 두 번째이다.「이것을 실천하는 사람의 공덕은 탑과 절을 건립하고 승방을 지어 승단에 공양함과 거의 같기 때문에 현실로 탑을 세우거나 승방을 지을 필요가 없다.」라고 설한다.

(3) 다음은 "설법"이다.

「만일 여래가 멸도한 후에 이 경전을 듣고 받아들여 기억하며 혹은 자기도 쓰고 혹은 남을 시켜 쓰도록 하는 사람이 있다면 곧 이 사람은 승방을 세우되, ……이로써 지금 나와 비구승을 공양함과 같다. 그렇기 때문에 내가 말하기를 "여래가 멸도한 후에 만일 이 가르침을 받아들여 기억하고 읽고 외우며 다른 사람을 위해 설하고 혹은 자신이 쓰거나 다른 사람을 시켜 쓰게 해 이 경전에 공양하면 탑과 절을 세우거나 승방을 지어 스님들께 공양하지 않아도 무방하다.」

경전을 독송하고 그것을 마음속에 뚜렷이 기억했다면 이번에는 그것을 자신뿐만 아니라 남에게도 시켜 베껴 쓰도록 하고 또 다른 사람에게 설법한다. 이것이 세 번째의 "설법"이며 자신의 실천 수행임과 동시에 또한 다른 사람을 통한 수행을 하는 것이다.

이 실천 수행의 공덕은 앞의 "독송"의 공덕보다 더욱 커서 서른 두 개의 전당에 그 높이가 8다라 나무나 되는 갖가지 시설을 완전히 갖춘 절(寺院)을 짓는 것과 같은 공덕이 있다고 한다.

(4) 네 번째는 "겸행6도"이다.

6도란 6바라밀을 말하며 6바라밀의 수행을 겸하여 행하는 것을 말하므로 이렇게 이름한 것이다.

「하물며 이 가르침을 기억하고 겸하여 보시·지계·인욕·정 진·일심·지혜를 행한다면, 그 덕은 가장 높아 무량무변할 것이다.」

『법화경』을 믿어 기억하고 보살의 수행으로서 6바라밀을 실천하는 것, 즉 앞의 네 가지 믿음 가운데 "일념 신해"에서는 『법화경』을 잠깐만이라도 믿고 이해하면 5바라밀의 실천보다도 그 공덕은 매우 크지만 반야바라밀은 제외한다고 했다. 그런데 여기서는 그 반야바라밀을 더한 6바라밀의 수행을 말한다.

(5) 끝으로 "정행6도"이다.

이는 "겸행6도"보다 한 걸음 더 나아가 5종 법사인 수지·독·송·해설·서사를 실천하면서 6바라밀의 수행을 중심으로 실천에 정진하는 것을 말한다.

「만일 어떤 사람이 이 경전을 읽고 외우며 받아들여 깊이 기억 하고 나아가 다른 사람에게 설하며 자기도 쓰고 남에게도 쓰도 록 시킬 뿐만 아니라 ……『법화경』의 깊은 뜻을 바르게 해설하고 또 자신의 몸을 청정하게 유지하며 계율을 지켜 온화한 마음을 가진 사람들과 함께 결합하여 잘 참고 성내지 않으며 뜻이 굳건해 항상 좌선을 즐겨 여러 가지 깊은 정신 통일의 경지에 도 달하고 많은 훌륭한 가르침을 배워 두뇌가 명석하여 지혜를 구 하되 어려운 질문에도 바르게 대답하리라.」

이와 같이 『법화경』을 실천 정진하는 사람은 이미 부처님의 깨달음에 도달하려는 사람이라고 설한다.

이상이 "멸후의 5품"인데 이것은 부처님께서 멸도 하신 후 부처님의 뒤를 이어 『법화경』을 수지하고 널리 펴는 실천 수행을, 그 수행 결과로 얻어지는 공덕을 바탕으로 하여 설한 것이다.

그런데 여기까지 말한 4신(四信)과 5품(五品)은 『법화경』의 실천이론을 설한 것으로서 중국의 천태에서는 이것을 보살의 수행 단계에 적용시켰다. 천태에서는 수행의 단계에 10신(十信)·10주(十住)·10행(十行)·10회향(十回向)·10지(十地)·등각(等覺)·묘각(妙覺)의 52위(五十二位)설을 채용하고 있다. 그런데 이 52위에 경의 첫 머리에서 설한 열두 가지의 득익(得益)을 배당하고 지금의 「4신」과 「5품」을 이즉(理卽)에서부터 구경즉(究竟卽)까지의 6즉위(六卽位) 가운데에 자리 잡게 하고 있다. 「5품」을 관행즉(觀行卽)의 자리에, 「4신」을 상사즉(相似卽)의 자리에 배당하고 있다. 또 참고로 일본의 니찌렌(日蓮)스님도 이『법화경』의 실천론에 착안하고 「4신5품초(四信五品抄)」를 저술하고 있다. 이 분별공덕품의 내용에 대해 이것을 사상적으로 보아야 할 것이 없다고 하는 학자도 있지만『법화경』이 단순한 사상을 설한 글이 아니라 오히려 「믿음(信)」에 기반을 둔 신앙의 글이라는 것을 생각하면 이 분별공덕품의 내용은 『법화경』에 있어서는 매우 중요한 것이라고 아니 할 수 없다.

妙法蓮華經 隨喜功德品 第十八
묘법연화경 수희공덕품 제십팔

梵本『법화경』제17장
마음속에서부터 귀의함으로써 받는 복덕에 관한 해설

1. 수희(隨喜)의 공덕(功德).

이 18장의 내용은 장명(章名)에 나타나는 것처럼 「수희(隨喜)」의 공덕을 설한 것이다. 그런데 「수희(隨喜)」란 싼쓰끄리뜨[梵語] 아누모다나(anumodana)의 한역어(漢譯語)로서 본래의 뜻은 "마음으로부터 기꺼이 공감한다." 즉 "기꺼이 자신을 대상 속에 투입시킨다.", "자진해서 귀의한다."라는 의미이다. 여기서는 『법화경』을 듣고, 좀 더 구체적으로 말하면 앞의 『여래수량품』을 듣고 마음속으로부터 기뻐하며 그 가르침을 감사하게 받아들인다고 하는 뜻이다. 중국의 천태 대사(天台大師)는 『법화문구(法華文句)』에서 "수희(隨喜)"의 "수(隨)"를 "이사(理事)에 수순(隨順)한다."라고 했고, 자은 대사(慈恩大師) 기(基)는 『법화현찬(法華玄贊)』에서 "심신(心身)에 순종(順從)한다."라는 뜻으로 해석하고 있다. 그러나 「수(隨)」란 원래 원어의 접두사 아누(anu)를 번역한 것으로서 원어인 아누모다나에는 "……에 따라서(隨)"라는 뜻은 없다. 그러므로 "따라 기뻐한다.라고 해서는 안 된다. 이 "수희"라는 것은 이 18장에서 처음 설해진 것이 아니라 앞의 제17장 분별공덕품에서 이미 설하고 있는 것이다. 즉 여래수량품의 설법을 들은 공덕을 앞의 분별공덕품에서는「4신5품(四信五品)」으로 간추렸는데 그 가운데의「5품(五品)」의 첫 번째인「초수희(初隨喜)」가 바로 그것이다.

그런데 앞장에서는 이 "초수희"에 대해서 경에는 자세히 설하고 있지 않다. 그러기 때문에 각장의 연결이라는 점에서 보면 앞장에서 설하자 않았던 그 공덕을 이 장에서 자세히 설하고 있다는 것이 종래의 해석이다.

이 수희공덕품에서는「초수희」의 공덕을 다시 강조하고 자세히 설하고 있다. 왜 이와 같이 되풀이하여 설했는가 하면 가르침에 수희하는, 즉 마음속으로부터「감사하다.」라고 생각하는 그 감격이 신앙에 있어서는 없어서는 아니 될 커다란 근본 요소이기 때문이다.

"아! 감사하다."라는 감격의 마음이 일어나지 않으면 제아무리 천 만 권의 경전을 읽고 온갖 교리를 외우고 있더라도 그것은 불교학에 통달하고 있을 따름이지 부처님을 믿는다고는 할 수 없다. 수희의 마음[念]이 있어야만 신앙이라 할 수 있는 것이다. 그러므로 이것을 거듭 설하신 것이다. 신앙은 흔히 곱셈에 비유하기도 한다. 즉 "신앙의 대상×신앙의 마음≡신앙의 결과"이다. 이 식을 검토해 보면,

첫 째, 신앙의 대상이 위없이 완전한 것이었다고 하자. 그러나 우리들의 신앙심이 불타오르지 않고 그 타오르는 정도가 낮다고 한다면 커다란 결과는 일어나지 않는다.

부처님의 가르침을 임시로 100이라는 수로 나타낸다고 하자. 그런데 그것에 대한 신앙의 마음이 0.5 정도밖에 없다고 한다면 $100 \times 0.5 \equiv 50$ 이라는 결과밖에 나타나지 않는다. 극단적인 예를 들자면 부처님의 가르침은 현재에도 존재하지만 그것을 전혀 믿지 않는 사람은 다음과 같은 식의 결과가 된다. 즉 $100 \times 0 \equiv 0$ 이다.

반대로 신앙심이 제아무리 불탄다고 할지라도 가장 중요한 신앙의 대상이 허무한 것이었다면 이것 또한 무가치한 것이다. 즉 $0 \times 100 \equiv 0$ 이다. 허무한 것을 제아무리 열심히 신앙할지라도 허무한 결과로 끝날 수밖에 없는 것이다.

그런데 하물며 잘못된 가르침을 신앙하면 그 결과가 해악(害惡)이나

불행으로서 나타날 것은 당연한 이치이다. 즉 신앙의 대상 그 자체가 마이너스이므로 비록 그것이 -1 정도의 사교(邪敎)라도 그것을 신앙하는 마음이 100 이라면 -1×100≡-100, 이러한 엄청난 마이너스가 되는 것이다. 사교를 맹신하는 것이 얼마나 무서운 것인지는 이것으로서도 알 수 있게 된다.

『법화경』의 가르침은 물론 한없이 큰[無限大] 것이지만 임시로 그것을 100 이라는 수로 나타내기로 하고 가령 그저 잠깐 동안의 한 생각[一念]이라도 "아! 감사하다." 하고 깊이 마음속으로 믿는다면 그 한 생각을 임시로 1로 나타낼지라도 100×1≡100 이라고 하는 커다란 결과로 된다.

"초수희"란 이처럼 중요한 것인데 하물며 신앙심이 2가 되고 5가 되고 10이 되고 100이 됨에 따라 그 결과는 차츰 증대하여 드디어는 무한대로 퍼져 가게 될 것이다.

더욱이 "초수희"는 문자 그대로 "부처님께서 멸도한 후 5품"의 최초 제1 단계이므로 그 최초의 것에 대한 공덕의 크기를 설하면 다음의 두 번째 내지 다섯 번째의 공덕의 크기란 말할 것도 없기 때문이다.

그런데 이 장의 첫 머리에 마이트레야(彌勒)보살이 부처님에게 "세존께서 멸도하신 후에 이 가르침[經]을 듣고 수희하는 사람의 복덕은 얼마나 됩니까." 하고 질문을 한다. 이 질문에 답해서 설하신 것이 소위 "50전전(五十展轉) 수희(隨喜)의 공덕"이었다.

2. 50 전전(五十 展轉)

50인이나 전전(展轉)하여 전해진 가르침을 들은 그 50 번째의 사람이 얻는 공덕을 왜 특히 말씀하셨을까. 그것은 『법화경』의 위대함을 강하게 표현하기 위해서이다. 그것은 이러하다.

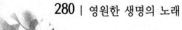

누구라도 좋다. 어떤 사람이 『법화경』을 듣고 마음에서부터 기뻐하며 감사하다고 생각하여 그 설법 장소를 떠난 후에 어디서든지 어떤 한 사람에게 이 경을 설해 가르친다. 그러면 그 사람도 또한 똑같이 마음에서부터 기뻐하고 감사하다고 생각하여 또 다음 사람에게 설해 가르친다. 이리하여 다음에서 다음으로 (마치 등불을 이어 켜듯이) 이 경을 설해 전하여 가서 50인째까지 차례로 전했다고 하자. 그렇게 되면 다음에서 다음으로 전한다 하더라도 전하는 사람과 전해 듣는 사람의 능력과 소질의 문제도 있으므로 전하는 그 사람의 이해 범위 내에서 전해지는 것이기 때문에 50 번째의 사람이 받는 수희 공덕은 최초의 사람이 받는 수희 공덕보다 약간 적을 수도 있으리라. 이 50 번째의 사람이 받는 수희 공덕에 대해 부처님께서는 다음과 같이 설하신다.

「즉 4백 만 억 아승기라고 하는 헤아릴 수 없을 만큼의 세계에 살고 있는 모든 출생[四生; 태생, 난생, 습생, 화생], 온갖 모습의 중생들에게 어떤 큰 시주(施主)가 금과 은, 내지 산호나 호박 등의 보석을 비롯하여 코끼리나 말, 탈것 그리고 일곱 가지 보배[七寶]로 된 궁전과 누각 등을 그 하나하나의 중생에게 빠짐없이 베풀어주기[財施]를 80년 동안이나 했고 이번에는 모든 중생들에게 법을 설해 가르쳐서 모든 사람들을 각각 나름대로의 깨달음으로 인도했다. 즉 재보시(財布施) 뿐만 아니라 법보시(法施)도 했다. 그 큰 시주의 재보시 및 법보시에 의해서 얻은 공덕은 헤아릴 수 없을 만큼 큰 것이지만, 그 큰 시주가 얻는 공덕도 『법화경』의 단 한 시구[一偈]를 듣고 마음으로부터 기뻐하고 감사하다는 생각을 갖는 공덕에는 도저히 미치지 못한다. 그것이 얼마 만큼인가 하면 백분(百分) 또는 천분(千分)이 아닌 백천만억(百千萬億)분의 1, 뿐만 아니라 계산에 의해서도 비유에 의해서도 헤아릴 수 없을 만큼 아득하여 미치지 못한다.」

이것이 "50전전(五十展轉) 수희공덕(隨喜功德)"의 크기이다. 전하고 전하여서 50 번째의 사람이 얻는 수희의 공덕이 이와 같이 헤아릴 수 없는 것이므로 맨 처음의 사람이 얻는 수희에 대한 공덕은 비교할 수 없을 만큼 큰 것이라는 뜻이다. 즉 최초의 사람은 법회에서 설법을 들었으므로 훌륭히 법에 통달했다. 더구나 설득력이 있는 지도자의 이야기를 들었기 때문이다. 그러므로 그 감격은 매우 강한 것이었다.

그런데 그 다음 가르침을 전하는 사람은 지금 가르침을 들었을 뿐인 사람이다. 법에 대한 넓은 지식도 없을 뿐만 아니라 깊은 신앙도 없으며 남에게 설한 경험도 없는 사람이다. 그러므로 가르침의 내용은 "그가 들은 바와 같이" 틀림없이 전한다고 하더라도 받아들이는 사람의 감명이라는 것은 두 사람 째에서 세 사람 째, 세 사람 째에서 네 사람 째로, 뒤로 가면 갈수록 엷어지는 것은 어찌할 수 없는 일이다.

이렇게 하여 50인 째에 도달했다고 하면 보통의 가르침이라면 거의 감명도 무엇도 없어져 버려서 들은 사람은 「아, 그런가.」하고 치워 버릴 것이 뻔한 일이다. 그러나 『법화경』의 경우는 그것이 다른 점이다. 가르침의 내용이 한없이 위대하기 때문에 내용이 틀림없이 전해지는 한, 50인 째에 이르러 감명을 받지 않을 수 없는 것이다. 물론 최초의 사람보다 조금씩 엷어지겠지만 그 엷어진 감명마저도 커다란 공덕이 깃들이어 있다는 것이다. 이 "50 전전"에는 이러한 깊은 뜻이 있다는 것을 알아야 할 것이다.

3. 가르침을 들은[聞法] 공덕

부처님께서는 앞의 50전전 수희 공덕을 설하신 후, 다시 『법화경』의 가르침을 듣는[聞法] 공덕에 대해 설하신다. 그것은 다음과 같다.

(1) 스스로 승방(僧坊)에 나아가 잠깐 동안이라도 『법화경』을 듣는 것.

(2) 설법 장소에서 뒤에 온 사람에게 법 듣기를 권하며 자리를 나누어 앉도록 하는 것.

(3) 사람들을 설법 장소로 권유하여 함께 듣고 받아들이는 것.

각각의 경우에 따라 얻어지는 공덕은 (1)의 경우에는 죽은 후 다시 태어나서 훌륭한 코끼리나 말이 끄는 수레나 진귀한 보배로 된 탈것을 얻고 하늘의 궁전에 도달할 수 있다고 하며, (2)에는 죽어서 다시 태어나면 샤크라[帝釋天]·브라흐만 왕 혹은 전륜성왕이 되어 그 옥좌에 앉을 수 있다고 설하고, (3)의 경우의 공덕은 죽은 후에는 다라니를 얻은 보살과 같은 곳에 태어나 지혜를 받아들이는 능력이나 소질에 뛰어난 사람이 된다. 특히 말해 둘 것은 다음에 설하는 것처럼 신체적인 특징 특히 인상(人相)에 대한 공덕을 얻는다고 한다.

그것은 백 천 만 세에 벙어리가 되지 않고 입에서 추한 냄새가 나지 않으며, 혀는 항상 병이 없고 입도 역시 병이 없으며, 이빨에 때가 끼거나 검지 않고 누렇게 되지도 않으며 이빨 사이가 벌어져 성글지도 않고 빠지지도 않으며 굽거나 덧니가 없고, 입술이 아래로 쳐지지도 않고 위로 걷어 올라가지도 않으며 거칠거나 부스럼이 나지도 않으며 언청이나 비뚤어지지도 않고 두텁거나 너무 크지도 않으며 또한 검지도 않고 여러 가지 흉한 모습을 가지지 않고, 코는 납작하지도 않고 비뚤어지거나 굽지도 않으며, 얼굴은 색이 검지도 않고 좁고 길지도 않으며 푹 들어가거나 비뚤어지지도 않아 일체 바람직하지 않은 인상이 하나도 없다. 입술이나 혀나 이빨이 모두 바르고 아름다운 모습이며 코는 높고 곧아서 얼굴 모양이 원만하며 눈썹은 높고 길며 이마는 넓고 반듯해 인상이 모두 훌륭하게 갖추어진다고 한다. 요컨대 무릇 사람의 얼굴로서 완벽하고 원만한 인상을 갖는다고 한다.

이에 대해 학자들 사이에 여러 가지의 의논이 있으나 생각해 보면 위와 같은 인상은 당시 고대의 인도 사람들에게는 인간으로서의 이상(理想)이었으리라. 마치 고대 희랍인들이 균형이 잡힌 육체미를 구한 것과 똑같은 것이다. 또 뒤집어 보면 고대 인도에서의 현실로서는 병 등의 원인에 의해서 위에서 말한 반대의 사람들이 주위에 많이 있었다는 것이 된다. 그러나 위와 같이 말한 현실적인 배경으로서 당시의 출가수행인 들이 모두 대체적으로 5체(五體)가 원만하게 구족하여 건강한 육체와 사람들에게 혐오감을 주는 것 같은 용모가 아니라 반대로 호감을 주는 용모를 가지고 있었다는 사실이 크게 떠맡겨져 있다고 생각된다. 어찌하여 그렇게 말할 수 있는가 하면『율장(律藏)』가운데 세세한 상가[僧團]의 입단 규정이 있는데 그 입단 금지 조항을 모두 5체 만족으로 보통이거나 그 이상의 용모를 가진 사람에 한정하고 있기 때문이다.

『율장』가운데의 입단 금지 조항에는 범죄자·왕과 대신(王臣)·노복(奴僕)·부채자(負債者) 등과 같은 사회적 조건에 의한 입단 금지 조항, 혹은 교단의 화합을 깨뜨린 사람[破和合僧者], 외도의 신봉자 등과 같이 불교에 반대하는 사람에 대한 입단 금지 조항이 마련되어 있다. 그 신체적인 조건에 의해 입단을 금지하고 있는 것으로서는 다음과 같은 예가 거론되고 있다. 즉

  병자……폐병이나 나병·간질·상피병(象皮病)·전염성 질환 등을 앓고 있는 사람.

신체에 장애가 있는 사람……선천적 혹은 후천적으로 4지나 안면 등에 이상이 있는 사람, 귀나 눈, 코 등의 감각 기관이나 발성 기관에 장애가 있는 사람, 노약자 등.

이다. 다시 또 이 규정은 각 부파의 전하는 율장에 의해서 다소의 증감이 있으나 이를테면『십송율(十誦律)』등에는 앞에 거론한 병이나 신체적 장애 외에 용모나 자태에 관해서 매우 세밀한 규정이 있어 머리털·눈·귀·코·입술·이빨·목·체형(體形)·피부색 등의 각 항목에 관해 각각 제외되는 예가 구체적으로 거론되고 있다.

 이들을 보면 다소의 예외와 조건의 완화가 있다 하더라도 이 모든 조건을 완전히 채울 수 있는 사람은 무릇 보통 사람 이상의 건전한 육체와 용모 자태를 갖춘 사람이어야 할 것이다. 위에 거론된 입단 금지 조항 가운데서 병자나 신체적인 장애가 있는 사람이 입단을 거부당한 것은 불도 수행을 실천해 가는 것이 곤란하기 때문이라는 이유로 납득이 될는지도 모른다. 그러나 용모나 자태 등은 그 사람의 체력 능력과는 관계가 없어 수행상 아무런 장애가 되지 않을 것이다. 그런데도 위와

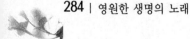

같이 세세한 규정을 마련하여 입단이 금지되고 있는 까닭은 무엇일까. 이에 대한 사정을 이야기하는 것이 『마하승기율(摩訶僧祇律)』권 23 및 24에 기술(記述)되어 있다. 여기서는 입단 금지 조항이 마련된 이유가 하나하나 구체적인 예를 들어 설명되어 있다. 그것을 보면 노약자에 대해서는 「출가인은 육체적으로 건강하지 않으면 안 된다.」라고 한다. 그 이유는 수행에 견디지 못하기 때문이라고 한다. 손이나 발·손가락·귀·코 등이 결손 되어 있는 사람에 대해서 「출가인은 5체가 원만히 구족되어 있지 않으면 안 된다.」라고 한다. 또 눈이나 귀나 입이 부자유한 사람에 대해서는 「출가인은 모든 감각 기관이 완전하지 않으면 안 된다.」라고 하며, 또 등이 굽은 사람, 난쟁이 등의 사람에 대해서는 「출가인은 신체의 밸런스가 잡히고 똑바르지 않으면 안 된다.」하며 애꾸눈이나 발이 부자유한 사람, 충치가 있는 사람 등에 대해서는 「출가인은 신체의 각 부분이 단정하지 않으면 안 된다.」라고 한다. 또 피부색이 극단적으로 검거나 희거나 황색이거나 붉은 색이거나 매우 키가 높거나 얕은 사람, 이와 같은 사람은 보기 흉해 사람들에게 불쾌감을 주기 때문이라 하며, 「출가인은 용모와 자태가 단정하지 않으면 안 된다.」고 한다. 지금 거론한 가운데 첫 번째의 경우 수행에 견딜 수 없기 때문이라는 이유를 제외하고 그 밖의 경우의 이유는 놀랍게도 모두가 「세상 사람들에게 비방을 받기 때문」이라는 이유인 것이다. 이미 출가한 수행인이 세상 사람들에게서 육체상의 결점에 의해서 나쁘게 말해지기 때문에 부처님께서는 그러한 육체상의 결점을 가진 사람의 출가를 금지했다는 것이다. 이것을 요약하면 무릇 출가인으로서는 용모 자태를 포함한 육체상의 결점이 있어 그것을 원인으로 하여 세상 사람들의 입에 오르내리거나 경멸의 대상이 되어서는 안 된다는 것이다. 반대로 말하면 출가 수행인은 정신뿐만 아니라 세상 사람들에게 존경과 신뢰를 받을 수 있을 만큼의 신체적 조건을 함께 갖추고 있지 않으면 안 된다는 것이 된다. 입단 규정에 여러 가지 세세한 금지 조항이 많아진 것도 참으로 이 한 가지 점에 있다고 하여도 좋을 것이다. 이렇게 보면 고대

인도에서 출가 수행인은 모두 보통 사람이거나 그 이상의 용모나 자태의 소유자였다는 것이 무리 없이 수긍된다.

그런데 여기에서 『법화경』에 되돌아가서 생각해 보면 이 장에서 법을 들은 공덕[聞法功德]으로서의 구체적이며 세세한 용모에 대한 기술도 위에서 세세히 말한 당시의 출가인의 신체상의 조건과 대조해 보면 기이한 것이 아니라고 이해될 것이다.

『법화경』을 신봉하는 집단은 출가인 집단이 아니라 재가 중심의 집단이었던 모양이나 당시의 출가인 집단이 세상 사람들에게 육체상의 결점으로 인해 이런 저런 말을 듣지 않은 만큼의 조건을 갖추고 있었다면 똑같은 부처님의 깨달음을 구하는 사람으로서 『법화경』을 신앙하는 결과 내세에서 인간으로서의 완전한 모습[相]을 얻을 수 있다고 설했더라도 불가사의한 것은 아니다. 하물며 『법화경』은 신앙의 글이다. 그것을 믿을 수 있는 사람만이 들어갈 수 있는 세계이다. 마치 기독교에서 『신약성서』가 상식으로서는 도저히 생각할 수 없는 예수가 행한 재생이나 그 자신의 죽은 후의 부활이라고 하는 기적에 대한 제자들의 『증언의 글』이라고 말해지는 것도 단순히 웃고 넘길 일은 아닐 것이다.

아무튼 『법화경』을 넓히려는 사람은 정신뿐만 아니라 세상 사람들로부터 존경과 신뢰를 모을 수 있을 만큼의 육체적인 조건도 갖추어 있지 않으면 안 된다. 아울러 이렇게 "자진해서 대상 즉 남 속에 들어가는 사람", "자진해서 귀의하고 감사하는 사람"은 불교에서 지향하는 이상적인 보살이기 때문에 그 공덕을 찬양한 것이라고 본다.

妙法蓮華經 法師功德品 第十九
묘 법 연 화 경 법 사 공 덕 품 제 십 구

梵本『법화경』제18장
가르침을 설하는 사람이 받는 은혜

1. 다섯 가지[五種] 법사(法師)

이 19장은 『법화경』의 받아 기억하는 수지(受持), 읽고(讀), 외우고(誦), 해설(解說), 베껴 쓰는(書寫) 수행하는 다섯 가지(5種) 법사의 공덕[恩惠]을 설한 장[品]이다.

즉 「법사공덕(法師功德)」이란 「법사」가 얻는 공덕이라는 뜻이다. "법사"란 『법화경』에서는 법화 경전을 설하는 사람이면 출가 스님에 국한하지 않는다. 재가라도 좋고 남자이건 여자이건 적어도 부처님의 가르침을 믿고 행하며 남에게 설해 세상에 넓히는 노력을 하는 사람은 모두 법사(dharmabhanaka)라고 불렀다. 그들은 설법자이며 사람들을 앞에 두고 청중에게 경전을 설해 들려주는 사람이었다.

앞의 「제10장 법사품」에서 법사에 관해 구체적으로 어떻게 설했는가 하면, 비록 『법화경』 경전의 한 시구[1偈]라도 이를 수지하고 독송하며 해설하고 서사하는 경전 수행을 하는 사람들 즉 우선 가르침을 듣고 과연 그렇구나 하고 믿고 이해하여 감사하다고 하는 수희의 마음이 일어나면 그 가르침을 굳게 마음에 기억하며 다음에 더욱 깊이 경전을 읽고 그것을 외워서 마음에 새기는 것이다. 여기에서는 자기를 위한 행이라 하겠으나 아무튼 신앙인으로서의 기초를 자기의 몸에 굳게 구축하기 위한 행이다. 그런데 여기까지 신앙이 진보하면 자연히 남에게 가르침을 전하지 않고서는 견딜 수 없게 된다. 하지 않고서는 견디지 못하는 마음이 샘솟아 난다. — 이것이 진리의 외향성이다 — 그리고 남을 위해 설하는 해설이나 경문을 써서 베끼거나 혹은 문서에 의해서 포교를 하는 서사라는 행으로 발전해 가는 것이다. 거기에다 경전에 꽃이나 향, 내지 의복이나 기악(伎樂) 등의 열 가지의 공양을 하는 사람들, 이와 같은 사람들이 법사라고 설해져 있다. 그 중에서도 수지, 독송. 해설, 서사라고 하는 경전 수행을 하는 사람들은 여래의 대행자(代行者)이며 여래의 어깨 위에 실려진 사람들이어서 여래를 대하는 것처럼 똑같이 대하여야 한다고 설하고 있다. 이 법사공덕품에서 말하는 법사도 이 경전을 수행하는 사람들을 가리키고 있으며 이 경전 수행자를 후세에 5종 법사라고 부르고 있다. 왜냐하면 수지, 독송, 해설, 서사 가운데의 독송을 독과 송으로 나누어서 도합 다섯 가지로 하기 때문이다.

 (1) "수지"란 경전을 믿고 받아들여 마음속에 굳게 기억하고 잊지 않는 것을 말하며,

 (2) "독"이란 경을 입으로 소리 내어 읽는 것을 말하고,

 (3) "송"이란 경을 외우는[暗誦] 것을 말하며,

 (4) "해설"이란 다른 사람에게 경을 설법 해설하는 것을 말하고,

 (5) "서사"란 경을 베껴 써서 후세에 넓히는 것을 말한다.

 이상 다섯 가지의 경전 수행을 실천하는 사람을 법사라고 하며 그 법사가 다섯 가지의 수행을 실천함에 의해서 얻는 공덕을 다음과 같이 설하려는 것이 이 장의 내용이다. 그 공덕은 무엇인가. 이것이 아래에 말하는 6근청정(六根清淨)이다.

2. 6근(六根) 청정(清淨)

이 19장의 첫머리에 부처님께서는 언제나 게으르지 않고 정진하는 사타타사미타뷰크타(Satatasamitabhiyukta) 즉 상정진(常精進)이라는 이름의 보살을 향해 법사가 얻는 공덕에 대해 다음과 같이 말씀하셨다. 『만일 선남자·선녀인이 이『법화경』을 믿어 기억[受持]하고 혹은 읽고 혹은 외우고 혹은 해설하고 혹은 베껴 쓴다면[書寫] 이 사람은 앞으로 8백의 눈의 공덕과 1천2백의 귀의 공덕과 8백의 코의 공덕과 1천2백의 혀의 공덕과 8백의 몸의 공덕과 1천2백의 뜻의 공덕(恩惠)을 얻을 것이다. 이 공덕을 가지고 6근을 장엄하여 모두 청정케 하리라.』

즉 이『법화경』을 수지·독·송·해설·서사하는 사람이 얻는 공덕은 눈(眼)·귀(耳)·코(鼻)·혀(舌)·몸(身)·뜻(意)의 6근(六根)에 8백 혹은 1천2백이라고 하는 수의 덕성(德性)을 얻는다고 한다.

여기서 6근이란 안근(眼根)에서 신근(身根)까지의 외계의 자극을 지각(知覺)하는 감각 기관과 그들이 가진 능력을 말하며 그 각각의 배후에서 외계의 인식 내용을 통합하고 판단하는 의식 작용과 그 의식 작용의 의지처가 되는 기관(器官)을 말한다. 즉

(1), 안근(眼根)……시각 기관과 그 능력.

(2), 이근(耳根)……청각 기관과 그 능력.

(3), 비근(鼻根)……후각 기관과 그 능력.

(4), 설근(舌根)……미각 기관과 그 능력.

(5), 신근(身根)……촉각 기관인 신체와 그 능력.

(6), 의근(意根)……앞의 5근에 의해 얻어진 인식 내용을 통합하여 판단하는 의식 작용과 그 의지처가 되는 기관.

이상이 6근이다. 이 6근의 하나하나에 대해 저마다에 각별히 훌륭한 역할[美点]이 갖추어져, 그것에 의해 6근 모두가 청정해진다고 경은 설한다.

그런데 8백·1천2백이라고 하는 공덕의 수(數)는 어디에서 유래하며 또 그 숫자가 나타내는 구체적인 의미는 분명치 않으나 6근에 부착하여 모두 6천의 공덕이 갖추어지게 된다. 그렇다면 그 하나하나에 대해서는 어떻게 설하고 있는 것인가.

우선 첫 번째로 안근(眼根)에 대해서는 전 우주 세계(全 宇宙 世界)의 안과 밖을 불문하고 아래는 아비지옥(阿鼻地獄)에서부터 위로는 색구경천(色究竟天)에 이르기까지의 온갖 것을 하나도 빠지지 않고 볼 수 있게 되고, 그 속에 사는 중생들의 업(業)의 인연과 그 과보(果報)를 모두 볼 수 있다고 한다. 더구나 그것은 천안(天眼)이라고 하는 평범한 사람이 미치지 못하는 초능력(超能力)을 가진 눈이 아니라 태어날 때 그대로의 눈으로 볼 수 있다고 한다.

왜 그렇게 될 수 있는가 하면 사물을 보는 방법이 미혹에 의한 흐림이 없기 때문이다. 더욱 쉽게 말하면 마음이 맑게 갠 상태여서 아상(我相)이 없으므로 선입관이나 자기 본위적인 주관에 의해서 현상의 진실한 모습을 왜곡(歪曲)해 보지 않기 때문이다. 또 항상 마음이 평정(平靜)하여 사나운 감정의 물결이 일어나지 않기 때문에 사물의 있는 그대로의 상(像)이 눈에 비치는 것이다. 다른 경전에 석존께서는 『불에 가열되어 끓어오르고 있는 물은 사물의 모습을 있는 그대로를 비치지 못한다. 수초(水草)에 덮여 있는 수면도 사물의 모습을 여실히 비추지 못한다. 바람에 의해서 물결치고 있는 수면도 사물의 모습을 그대로 비추지 못한다.』라고 설하신다. 이와 같이 수면(마음의 눈)을 끓게 하거나 그 위를 덮거나 물결치게 함과 같이 자기 본위의 생각이나 감정의 소용돌이 등의 미혹을 떨쳐 버렸을 때 비로소 사물의 실상(實相)을 볼 수 있다는 가르침이다.

여기에 있는 눈의 공덕은 소위 초능력[天眼]을 말하는 것이 아니고 그 속에는 역시 이와 같은 가르침이 포함되어 있는 것이다. 이것이 첫 번째의 안근의 공덕이다.

다음에 두 번째의 이근(耳根)에는 이 전 우주 세계에 있는 안팎[內外]

을 불문하고 아래는 아비지옥에서부터 위로는 색구경천까지의 온갖 음성을 모두 빠짐없이 듣고 분별할 수 있다고 한다. 그것은 천이(天耳)라고 하는 초인적(超人的)인 능력이 있는 귀가 아니고 태어난 때 그대로의 귀에 의해서 들을 수 있다고 한다. 여기서 온갖 소리란 사물이 움직일 때 일어나는 것이다. 사물의 진동에 의해서 소리가 난다. 그러므로 신앙이 진보되어 마음이 맑게 갠 사람은 그 소리에 의해서 사물의 움직임의 미묘한 곳까지를 확실히 포착할 수 있는 것이다. 여기에는 많은 음향과 음성이 열거되었으나 그 가운데 화성(火聲)·수성(水聲)·풍성(風聲) 등은 자연물이 내는 소리이다. 불타는 소리, 물 흐르는 소리, 바람 부는 소리를 귀로 듣기만 하여도 자연의 움직임이 손에 잡힐 듯 아는 것이다. 그러므로 현실의 문제로서 이러한 사람은 아늑한 자연의 소리를 듣고서는 그것을 아름다운 음악으로서 마음을 즐겁게 할 수도 있을 것이며 또 그것이 단순한 울림이 아닌 경우에는 그 진상을 민감하게 느껴서 돌풍·소용돌이·해일·홍수 등의 위험에서 자기도 벗어나고 다른 사람도 구할 수 있을 것이다. 그런데 하물며 인간이 울리는 뿔 나팔·북·종·방울 등에 잠겨 있는 그 사람이 가진 마음의 움직임 등을 쉽게 듣고 분별할 수 있을 것이다. 오케스트라의 명지휘자는 백 수십 명의 악사가 여러 가지의 악기로 연주하고 있는데도 어떤 사람의 어떤 음이 약간 낮았는지 높았는지 어떤 사람의 연주에는 기분이 나지 않았는지 어떤 사람의 연주는 힘이 넘쳤는지를 알 수 있는 것이다.

사람의 마음으로 움직이는 것이 아닌 단순한 물체의 움직임에도 잘 통달하고 있는 사람은 그들이 가진 미묘한 서로 다름[相違]이나 변화를 훌륭히 듣고 분별할 수 있다. 숙련된 기계 기사(機械 技師)는 잠깐 동안 공장에 들려 무수한 기계가 내는 굉음에 귀 기울이는 순간 어느 기계의 어디가 잘못되었고 어디의 상태가 어떻게 나쁜지를 곧 알 수 있다.

그런데 하물며 살아 있는 것이 발하는 음성이고 보면 인생의 기사(技師)이며 지도자인 "법사"는 그 음성에 담겨 있는 마음을 모를 리 없을 것이다. 살아 있는 것이 내는 소리도 역시 움직임에 의해 일어나는 것은 말할 필요도 없다. 그것은 단순히 성대의 진동일 뿐만 아니라 감정이나 의지의 움직임이 음성으로 되어 나타나는 것이다. 감정이 격렬하게 움직일 때, 즉 기쁠 때, 슬플 때, 괴로울 때에 내는 소리도 있고 자기의 생각을 남에게 전하고자 하는 의지가 움직였을 때에 발하는 소리[言語]도 있다. 날짐승 들짐승[鳥獸]이 우는소리도 그것에 준하는 것이라고 말해도 좋을 것이다.

신앙이 깊어진 사람은 이 소리들의 참 뜻을 모두 듣고 분별할 수 있다고 한다. 지옥과 같은 경계에 있는 사람의 고통스러운 절규[地獄聲], 갖가지 본능적인 충동에 사로잡힌 소리[畜生聲], 굶주림과 같이 물질을 탐내어 구하려고 내는 소리[餓鬼聲], 서로 다투며 으르렁대는 소리[修羅聲] 등을 여실히 들을 수 있다.

또 천상계에 사는 사람들이 하는 말을 들을 수 있는 초능력도 갖추게 되고 비구·비구니가 불도를 수행하며 발하는 소리, 불·보살이 가르침을 설하고 계시는 소리조차도 듣고 분별할 수 있다고 하는 신비적인 경지에 도달한다는 것이다. 이것이 두 번째의 이근(耳根)에 대한 것이다.

세 번째의 비근(鼻根)에 대해서는 태어난 때 그대로의 코로 전 우주세계의 온갖 냄새나 향기를 맡을 수 있어, 애를 밴[懷姙] 사람의 향기를 맡고 그 태아(胎兒)에 대한 남녀의 구별, 불구인가 어떤가까지도 알 수 있고, 땅 속의 보배가 감추어져 있는 것도 냄새를 맡고 그 소재를 알 수 있다고 한다. 그는 보살이 가진 번뇌의 더러움이 없는 법에서 나오는 코를 가지고 있지 않으면서도 이와 같은 훌륭한 코의 능력을 갖는다고 설한다. 코라는 것은 인간의 5관 가운데 가장 동물적인 것이어서 눈으로 보는 예술이나 귀로 듣는 예술에 비해 코를 맡는 예술은 그다지 발달하지 못한 것도 그 때문이겠지만 그것만으로는 인간의 생리나 감정에 직접적인 영향을 미치지 못하는 것이다. 어느 냄새를 맡으면 식욕이 없어지기도 하고 머리가 아프기도 하며 반대로 어떤 냄새를 맡으면 멍청해지는 냄새도 있다.

이와 같이 냄새라는 것은 매우 파악하기 어려운 것이지만 그것마저도 자유자재로 맡아 분별할 수 있게 된다는 것이다. 역시 이것도 사물의 본질을 뚜렷하게 파악하게 된다는 의미이다. 이것이 비근(鼻根)에 대한 것이다.

 네 번째의 설근(舌根)에 대해서는 가령 어떤 나쁜 맛의 것이라도 그 혀에 올려놓으면 하늘의 감로(甘露)·와 같은 좋은 맛으로 되며 영구히 나쁜 맛을 느끼는 일은 없다고 한다. 온갖 맛을 정화하는 작용을 갖게 됨에 이른다. 그리고 그 사람이 변설(辯舌)로 교법을 연설한다면 깊고 아름다운[深妙] 소리를 내어 사람들과 신들, 천룡8부중은 말할 것도 없이 불·보살까지도 그 모습을 보려고 원하며, 모든 부처님은 그 사람이 있는 곳을 향해 법을 설한다고 한다. 혀의 공덕은 둘로 나누어져 있다. 첫 번째는 먹는 것의 맛이 좋아진다는 것과 두 번째는 자기가 설하는 것이 사람을 잘 움직이게 한다는 것이다. 첫 번째에 대해서는 이것은 실제로 우리들이 경험하는 일인데 보통 사람은 도저히 먹을 수 없는 들풀이나 나무 열매 종류를 산중에 사는 선인(仙人)이나 고승 등은 맛있게 먹는다. 우리들의 일상생활에서도 괴로움이나 근심이 있으면 어떤 산해진미(山海珍味)라도 모래를 씹는 것 같고 마음이 활짝 개이면 보리밥에 된장국도 맛있게 먹을 수 있다. 더구나 감로란 신들의 음료라고 전해지는 것으로서 매우 맛있을 뿐만 아니라 마시면 죽지 않는 효능이 있다고 한다. 그리고 이러한 사람이 미묘한 소리 즉 정신적인 높이와 깊이를 기억한 미묘한 맛을 가진 소리로 법을 설하면 부처님께서 그를 만나고자 하시므로 이 얼마나 가치 있는 사람인가 알 수 있다. 그리고 모든 부처님께서 그를 향해 법을 설해 주신다 하니 즉 모든 부처님의 가르침이 그 사람에게 집중한고 한다. 그렇게 되면 그 사람은 일체의 불법을 모두 이해하고 기억할 수 있게 되니 참으로 훌륭한 경지라고 아니할 수 없다. 이것이 혀[舌]의 공덕이다.

 다섯 번째의 신근(身根)이란 맑은 유리[淨瑠璃]와 같이 청정한 신체가 되어 온갖 사람들이 보고 싶다고 원하게 된다. 그 신체가 청정하기 때문에 자신의 육체에 모든 것을 비치어 낼 수 있다고 한다. 인간의 육체는 원래 고정된 실체가 없는 "공성"이며 진여 그대로의 것이나 생물로서 발생한 이래「현실의 육체가 자기이다.」라는 착각을 거듭해 왔기 때문에 육체라는 껍질에서 도저히 벗어날 수가 없는 것이다. 이것이 "아상"이다. 그러나 수행을 쌓아 미혹이 없어진 사람은 다음 세상에는 무겁고 괴로운 육체를 가지지 않은 정묘(精妙)한 몸이 되어 영계(靈界)에서 살며 거기서 수행이 차츰 나아지면 더욱 정묘함이 나아져 드디어는 법성 즉 진여와 일치하고 만다. 즉 우주의 대생명 그 자체와 일체(一體)가 되어 버리는 것이다. 이것이 신근에 대한 것이다.

끝으로 여섯 번째의 의근(意根)에 대해서는 뜻[意]의 작용이 청정하여 경전의 한 시송(1偈) 중의 한 구절(1句)을 들으면 한량없는 뜻에 통달한다고 한다. 그리고 그것을 1년 동안 계속 설하고 그 설하는 법은 모두 진실한 모습과 위배하지 않는다고 한다. 그는 번뇌의 더러움이 없는 지혜는 얻지 못했더라도 이상과 같이 하나를 듣고 모두를 이해하고 사유하며 말로 설하는 것은 모두 불법이며 진실한 것이라고 한다. 즉 현실생활에 대한 설법도 정법에 합치한다는 것이다. 경에는『속간(俗間)의 경서』즉 종교 이외의 인생에 관한 지도서, 다시 말해 윤리·도덕·철학 등의 책을 말하는데 책에 한하지 않고 말로 설하는 경우도 포함된다. 그리고『치세(治世)의 어언(語言)』즉 정치·경제·법률·사회문제와 같은 세상을 다스리는 것에 대해 설하는 것,『자생(資生)의 업(業)을 설함』즉 농업·공업·상업과 같은 산업에 대해 논하거나 지도하는 것을 말한다.

참다운 의미에서 깊은 신앙에 도달하고 있는 사람은 이러한 실제 생활상의 일들에 대해 설할지라도 그것이 스스로 부처님께서 설한 정법에 일치한다는 것이다. 종교의 전문가는 주로 정신적인 문제나 마음의 세계를 설하며 그것에 부연해서 인생의 훌륭한 생활 방식, 사회의 올바른 모습 등에 관해 설하는 것이 바른 길이다. 정치·외교·산업 등에 관해 근본적인 마음가짐을 설하는 것도 역시 중요한 역할이다. 석존께서도 정치를 하는 사람의 마음가짐은 물론 직업에 대해서나 경제에 대해서

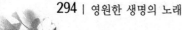

도 여러 가지로 가르쳐 주셨던 것이다.

그런데 『법화경』을 신앙하는 사람은 대부분 종교의 전문가는 아니며 재가의 사람들이다. 그러므로 그 때와 장소에 따라서 『속간의 경서』를 설하기도 하고 『치세의 어언』을 말할 때도 있을 것인데 하물며 『자생의 업』에 대해 말하는 것은 매일 필요한 일이다.

이러한 실생활에 대해서의 언론에는 이해관계가 크게 얽혀 있으므로 어찌해도 아상이 강하게 작용할 것이다. 아상이 나오면 어느덧 사물을 생각하는 것이 근시안적으로 되고 자기중심적으로 되어 「나와 모든 사람이 함께 살아간다.」라는 큰 경지에서 볼 수 없는 경우가 많다. 그러나 참다운 신앙에 사무친 사람은 사물에 대한 생각이 「모든 것을 살린다.」는 부처님의 경지에 가까이 가 있으므로 그 설하는 바가 자연히 부처님의 가르침과 일치하게 된다. 결국 이 사람은 가르침에 널리 통달하고 있기 때문에 여러 각도에서 여러 가지의 방법으로 오랜 시간에 걸쳐 법을 설할 수 있다. 그런데 그것이 모두 불교의 본질에 들어맞고 진리에 계합하고 있다는 것이다. 여기에 불교의 광대무변함과 가르침에 통달한 사람의 지혜의 깊이가 잘 나타내져 있다. 이것이 의근이다.

이상이 6근의 하나하나에 대한 구체적인 훌륭한 작용이며 『법화경』을 기억[受持]하고·읽고[讀]·외우고[誦]·해설(解說)하고·베껴 쓰는[書寫] 법사는 이상의 6근에 대한 청정을 얻을 수 있다고 설한다.

이 6근 청정에 대해 인도의 바수반두(Vasubandhu) 즉 세친(世親)의 『『법화경』론(法華經論)』에서는 "육근 청정이란 하나하나의 근(根) 속에 모두 훌륭히 구족하여 색을 보고 소리를 듣고 향을 맡고 맛을 구별하며 촉감을 느끼고 법을 알며 제근(諸根)이 상호작용[互用]한다."라고 하여 제근의 호환작용(互換作用)을 설하고 있다.

또 천태의 「법화문구」에서도 『열반경』의 『여래의 1근(一根)은 곧 능히 색을 보고 소리를 듣고 냄새를 맡고 맛을 구별하며 감촉[觸]을 느끼고 법을 안다.」라고 한다. 앞의 『『법화경』론』과 같은 글을 인용하여 근(根)의 호구호융(互具互融)을 설하고 있다. 눈으로 물체를 볼뿐만 아니라 눈으로 소리를 듣고 냄새를 맡고 맛을 아는 등 감각 기관의 상호 호환 작용(互換作用)은 어떤 종류의 선정(禪定) 체험에서는 실제로 일어나는 것처럼, 현재 LSD 25 등의 약물에 의한 트립상태 즉 환각 증상에서는 이와 같은 일이 쉽게 일어나는 것이 확인되고 있으므로 감각 기관의 상호 호환 작용뿐만 아니라 『법화경』이 설하는 6근의 갖가지 공덕에 대해 이것을 단순히 황당무계한 일이라고 단정할 수 없는 일이다.

천태(天台)는 이 6근(六根) 청정을 중히 여겨 수행자의 품계(品階)로서 별교(別敎)의 10신위(十信位), 원교(圓敎)의 6즉(六卽) 가운데 상사즉 (相似卽)의 자리[位置]라 하여 수행자가 도달해야 할 목표의 한 단계라고 말한다.

妙法蓮華經 常不輕菩薩品 第二十
묘법연화경 상불경보살품 제이십

梵本『법화경』제19장
항상 경멸받은 사나이

불경예배(不輕禮拜)

1. 전생담(前生譚)

이 제20장의 제명(題名)은, 이 20장에서 석존(釋尊)의 전생담(前生譚)에 등장(登場)하는, 상불경(常不輕)이라는 주인공의 이름에서 유래한다. 이 상불경보살품의 첫머리에서 『법화경』을 믿어 기억(受持)하는 사람에 대해 사나운 말, 즉 욕지거리(惡口) 잡된 말(雜言)을 하거나, 비방(誹謗)하는 사람은, 앞에서 설한 것과 같이 커다란 죄의 과보를 받을 것이다. 반대로 『법화경』을 수지 하는 사람의 공덕은 6근(六根) 청정을 얻는다, 라고 설하여 지금까지의 장과 연결하고 이하에는 『법화경』을 간직(受持)한 과거의 예로서 상불경보살을 주인공으로 하는 전생담이 설해진다.

그렇다면 그 전생담이란 어떤 내용일까.

옛날 옛적 아득한 그 옛날에 무섭게 울려 퍼지는 음성의 왕이라는, 즉 위음왕여래(威音王如來)라는 부처님이 계셨는데, 하늘의 신들과 인간·아수라에게 설법하고 성문·연각·보살을 위해 그들에게 알맞은 가르침을 설했다. 그 위음왕불이 수명을 다하여 입멸하고 바른 가르침(正

法)도, 바른 가르침과 비슷한 가르침(像法)도 사라져 버린 후에, 또 같은 국토에 부처님이 출현하셨다. 그 부처님도 위음왕여래라는 이름이었다. 이렇게 차례차례로 2만 억의 위음왕여래라는 같은 이름의 부처님이 출현했으나 그 최초의 위음왕불이 입멸하고 바른 가르침이 사라지고 바른 가르침과 비슷한 가르침의 시대가 되었을 때에 한 사람의 항상 경멸받은 사나이라는 원어 Sadaparibhuta, 즉 상불경이라 이름 하는 보살비구(菩薩比丘)가 있었다. 당시는 잘난 체 하는 비구들이 큰 세력을 가지고 있던 때였다. 그 보살비구는 비구·비구니·청신사·청신녀 등 누구를 막론하고 만나는 사람마다 이렇게 말하며 예배하는 것이었다.

『나는 당신을 깊이 존경합니다. 경멸하지 않습니다. 왜냐하면 당신은 모두 보살도를 실천하여 반드시 부처가 될 수 있기 때문입니다.』

4부 대중은 이에 대해 성을 내기도 하고 사나운 욕지거리나, 잡된 말을 하기도 하며 마침내는 몽둥이로 때리고 기왓장을 던져 해를 입히는 것이었다. 그러나 어떤 가혹한 행위에도 상불경은 얼굴 하나 변하지 않고 『나는 당신을 존경합니다.』라고 말하며, 상대방에게 계속 예배하는 것이었다. 이렇게 하니 사람들은 지친 끝에 그를 「상불경(常不輕)」이라는 이름을 붙여 부른 것이다.

그런데 그가 수명이 다하여 임종 때에 이르러서, 그는 공중에서의 소리를 들었다. 그것은 옛날에 멸도(滅度)하신 위음왕불(威音王佛)께서 『법화경』을 설법하는 소리였다. 그는 그 설법을 모두 듣고 믿어 간직했다. 그러자 그는 그 『법화경』의 설법을 듣고(聞法), 믿어 간직(受持)하는 공덕에 의해서 6근청정(六根淸淨)의 공덕을 얻어, 그 수명이 2백 만억 나유타라 하는 긴 세월이 늘어났다. 그는 스스로 가르침을 듣고 믿어 기억한 『법화경』을 널리 사람들을 위해 설하였고 그를 박해한 4부대중(四部衆)의 사람들도 그 가르침을 들었다. 그는 그 긴 수명을 마친 뒤에도 몇 번이고 다시 태어나서 차례차례로 각각 2천억의 일월등명불(日月燈明佛)과 운자재등왕불(雲自在燈王佛)을 공양하고 그 부처님들

아래서도『법화경』을 계속 설했다. 그 공덕에 의해서 상불경보살은 드디어 부처가 될 수 있었던 것이다.

 이상이 전생담의 내용이다. 경은 이 전생담의 마무리로서 과거의 이야기와 현재를 연결시켜 이렇게 설한다. 즉 상불경이란 누구인가 하면 현재의 나(석가모니)이며 성내며 상불경을 박해한 네 무리의 사람들은 지금 이 자리에 있는 현호(賢護)라는 바드라팔라(Bhadrapala), 즉 발타바라(跋陀婆羅) 등의 5백 인의 보살, 싱하찬드라(Sinhacandra) 즉 사자월(師子月) 등의 5백 인의 비구니, 위없는 행복을 얻은 사람(佛)을 생각하는 사람이라는 수가타체타나(Sugatacetana), 즉 사불(思佛) 등의 5백의 우바새(清信士) — 범본『법화경』에는 우바이(清信女)로 되어 있다 — 들이라 한다.

 위의 전생담을『법화경』이 설한 의도는 장항(長行)의 맨 끝 부분에 의해 설명되고 있다. 그것은「이런 까닭에 모든 보살 마하살은 내가 멸도한 후에도 항상 이『법화경』을 굳게 믿어 기억하고, 읽고, 외우며, 해설하고, 옮겨 쓰는 것에 노력하기 바란다.」라는 한 글이다.『법화경』은 상불경보살의『법화경』을 듣고 기억한 공덕을 설함에 의해서 이『법화경』의 공덕이 큰 것임을 선양(宣揚)하고 여래께서 입멸하신 후의 경전수행(經典修行)을 사람들에게 권장한다. 이「상불경보살품」이「분별공덕품」의 후반에서「수희공덕품」·「법사공덕품」과 더불어 공덕유통(功德流通)으로 불리는 까닭이 여기에 있다.

2. 부처님의 말씀을 믿음(信佛語)

『법화경』의 의도에 대해서는 앞에서 말했지만, 하나 주의해야 할 점은 문법수지(聞法受持)와 그 문법수지에 의해 얻어지는 공덕이라는 점이다. 즉 문법수지란『법화경』의 설법을 듣고 그것을 굳게 받아들여 마음에 기억함을 말한다. 상불경보살(常不輕菩薩)은 왜 4중(四衆), 즉 비구·비구니·우바새·우바이 그 누구를 불문하고『나는 당신을 깊이 공경하며 결코 가벼이 여기지 않습니다.』라고 말하며 예배했을까? 그것은 그가 계속해서 말하는『당신들은 보살도를 실천하여 반드시 부처님이 되시기 때문에』라고 하는 것이 그 해답이다. 그러나 어떻게 4부중들은 보살도를 실천하여 반드시 성불할 수 있다는 말인가. 잘난 체하는 4중의 사람들이 보살도를 실천한다고 어떻게 말할 수 있을까? 이 물음에 대한 해답은 세친(世親)의『법화경론』이래 이러하다. 즉 모든 중생에게 불성(佛性), 다시 말해 부처님의 잠재태(潛在態)가 있기 때문이다. 모든 사람들은 본래적으로 부처님을 그 속에 기억하고 있으므로 누구라도 부처님이 될 수 있다. 상불경(常不輕)은 사람들 속에 있는 그 부처님께 예배한 것이다. 세친은 상불경의『나는 당신을 경멸하지 않는다.』는 말에 대해『중생에게 모두 불성을 가짐을 나타냄』으로 해석하고 있어 불성사상(佛性思想)에 의해『법화경』을 이해하고 있음을 알 수 있다. 이후 중국의 해석가(解釋家)들도 세친을 본받아 천태를 비롯하여 모두 불성(佛性)에 의해 이를 해석하고 있다. 그러나 이것은 뒤에 온 (後來) 사상에 의해 앞에 간(先行) 사상을 해석한다고 하는 선례(先例)의 전형(典型)으로서『법화경』자체에는 불성이라는 말이나 사상이 아직 설해져 있지 않다는 점을 주의해야 한다. 다만 불성사상에 매우 근접했다는 것은 사실이다. 그것은 부처님의 씨앗 즉 불종(佛種)이라는 말로 대표되며, 한 걸음 더 나아가면『법화경』도『열반경(涅槃經)』처럼, 불성을 선설(宣說)하기까지, 이를 수 있음직도 하다. 마치 산등성이를 나란히 하여 간신히 균형을 유지하며 걷고 있는 것 같은 것이다. 그러나 이 불성을 설하고 있지 않다는 사실은 매우 커다란 의미를 가지고 있지만, 일단 불성을 인정하게 되면 모든 사람이 부처가 된다는 것은 간단하다. 왜냐하면 불성이라는 명확한 근거가 있기 때문이다. 그러나 이를 인정하지 않는 경우에는 모든 사람이 부처가 된다고 하는 경우에 그 근거를 제시하기란 매우 곤란하다.『법화경』의 경우, 그 곤란한 근거를 어디에서 구하고 있는가, 그것은 바로 문법수지(聞法受持)인 것이다. 즉『법화경』을 듣고 그것을 스스로 받아 기억하는 문법수지의 공덕에 의한 결과로 성불할 수 있다는 것이다. 지금까지 결코 성불할 수 없다고 하던 사리불 등 2승의 사람들이『법화경』의 가르침을 들은(聞法) 공덕에 의해 참다운(眞) 불자(佛子), 즉 보살로 다시 태어나서(化生) 부처님으로부터 성불의 예언(記莂)을 받았다는 것이 바로 그것이다. 이 문법수지라는 것이 성립되기 위해서는 절대적으로 필요한 전제조건(前提條件)이 하나 있으니, 그것은「부처님의 말씀을 믿는 것(信佛語)」에 있다. 제 아무리『법화경』의 설법을 들어도 듣기만 하고 그 설법을 마음속에 믿고 받아들이지 않는다면 문법수지는 있을 수 없다. 부처님의 말씀을 믿는다는 것은 곧 부처님을 믿는 것이다. 그렇기 때문에 부처님을 절대적으로 믿음으로써 비로소 문법수지라고 할 수 있다. 부처님을 믿고 부처님의 말씀을 믿어 그것을 굳게 받아들임에 의해서 성불에의 길을 걸어가는 보살이 되는 것이기 때문에 상불경(常不輕)이『당신들은 보살의 길을 실천하여 반드시 부처로 될 수 있다.』라고 말한 것이다. 즉『법화경』은「믿음」의 종교이며「믿음」을 강조하는 것은 그러한 의미인 것이다.

3. 절복역화(折伏逆化)

그런데 이「믿음」을 전제로 하는 문법수지의 공덕에 의해『법화경』의 보살이 되고 이윽고 부처가 된다고 하지만「믿음」도 일으키지 않고 정법을 들으려고도 하지 않는 사람에게는 어떻게 하면 좋은가. 잘못된 견해나 잘못된 믿음에 굳어 있는 사람들은 비록『법화경』을 듣게 되는 경우를 만나더라도 이를 귀에 담지 않아 믿고 받아들이지도 않을 것이다. 즉 인연 없는 중생은 제도하기 어렵다는 것은 이러한 사람들을 가리킨 말이다. 그러나 이런 사람들을 건지기 어렵다고 그대로 방치해야 할 것인가. 만일 그렇게 한다면 이들은 『법화경』에 의한 구제의 손길에서 벗어나게 되어 모든 사람이 부처가 되는 것을 지향하는 1승(一乘)의 이상(理想)도 달성할 수 없게 된다. 이런 경우 교화의 수단으로서 사용하는 것이 「절복(折伏)」과 「섭수(攝受)」가 있다. 「절복」이란, 교화의 대상인 상대방을 절복시키므로 말미암아 정법으로 인도하는 방법으로서 상대방의 삿된 견해(邪見)와 삿된 믿음(邪信)을 때려 부수고, 정법에 눈뜨도록 인도하는 것이다. 이와 반대로 교화의 상대방을 거두어 들여 정법을 설해가는 교화방법이 「섭수」이다. 천태대사 지의(智顗)는 『마하지관(摩訶止觀)』 중에서 「불법의 양설(兩說) 가운데 하나는 거두는 것(攝受)이고, 다른 하나는 꺾어서 항복시키는 것(折伏)이다.」라고 설하고 있으며, 교화의 상대에 따라서 절복과 섭수라고 하는 두 가지의 방법을 분별해서 사용하는 것이다.

이 「섭수」와 「절복」의 교화방법은 『승만경(勝鬘經)』의 「십수장(十受章)」에 설해져 있으며 이 『법화경』에는 설해져 있지 않다. 그러나 지금의 상불경보살의 교화방법은 「절복」에 해당하는 것이다. 상불경보살은 누구를 막론하고 만나는 사람마다, 『나는 당신들을 깊이 공경합니다.』라고 계속 예배하며 사람이 성내며 욕하고(惡口) 난잡한 말(雜言)을 하며, 몽둥이와 기왓장으로 박해(迫害)를 받아도, 더욱더 꺾기지 않고 상대방에게 『나는 당신들을 깊이 공경합니다.』라고 계속 말했다. 교화의 상대방을 격분시키고 성내게 함으로 말미암아 도리어 자기편으로 끌어들인다. 이것이 역화절복(逆化折伏)이다. 바른 세상의 바탕이 곧아서 법을 받아들이는 소질을 가진 사람들에 대해서는 이와 같은 방법은 필요하지 않지만, 악한 세상의 소질이 낮은 사람들에 대해서는 이와 같은 교화 방법이 필요할 것이다.

그런데 『법화경』 가운데에는 직접 그 말을 볼 수 없는 「섭수」와 「절복」과를 『법화경』 가운데에 적용하여 해석한 것은 앞에서 말한 바와 같이 천태지의(天台智顗)를 효시로 하지만 천태6조(天台六祖)인 담연(湛然)

은 다시 안락행품의 4안락행의 입장을 섭수, 이 장의 상불경의 예배행(禮拜行)을 절복이라 하여 말세에서의 절복의 의의를 인정하고 있다. 또 일본의 니찌렌(日蓮)은 말법에서의 경전을 넓힘(弘經)에는 절복에 의하지 않고서는 안 된다고 하며, 이 장에서의 상불경보살의 예배행을 그 본보기로 하였다. 상불경보살은 어떤 박해에도 굴하지 않고 예배행을 계속 실천한 그 모습에 자신을 천하게 낮추(卑下)고 니찌렌도 자진해서 박해를 받으면서도 절복에 의해서 상대방을 설해 굴복케 하고 『법화경』을 넓히는 강성(强盛)한 하종(下種)을 이룬 것이다. 뿐만 아니라 자신에게 쏟아지는 박해를 「권지품(勸持品)」에서 가르친 박해로서 받아들이고 있다.

4. 순화(順化)와 역화(逆化)

앞에서는 역화에 대해 살펴보았다. 그러나 누구나 가지고 있는 자신의 불성을 발견하도록 가르치는 방법에는 두 가지의 길이 있다. 즉 하나는 그 사람의 선(善)을 인정하고 그것을 신장(伸張)시켜 줌으로써 자연히 악을 소멸시켜 가는 방법이다. 이것은 인간의 본질인 불성을 이끌어 내는 〈순(順)〉의 길이므로 이것을 순화(順化)라고 한다. 또 하나는 그 사람의 악(惡)을 지적하여 그것을 꾸짖고 책망하는 것에 의해 가려져 있는 선을 표면으로 나타내게 하는 수단이며 〈역(逆)〉의 힘을 가해서 불성을 자각시키는 방법이므로 이를 역화(逆化)라 한다.

그런데 이 두 가지는 「표리(表裏)가 일체(一體)」이어서 사람에 따라 또는 경우에 따라 교묘하게 사용하는 것이 이상적이지만 그것이 잘못되지 않게 사용되기에는 좀 더 교화의 베테랑이 된 후의 일이다. 그렇다면 역시 일반적으로는 순화의 쪽을 이용하는 것이 안전하며 효과적이라고 말할 수 있다.

불성이라는 것은 외향성(外向性), 즉 밖으로 향하여 나타나려(顯現)는 성질을 가지고 있다. 그 성질을 이용하여 그 힘에 탄력을 주어 이끌어 내 주는 것을 순화라 한다. 보통 사람이면 자기의 장점을 인정받게 되면 즐겁지 않을 사람은 없을 것이다. 칭찬을 받게 되면 마음이 누그러진다. 마음이 누그러진다는 것은 불성의 주위를 굳게 감싸고 있던 열등감이나 죄악감, 탐욕·미움·성냄·질투와 같은 미혹 등, 온갖 죄가 자연스럽게 용해되는 상태가 된다. 그러므로 불성은 그러한 벽을 무너뜨리고 밖으로 나타나는 것이다.

따라서 그 사람의 장점을 인정하고 칭찬하며 「그것이 바로 불성을 가지고 있는 증거이다.」라고 지적해 주면 마음이 순박한 사람이면 어떤 경우에는 문득 깨닫기도 하고 어떤 경우에는 점차로 미혹의 장벽을 무너뜨려 갈 수 있다. 이러한 이유에서 순박한 마음을 가진 어른이나 때 묻지 않은 대부분의 아이들에게는 가급적이면 순화의 방법으로 교화해 가는 것이 바른 길이다.

그러나 완고한 사람이나 성질이 삐뚤어진 사람, 특히 낮은 사상이나 잘못된 신앙 등에 사로잡혀 있는 사람은 순화의 방법만으로는 좀처럼 바른 길(正道)로 이끌기는 어려운 일이다. 왜냐하면 그 사람의 불성 주위를 감싸고 있는 미혹의 장벽이 너무나 두텁고 또한 견고하여 안쪽에서 그것을 무너뜨리기에는 매우 어렵기 때문이다. 이러한 사람에게는 역화(逆化)의 방법을 취하지 않을 수 없다. 반성을 할 수 있는 강렬한 말이나 이론적이고 준엄한 파절(破折)에 의해 외부로부터 그 두텁고 견고한 벽을 무너뜨려야 한다.

그러한 강렬한 충격을 만나면 그 사람의 마음은 세차게 흔들린다. 즉 쇼크를 받는다. 그 쇼크에는 대충 두 가지의 요소가 있다. 하나는 자각이며 또 하나는 반발이다. 자각이란 지금까지 두꺼운 벽으로 감싸고 있던 자기의 불성을 문득 깨닫는 것이다. 즉 온화한 순화로서는 도저히 깨뜨릴 수 없었던 그 벽이 마음의 격렬한 요동에 의해서 안쪽에서부터 쪼개지고 만다. 「악에 강한 사람은 선에도 강하다.」라고 하는 말이 있듯이 틀림없이 굳은 신념을 가지고 삿된 길(邪道)에 사로잡힌 사람 등이 일단 바른 길에 눈뜨게 되면 단숨에 높은 경지까지 뛰어 오르는 사람이 많은 것이다.

반발이란 밖으로부터의 충격에 대해 더욱더 벽을 굳건히 하여 충격을 되돌려 보내려는 마음가짐을 말한다. 이러한 사람에게는 역화와 순화를 병용(倂用)하여 「당신에게는 거룩한 불성이 있다. 그러므로 이 정법을 모르지 않을 것이다.」라고 말하여 안팎(內外) 양면에서 미혹의 벽을 무너뜨리는 방법을 취하지 않으면 안 된다.

아이들을 꾸짖을 때에도 역시 이러한 마음가짐이 필요한 것이어서 「영리한 네가 어떻게 이러한 일을 모를 수 있겠느냐」 한다든지, 「착한 마음을 가지고 있는 네가 어찌하여 이런 일을 저질렀느냐」라고 하는 방식으로 어디까지나 아이들의 본질적인 선(善)을 인정하고, 그것을 앞세워 꾸짖지 않으면 안 된다. 이것이 역화의 요령이다. 이것은 어른들에게도 통용된다. 맨 처음 말한 「순화와 역화는 표리가 일체이다.」라는 것은 이 양자 사이가 미묘한 관계를 가지고 있음을 말한 것이다.

그렇더라도 교화의 참 길은 어디까지나 순화이어야만 한다. 앞에서 말했듯이 칭찬 받는다는 것은 즐거운 일이기 때문이다. 마음의 순수성을 잃고 삐뚤어져 있는 어른들은 처음에는 칭찬하는 것을 기분 나쁘게 생각하거나 아첨하는 것 같아서 오해하는 경우도 있겠지만 만일 그 찬탄이 진심에서 나온 것임을 알게 되면 그러한 오해는 언젠가는 사라지고 만다. 그리하여 제아무리 굳게 닫쳐져 있는 마음의 창이라도 차츰 열리게 되는 것이다.

상불경에게 경배 받던 사람들도 그러하였다. 처음에는 화가 나서 꾸짖거나 돌을 던지기도 하고 몽둥이로 때리기도 했지만 그러한 폭력행위에 대해 상불경은 어디까지나 진실했기 때문에 사람들의 마음을 차츰 무너뜨리게 된 것이다.

妙法蓮華經 如來神力品 第二十一
묘 법 연 화 경   여 래 신 력 품   제 이 십 일

梵本『법화경』제20장
여래의 신통력의 발휘

1.『법화경』을 세상에 넓힐 것을 따로 부촉함

이 21장의 장명[品名]인 여래 신력(如來神力)이란 여래의 신통력이라
는 의미이다. 그것이 장명으로 된 것은 부처님께서 그 자리에 모인 문
수[文殊師利] 등 한량없는 보살들과 1천 개의 세계를 부수어서 가루로
만든 미립자(微粒子)의 수[微塵數]에 이르는 땅에서 솟아 나온[地涌]
보살들과 모든 대중들 앞에서 위대한 신통력을 발휘하셨기 때문에 붙
여진 이름이다. 부처님께서 그 신통력을 나타내신 목적은 본화(本化)
지용의 보살들에게 부처님께서 입멸하신 후의『법화경』을 널리 유통할
것을 위촉하기 위함이었다. 그러므로 이 21장의 중심 테마는 땅에서 솟
아 나온 지용의 보살들에게 부처님께서 멸도 하신 후에 널리 유통시킬
것을 위촉한 것이다.

이 21장의 첫머리에 지용 천계(地涌 千界), 즉 1천의 세계를 미세하게
부순 미립자의 수에 이르는 땅에서 솟아 나온 대보살들이 등장하여, 부
처님께서 입멸하신 후의『법화경』을 넓힘에 대한 의지를 부처님께 선명
(宣明)하고 있는 것처럼 이 21장은 앞의「제15장 종지용출품」과 직결된
다. 즉 제15장에서는 타방(他方)의 국토에서 모여 온 여덟 갠지스 강의
모래보다 많은 한량없는 보살들이 사바세계에서 부처님께서 멸도 하신

후에 『법화경』을 널리 유통시킬 것을 부처님께 여쭙지만, 부처님께서는 "그만두자 선남자여, 〈그 뜻은 고맙지만〉 그대들이 이 『법화경』을 지키고 유지할 필요가 없다."라고 하시며 이를 거절했다. 그리고 부처님은 이 사바세계에는 6만 갠지스 강의 모래만큼의 대보살들이 있으며 그 보살들이 이 사바세계에서의 경전을 넓히는 임무를 담당한다고 말씀하신다. 이 순간 부처님의 말씀에 호응하여 대지(大地)로부터 솟아 나온 것이 상행보살(上行菩薩) 등의 네 사람의 보살을 대표로 하는 한량없는 천 만 억의 땅에서 솟아 나온 보살들이다. 앞의 타방의 국토에서 온 보살들과 현재 석가모니불의 제자들인 문수나[文殊]나 마이트레야[彌勒] 등의 보살들을 적화(迹化) 보살이라 하고 한편 땅에서 솟아나온 지용(地涌)의 보살들을 본불이 교화한 본화(本化) 보살이라 부른다는 것은 이미 말한 바와 같다.

『제15장 종지용출품』에서는 이렇게 돌연히 대지로부터 출현한 보살들이 석가모니불의 원래 제자들이라고 하는 것은 무슨 말인가. 성도(成道)한지 겨우 40여 년 동안에 이렇게 많은 보살들을 어찌 교화할 수 있었을까 하는 의문에 답하여 석가모니불의 영원한 수명을 밝히는 것이 「제16장 여래수량품」이다. 제15장에서 지용의 보살들이 출현한 것은 본래 이 사바세계에서 부처님께서 멸도 하신 후의 『법화경』을 넓히는 사명을 감당하기 위해서이다. 지용 보살들이 등장하고 부처님으로부터 『법화경』을 넓히는 사명을 받는다고 하는 내용을 가진 이 21장이, 제15장 종지용출품에 직결된다고 하는 것은 바로 이런 의미이다. 따라서 이 21장의 무대 설정은 제15장에서 설한 바와 같이 공중에 다보탑이 머물러 있고 그 탑 속에 다보여래와 석가모니불이 나란히 앉아 계시며 그 주위에는 타방에서 온 많은 보살 및 석가모니불의 분신불(分身佛)들과 대지로부터 출현한 한량없는 본화 보살들과 현재의 부처님 제자인 문수 등 한량없는 백 천 만의 보살들, 그리고 비구·비구니·우바새·우바이 등 의 4부 대중과 천, 룡, 8부 등의 대중이 다보탑 주위를 에워싸고 있었다는 것이다.

그러자 부처님께서는 이 대중들 앞에서 위대한 신통력에 의한 기적을 보이신다. 그 기적이란 입에서 넓고 긴 혀를 내어 브라흐만의 신(神)이 있는 천상계에 도달케 하고 또 부처님의 온몸에 있는 털구멍에서는 한량없고 무수한 색깔의 광명이 방출되었다. 이 넓고 긴 혀를 낸다고 하는 광장설(廣長舌)이란 부처님의 32상(三十二相) 가운데의 하나로서 부처님의 변재(辯才)를 상징한 것이며 동시에 부처님의 말씀이 진실하다는 것을 상징한 것이기도 하고 또 과거세의 불망어(不妄語)에 의한 과보라고도 한다. 부처님께서 놓은 광명은 시방세계를 두루 비치었는데 이 기적은 석가모니불만이 나타내신 것이 아니라 다보여래와 보배나무 아래에 계시는 여러 부처님들께서도 한결같이 똑같은 기적을 나타내 보이신 것이다. 그런데 이렇게 부처님들께서 광장설과 광명의 기적을 나타내시고 있는 사이에 백천세(百千歲)가 경과했다. 그리고 혀를 입안으로 거두어들이자 다음에는 부처님들께서 일시에 기침 소리를 내시고 손가락을 퉁기시며 대중들의 주의를 상기시켰다. 이 소리는 시방의 여러 부처님 세계까지 울려 퍼졌으며 대지는 여섯 가지 즉 동 남 서 북 상하로 진동했다. 이 기적을 목격한 중생과 천 룡 8부중들은 보배나무 아래의 여러 부처님과 석가·다보의 두 부처님께서 보배탑 안에 앉아 계시고 그 주위를 한량없는 보살과 4부 대중들이 에워싸고 있는 것을 볼 수 있었다. 그때 천신 들이 공중에서 소리를 내어 "지금 모든 보살 마하살을 위하여 그 이름을 대승경인 묘법연화, 교보살법, 불소호념을 설하신다. 그대들은 참으로 마음속 깊이 감사[隨喜]하라. 그리고 또 석가모니불을 예배하고 공양해야 한다."라고 큰 소리로 대중들에게 말한다. 그러자 대중들은 합장하고 사바세계를 향해 "나무 석가모니불, 나무 석가모니불" 하며 석가모니불께 귀명(歸命)했다. 그리고 그 중생들이 갖가지의 꽃과 향·영락·당번 및 온갖 진귀한 보석을 사바세계를 향해 던지니 그것들은 모두 공중에서 보배 장막이 되어 부처님들의 머리 위를 덮었다. 그때 시방 세계는 사바세계와 융통 무애(融通無礙)하게 서로 통해 마치 하나의 부처님 세계처럼 되었다. 이상이 부처님께

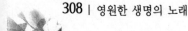

서 나타내신 큰 신통력이었으며 이 신통력을 나타내신 후, 마침내 이 21장의 요점인 부처님께서 멸도 하신 후의 『법화경』을 널리 유통시킬 것을 위촉하게 된다. 이 위촉은 본화(本化) 지용(地涌)의 보살들에게만 각별히 위촉하신 것이므로 다음 「제22장 촉루품」에서 적화 타방에서 온 보살들에게도 위촉하는 총부촉(總付囑)과 구별하여 「별부촉(別付囑)」이라 부른다. 그렇기 때문에 「그 때에 부처님께서 상행 등의 보살 대중에게 말씀하시기를」에서부터 잔항(長行)의 끝 부분인 「모든 부처님께서는 이곳에서 무여 열반[般涅槃]에 드시기 때문이다.」까지를 이 장 가운데의 「별부촉」의 글이라 부른다.

그런데 아래에 설하는 본화의 상행보살 등에 대해 부처님께서 멸도한 후의 경을 넓힘에 대한 위촉은 크게 4단으로 나눈다. 이 분단법(分段法)은 천태의 분단법인데 『법화문구(法華文句)』 권10 하에 의하면,

(1) 칭탄부촉(稱歎付囑)……「이 때, 부처님께서 상행 등의 많은 구도자[菩薩] 대중에게 말씀하셨다.」부터 「이 경의 공덕을 설해 밝히려 해도 도저히 다 설할 수 없다.」까지.

(2) 결요부촉(結要付囑)……「요약해서 이것을 말하면」부터 「모두 이 경에서 펴 보이며 설했다.」까지.

(3) 권장부촉(勸奬付囑)……「그렇기 때문에 내가 멸도한 뒤에는」부터 「그 자리에 탑을 세워 공양해야 한다.」까지.

(4) 석부촉(釋付囑)…………「왜냐하면 마땅히 알라.」부터 「모든 부처님께서 반열반하시는 곳이기 때문이다.」까지.

이상의 4단이다. (1)의 칭탄부촉이란 『법화경』의 공덕에 대해서는 부처님의 위대한 신통력을 가지고서도 이것을 다 설할 수 없다고 하여 『법화경』을 칭탄하며 그 훌륭한 경을 부촉함을 밝힌 것이다. (2)의 결요부촉이란 『법화경』의 요점을 결론 지어 말하고 부촉한다는 것이다. 그 요점은 「여래가 깨달은 일체의 진리(法)」「여래가 지닌 자유자재한 일체의 능력」「여래의 가슴속에 넘칠 듯이 가득한 일체의 중요한 가르침」「여래 일체의 깊은 내력 또는 경험」의 네 가지이며 ― 이것을 4구(四句)의 요

법(要法)이라 한다 — 이 네 가지의 점이 『법화경』에는 모두 뚜렷이 설해져 있다. 이와 같은 『법화경』을 부촉하는 것을 말한다. (3)의 권장부촉이란 부처님이 멸도한 후에 『법화경』의 수지·독·송·해설·서사를 권장하며 부촉하기 때문에 이 이름이 있는 것이다. 부처님은 이 경전 수행을 권장하신 후에 그와 같은 수행의 장소에는 그곳이 어디이든 탑을 세워서 공양해야 한다고 설한다. 그 탑이란 부처님의 유골[舍利]이 아니라 경전을 봉안한 탑(차이트야; caitya)이다. (4)의 석부촉이란 이 단의 경문이 앞의 (2)의 결요부촉 중의 4구의 요법(要法)을 각각 해석하고 있다는 것에서 이름한 것이다. 즉 천태의 해석에 의하면 「도량」은 「여래(如來) 일체(一切) 심심지사(甚深之事)」를, 「득보리(得菩提)」는 「여래 일체 비요지장(祕要之藏)」을, 「전법륜(轉法輪)」은 「여래 일체 소유지법(所有之法)」을, 「입열반(入涅槃)」은 「여래 일체 자재신력(自在神力)」을 각각 해석하고 있는 것이라 한다.

「일체법(一切法)」이란, 일체는 모두 불법(佛法)이니 이것은 일체가 모두 묘명(妙名)을 결요(結要)하는 것이고, 「일체력(一切力)」이란, 통달 무애(通達 無礙)하여 여덟 가지의 자유자재(自由自在)함을 갖추므로 이것은 묘용(妙用)을 요결한다. 그리고 「일체 비장(一切 秘藏)」이란, 일체의 모든 곳에 두루 모두가 실상(實相)이니 이것은 묘체(妙體)를 요결하는 것이며 「일체 심사(一切 深事)」란 인과(因果)가 심사(深事)이니 이것은 묘종(妙宗)을 결요하는 것이다. 그리고 여기서 말하는 요(要) 즉 요약해서 말하는 것은 「득보리」란, 법신(法身)이고 「전법륜」은 반야(般若)이며 「입열반」이란 해탈(解脫)이다. 이 3법(三法)은 비요장을 이루니 부처님은 그 3법 속에 계신다. 이것이 탑의 의미이다. 이 단(段)의 경문(經文)은 앞단의 탑을 세워[起塔] 공양하는 이유를 설한 부분으로서 어떤 곳이든 간에 경전 수행을 하는 장소에는 탑을 세우라는 그 이유를 설한다. 그것은 경전 수행을 하는 장소는 곧 부처님의 깨달음을 얻은 장소[道場]일 뿐만 아니라, 모든 부처님께서 그곳에서 성도(成道)하여 위없는 바른 깨달음을 얻었으며 그곳에서 설법[轉法輪]을 하셨고 그곳에서 열반에 들기 때문이다. 즉 우리들이 『법화경』을 수행하는 장소, 그곳이 어디이든 그 장소는 부처님이 출생하시고 성도 하시고 법을 설하시며 그리고 열반에 드시는, 네 곳의 도량임에 틀림없다는 것이다.

이상이 네 가지의 부촉이며 이 장의 메인 테마로 되어 있는 것이다. 이 장에서는 최초에 부처님께서 큰 신통력을 나타내어 이 사바세계와 시방의 세계를 하나의 불국토처럼 하고 그 후에는 본화(本化)의 지용 보살들에게 부처님께서 멸도 하신 후의 『법화경』의 홍통이 위촉되었다.

이 본화의 지용 보살들에 대한 위촉에 이어서 다음 장에서는 그 밖의 적화(迹化)・타방(他方)에서 온 보살들에 대한 부촉이 설해지게 된다.

2. 여래의 열 가지 큰 신통력

그런데 이 여래의 열 가지의 큰 신통력 즉 열 가지의 신비적(神秘的)인 상서로운 모습[瑞相]은 다음과 같다.

(1) 넓고 긴 혀를 내다[出長廣舌].……이 신비한 현상에는 2문신1(二門信一)이라는 것이 나타나 있다고 한다. 즉 2문(二門)이란 적문과 본문을 말하는데 처음 세존께서는 사바세계에 살고 있는 사람으로서 부처님의 입장에서 사바세계 사람들의 살아가는 방식에 대해 현실적으로 여러 가지 가르침을 주셨다(迹門). 그런데 뒤에 와서는 원래 자신은 우주의 대생명이라는 영원한 부처님이라고 말하시고 그 우주가 처음 생겼을 때부터 이 우주가 끝날 때까지[無始無終]의 근본불(根本佛), 즉 천태대사가 말하는 본불(本佛), 바꾸어 말하자면 우주의 대생명[眞理法身佛]에 의해 살려지고 있다는 자각을 확립하는 것이 참다운 구제라고 가르쳤다(本門). 그런데 석존이라는 분은 구원실성(久遠實成)의 부처님, 즉 모든 것을 살려주는 힘이 하나의 현상으로서 중생 제도를 위해 이 세상에 출현하신 모습[化身佛]이므로 인간 석가모니여래와 구

원의 근본 부처님[法身佛]과의 사이에는 본래 구별이 없는 것이다. 그러므로 〈근본의 부처님과 적불은 결국 하나이다. 『법화경』 전체를 통해서 우리가 신앙하는 대상은 오직 하나〉라고 하기 때문에 〈이문신일〉이라 한다.

(2) 털구멍에서 빛을 발하다[毛孔放光]……이것을 2문이1(二門理一)이라고 하는데 즉 적문에서 설한 것과 본문에서 설한 것이 궁극적으로는 같은 진실에 바탕을 둔 것인데, 같은 진리를 전자는 철학적으로 후자는 종교적으로 설한 것에 불과한 것이다. 이것을 〈2문이1〉이라 하고 부처님의 온 몸에서 나온 여러 가지의 다른 빛깔이 시방 세계의 모든 암흑을 완전히 소멸시켜 버린 이 상서로운 모습에는 이와 같은 깊은 뜻이 있는 것이다. 그리고 여기서의 무량 무수한 빛이란 부처님께서 설하신 한량없고 무수한 여러 가지 가르침을 말하며 그 빛이 널리 시방 세계를 비추었다는 것은 어떤 가르침도 진리에 바탕을 둔 것이므로 온갖 미혹을 소멸하는 것임을 상징하고 있는 것이다.

(3) 동시에 기침 소리를 내다[一時謦咳]……2문교1(二門教一) 즉 부처님 일대(一代)의 설법은 〈3승즉1불승(三乘即一佛乘)인데 석존께서는 처음은 방편의 가르침을 설했다. 방편의 가르침도 진리임에는 틀림없으며 낮은 가르침도 아니다. 다만 가장 최후적인 진리를 설하기 위한 과정이었음에 불과 할 뿐, 저마다 소중한 진리이며 고마운 가르침이다. 이것을 『법화경』의 설법에 입각해서 말하면 〈2문교1〉이라는 것이 된다. 적문의 가르침은 본문의 가르침을 올바르게 이해하기 위해 꼭 통과해야 하는 전제이며 필수적인 과정이다. 예를 들면 본문이 곱셈이라면 적문은 덧셈이라 말할 수 있다. 왜냐하면 2 곱하기 3은 6이라는 곱셈을 어린애에게 처음부터 가르치면 정말 이해하지 못한다. 그러므로 우선 최초에 덧셈을 가르쳐 2 더하기 2 더하기 2는 6이 된다는 이유를 가르친다. 그러면 2 곱하기 3이란 2를 세 번 더하는 것과 같다는 것이 확실히 이해되는 것이다. 그런데 이런 과정을 거치지 않고 처음부터 23은 6이라는 99단을 무조건 암기시킨다면 그것은 결코 참으로 곱셈을 안다 고

는 할 수 없다.

종교도 이와 같아서 하나하나 더하여 가서 답을 내는 덧셈도 진리인 것처럼 한 걸음 한 걸음 수행을 쌓아 하나하나 마음의 미혹을 없애 가는 가르침도 바른 가르침에 틀림없는 것이다.

그러므로 『법화경』의 전반(前半)에서 설해진 적문의 가르침과 후반에서 설한 본문의 가르침은 다른 가르침이 아니라 같은 가르침을 양면에서 본 것이다. 결국은 하나의 구제[濟度]로 귀착시키는 것이라는 의미에서 〈2문교1〉이라 말하며 모든 부처님이 일시에 기침을 하셨다는 것은 이 〈2문교1〉이라는 진실이 상징되어 있다고 예로부터 해석되고 있다.

(4) 함께 손가락을 퉁기다[俱共彈指]. ……이것은 엄지손가락과 가운데 손가락 끝을 모았다가 그것을 힘껏 퉁겨서 소리를 내는 것을 말한다. "알았습니다." 또는 "틀림없이 약속합니다."라고 하는 인도의 습관 중의 하나이다. 그렇다면 석가모니불을 비롯하여 모든 부처님들이 일제히 손가락을 퉁겼다는 것은 무엇을 약속하였으며 무엇을 알았다고 한 것인가 하면 "모두 함께 이 가르침을 설해 넓히자."라고 하는 것이었으니 이것은 어찌할 수 없는 중생 제도의 자비심에서 이 약속을 한 것이겠지만 그와 같은 자비심은 도대체 어떤 것인가 그것을 현대적으로 말하면 〈자타(自他) 일체감(一切感)의 극치〉라고 말할 수 있다. 즉 『법화경』의 가르침도 모두 이 자타 일체라는 것에 귀일(歸一)한다.

적문의 가르침에 의해 미혹을 여의고 마음의 행복을 얻어 인격을 높이는 것은 일단 자기만의 공덕처럼 보이지만 자기가 잘 된다는 것은 넓게는 주위 사람들을 행복케 하는 것도 된다. 즉 〈자행즉화타(自行卽化他)〉여서 섣불리 입으로 설하는 것 보다 더 확실하며 효과적인 것이 많다. 그런데 하물며 점점 경지가 높아져 〈6바라밀〉을 행하게 되면 적극적으로 이타(利他)의 행을 하기 때문에 자타 일체의 완성에 보다 가까워지게 된다.

본문의 가르침에 들어가면 점점 〈원리로서의 자타 일체〉를 알게 된다. 즉 우리 인간들은 모두 근본적으로 우주의 대생명(大生命)과 일체임을 확신할 수 있게 된다. 이것은 곧 인간은 각각 다른 존재가 아니라 근원적으로는 일체(一體) 즉 한 몸이라는 것이다.

인간 관계의 온갖 다툼이나 반발, 마찰은 이 일체감의 부족 내지 결핍에서 일어나는 것이어서 만일 모든 인간이 완전하게 자타 일체 경지에 도달할 수 있다면 거기에는 미움도 원한도 경멸도 선망도 질투도 모두 그림자를 감추고 그 세상은 매우 아름답고 평화로운 정토로 변하고 말 것이다.

『법화경』은 그 궁극에 있어서는 자타 일체를 가르치는 경전이며 적문·본문을 통해 그 정신으로 관통되어 있다. 이 것을 〈2문인1(二門人一)〉이라 하고 부처님들께서 일제히 손가락을 퉁겨서 소리를 냈다고 하는 것은 이 자타 일체 정신을 사바 세계에 넓히겠다고 하는 약속을 하신 것을 나타내고 있다.

(5) 대지는 모두 여섯 가지로 진동함[六種震動].……부처님께서 입태(入胎)하셨을 때, 태어나셨을 때, 출가하셨을 때, 깨달음을 열었을 때, 중요한 법을 설하시게 될 때, 열반에 드시게 될 때의 여섯 때에 대지가 여섯 가지의 방향으로 그리고 여섯 종류의 모습으로 ― 세 종류의 형태와 세 종류의 음향으로 ― 진동한다고 한다.

이것은 하늘과 땅이 감동하여 흔들린다는 것이다. 부처님들께서 『법화경』에 가르쳐져 있는 진리는 하나라는 것, 따라서 모든 가르침은 하나로 돌아간다는 것을 〈일시 경해〉의 소리로서 높이 선언하셨고 불도의 극치인 자타 일체 정신을 이 세계에 확립시키겠다는 약속을 「구공탄지(俱共彈指)」에 의해 굳게 서로 교환하자 그 소리는 널리 시방에 울려 퍼져서 천지간의 모든 생명이 진동한 것이다.

진동할 정도의 감동을 느끼면 자연히 그것을 실행으로 옮기지 않고는 견딜 수 없는 것이다. 이 실행이란 곧 보살행을 말한다. 그리하여 『법화경』의 가르침은 모두 이 보살행에 의해서 세상에 나타난다.

적문의 가르침도 결국은 〈6바라밀〉의 보살행을 권장하는 것이며 본문의 가르침도 부처님과 자기가 일체임을 깨닫는 것, 즉 자타 일체를 근원적으로 깨닫는 것이므로 그 깨달음은 무어라 해도 남을 제도하는 보살행으로 나타나지 않을 수 없게 된다. 더 나아가서는 전 인류의 구제 및 사바 즉 적광토(寂光土)의 달성이라고 하는 대보살행으로 까지 전개되지 않을 수 없다.

이것을 〈2문행1(二門行一)〉이라 하며 대지가 여섯 가지로 진동했다는 것은 이러한 깊은 뜻이 담겨 있는 것이다.

(6) 이 대회의 광경을 모두가 볼 수 있었다[普見大會].……인간뿐만 아니라 이 우주간의 온갖 생명체가 부처님의 큰 신통력에 의해 이 사바세계의 영축산(靈鷲山)에 여러 부처님이 모여 계시는 것을 볼 수 있었다는 것이다.

이렇게 온갖 생명체가 모두 부처님을 볼 수 있었다는 것은 모든 존재들이 평등하게 부처님의 가르침을 깨달을 수 있다는 것이 된다. 물론 현재로서는 거의 불가능한 일이다. 저마다 사람의 근기(根機)가 서로 다르기 때문에 빨리 깨닫는 사람도 있을 것이며 늦게 깨닫는 사람도 있을 것이다. 그러므로 교화의 방법도 그 근기에 따라서 여러 가지로 달라야 되므로 방편의 가르침이 필요하다.

그런데 그것은 현재의 모습에 불과하며 먼 장래를 생각해 보면 언젠가는 모든 것이 평등하게 깨달음을 얻을 수 있게 될 날이 올 것이다. 부처님의 큰 바램[大願]은 그와 같은 세계를 만드는 데에 있다. 빠르고 늦고는 거기에 도달하기까지의 과정에 대한 현상이며 근기가 다른 것은 그곳에 도달하기까지의 인간에게만 존재하는 서로 다름에 지나지 않는다. 피안에 도달하면 모두가 같은 부처님이기 때문에 근기의 다름 등은 존재치 않는다.

이것을 미래에는 근기가 하나가 된다는 의미에서 〈미래기1(未來機一)〉이라 한다. 그리고 이 〈보견대회〉란 "미래에 부처님께서는 반드시 모든 생명체를 한결같이 깨달음의 세계로 인도해 주시는 큰 신력(神力)을 가지신 분"이라는 것이 암시되어 있다.

(7) 공중에서 소리가 들려 왔다[空中唱聲].……여러 천신들이[諸天] "한

량없고 가없는 백 천 만 억 아승기 세계를 지나서 사바세계가 있고 그 국토에 석가모니라는 이름의 부처님이 계신다."라고 이와 같은 소리가 중생의 귀에 울려왔다는 것은 곧 마음에 생생히 감득 되었다는 것이다.

불교뿐만 아니라 기독교에도 공(孔) ·맹(孟)의 가르침에도 〈하늘의 소리를 듣는다.〉라는 일은 자주 나온다. 즉 하늘의 계시를 받는 것, 신앙적인 진리를 감득하는 것을 말한다. 무엇을 감득했는가 하면 『사바세계에서 석가모니불께서 설하신 묘법연화 ·교보살법 ·불소호념이라는 가르침이야말로 이 우주의 모든 생명체를 참으로 살려주고 조화시키며 참다운 평안을 갖도록 하는 진실무이(眞實無二)의 가르침이다."라고 하는 것을 마음속에 뚜렷이 깨달았다는 것이다.

이와 같은 깨달음을 차츰 넓혀 가노라면 다음과 같은 생각에 도달하게 된다. "현재의 이 사바세계에는 갖가지의 가르침이 난립하여 인류 공통의 행복에의 길을 가로막고 있다. 그렇지만 미래에는 반드시 모든 종교나 학문이 부처님의 가르침으로 귀일(歸一)한다. 그렇게 되면 이 사바세계는 이 우주에서 가장 거룩한 국토가 될 것이다."라고 하는 것이다.

즉 난립해 있는 여러 종교나 사상, 학문이 석가모니불께서 설하신 인간 존중(人間尊重) ·만물 조화(萬物調和)의 정신으로 귀일 하게 되었을 때, 이 지구상에 이상적인 정토가 실현되고 고도로 진보된 물질문화와 더불어 사바세계가 참으로 우주의 중심이 될 것이다.

여기에 설해져 있는 것은 이러한 사상이어서 미래에는 모든 가르침이 반드시 부처님[佛]의 가르침[教]으로 귀일(歸一)한다는 의미이므로 〈미래교1(未來 教一)을 암시하고 있다고 말한다.

(8) 우주의 모든 생명체가 "나무 석가모니불" 즉 석가모니 부처님께 마음으로부터 귀의합니다 하고 소리쳤다[咸皆歸命]……이 〈함개 귀명〉 즉 〈모두가 다 귀명한다.〉라고 하는 것에는 다음과 같은 뜻이 감추어져 있다는 것이다. 즉 "현재는 부처님의 가르침을 알지 못하는 사람도 있고 또 그 가르침에 접하는 기회가 있더라도 깊이 들어가려고 하지 않는 사람도 있으며 혹은 잘못된 사상에 심취(心醉)하고 있는 사람도 있

고 또 사상이라고 이름 붙일 수조차 없이 다만 기계적으로 생활하고 있는 사람, 혹은 더 아래로 내려가서 도덕이나 법률에 반하는 악행을 하는 사람 등 여러 종류의 갖가지의 사람이 있지만 미래에는 반드시 모든 사람이 부처님의 가르침에 귀명(歸命)할 때가 온다."라고 하는 것이다. 이렇게 되면 악인도 없고 어리석은 사람도 없으며 저마다 개성을 가지면서도 모두가 부처님의 가르침에 의해서 훌륭한 인격을 갖추고 다같이 바르게 살아가게 될 것이므로 이 경지를 〈미래인1(未來人一)〉이라 한다. 즉 모든 사람이 "나무 석가모니불" "나무 석가모니불" 하고 부른다는 것은 이런 의미를 나타낸 것이라 한다.

(9) 여러 가지 아름다운 꽃 ·냄새가 그윽한 향·목걸이·해가리개 ·그밖에 부처님의 주위를 장식하는 진귀한 보배 등이 아득한 공중에서 이 사바세계에 흩어져 내려왔다[遙散諸物]…… 이것은 부처님께 귀의와 감사의 정성을 바치는 것의 상징으로서 이것이 공양이다. 이렇게 부처님을 공양하는 행 가운데 가장 최고 ·최대의 것은 일상 생활상의 온갖 행위를 부처님의 마음에 맞도록 하는 것이다. 일상 생활상의 행위는 다양하지만 그 모두가 부처님의 마음에 맞는다고 하는 점에 있어서는 한결같이 된다. 즉 현재에는 사람들의 행위가 좋고 나쁜 선악 각각이지만 미래에는 모든 행이 〈부처님의 마음에 맞는다.〉라고 하는 점에서는 일치하게 되므로 〈미래행1(未來行一)〉을 나타내고 있다 한다.

(10) 시방 세계가 통달 무애하게 되어 하나의 불국토가 된다[通一佛土]…… 즉 하나로 연결된 국토처럼 보였다. 라는 것은 물론 정신적인 의미에서 하나의 국토가 되었다는 것이다. 즉 지구상에 한해서 말하면 인도는 인도, 한국은 한국, 미국은 미국으로 땅은 바다에 의해서 떨어져 있고 나라로서도 각각 독립하고 있지만 사람들은 모두 부처님의 교화를 받아 진리에 따라 살아가고 있다는 점에서는 구별도 차별도 없는 하나의 세계라고 볼 수 있는 것이다. 그러므로 이 〈통일 불토〉란 다음과 같은 것을 나타내고 있다. 즉 현재의 사바세계는 미혹으로 가득한 세계이며 극락정토는 아무런 고통도 없는 평화로운 세계이다. 지옥은

큰 고뇌의 세계인 것처럼 확연히 구별되지만 모든 중생은 부처님의 가르침에 의해 완전히 진리에 들어맞는 삶을 영위하는 시대가 오면 천상계라든지 사바세계라든지 지옥세계라고 하는 구별이 없어져서 이 세상은 그대로 온통 하나의 부처님 세계가 된다는 것이다. 뿐만 아니라 현실 생활도 세계 중의 모든 나라, 모든 민족, 모든 계층이 하나의 바른 진리에 따라서 살아가게 되어 서로 간에 차별 감이 없어져서 불화나 투쟁이 일어나지 않고 모두가 화기애애하게 활동하여 생활을 즐긴다고 하는 대조화의 세계가 나타난다고 한다. 즉 세계가 온통 하나의 불국토가 된다는 것이다. 진리는 오직 하나이므로 미래에는 언젠가 모든 사람이 하나의 진리에 의해 완전히 조화된 세계를 만들 수 있다는 의미에서 이 〈미래이1(未來 理一)〉을 나타내고 있다 한다.

이상은 여래의 10대 신력이라 하여 여러 가지 신비한 상서로운 모습이 설해져 있는데 이것은 『법화경』의 가르침을 통틀어서 매듭진 것임과 동시에 그 궁극적인 이상을 나타내고 있는 것이다. 그리고 이것은 이상임과 동시에 예언이기도 한 것이다. 그러나 이러한 이상의 경지는 아득히 먼 것이기도 하지만 부처님의 가르침을 실행함에 의해서 한 걸음 한 걸음 그 이상에 가까워진다고 생각하면 인생에 대한 용기와 삶의 보람이 용솟음쳐 옴을 느낄 수 있는 것이다.

妙法蓮華經 囑累品 第二十二
묘 법 연 화 경 촉 루 품 제 이 십 이

梵本『법화경』 제27장
위 촉(委囑)

1. 촉 루(囑 累)

촉루(囑累) 혹은 부촉(付囑)이란 위촉(委囑)이라는 뜻이다. 누가 무엇을 위촉하는가 하면 부처님께서 멸도 하신 뒤에 부처님의 교법(教法)을 세상에 넓히는 사명을 제자들에게 위촉하는 것을 말한다. 앞의『제21장 여래신력품』에서 부처님은 본불이 교화한 본화(本化)의 땅에서 솟아난 지용 보살(地涌菩薩)들에게 이『법화경』을 부처님께서 멸도하신 후에 널리 유통시킬 것을 위촉했다. 그리고 이 장[本品]에서는 적화(迹化)의 보살과 이 자리에 모인 모든 대중들에게 부처님께서 멸도 하신 뒤에 『법화경』을 널리 유통시킬 것을 맡기는 것이다. 적화의 보살이란 본화의 보살에 상대되는 말로서 적불(迹佛)인 석존(釋尊)의 교화를 받은 보살들을 가리킨다. 여기에는 이 사바세계에 있는 보살들과 혹은 타방(他方) 국토에서 모여 온 보살들 등 두 종류가 있다. 앞의『제15장 종지용출품』에서는 타방에서 온 보살들이 부처님께서 멸도 하신 후에『법화경』을 넓힐 것을 여쭙자 부처님께서는 이를 거절하시고 지용 보살들이 그 임무를 담당한다고 말씀하셨다. 이 때 부처님의 말씀에 응하여 땅에서 출현한 것이 비시슈타차리트라, 즉 상행보살(上行菩薩) 등을 우두머리[上首]로 하는 본화 지용의 보살들이었다. 앞장[前品]의「여래신력품」

에서 석존께서는 이 본화 보살들에게 부처님께서 멸도하신 후『법화경』
을 넓힐 것을 위촉하시고 이 장에서는 앞에서 위촉이 거부되었던 적화
타방의 보살들과 그리고 이 자리에 모인 모든 대중들에게도 부처님께
서 멸도하신 후의『법화경』의 홍통을 위촉하신다. 그러므로 이 모든 사
람들에게 부촉하는 것을 앞장의 별부촉(別付囑)에 대해 총부촉(總付囑)
이라 부른다.

그런데 석가모니불께서는 설법 자리에서 일어나시자 위대한 신통력을
나타내셨으니, 오른손으로 이 자리에 모인 한량없는 보살들의 이마를
어루만지면서『나는 한량없는 백 천 만 아승기겁에 〈걸쳐 매우 하기 힘
든 수행을 거듭해〉 얻기 어려운 최고의 완전한 깨달음[阿耨多羅三藐三
菩提]을 얻을 수 있었기에 〈이 거룩한 깨달음을 후세에 전하는 중대한
일을〉 지금 그대들에게 맡기니[付囑], 그대들은 아무쪼록 일심으로 이
가르침을 설해 넓혀 널리 모든 중생들의 이익을 증진시켜 다오.』하고
말씀하셨다. 그리고 세 번에 걸쳐 보살들의 이마를 어루만지시고 다시
또 반복해서 이 자리에 모인 모든 사람들에게 이『법화경』을 부처님께
서 멸도 하신 후에 세상에 널리 유통시킬 것을 위촉하신다. 이것은『여
래는 큰 자비의 마음을 가지고 있을 뿐 어떠한 것에도 아끼는 마음은
조금도 없으며 아무것도 두려워하지 않아 충분히 중생에게 진리의 지
혜와 자비의 지혜와 스스로 생한 지혜를 수여하는 사람이며, 여래는 일
체 중생에 대한 최대의 보시자 이니, 그대들은 또한 여래의 마음에 따
르고 여래가 이룩해 온 것을 배워야 하며 결코 가르침에 인색해서는 안
된다.』라는 말씀이었다. 이 자리에 모인 보살들은 부처님의 말씀을 듣
고 역시 세 번에 걸쳐『그 분부하신 바를 빠짐없이 실행하겠습니다.』
하고 부처님께 말씀드리며 부처님께서 멸도 하신 후에『법화경』을 세상
에 널리 유통시킬 것을 굳게 약속했다. 이 총부촉은 부처님께서 다보탑
안의 법좌에서 일어나서 하신 것이므로 탑 밖[塔外]의 부촉이라고도 하
며 또 보살들의 이마를 어루만지시며 하셨기 때문에 마정 부촉(摩頂付
囑)이라고도 한다. 천태 대사는 이 총부촉을 다음의 셋으로 나누어 해

석한다. 첫 번째는「정부촉(正付囑)」으로서 부처님께서 보살들에게 직절(直截)로 부촉하심을 말한다. 즉 처음부터『지금 이 가르침의 모든 것을 그대들에게 맡기고자 하니, 그대들은 꼭 이 가르침을 받아들여 기억하여 읽고 외우며 널리 전해 두루 일체 중생에게 알리도록 노력하기 바란다.』라는 부처님의 말씀을 정부촉이라 한다.

두 번째는「석부촉(釋付囑)」으로서 이것은 부처님께서 깨달음에 대한 가르침인『법화경』을 부촉하는 그 까닭을 설명한 부분을 이렇게 부른다. 경문의『왜냐하면』에서부터『그대들은 또한 여래의 마음에 따르고 여래가 이룩해 온 것을 배워야 하며 결코 가르침에 인색해서는 안 된다.』까지의 부분이다.

세 번째는「계부촉(誡付囑)」인데 부처님께서 미래세에 사람들을 위해 이 가르침을 설하여 사람들에게 부처님의 지혜를 얻도록 하라, 라고 보살들에게 명령하는 부분이다. 경문에서는 두 번째 즉「인색해서는 안 된다.」부터「그것이 바로 모든 부처님들의 은혜에 보답하는 것이 된다.」까지가 해당된다.

부처님께서 멸도 하신 후에 세상에 널리 유통시키는 것은 이『법화경』에 있어서는 법사품 이래의 커다란 테마로서 그 사명의 위촉이 이 총부촉에 의해서 일단 결말이 지어진 셈이다.

그런데 요즘 마정수기(磨頂授記)라는 말이 유행하여 이절 저절에서 수계를 하고 있다. 그러나『법화경』에는 마정부촉(摩頂付囑)이라는 말은 있지만, 마정수계(磨頂授戒)는 없다는 것을 밝혀두려고 한다.

2. 다보불과 다보탑이 제자리로 돌아가다

부처님께서는 이 총부촉을 마치시자 분신의 여러 부처님을 본래의 국토로 돌아가게 하시고 또 다보탑도 그 문을 닫고 본래의 장소로 되돌아가게 하셨다. 그리고 석가모니불께서도 공중의 다보탑에서 영축산으로 내려오셨다. 이로써 『법화경』의 허공법회(虛空法會)는 끝나며 이후 설법 자리는 다시 영축산으로 되돌아 왔다.

그런데 『법화경』은 이 22장으로써 결말을 지어도 하등 이상할 것이 없다. 대체로 한 경전의 결말은 부촉에 의해서 마감되는 것이 보통인데 이 『묘법연화경』처럼 부촉 다음에 다시 여러 장이 두어진 것이 이상한 예라고 아니할 수 없다. 그리고 「제25장 관세음보살보문품」에 보면 이 22장에서 제자리로 돌아갔어야 할 다보탑과 다보불이 아직도 남아 있음을 볼 수 있다. 사실 「촉루품」이 이 위치에 있는 것은, 같은 『법화경』의 텍스트에서도 이 『묘법연화경』뿐이어서 『정법화경』뿐만 아니라 범본(梵本)·티베트 역 등 다른 여러 책 모두에는 이 촉루품은 『법화경』의 최후에 놓여 있다. 『묘법연화경』의 편집에는 다른 여러 경전과는 다른 특별한 사정이 있었던 같이 생각된다. 이 22장 이후에 이어지는 「제23장 약왕보살본사품」에서 끝장인 「제28장 보현보살권발품」까지의 6장은 각각 내용상으로 상호간의 연락은 그다지 없다. 그래서 이 장들은 일단 완결을 본 『법화경』에 새롭게 부가된 것, 따라서 성립사적으로는 가장 새로운 층으로 보여지고 있다. 그러나 『법화경』의 성립사에 관해서는 아직 충분한 연구가 되어 있지 않기 때문에 금후의 연구를 기다릴 수밖에 없다.

妙法蓮華經 藥王菩薩本事品 第二十三
묘법연화경 약왕보살본사품 제이십삼

梵本『법화경』제22장
약(藥)의 왕(王)의 과거(過去)와의 결부(結付)

1. 몸을 불태워 부처님께 공양함(燒身供養)

이 23장의 『약왕보살본사품』은 이 장[品]의 이름이 나타내는 것과 같이 약왕(Bhaisajya-raja; 藥王菩薩)의 푸라바요가(purva-yoga : 本事), 즉 과거(過去)와의 결부(結付), 유래(由來)를 밝히는 것이 중심적인 주제(主題)로 되어 있다. 그리고 약왕(藥王)보살의 과거세 이야기를 통해 『법화경』의 공덕, 즉 경전 수지(受持)의 공덕이 크다는 것을 설하여 『법화경』의 광선유포(廣宣流布)를 권장하고 있다. 이 23장이 유통분 중의 하나라고 하는 이유가 여기에 있다.

그렇다면 약왕 보살의 본사(本事)란 어떠한 것인가. 이 23장의 첫머리에 별들의 왕에 의해 신통의 꽃이 핀 나크샤트라-라쟈-산쿠수미타-아비즈냐(Naksatrarajasamkusumitabhijan) 즉 수왕화(宿王華) 보살은 석존에게 약왕(藥王) 보살에 대한 과거세의 사연을 묻는다. 그러자 부처님께서는 이 수왕화보살의 질문에 대해 다음과 같이 대답하셨다.

『아득한 그 옛날에 달과 태양의 깨끗한 빛남에 의해 행복한 분이라는 찬드라수리야비마라푸라바사슈리(Candrasuryavimalaprabhasasri), 즉 일월정명덕여래(日月淨明德如來)라는 부처님이 계셨다. 그 부처님에게는 많은 보살과 성문의 제자들이 있었는데 그 중에 모든 중생에게 좋아

하는 모습을 가진 사람 사르바삿트바프리야다르샤나(Sarvasatvapriyada rsana), 즉 일체중생희견보살(一切衆生喜見菩薩)이라는 이름의 보살이 있었다. 부처님께서는 그 많은 사람들에게 『법화경』을 설했는데 일체중생 희견보살은 그 부처님의 가르침 아래서 고행을 쌓고 정진을 거듭하기를 1 만 2천년에 이르러 사르바루파산다르샤나(Sarvarupasamdar sana), 즉 현일체색신삼매(現一切色身三昧)라고 하는, 온갖 모습의 몸을 나타낼 수 있는 삼매를 얻을 수 있었다. 그리하여 일체중생희견보살은 이 삼매를 얻 을 수 있었던 것이 모두 『법화경』 덕분이었음으로 그 『법화경』과 일월정명 덕부처님께 공양해야 한다고 생각한 나머지 신통력에 의해 만다라화(曼 陀羅華)와 마하만다라화(摩訶曼陀羅華)라고 하는 하늘의 꽃들과 가루로 된 검은 전단[堅黑栴檀]과 값을 매길 수 없을 정도로 비싼 바닷가 언덕에 서 자란 전단[海此岸栴檀]을 비처럼 뿌려서 부처님과 『법화경』에 공양을 바쳤다. 그러나 그것으로는 아직 만족할 수 없었다. 그래서 신통력에 의 한 공양보다도 내 몸을 바쳐 공양하리라 하는 마음이 들었다. 일체중생희 견보살은 1천2백년(범본 및 정『법화경』에는 12년)에 걸쳐 갖가지의 향을 마시고 여러 가지의 향유를 마신 후 몸에 향유를 바르고 몸에 부어 적신 뒤에 자신의 몸에 불을 부쳤다. 그러자 그 불은 1천2백년에 걸쳐 계속 불 타며 80억 갠지스 강 모래만큼의 세계를 비추었다. 그 세계의 부처님들 은 동시에 일체중생희견보살의 몸을 태워[燒身] 바치는 공양을 가장 거룩 하고 가장 높은 공양이라고 찬탄했다. 그 불꽃은 1천2백년 후에 보살의 몸과 함께 완전히 타서 꺼졌다.

일체중생희견보살은 불에 타서 목숨을 마친 후에 다시 같은 일월정명 덕불의 국토 안에 정덕왕 집에 홀연히 태어났다. 그 때 일월정명덕불은 아직도 세상에 계셨으며 일체중생희견보살은 재차 부처님을 만날 수 있었다. 그러나 그 부처님께서 입멸할 때가 가까웠다. 부처님께서는 일 체중생희견보살에게 입멸 후 『법화경』과 유골[舍利]을 널리 유포하여 줄 것을 부탁하신 후 입멸하셨다.

일체중생희견보살은 슬퍼하면서 부처님을 화장[茶毘]한 후 8만 4천의 보배 병[寶甁]을 만들어 유골을 담고 8만 4천의 탑을 세워 그 속에 안치하여 공양했다. 사리 공양을 마친 뒤에도 일체중생희견보살은 아직 만족하지 못했다. 그리하여 여러 보살과 성문의 제자 및 천신, 용, 야차 등의 모두들 앞에서 보살은 두 팔에 불을 부쳐 태우며 사리에 공양했다. 그 불은 7만 2천년에 걸쳐 계속 불탔으며 일체중생희견보살은 그 사이에 그 자리에 모인 모든 사람들을 교화하여 많은 보살들이 모두 현일체색신삼매를 얻을 수 있었다. 교화된 제자들은 스승인 보살의 두 팔이 불에 타서 없어진 것을 알고 한결같이 근심하고 슬퍼했다. 보살은 "나는 두 팔을 버렸지만 그 대신 금색(金色)의 부처님 몸을 얻을 것이다. 만일 이 일이 진실하여 헛되지 않으면 없어진 나의 두 팔이 다시 원래대로 회복될 것이 분명하리라." 이렇게 맹세의 말을 마치자 곧 보살의 두 팔은 원래대로 회복되었다. "이 일체중생희견보살은 누구인가. 지금의 약왕(藥王) 보살이 바로 그 사람이다. 만일 발심하여 위없는 바른 깨달음을 구하려 한다면 손 혹은 발가락 하나라도 태워서 불탑(佛塔)에 공양하라. 그 공양은 다른 어떤 공양보다도 훌륭한 것이다."

이상이 부처님께서 밝히신 약왕보살의 전생이야기와 현재의 약왕보살과의 연결이다. 여기 설하고 있는 것은 내 몸을 불태워서 『법화경』과 부처님께 공양하는 소신(燒身) 공양이다. 처참하고 힘겨운 공양이지만 이 소신공양은 이 『법화경』에 설해진 이후 실제로 행해진 예가 있으니 중국의 고승전(高僧傳)에도 그 기록이 있으며 우리나라에서도 이러한 예를 볼 수 있다. 이것은 신앙의 굳건함을 실증하는 것이지만 이와 같이 자기의 생명을 돌아보지 않고 실천한다는 것은 비단 『법화경』에 국한되지 않고 무릇 모든 종교에서 자기의 몸과 목숨[身命]보다도 그 가르침[말씀]이 소중하고 거룩한 것임을 자각했을 때에 사람들은 자기의 생명을 내던지는 것이다. 즉 몸은 가볍고 가르침은 무겁다「신경법중(身輕法重)」라는 말은 이에 해당된다. 그런데 오늘날 우리 불자들은 과연 부처님의 가르침[말씀]을 목숨 바쳐 믿고 따르는가. 그렇게 믿고 따르면 해탈하지 못할 사람 하나도 없으련만, 참으로 가슴 깊이 음미해야 할 것이다. 예수그리스도는 제자들에게 "자기의 십자가(十字架)를 등에 업고 나를 따라라"하고 말했다. 이것은 목숨을 버리라고 말한 것이다. 종교라는 것은 신앙이 순수화됨에 따라 힘이 강해져 가는 것이지만 거기에는 바른 인도(引導)와 지혜가 함께 하지 않으면 안 된다. 방향을 잘못 잡은 강렬함이란 단순한 광신(狂信)에 불과하게 된다. 『법화경』의 신앙은 그 가르침의 아래에 모든 사람이 위없는 바른 깨달음을 얻어 부처가 된다는 1승의 정신이 뒷받침하고 있다.

『법화경』은 세 가지의 커다란 측면(側面)을 가지고 있다.

첫 번째는 1승 개성 사상(一乘皆成思想)과 구원(久遠) 본불(本佛)의 개현(開顯)으로 대표되는 교리사상(敎理思想)의 측면과,

두 번째는 「분별공덕품」에서부터 「법사공덕품」까지, 거기에 「제25장 관세음보살보문품」 등에서 설하는 현세 이익(現世利益)의 측면과,

마지막 세 번째로 이 「약왕보살본사품」이나 「법사품」, 「권지품」 등에서 설하는 몸과 목숨도 아끼지 않는다는 부자석신명(不自惜身命)으로 『법화경』을 세상에 널리 넓히는 것과 실천의 측면이다.

이 세 가지의 측면은 언뜻 보기에는 각각 이질적인 느낌이 있으나 그 모두가 「믿음[信]」이라는 것에 일관되어 하나의 경전을 구성하고 있다. 자칫 『법화경』의 교리사상(敎理思想)의 측면만을 중요시하고 다른 두 가지의 측면을 가벼이 여기는 오류에 빠지기 쉽지만 『법화경』은 이 세 가지의 측면 중 어느 하나라도 결여(缺如)되었었다면 오늘에 이르기까지 이렇게 중요시되는 경전이 되지 못했으리라고 생각된다.

2. 열 가지[十種]의 찬탄과 발고여락(拔苦與樂)

석존께서는 약왕(藥王) 보살의 전생 이야기[本事]를 마치고 현재와 연결시킨 다음, 『법화경』의 공덕이 얼마나 크며 여래께서 설하신 다른 경

전보다도 한층 높다는 것을 열 가지의 비유를 들어 설하셨다. 이를 열 가지의 찬탄이라 한다. 열 가지의 비유는 아래와 같다.

(1) 모든 하천(河川)·큰 강[大河] 중에서 큰 바다가 가장 큰 것처럼 여래가 설한 가르침[經] 가운데서 『법화경』이 가장 깊고 가장 위대한 가르침이다.

(2) 토산(土山)·흑산(黑山)·소철위산(小鐵圍山)·대철위산 및 열 개의 보배산[十寶山] 중에서 수미산이 제일인 것처럼 이 『법화경』도 많은 경전 가운데서 최상(最上)의 가르침이다.

(3) 뭇 별들 중에서 달이 가장 밝은 것처럼 이 『법화경』도 천 만 억 가지의 가르침[經法] 가운데서 가장 밝게 세상을 비추는 경전이다.

(4) 태양이 암흑을 제거하는 것처럼 이 『법화경』도 일체의 좋지 못한[不善] 어두움을 제거해 버리는 경전이다.

(5) 많은 왕들 중에서 전륜성왕이 가장 으뜸인 것처럼 이 『법화경』도 많은 경전 가운데서 가장 거룩한 가르침이다.

(6) 33천(三十三天)의 신들 중에서 제석천(帝釋天)이 그 왕인 것처럼 이 『법화경』도 많은 경전 가운데서 왕이다.

(7) 대범천왕(大梵天王)이 일체 중생의 아버지이듯 이 『법화경』도 모든 불도 수행자들을 가르쳐 인도하는 아버지이다.

(8) 범부(凡夫)에 비해 수다원·사다함·아나함·아라한·벽지 불(辟支佛)인 성자(聖者)들은 가장 훌륭한 사람들이듯 이 『법화경』도 여래나 보살과 성문들이 설한 여러 가르침 중에서 가장 으뜸이다.

(9) 모든 성문·벽지불에 비해 보살이 제일이듯 이 『법화경』도 일체의 가르침 중에서 가장 으뜸이다.

(10) 부처님이 가르침의 왕이듯 『법화경』도 모든 경전 중의 왕이다.

이상 열 가지의 비유에 의해 부처님은 이 『법화경』이 다른 그 어떤 경전보다도 빼어나서 가장 거룩하고 가장 높은 것이라고 설한다. 그리고 계속해서 『법화경』의 능력[功能]을 열두 가지의 비유에 의해 설하며 경전을 믿어 기억[受持]할 것을 권장한다. 그것은 우선 이 『법화경』은 일체 중생을 구제하여 많은 고뇌에서 벗어나게 하는 것이라고 말하고[拔苦] 다음에 12가지의 비유로써 즐거움을 주는[與樂] 능력을 설하고 있다. 그 열 두 가지란 다음과 같다.

(1) 목마른 사람에게는 시원한 연못인 것처럼.

(2) 추위에 떠는 사람이 불을 얻은 것처럼.

(3) 벌거벗은 사람이 의복을 얻은 것처럼.

(4) 상인(商人)이 좋은 안내인을 만난 것처럼.

(5) 아이들이 어머니를 만난 것처럼.

(6) 나루터에서 배를 만난 것처럼.

(7) 병든 사람이 의사를 만난 것처럼

(8) 캄캄한 밤에 등불을 만난 것처럼

(9) 가난한 사람이 보배를 얻은 것처럼.

(10) 인민이 좋은 왕을 만난 것처럼.

(11) 무역하는 사람이 항로를 발견한 것처럼.

(12) 횃불이 어두움을 비추어 주는 것처럼.

이 『법화경』은 모든 괴로움, 일체의 병통(病痛)을 여의게 하여 일체의 삶과 죽음의 속박에서 해방시켜 주는 것이라고 설한다.

이상 10가지의 찬탄과 12가지의 비유에 의한 발고여락(拔苦與樂)의 설법은 『법화경』 경전이 얼마나 다른 경전 보다 높고 또한 그 유(類)를 찾아 볼 수 없는 능력을 가지고 있는가를 역설한 것이다. 경전이 경전 자신을 극찬하고 있다는 것도 『법화경』의 커다란 특색의 하나인데 그 의도는 경전의 유포(流布)와 수지(受持)의 권장에 있다.

그래서 이어서 『법화경』을 믿어 기억[受持]하는 공덕과 수왕화보살(宿王華菩薩)에게 『법화경』의 위촉을 설하여 이 장의 목적으로 했다.

妙法蓮華經 妙音菩薩品 第二十四
묘법연화경 묘음보살품 제 이십 사

梵本『법화경』제23장
명료(明瞭)하고 유창(流暢)하게 말하는 목소리를
가진 사람

1. 묘음보살(妙音菩薩)이 사바세계(娑婆世界)에 오다

이 제24장의 유래는 여기에 등장하는 동방의 태양이 빛나는 광명에 의해 장엄되었다는 정광장엄(淨光莊嚴, Vairocanarasmipratimandita))이라는 불국토에서 사바세계에 온 가드가다-스와라(Gadgadasvara, 妙音) 보살에 대해 연꽃의 아름다움이 있는 화덕(華德, Padmasrl), 보살(菩薩)이 부처님께 그가 가진 신통력에 관해 여쭙는데서 그 명칭이 유래한다.

그런데 이 묘음(妙音) 보살은『법화경』전체 중에서도 오직 이 24장에만 등장하는 사바세계가 아닌 타방 국토에 거주하는 보살로서 다른 경전에는 그 이름을 찾아 볼 수 없다. 그 원어는 "가드가다-스와라(Gadgadasvra)"인데 종래에는 "가드가다(Gadgada)"란 「더듬거리는 소리」이며 "스바라(svara)"란 「음성(音聲)」의 뜻이라고 하였으나, 본문 중에 이 「더듬거리는 소리」에 대해서는 전혀 언급이 없다. 또 "가드가다"의 어의해석(語義解釋)에 대해서는 이설(異說)이 있는데 일본의 혼다(本田義英)박사는 이를 천둥소리[雷鳴]로 번역하였으나 본인은 "명확(明確)하고 유창(流暢)하게 말하는 목소리를 가진 사람"이라고 함이 마

땅하다고 본다.『묘법연화경』에서는「묘음(妙音)」으로『정법화경』에서는
「법후(法吼)」로 번역하고 있지만 그 까닭에 대해서는 본인의 저서『법화
삼부경 강설』을 참고하기 바란다. 아무튼 이 24장의 내용을 살펴보기
로 한다.

석가모니불께서 미간(眉間)의 백호(白毫)에서 광명을 발하시자 그 빛
은 동방의 무수한 불국토를 비추니 정광장엄이라는 불국토에까지 도달
했다. 그곳은 연꽃잎처럼 때묻지 않은 별들의 왕에 의해 다섯 가지의
신통을 발휘한다는 정화수왕지여래(淨華宿王智如來, (Kamaladalavim
alanaksatrarajasamkusumitabhijna)라는 부처님의 국토로서 그 부
처님 아래에 가드가다스바라(妙音) 라는 보살이 있었다. 그는 지금까지
많은 덕을 쌓고 한량없는 부처님을 공양해 왔으므로 깊은 지혜와 법화
삼매(法華三昧) 및 열 여섯 가지의 삼매를 비롯하여 무수한 삼매를 얻
고 있었다. 삼매란 사마디(samadhi)의 음역으로서 선정(禪定) 즉 정신
을 집중하고 통일하는 것을 말한다.

그런데 석가모니부처님께서 발한 광명이 가드가다스바라(妙音) 보살
의 몸을 비추자 묘음(妙音; 가드가다스바라) 보살은 정화수왕지불께
"지금부터 사바세계에 가서 석가모니불께 예배 공양하고 문수(文殊)·
바이샤쟈- 라자(藥王)·바이샤쟈라자- 사무드가타(藥上) 등의 보살들
과 만나고자 합니다." 하고 그 뜻을 여쭈었다. 정화수왕지불께서는 이
를 허락하며 묘음보살에게 "사바세계는 이 국토에 비해 아름답지 못하
여 오물과 악(惡)이 충만해 있고 또 부처님의 신체나 보살의 신체도 보
잘 것 없이 작지만 그렇다 하여 그대는 결코 얕잡아 보아서는 안 된
다."라고 당부하셨다.

묘음보살은 이 말씀을 듣자 곧 자리에 앉은 채로 삼매에 들었으며 그
삼매의 힘에 의해서 사바국토의 영축산 가까운 곳에 8만 4천의 보배구
슬로 만든 연꽃을 나타내었다.

문수보살은 이 연꽃을 보자 석가모니 부처님께 이 상서로움에 대해 그
까닭을 여쭈었다.

그러자 석가모니불께서는 "이것은 묘음보살이 정화수왕지불의 국토에서 8만 4천의 보살들을 이끌고 이곳에 와서 나를 예배하고 공양하고 또 『법화경』을 듣고자 해서이다."라고 대답하신다. 이 말씀을 들은 문수보살은 다시 "그 묘음보살은 어떤 선근(善根) 공덕(功德)을 쌓았으며 또 어떤 삼매를 수행하였는지 가르쳐 주십시오. 그리고 부처님의 신통력에 의해 저에게 그 모습을 보여 주십시오."라고 부탁하였다.

이 말을 들은 석가모니불께서는 문수에게 "다보불(多寶佛)께서 그 보살을 이곳에 오도록 할 것이다."라고 말씀하셨다. 그 말이 끝나자 다보불께서는 묘음보살에게 "선남자여, 이곳에 오라. 문수 법왕자가 그대를 만나고 싶어한다."라고 하시자 묘음보살은 일곱 가지 보배로 된 누각(樓閣) 속에 들어가 8만 4천의 보살들에게 둘러싸인 채 공중을 7다라나무 높이로 날아서 이 사바세계에 왔다.

그가 지나 온 나라들이 여섯 가지로 진동하였으며 공중에서는 칠보의 연꽃이 비처럼 뿌려졌고 또 천상의 수많은 악기가 스스로 연주되는 가운데 이 영축산에 도착했다.

묘음보살의 용모가 단정함은 백·천·만의 달[月]보다 더 아름다웠으며 그 눈의 크기는 넓고 큰 푸른 연꽃의 잎과 같았고 몸은 금빛으로 빛나는 등 온갖 공덕으로 장식되어 있었다. 묘음보살은 영축산에 도달하자 그 칠보로 된 누각에서 내려와 값을 헤아릴 수 없을 만큼의 비싼 목걸이[瓔珞]를 석가모니부처님께 바치며 다음과 같이 여쭈었다.

"세존이시여, 정화수왕지불께서 세존께 문안드리기를 '몸의 작은 병이나 마음의 언짢은 일은 없으시며 기거도 가벼워서 자유로우시고 안락하게 지내시는지요. 〈지·수·화·풍의〉 사대(四大)가 잘 조화되어 건강하시고 세상일이 마음에 들지 않는 것은 없으십니까. 중생들은 교화에 잘 따르며 탐욕·성냄·어리석음·질투(嫉妬)·인색[慳]·교만[慢]한 마음은 없는지요."라고 여쭙고 난 후, 이어서 다보불께도 다음과 같이 문안을 드렸다.

"조금도 마음에 언짢음이 없으시고 안락하게 지내시며 오랫동안 탑 속에 계시는 동안 심기는 어떠하셨는지요."

이상이 묘음보살이 사바세계에 도달하기까지를 간추린 것이다.

2. 현일체색신삼매(現一切色身三昧)

가드가다스바라(妙音)보살이 사바세계에 도착하자 이 모임 가운데의 연꽃처럼 아름다운 덕을 가진 파드마슈리(華德) 보살이 석가모니부처님께 가드가다스바라 보살에 대해 질문한다.

"가드가다스바라(妙音) 보살은 지금까지 어떠한 선근(善根)을 심었으며 어떤 수행을 닦아 왔습니까."이 질문에 대한 대답으로서 가드가다스바라 보살이 어떠한 사람이며 어떤 수행을 해 왔는가 하는 본사(本事) 즉 불제자로서의 전생이야기가 설해 밝혀진다.

가드가다스바라(妙音) 보살은 옛날[前生]에 우렛소리의 왕이라는 운뢰음왕(雲雷音王)부처님 아래서 1만 2천년에 걸쳐 10만 가지나 되는 기악(伎樂)으로써 부처님을 공양하고 아울러 8만 4천이나 되는 일곱 가지 보배[七寶]로 만들어진 바리[鉢]를 바쳤으니 그 공덕[果報]으로 말미암아 지금의 맑은 햇빛으로 장엄(淨光莊嚴)된 세계의 연꽃 잎새처럼 깨끗한 별들에 의해 다섯 가지의 신통력을 가진 왕[淨華宿王智]이라는 부처님 나라에 태어나 큰 신통력[大神力]을 얻은 것이다. 더욱이 이 보살은 여러 가지의 몸[身體]을 나타내어[示現] 온갖 장소에서 이 『법화경』을 계속 설해 오고 있다. 그 여러 가지의 몸이란,

(1) 브라흐만(梵天王)의 몸[身].
(2) 샤크라(帝釋)의 몸.
(3) 이슈바라(自在天)의 몸.
(4) 마헤슈바라(大自在天)의 몸.
(5) 하늘의 대장군[天大將軍] 몸.

(6) 바이슈라바나(毘沙門天王)의 몸.

(7) 전륜성왕(轉輪聖王)의 몸.

(8) 여러 소왕[諸小王]의 몸.

(9) 장자(長者)의 몸.

(10) 거사(居士)의 몸.

(11) 대신[宰官]의 몸.

(12) 브라흐만 사제(司祭)의 몸.

(13) 비구(比丘)의 몸.

(14) 비구니(比丘尼)의 몸.

(15) 우바새(優婆塞)의 몸.

(16) 우바이(優婆夷)의 몸.

(17) 장자 부인(婦人)의 몸.

(18) 거사 부인의 몸.

(19) 대신 부인의 몸.

(20) 바라문 부인의 몸.

(21) 사내아이[童男]의 몸.

(22) 여자아이[童女]의 몸.

(23) 천신(天神)의 몸.

(24) 용(龍)의 몸.

(25) 야쿠샤[夜叉]의 몸.

(26) 간다루바[乾闥婆]의 몸.

(27) 아수라(阿修羅)의 몸,

(28) 가루다[迦樓羅]의 몸.

(29) 긴나라(緊那羅)의 몸.

(30) 마호라가[摩睺羅伽]의 몸. 사람인 듯 아닌 듯[人非人]한 것의 몸.

(31) 야마(yama) 즉 모든 지옥(地獄),

(32) 아귀(餓鬼),

(33) 축생(畜生).

(34) 왕의 후궁(後宮)인 몸.

이상 서른 네 가지의 몸[34身]이다.

가드가다스바라(妙音) 보살은 이와 같이 여러 가지의 몸[身體]을 나타내어 이 사바 국토에서 갖가지 중생을 교화하면서 『법화경』을 설하고 있다. 또 교화하는 상대방에 따라서 성문의 모습, 연각의 모습, 보살의 모습, 심지어는 부처님의 모습을 나타내어 교화하며 때로는 입멸하는 모습마저도 나타내어 중생을 깨달음으로 향하도록 하고 있다고 한다.

위에 열거한 것이 예로부터 서른 넷의 몸[34身]으로 표현되는 묘음보살의 몸을 나타냄 즉 신체시현(身體示現)이다. 이 여러 가지의 몸을 나타내는 힘을 밑받침하는 것이 바로 사르바루파산다르샤나(Sarvarupas amdarsana) 즉 현일체색신삼매(現一切色身三昧)라고 하는데 이 삼매는 앞의 약왕보살본사품에서는 약왕(藥王) 보살의 전신(前身)인 일체중생희견보살(一切衆生喜見菩薩) 즉 사르바사트바프리야다르샤나가 얻은 삼매였으며 『법화경』의 결경(結經)으로 일컬어지는 『관보현경(觀普賢經)』에서 설하는 보현색신삼매(普現色身三昧)와 같은 것이다. 교화하는 대상에 따라서 어떤 모습으로도 나타날[示現] 수 있는 능력, 그 힘을 가져오는 것, 그것이 현일체색신삼매이다. 삼매란 정신통일을 말하나 깊은 선정(禪定) 체험에 도달하면 갖가지의 신비(神秘)한 능력이 생겨나는 것이다. 그리고 그 얻어진 삼매의 작용, 능력이 여러 가지로 나누어져서 저마다 이름을 얻은 것이 여러 가지 삼매의 이름으로 되어 있다. 이를테면 해일체중생어언삼매(解一切衆生語言三昧)란, 이 삼매의 경지에 도달하면 모든 중생의 말을 이해할 수 있는 능력이 생겨난다고 한다. 삼매란 대승불교에서는 보살 수행의 하나로서[禪定波羅蜜] 특히 중요시되며 실로 많은 삼매의 이름이 생기게 되었다.

그런데 여기서 「현일체색신삼매」가 설해진 이유는 무엇인가 하면 중생교화를 위한 것이니 즉 『법화경』을 설해 중생을 교화하여 깨달음으로 향하도록 하기 위함이다. 그리고 한편 『법화경』의 유통 홍법이기도 하다. 그러므로 삼매는 교화의 수단[方便]으로서의 의미가 있을 뿐 오직 자기 정신의 단련 수단으로서만 있는 것은 아니다. 이것이 대승 보살에게 삼매수행이 중요시되는 하나의 이유이다.

『법화경』은 방편품에서 대표하는 것과 같이 「방편」사상이라는 하나의 커다란 기둥에 의해서 관통되어 있다. 지금의 온갖 모습으로 나타나는 「현일체색신삼매」라는 것도 그 방편의 하나이다. 이 방편이라는 것은 소질과 능력이 저마다 다른 중생에게 각각 그에게 알맞는 교화의 수단을 써서 그를 교화하고 누구도 예외 없이 부처님의 깨달음으로 향하도록 하는 커다란 자비에서 생겨난 것임을 알아야 한다.

석가모니불에 의해서 설해진 가드가다스바라 즉 묘음보살에 대한 설법이 끝났을 때. 가드가다스바라 보살과 함께 온 8만 4천의 보살들도 「현일체색신삼매」를 얻었고 4만 2천의 천자들은 깨달음에 대한 확신을 얻었으며 이 자리에 있던 파드마슈리(華德) 보살은 법화삼매를 얻었다고 한다.

가드가다스바라 보살은 석가모니불과 다보불께 인사드리고 나서 다시 정화수왕지불의 국토에 돌아갔다.

이상이 현일체색신삼매를 테마로 하여 설한 이 24장의 내용이다.

妙法蓮華經 觀世音菩薩普門品 第二十五
묘 법 연 화 경 관 세 음 보 살 보 문 품   제 이 십 오

梵本『법화경』 제24장
온갖 방향으로 얼굴을 향한 부처님 —

1. 관세음보살(觀世音菩薩)의 공덕(功德)

이 25장은 따로 『관음경』이라 하여 널리 사람들의 입에 회자(膾炙)되고 있는 장(章)으로서 아와로끼떼슈와라(Avalokitesvara; 觀世音)보살의 공덕을 여러 가지 구체적인 사례를 들어 설하고 있다.

그런데 이 25장의 이름 즉 관세음보살보문품의 유래는 이 25장의 끝부분에 『세존이시여, 만일 어떤 중생이라도 이 관세음보살의 〈중생 제도를 위한〉 자유자재한 활동[自在業]과 상대에 따라 여러 모습으로 변하며 모든 곳에 출현하는[普門示現] 신통력(神通力)에 관해 듣고 이를 알게 된 사람은 적지 않은 공덕을 얻을 수 있을 것입니다.』라는 데에서 온 것이다. 여기서 「보문시현(普門示現)」이란 여러 방향에서 몸을 나타낸다는 뜻인데 이는 제24장 묘음보살품에서 말한 일체색신삼매 즉 보현색신삼매(普現色身三昧)와 그 역할이 같다.

그리고 이 장은 아와로끼떼슈와라가 서른 세(33) 가지의 몸[身]을 나타내[示現]어 중생을 구제한다는 것을 설하고 있으며 『법화경』 가운데서는 앞의 제24장 묘음보살품과 더불어 남을 교화하여 유통시킨다는 화타유통(化他流通)을 밝힌 유통분(流通分)에 속한다.

이 보문품은 다함이 없는 의사(意思)를 가진 사람이라는 아크샤야마티

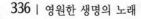

(Aksayamati) 즉 무진의(無盡意) 보살이 부처님께 아와로끼떼슈와라의 이름에 대한 유래를 여쭙자 부처님께서 이에 답하여 아와로끼떼슈와라(觀世音)의 공덕을 설해 밝히는 것이 줄거리로 되어 있다.

부처님께서는 아크샤야마티(無盡意) 보살의 질문에 대해 이렇게 말씀하신다.

『선남자여, 만일 한량없는 백 천 만 억(百千萬億)의 중생이 여러 가지의 고뇌(苦惱)를 받는다고 하더라도 이 아와로끼떼슈와라(觀世音) 보살의 〈공덕이 위대함을〉 듣고 일심(一心)으로 그 이름[名]을 〈마음으로부터〉 부른다면, 아와로끼떼슈와라(觀世音) 보살은 곧[卽時] 그 음성(音聲)을 듣고 그 실상을 뚜렷이 꿰뚫어 보아[觀] 〈그들을〉 모두 괴로움에서 벗어나게[解脫] 해 준다.』

즉 갖가지의 고뇌를 받고 있는 중생이 아와로끼떼슈와라(觀世音) 보살의 이름을 부르면 즉시 아와로끼떼슈와라(觀世音) 보살은 곧 그 음성을 꿰뚫어보고[觀] 중생을 괴로움[苦]으로부터 벗어나게 한다고 말씀하신다. 이 중생의 음성을 관[觀]한다고 하는 것 때문에 관음(觀音) 또는 관세음(觀世音)이라는 이름으로 부르게 되었다.

부처님께서는 계속하여 아와로끼떼슈와라가 중생의 어떠한 재난을 구제하는가를 구체적으로 말씀하신다. 이것이 다음에 열거하는 일곱 가지의 재난[七難]이다.

(1) 화난(火難)…아와로끼떼슈와라 즉 관세음보살의 이름[名號]을 마음에 굳게 기억[保持]하는 사람은 가령 잘못하여 큰 불길[猛火] 속에 들어가더라도 불이 그를 태우지 못한다.

(2) 수난(水難)…큰 물[大河]에 떠내려갈지라도 이 보살의 이름을 부르면 즉시 얕은 곳으로 흘러가 닿을 것이며,

(3) 풍난(風難)…큰 바다에서 갑자기 폭풍우를 만나 배[船團]가 나찰(羅刹)의 나라에 표류하였더라도 많은 사람들 가운데 단 한 사람이 아와로끼떼슈와라의 이름을 부른다면 그 라끄샤시(raksasi), 즉 나찰(羅刹)의 난(難)에서 벗어날 수 있다.

(4) 도장난(刀杖難)…처형장(處刑場)에서 사형이 집행되려고 할 때에도 아와로끼떼슈와라 즉 관세음보살의 이름을 부르면 그들이 가진 칼이나 막대기가 조각조각 부러져 그 난에서 벗어날 수 있으며,

(5) 나찰난(羅刹難)…온갖 야차(夜叉)·나찰 등의 악귀들이 몰려와서 해치려고 해도 아와로끼떼슈와라의 이름을 부르면 악귀들도 그를 해치지 못할 것이다.

(6) 가쇄난(枷鎖難)…어떤 사람이 무고(無辜)한 죄로 인해 손발에 쇠고랑이 채워지고 몸이 쇠사슬로 묶였더라도 아와로끼떼슈와라의 이름을 부르면 그러한 것들은 모두 산산이 부서지고 끊어져 즉시 자유의 몸이 된다.

(7) 원적난(怨賊難)…많은 도적 가운데를 한 상인이 여러 상인을 이끌고 귀중한 보물을 가진 채 그곳을 지나가는 경우에 그 상인 가운데 한 사람이라도 아와로끼떼슈와라의 이름을 부르면 두려움 모르는 마음이 그 보살에 의해 주어져 도적의 난으로부터 벗어날 수 있다.

이상이 일곱 가지의 재난이며 사람들은 아와로끼떼슈와라(觀世音菩薩)의 이름을 부르는 것에 의해 이러한 재난으로부터 벗어날 수 있다고 한다. 더욱이 그 뿐만 아니라 아와로끼떼슈와라를 항상 마음에 깊이 생각[念]함으로 말미암아 탐냄[貪]과 성냄[怒]과 어리석음[愚]의 삼독(三毒)을 없앨 수 있고 또 아와로끼떼슈와라를 예배하고 공양하므로 말미암아 사내아이를 낳고 싶다는 생각을 가지면 사내아이를 낳고 여자아이를 낳고 싶다는 생각을 가지면 여자아이를 낳을 수 있다고 설한다. 즉 아와로끼떼슈와라의 이름이 붙여진 유래와 그 이름을 부르면 화난(火難)·수난(水難)·나찰난(羅刹難)·왕난(王難)·귀난(鬼難)·가쇄난(枷鎖難)·원적난(怨賊難) 등의 7난(七難)에서 벗어날 수 있고 또 탐·진·치 3독(三毒)을 여의며 사내아이를 원하면 훌륭한 남자아이가, 여자아이를 원하면 예쁘고 단정한 여자아이를 얻는다는 공덕이 설해져 있다.

부처님께서는 위와 같이 매우 구체적으로 아와로끼떼슈와라에 대한 갖

가지의 공덕을 설하신 후에 이를 총괄하여 『아끄샤마띠(無盡意)여, 아와로끼떼슈와라(觀世音菩薩)의 이름[名號]을 마음에 깊이 기억하면[受持] 이와 같이 한량없고 가없는 복덕을 얻을 것이다.』라고 말씀하셨다.

그러자 아크샤마티(無盡意) 보살은 부처님께 다음과 같이 여쭙는다. 『세존이시여, 아와로끼떼슈와라 보살은 어떠한 모습으로 이 사바세계에 자유자재로 출현하고 또 어떤 내용으로 중생을 위해 가르침을 설하며 그 방편의 힘을 어떻게 표현합니까?』

즉 아와로끼떼슈와라 보살은 이 사바세계에서 어떠한 모습으로 구제 활동을 펼치며 법을 설하고 그 교화(敎化) 수단(手段)의 힘은 어떠한 것인가 라고 하는 것에 대해 부처님께 여쭙는다. 이에 대해 부처님께서는 아와로끼떼슈와라 보살의 서른세 가지의 몸[33身]에 관한 보문시현(普門示現)을 설하고 보살이 중생의 소질(素質)과 능력(能力)에 따라 여러 가지의 형태를 취하여 중생 제도에 임(臨)하는 것을 말씀하신다. 그 서른 세 가지의 몸[三十三身]이란 다음과 같다.

(1) 부처님의 몸[佛身].
(2) 벽지불(辟支佛)의 몸.
(3) 성문(聲聞)의 몸.
(4) 브라흐만의 몸. 즉 범천왕(梵天王)의 모습.
(5) 샤크라의 몸. 즉 제석천(帝釋天)의 모습.
(6) 자재천(自在天)의 몸. 즉 이슈바라 신(神)의 모습으로, 이는 힌두교의 비쉬뉴신(神)에 해당함.
(7) 대자재천(大自在天)의 몸. 즉 마헤슈바라신의 모습으로, 이는 힌두교의 시바신(神)에 해당함.
(8) 천대장군(天大將軍)의 몸. 즉 하늘의 대장군의 모습. 범본(梵本)에서는 전륜성왕(轉輪聖王)이라 함.
(9) 바이슈라바나(毘沙門天)의 몸. 즉 사천왕신(四天王神) 중의 하나.
(10) 소왕(小王)의 몸. 즉 작은 나라의 왕의 모습.
(11) 장자(長者)의 몸. 상인(商人)들의 우두머리를 말한다.

(12) 거사(居士)의 몸. 즉 부유한 재산가(財産家)의 모습.

(13) 재관(宰官)의 몸. 즉 총리[宰相] 장관[大臣] 등의 모습.

(14) 브라흐마(婆羅門)의 몸. 즉 브라흐마교의 사제(司祭)의 모습.

(15) 비구(比丘)의 몸.

(16) 비구니(比丘尼)의 몸.

(17) 우바새(優婆塞)의 몸. 즉 재가(在家)의 남자 신도의 모습.

(18) 우바이(優婆夷)의 몸. 즉 재가의 여자 신도의 모습.

(19) 장자 부녀(長者 婦女)의 몸.

(20) 거사 부녀(居士 婦女)의 몸.

(21) 재관 부녀(宰官 婦女)의 몸. 즉 재상·대신 부녀의 모습.

(22) 브라흐마 부녀(婆羅門婦女)의 몸.

(23) 동남(童男). 사내아이의 모습.

(24) 동녀(童女). 여자아이의 모습.

(25) 천(天)의 몸. 즉 천신(天神)의 모습. 이로부터 32까지가 천용 (天龍) 8부중(部衆)이다.

(26) 용(龍)의 몸. 용신(龍神)의 모습.

(27) 야차(夜叉)의 몸. 즉 귀신(鬼神)의 1종(種)인 야쿠샤의 모습.

(28) 간다루바(乾闥婆)의 몸. 즉 천상(天上)에 있는 악신(樂神)인 간다르바(乾闥婆)의 모습.

(29) 아수라(阿修羅)의 몸.

(30) 가루다(迦樓羅)의 몸. 금빛 날개를 가진 새[金翅鳥] 의 모습.

(31) 긴나라(緊那羅)의 몸. 천상의 가신(歌神)의 모습.

(32) 마호라가(摩睺羅伽)의 몸. 큰 뱀의 신[大蛇神]인 마호라가의 모 습.

(33) 집금강(執金剛)의 몸. 손에 다이아몬드[金剛]로 된 방망이 혹은 절구공이[杵]를 가진 신 즉 금강 역사(金剛力士)의 모습.

이와 같이 아와로끼떼슈와라 보살(觀世音菩薩)은 부처님의 모습을 비롯하여 사람으로서는 출가 재가의 구별이 없고 동남·동녀에 이르기까지 또 귀신이나 다른 종류의 모습이 되어 중생 교화에 임하여 법을 설

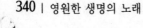

한다. 그것은 교화의 대상으로서의 사람들이 처해 있는 경우나 소질 능력이 저마다 각각 다르며 그러한 천차만별(千差萬別)한 사람들에게 대응(對應)하기 위해서 이와 같이 갖가지의 모습을 취하여 법을 설하는 것이다. 이것이 아와로끼떼슈와라 보살의 보문시현인데 여기서 꼭 유의해야 할 점은 이 보문시현은 교화의 수단 즉 방편임을 알아야 한다.

부처님께서는 이와 같이 아와로끼떼슈와라 보살의 공덕으로 33신(身) 보문시현(普門示現)을 설하신 다음에 이 자리에 모인 대중들을 향해 『그대들은 일심(一心)으로 아와로끼떼슈와라 보살을 공양하지 않으면 안 된다. 이 아와로끼떼슈와라는 위기(危機)나 곤란에 처한 중생에게 동요치 않는 정신력을 베풀어주기 때문에 이 사바세계에서는 모두 아와로끼떼슈와라 보살을 '두려움을 없애 주는 분[施無畏者]으로 부르고 있다.』라고 말씀하시며 아와로끼떼슈와라 보살에게 공양할 것을 권장(勸奬)한다.

이상이 이 장의 줄거리이나 이 장에서 설하는 아와로끼떼슈와라 보살의 공덕을 보면 현세 이익적인 경향이 강하게 엿보인다.

2. 아와로끼떼슈와라 보살(觀世音菩薩)은 과연 누구인가

앞의 제23장 약왕보살본사품은 신업(身業), 제24장 「묘음보살품(妙音菩薩品)」은 구업(口業)에 의해 중생을 이익토록 하는 장인데 바스반뚜(世親)의 『법화론(法華論)』에 의하면, 이 25장은 온갖 재난(災難)으로부터 중생을 지켜 주는 힘에 의해 『법화경』을 유통하는 장[品]으로서 즉 의업(意業)에 의해서 중생을 이익(利益)토록 하는 장(章)이라고 한다.

「관세음보살」이란, 『반야심경(般若心經)』에서는 「관자재보살(觀自在菩薩)」이라고도 하는데 『정법화경(正法華經)』에서는 「광세음(光世音)」으로 번역하고 있다. 범본(梵本)의 원래 이름[原名]은 "아와로끼떼슈바라

(Avalokitesvara)"이다. 이 말은 "아와로끼따(Avalokita)"와 "이슈바라(isvara)"로 분해(分解)된다. "아바로끼따"는 「관찰(觀察)된다.」라는 뜻이나 「관찰하는 것」이라는 능동적인 의미도 가지고 있다.

"이슈바라"는 원래 "~하는 능력이 있다" "~하는 것에 자재(自在)하다."라는 의미를 나타내는 형용사이므로 "아와로끼떼슈와라"를 번역하면 「관자재(觀自在) 즉 관찰하는 것이 자재인 사람」이 된다. 그러나 지금의 「관세음(觀世音)」이라는 이름은 "세상의 소리(音聲)를 관찰한다."라는 의미로서 "아바로끼떼「슈와라」라고 하는 원어와는 일치하지 않는다.

아무튼 이 관세음보살을 줄여서 관음(觀音)이라 하는 것은 널리 알고 있는 사실이다. 그렇지만 이 보살처럼 불가사의한 보살은 없다. 우선 관음에는 여러 가지의 이름 ― 혹은 종류 ― 과 모습이 있다. 성관음(聖觀音)·11면관음(十一面觀音)·천수관음(千手觀音)·마두관음(馬頭觀音)·여의륜관음(如意輪觀音)·불공견색관음(不空羂索觀音)·준제관음(准提觀音)의 「7관음(七觀音)」이 있고 또 양류관음(楊柳觀音) 등의 「33관음(三十三觀音)」도 있다. 어느 것이나 신자(信者)가 원하는 것은 어떠한 것이라도 들어준다고 하는 자비(慈悲) 깊고, 영험(靈驗)있는 현세이익(現世利益)의 부처님이다. 그런데 여기에서 말하는 부처님이란 예배의 대상으로서의 「부처님」을 뜻하는 것이다.

그런데 관세음보살에 대해서는 다음과 같은 학설[學說]이 있어, 여기에 소개하면 다음과 같다. 즉 수(隋) 나라의 길장(吉藏)이 찬술(撰述)한 「법화의소(法華義疏)」권12에 의하면 「관(觀)」이란 능관(能觀)의 지(智) 즉 일심삼지(一心三智)이고, 세음(世音)은 소관(所觀)의 경(境), 즉 10법계(十法界)의 중생이다. 또 관(觀)은 보살의 응(應)이며, 세음(世音)은 중생의 구업(口業)에 의한 감(感)이다. 감(感)과 응(應)을 구족(具足)하기 때문에 「관세음(觀世音)」이라 한다.

또한 보문(普門)은 보주(普周)의 뜻이며, 문(門)은 개통(開通) 무애(無礙)의 뜻이다.」 또 당(唐) 나라의 규기(窺基)가 찬술(撰述)한 『법화현찬(法華玄贊)』에 의하면 「세간(世間)의 중생은 음성을 발[起]하여 귀념(歸

念)하고 보살은 대비(大悲)의 지혜를 가지고 굽어보아[俯觀] 구제하기 때문에 관세음이라 이름 한다.」. 또 일본의 혼다(本田義英) 박사는 「중앙아시아에서 발견된 고사본(古寫本)에는 "아바로키타스바라(Avalokitasvara)"라는 말이 있는데 "스바라(svara)"란 음성이라는 뜻이므로 여기에서 「관음(觀音)」이라는 역어(譯語)가 나온다고 한다. 그리고 "아바로키타스바라"라는 말은 중앙아시아에서 사용되고 "아와로끼떼슈와라"라는 말은 인도에서 사용되었다고 한다. 여기에서 지금의 『묘법연화경』이 근거로 한 "텍스트"에는 "아바로키타스바라"라고 하는 말이 사용되었으며 그것을 「관〈세〉음(觀〈世〉音)」으로 번역한 것이다.」라고 한다. 그러나 이 설은 최근의 연구에 의해 지지(支持)를 받지 못하고 있다.

그런데 위에서 본 것은 이름에 대한 것으로서 크게 문제될 것은 없으나 가장 중요한 것은 아와로끼떼슈와라 보살 즉 관세음보살이라는 고정(固定)된 실체(實體)가 따로 존재하느냐 하는 것이다. 중생은 불교를 믿는다고 말하면서도 실재로는 외도(外道)인 신아론(神我論)에 빠져 있음을 본다. 외람 된 말이지만 다시 말해 대부분의 불교 신도 중에는 외도(外道)를 믿고 있다 하면 화를 낼지 모르지만 참으로 불교에서는 모든 것은 마음에 의해 비롯된다. 즉 때로는 법성(法性)이라고도 하고 법신(法身)이라고도 하는 "마음" 밖에 따로 부처나 관세음이나 중생이 존재하는 것이 아니고 우리의 청정 일심 속에 모두가 존재하는 것이다. 그러나 기독교나 이슬람교에서는 하나님이나 알라신(神)이 따로 존재한다고 믿고 이에 집착하고 있다. 이러한 집착은 우리의 마음밖에 따로 모든 만법[現象]에 주체[法]가 있다고 생각하여 크고 작은 것, 멀고 가까운 것, 삼세(三世)와 6도(六道)의 세계가 분명한 실체라고 집착한다. 즉 신아(神我)는 미묘하고 광대하여 일체의 장소에 두루 작용하는 것이 마치 허공과 같다고 생각한다. 이들의 주장대로 라면 실재하는 사물의 모습과 현상계의 사물은 서로 다른 것이 된다. 설사 외도가 현상계의 사물에서 신아를 찾아내어 신아의 현상 사물은 하나의 모습이라고 할지라도 그들은 현상 사물을 실제로 존재한다고 집착하기 때문에 신아와 현상 사물은 하나로 융합되지 못한다. 부처님의 가르침은 이들의 주장과는 달리 일체의 모든 법은 우리의 마음에서 인연을 따라 현상계로 나타난 것이라고 설명한다. 이처럼 불교에서는 외도처럼 우리의 마음 밖에 실제로 존재하는 사물이 따로 있어서 마음이 두루 일체의 사물 가운데 있다고 설명하지 않는다.

나는 개체[衆生]가 아니며 개인(壽者)이 아닌 것처럼 부처나 관음이나 중생은 개체이거나 개인이 아니다. 나는 부처님[마음]의 분신(分身)이고, 관음의 분신이며, 아울러 중생의 분신이다. 다시 말해 마음 또는 영혼은 나의 마음이나 너의 마음이 아닌 우리들의 마음, 즉 한마음이며 하나의 영혼 즉 우리들의 영혼이다. 그러므로 관음을 염(念)하면 그 세력이 강해져서 그가 대표하는 것이 관음이 되기 때문에 남들이 그를 관음이라 부르게 된다.

이러한 이치를 터득하면 관음행[菩薩道]을 하는 공덕이 얼마나 큰 것인가를 스스로가 깨닫게 될 것이다.

妙法蓮華經 陀羅尼品 第二十六
묘법연화경 다라니품 제이십륙

梵本『법화경』제21장
주 문(呪文)

『법화경』설법자를 지켜주는 주문(呪文) 즉 다라니

이 제26장 다라니품은 『법화경』을 수지(受持)·독송(讀誦)·해설(解說)·서사(書寫)하는 법사(法師)를 수호(守護)하기 위해서 다섯 가지[五種]의 다라니를 설하고 있기 때문에 붙여진 이름이다. 그리고『법화경』의 실천 수행에 정진하는 사람을 옹호(擁護)하는 것은『법화경』을 수호하고 유통하는 것이므로 다라니품은 남을 교화하여 유통시키는 화타유통(化他流通)에 속한다. 이 26장은 보살로서는 바이샤쟈-라자 즉 약왕보살(藥王菩薩)과 베풀음의 용사라는 프라다나슈라(Pradanasura) 즉 용시보살(勇施菩薩)이 등장하는데 그 줄거리로 보아 다른 장(章)과 앞뒤로 연결되지 않기 때문에 그 위치가 각기 다른 것을 볼 수 있다. 즉『정『법화경』』에는 제24장에, 현존하는 "싼쓰끄리뜨"본[梵本]에는 제21장에 자리하고 있음이 바로 그것이다.

그런데 다라니란 "싼쓰끄리뜨(梵語)" 다라니(dharani)를 소리나는 대로 옮긴(音譯) 것으로서 "총지(總持)" 또는 단순히 "지(持)"로 한역(漢譯)되고 있는데 원어인 다라니(dharani)는 기억 또는 유지[保持]한다는 의미에서 파생된 말로서 "기억하는 것", "기억(記憶)하여 잊지 않는 것"이라는 의미가 본래의 뜻이다. 그런데 여기에서 변하여 기억력 증강(增

强)의 방법, 혹은 긴 경전의 문장을 기억하기 위해 짧게 그 요점만을 엮은 문구(文句)를 의미하게 되었다. 또 한 걸음 더 나아가 그와 같은 짧은 구절[句]이 악마나 귀신의 뇌란(惱亂)을 막고 재앙을 제거하며 죄를 멸하는 신비(不可思議)한 힘(力)을 갖는 주문(呪文)으로 바뀌게 되었으며 진언(眞言) 즉 만뜨라(mantra)와 같은 의미로 사용되게 되었다. 이 26장에서 설한 다라니도 이렇게 주문으로 바뀐 다라니이다.

이 26장의 내용을 차례로 보면 다음과 같다. 처음 바이샤쟈-라자 보살(藥王菩薩)이 등장하여 부처님께 『법화경』을 받아들여 기억하는 사람, 읽고 외워 잘 이해하는 사람, 경전을 베껴 쓰는 사람, 이러한 사람들이 얻는 복덕은 얼마나 됩니까 하고 여쭙자, 부처님께서는 바이샤쟈-라자(藥王) 보살에게 『법화경』의 단 하나의 네 구절[4句]로 된 시송(詩頌)을 받아들여 기억하고 읽고 외워 그 의미를 이해하고 경전에서 설한 바와 같이 수행한다면 그 공덕의 크기는 갠지스 강의 모래알 수의 8백 만 억 나유타 배(倍)에 이르는 부처님을 공양하여 얻는 공덕보다 더 크다고 설하신다. 그러자 바이샤쟈-라쟈 보살은

『세존이시여, 내 지금 참으로 설법자에게 다라니주를 주어 그들을 지켜 주겠습니다.』

하고 부처님께 여쭈며 다라니의 문구(文句)를 설한다. 이 다라니는 도안(道安)이 말하는 오종불번(五種不飜) 즉 번역하지 않는 다섯 가지 중의 하나로서 이『묘법연화경』에서는 번역하지 않고 모두를 음역으로 나타내고 있다. 실제로 이 문구의 원어는 이해하기 어려울 뿐만 아니라 그 의미가 아직 확정되지 못하고 있다.

그러나 이를『법본(梵本)』과『정법화경(正法華經)』을 기초로 한 가상대사(嘉祥大師) 길장(吉藏)의『법화의소(法華義疏)』를 참고로 하여 살펴보기로 한다.

『아녜(aney, 安爾, 奇異함이여), 마녜(manye, 曼爾, 思惟여), 마내(mane, 摩禰, 意念이여), 마마내(mamane; 摩摩禰; 無心이여), 칫떼(citt e, 旨隷, 永遠이여), 차리떼(carite, 遮梨第, 修行이여), 사매(same, 賖咩, 寂然이여), 사미따(samita, 賖履多瑋, 淡白이여), 위샨떼(visante, 羶帝, 玄黙이여), 무크떼(mukte, 目帝, 解脫이여), 무끄따따매(muktatame, 目多履, 濟度여), 사매(same, 沙履, 平等이여), 아위사매(avisame, 阿瑋沙履, 無邪心이여), 사마 사매(samasame, 桑履 沙履, 마음의 平和여 平等이여), 자예(jaye, 叉裔, 迷惑의 滅盡이여), 끄샤예 아끄샤예(ksaye aksaye, 阿叉裔, 無盡한 善이여), 아끄쉬내(aksine, 阿耆膩, 徹底한 解脫이여), 샨떼(sante, 羶帝, 조용히 動搖하지 않는 마음이여), 사미떼(samite, 賖履, 淡白한 마음이여), 다라니(dharani, 陀羅尼, 總持여), 아로까바쉐-쁘라띠야웨끄샤니(aloka-bhase-pratyaveksani, 阿盧伽婆娑籤蔗毘叉膩, 觀察이여), 니디루(nidhru, 禰毗涕, 光明이여), 아반따라-니위슈태(abhantara-niviste, 阿便哆邏禰履涕, 스스로를 依支處로 하는 마음이여), 아반따라-빠리슛디(abhantara-parisuddhi, 阿亶 哆波隷輪地, 窮極의 淸淨이여), 무뜨꿀래(mutkule, 歐究隷, 凹凸없는 平坦이여), 무뜨꿀래(mutkle, 牟究隷, 高低없는 平坦이여), 아라대(arade, 阿羅隷, 回轉하지 않는 마음이여), 빠라대(parade, 波羅隷, 旋回하지 않는 마음이여), 수깐끄쉬(sukanksi, 首迦差, 淸淨한 눈이여), 아사마사매(asamasame, 差別 卽 平等이여), 붓다-위로끼떼(buddha-vilokite, 불타비길리秩帝, 깨달음의 絶對境이여), 다르마-빠리끄쉬떼(dharma-pariksite, 法의 完全한 觀察이여), 상가-니르고샤니(sangha-nirghosani, 僧伽涅瞿沙禰, 敎團의 完全한 和合 이여), 니르고니-바야바야위소다니(nirghoni-bhayabhaya-visodhani, 婆舍婆舍輪地, 明快한 說法이여), 만뜨래(mantre; 曼哆羅; 萬德의 具足이여), 만뜨라끄샤야떼(mantraksayate, 曼哆邏叉夜多, 萬德의 具足에 安住하는 마음이여), 루떼(rute, 郵樓多, 無盡한 作用이여), 루따-까우살례(ruta-kausalye, 郵樓多憍舍略, 울려퍼지는 소리여), 아끄샤예(aksaye, 惡叉邏, 大衆의 소리에 대한 明察이여), 아끄샤야-바나따예(aksaya-vanataye, 惡叉冶多冶, 가르침의 理解여), 박꿀래-와로다

(vakkule-valoda, 阿婆盧, 無盡한 가르침이여), 아마냐나따예(amany anataye, 阿摩若那多夜, 顧慮않고 法에 따르는 自在한 境地여), 스와하(svaha, 娑婆訶, 讚揚하여라)』

이와 같이 약왕 보살이 다라니를 설하자 부처님께서는
『오! 훌륭하다. 약왕(藥王)이여, 그대가 법사의 몸을 염려 해서 그들을 지켜 주기 위해 다라니를 설했으니, 많은 중생들이 풍부한 이익을 얻을 것이다.』하고 칭찬하시자
다음에 프라다나슈라(勇施)보살이 부처님께 말씀드린다.
『세존이시여, 저도 『법화경』을 읽고 외우며 믿어 기억하는 사람을 수호하기 위해 다라니를 설하겠습니다. 만일 이 법사가 이 다라니를 얻 는다면 야차나 나찰·부단나·길자·구반다·아귀 등이 그 법사 의 허물[短]을 찾아내어 그를 부릴[伺]려고 해도 그 틈을 찾아내지 못할 것입니다.』
프라다나슈라(勇施) 보살이 이렇게 말씀드린 후 다라니를 설하였다.

『즈발래(jvale; 痤隷; 光炎이여), 마하-즈발래(maha-jvale; 摩訶痤隷; 大光炎이여), 우크케(ukke; 郁枳; 智慧의 光明이여), 투크케-무크케(tukke-Mukke; 目枳; 光明을 펼치는 것이여), 아데(ade; 阿隷; 順調로운 成就여), 아다바티(adavati; 阿羅婆第; 富裕여), 느리티야(nrtya; 涅隷第; 歡喜여), 느리티야바티(nrtyavati; 涅隷多婆第; 欣然한 것이여), 잇티니(ittini; 伊緻柅; 安住여), 빗티니(vittini; 韋緻柅; 秩序를 세우는 것이여), 칫티니(cittini; 旨緻柅; 永住여), 느리티야니(nrtyani; 涅隷墀柅; 迎合하지 않는 것이여), 느리티야바티(nrtyavati; 涅梨墀婆底; 無意味하게 모이지 않는 것이여), 스바하(svaha; 娑婆訶; 讚揚하여라)』

이어서 바이슈라바나(毘沙門天王)가 부처님께 다음과 같이 여쭙는다.
『세존이시여, 저 또한 중생을 가엾이 여겨 이 법사를 옹호하기 위해

다라니를 설하겠습니다.』

『앗테-탓테(atte-tatte; 阿梨; 富裕여,), 낫테(natte; 那梨; 遊戲를 調御하는 것이여), 바낫테(vanatte; 兎那梨; 無戲여), 아나데(anade; 阿那盧; 無量이여), 나디(nadi; 那履; 富가 없는 것이여), 쿠나디(kunadi; 拘那履; 모든 것을 富裕하게 하지 않고는 견디지 못하는 女神이여), 스바하(svaha; 娑婆訶; 讚揚하여라)』

바이슈라바나(毘沙門天)가 다라니를 설해 마치자 이 번에는 드리타라시티라(持國天王)가 부처님께 여쭙는다.
『세존이시여, 역시 저도 다라니 신주(神呪)로써『법화경』을 기억하는 사람을 옹호하겠습니다.』

『아가네(agane; 阿伽禰; 無數한), 가네(gane; 伽禰; 有數한 福의 女神이여), 가우리(gauri; 瞿利; 白光 女神이여), 간다리(gandhari; 乾陀利; 香을 가진 女神이여),찬달리(candali; 旃陀利; 曜黑女神이여), 마탕기(matangi; 摩蹬耆; 摩燈耆女神이여), 푸크카시(pukkasi), 상쿨레(samkule; 常求利; 큰 體軀의 毒女神이여), 브루살리 시시(vrusali-sisi; 浮樓莎柅 頞底; 至高한 眞理를 따라 설할 수 있게 하소서), 스바하(svaha; 娑婆訶; 讚揚하여라)』

이와 같이 드리타라시티라(持國天王)가 다라니를 설하자 이번에는 또 열 사람의 라크샤시 즉 나찰녀(羅刹女)가 이구동성으로 다음과 같이 말씀드린다.
『세존이시여, 저희들도 또한『법화경』을 독송하고 수지(受持)하는 사람을 옹호하여 가지가지의 환난이 없도록 해 주겠으며 만일 어떤 사람이 이 법사의 허물을 찾아내려 해도 그것을 막아 버리겠습니다.』

『이티메(iti me; 伊提履; 여기에), 이티메, 이티메, 이티메, 이티메, 니메(nime; 泥履; 無我여), 니메, 니메, 니메, 니메, 루헤(ruhe; 樓醯; 이미 興한), 루헤, 루헤, 루헤, 루헤, 스투헤(stuhe; 多醯; 더욱이 일어선), 스투헤, 스투헤, 스투헤, 스투헤, 스바하(娑婆訶; 찬양하여라)』

이렇게 다라니를 설하고 다시 법사는 어떠한 일이 있더라도 야차나 나찰의 무리에 의해서나, 악귀나 열병(熱病), 남자와 여자, 동남(童男) 동녀의 모습에 의하더라도, 또 꿈속에서라도 결코 뇌란(惱亂)되지 않는다고 설한다. 그리고 이 다라니의 위력에도 불구하고 설법자를 뇌란케 하는 경우에는 머리는 일곱 조각으로 깨뜨려지고, 부모를 살해한 사람이 받는 죄와 제바달다의 교단 파괴의 중죄에 해당하는 과보를 받을 것이라고 설해, 이 다라니가 『법화경』의 행자 수호에 위대한 효험이 있음을 나타내고 있다.

이상과 같이 약왕(藥王) 보살에서 시작하여 열 사람의 라크샤시(羅刹女)에 이르기까지 차례차례로 다섯 가지의 다라니주(呪)를 설했기 때문에 이들을 총칭하여 5번 신주(五番神呪)라 한다. 이 다라니들은 이 『법화경』에서는 행자의 수호라는 것을 통해 『법화경』 경전의 유통을 목적으로 하는 것일 뿐, 안일(安易)한 현세 이익의 수단을 설한 것은 아닌 점에 유의할 필요가 있다.

원래 불교에서는 그 최초기(最初期)에는 주술(呪術)이나 점(占), 주법(呪法) 등을 금지했다. 석존은 인간의 지식이나 인식으로서는 알 수 없는 인지(人知)를 초월한 것, 예를 들면 우주는 유한(有限)인가 무한(無限)인가 하는 문제나 형이상학적인 문제에는 침묵하시고 질문해도 대답하지 않았다. 그 까닭은 이러한 문제를 통해서 결코 바른 깨달음을 성취하는데 도움이 되지 않기 때문이다. 또 이와 마찬가지로 점이나 주술, 주법이라 하는 신비적, 비합리적인 것도 미혹의 주체적 해결이 되지 않는다고 배제한 것이다.

그러나 시대의 흐름과 더불어 윤회(輪廻)의 주체(主體) 문제나 아트만(Atman; 自我)과 같은 형이상학적인 실체가 불교 내에서 논의되게 되

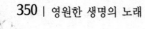

어 주술, 점, 주법이라는 것도 서서히 들어오게 되었다. 여기에는 인도 토착의 민간 신앙의 발전 형태인 힌두교의 영향과 불교 지지기반이 최초기의 도시를 중심으로 하는 부유한 상공업자 층에서 토착성이 강한 씨족제(氏族制) 농촌사회의 농민층으로 변화해 갔다고 하는 사상적, 사회적 배경이 그 이유로 지적되고 있지만 요컨대 불교 자신의 자각 문제이다. 석존 불교의 정통적인 계승자를 자처하는 남방 불교에도 일찍부터 파릿타 라고 하는 주구(呪句)가 있다. 오늘날 한국의 각 종파에서도 기도나 점을 행하지 않는 종파는 매우 소수라 아니할 수 없다. 주법은 어디까지나 중생 교화의 방편(手段)임을 자각하고 있을 동안에는 좋지만 이윽고 이 사실을 망각하여 수단이 목적화 되었을 때에는 불교의 본질은 상실되고 단순한 신비주의적인 오컬티즘의 종교로 타락하고 말 것이다.

妙法蓮華經 妙莊嚴王本事品 第二十七
묘 법 연 화 경 묘 장 엄 왕 본 사 품 제 이 십 칠

梵本『법화경』 제25장
묘장엄왕의 전생의 인연

1. 두 아들(二子)의 공덕.

이 제27장은 묘장엄왕을 주인공(主人公)으로 하는 본사(本事) 즉 전생담(前生譚)을 설해 왕이 마음을 돌리는 것[廻心]과 『법화경』으로 입신(入信)하는 것을 밝히고, 그 계기(契機)가 된 두 왕자가 가진 선지식(善知識)으로서의 능력을 설함이 그 주된 취지이다.

앞의 제26장은 다라니신주(陀羅尼神呪)를 주어 설법자를 옹호할 것을 맹세하고 그로써 유통을 권했으나, 이 27장은 다시 선지식에 의해 『법화경』의 신앙으로 인도한 실례(實例)를 들어 유통을 권장하는 것이어서 서원(誓願)에 의해, 남을 교화하여 유통하였기 때문에 이를 화타유통(化他流通)이라 부르고 있다.

부처님께서는 과거세의 이야기로서 대중에게 아래와 같이 말씀하셨다. 『아득한 옛날에 구름에서 울려 퍼지는 우렛소리(雷聲)처럼 훌륭한 음성을 가진 별들의 왕(月)에 의해 다섯 가지 신통을 발휘한 사람이라는 운뢰음수왕화지불(雲雷音宿王華智佛, Jaladharagarjitaghosasusvara naksatrarajasamkusumitabhijna)이라는 부처님이 계셨는데 그 나라를 태양의 광선에 의해 장식된 땅이라는, 즉 광명장엄(光明莊嚴, Vairo canarasmipratimandita)이라 하고 그 시대[劫]를 눈으로 보면 즐겁다

는, 즉 희견(喜見, Priyadarsana)이라 했다. 그 부처님 세상에 깨끗하게 장엄되었다는 묘장엄왕(妙莊嚴王, Subhavyuha)이라는 임금이 있었으며, 왕비(王妃)는 천부적으로 청정함을 부여 받은 여자라는 정덕부인(淨德夫人, Vimaladatra)이라 했다. 두 사람 사이에는 청정한 태(胎)를 가졌다는 정정(淨藏, Vimalagarbha)과 청정한 눈을 가졌다는 정안(淨眼, Vimalanetra)이라는 두 왕자가 있었다. 묘장엄왕(妙莊嚴王)은 외도(外道)인 브라흐만(婆羅門)의 가르침을 믿고 있었지만, 두 왕자는 불교의 가르침을 신봉(信奉)하고 보살로서의 수행을 실천하여 6바라밀(六波羅蜜)과 37보리분법(三十七菩提分法) 등의 깨달음으로 향하는 수행을 닦았을 뿐만 아니라, 정삼매(淨三昧)를 비롯하여 갖가지의 삼매에 통달하고 있었다. 운뢰음수왕화지불께서는 묘장엄왕(妙莊嚴王)을 교화하여 인도하려는 생각에서 『법화경』을 설하셨으나 그 왕은 외도의 가르침을 변함없이 믿고 있었다. 그 때에 정장과 정안 두 왕자는 자기들도 그 설법을 듣고 또한 부처님 곁에서 시봉하고자 그 허락을 얻으려고 어머니에게 『법화경』 설법을 들을 것을 권했었다. 어머니인 정덕부인은 두 왕자에게 부왕을 설득하여 외교(外敎)를 버리고 불법(佛法)에 들어오도록 하라고 권했다. 두 왕자는 부왕이 마음을 돌려서 부처님의 가르침을 믿도록 하기 위해 어머니의 조언(助言)을 받아 들여 갖가지의 기적(奇蹟)을 부왕 앞에 나타내 보였다. 부왕은 그 불가사의한 신통변화(神通變化)를 보고 크게 놀라 「너희들의 스승은 누구인가」하고 물었다. 두 왕자는 자기들의 스승은 운뢰음수왕화지불이라고 대답하자 부왕은 그 부처님을 만나려고 함께 가기를 동의했다.

두 왕자는 다시 어머니께 출가의 허가를 구하고 허락을 받았다. 부모인 묘장엄왕과 정덕부인 및 궁전의 수많은 권속들과 함께 부처님께 갔었다. 부처님 전에 이르자 부처님께서는 왕을 위해 법을 설하여 기쁘게 했으며 대중을 향해 이렇게 말씀하셨다.

「이 묘장엄왕은 기필코 출가하여 깨달음으로 향하는 수행을 마치고 사라수왕(娑羅樹王)이라는 이름의 부처님이 될 것이다. 그 불국토(佛國

土)를 대광(大光)이라 이름 하리라.」

이 성불의 예언[記莂]을 들은 묘장엄왕은 즉시 국왕의 자리를 동생에게 물려주고 부인과 두 왕자, 수많은 시종(侍從)들과 함께 출가하고 『법화경』 수행에 전념(專念)했다. 그 결과 왕은 일체정공덕장엄삼매(一切淨功德莊嚴三昧)를 얻었으며, 그 힘에 의해서 다라 나무[多羅樹] 7배 높이의 공중으로 올라가서 부처님께 이렇게 말씀드렸다.

「세존이시여, 나의 아들인 두 왕자들은 신통변화에 의해 나의 잘못된 마음을 돌리게 하여 부처님의 가르침으로 향하도록 하여 주었습니다. 이 두 왕자야말로 나에게는 선지식(善知識), 좋은 지도자이며 그들은 전생의 선근공덕에 의해 나의 마음을 돌리게(廻心) 하기 위해 내 집에 태어난 것입니다.」

부처님께서는 이 말을 듣자 왕에게 다음과 같이 말씀하셨다.

「그 말이 맞다. 선지식은 큰 인연(因緣)이다. 그대의 두 아들은 아득한 옛날부터 많은 부처님을 섬기면서 공양하고 『법화경』을 믿어 기억(受持)하여 많은 사람들을 바른 길로 안주(安住)시켜 왔다.」

묘장엄왕은 부처님의 훌륭한 용모를 찬탄한 후, 스스로의 마음이 가는 대로 행동하지 않을 것, 잘못된 견해, 교만한 거동, 성냄이나 그 밖의 나쁜 마음을 일으키지 않을 것을 맹세했다.」

이상이 부처님께서 설하신 묘장엄왕을 둘러싼 과거세의 이야기이다. 석가모니불께서는 여기 까지 말씀하시고 맨 끝에는 과거와 현재를 연결시켜 다음과 같이 말씀하셨다. 즉 『옛날 그때의 묘장엄왕이란, 지금의 화덕(華德)보살이고, 정덕(淨德)부인은 광조장엄상보살(光照莊嚴相菩薩), 정장(淨藏)·정안(淨眼) 두 왕자는 각각 약왕(藥王)과 약상(藥上)의 두 보살이다.』

석가모니불께서 이와 같이 설하셨을 때, 8만4천 인의 많은 사람들이 번뇌의 때[咎]를 떨쳐 버리고, 진리를 꿰뚫어 보는 정안(淨眼), 즉 지혜의 눈을 얻었다고 한다.

2. 선지식(善知識)

이 27장은, 묘장엄왕(妙莊嚴王)이 주인공으로 되어 있는 과거세[前生]의 이야기가 중심이지만, 이 27장에서 중요한 역할을 맡은 것은 이야기의 주인공인 묘장엄왕 보다도 오히려 정정(淨藏)·정안(淨眼)의 두 왕자들이다. 이 두 왕자들은 아득한 옛날부터 많은 부처님들을 섬기며 『법화경』을 받아들여 기억(受持)하고 보살수행(菩薩修行)을 닦아서 많은 사람들을 교화해 왔다. 지금 이 묘장엄왕의 왕자로서 출생한 것도 전생의 선근공덕에 의해 묘장엄왕을 교화시키기 위한 것이라 한다. 법화경에서는 묘장엄왕의 말을 통해 두 왕자를 선지식(善知識)으로 부르고 있다.

선지식이란 좋은(善) 벗(友), 좋은 지도자를 말한다. 이 『법화경』에서는 이미 "제12장 제바달다품(提婆達多品)"에서도 석가모니불께서 제바달다(提婆達多)를 선지식이라 부르고 있다.

석존께서 부처님으로서의 깨달음을 완성하고 오늘날이 있는 것도 제바달다의 음덕이라고 말한다. 제바달다는 악역비도(惡逆非道)한 무리(輩)라고 하는 전승(傳承)을 따른다면, 이런 경우 선지식의 의미는 반대로 교사(教師)라고 말할 수 있겠으나, 이 27장에서는 두 왕자가 외도(外道)인 브라흐만(婆羅門)의 가르침을 신봉하고 있던 아버지 묘장엄왕을 회심(廻心)시켜 『법화경』을 수지하고 수행시켰던 글자 그대로의 선지식이다. 아버지인 묘장엄왕은 아들에게 가르침을 받은 셈이지만, 『법화경』은 부처님의 말씀이라 하여 선지식에 관해 다음과 같이 설하고 있다.

『선남자·선녀인 들이 전생에서 선근을 심었다면 태어날 때마다 선지식을 만날 수 있고 그 선지식은 훌륭히 그 사람을 인도해 불도(佛道)에 들게 하여, 가지가지[示教利喜]로 가르치고 인도해 부처님의 깨달음[阿耨多羅三藐三菩提]에 도달케 한다. 대왕이여, 선지식을 만난다는 것은 참으로 거룩한 인연이다.』

그런데 이 글의 맨 마지막에 거룩한 인연이라고 말하는 것은, 선지식이 출현하는 것은 커다란 원인(原因)과 조건(條件)에 의한다는 뜻이다.

묘장엄왕은 두 왕자가 과거세에서의 선근 공덕에 의해 이 세상에서 선지식을 만날 수 있었다고 하지만 지금 열거한 경문(經文)의 처음에 있는 바와 같이 결국은 자기가 선근을 쌓아 온 것에 의해 그 덕분으로 선지식을 만날 수 있었던 것이다. 이것이 커다란 원인과 조건이 아니고 무엇인가. 이 장의 의도는 『법화경』을 수지하는 사람인 선지식을 통해 이 『법화경』의 유통을 설하는 점에 있으나 그것도 선지식에게 그 역할을 모두 맡겨 버린 것이 아니라 결국은 『법화경』을 수지하는 한 사람 한 사람의 주체적(主體的)인 노력에 의한다고 설하고 있다.

더욱이 이 27장의 내용 중에서 세세한 점에 주목해 보면, 이 27장은 앞의 "약왕보살품" 및 "묘음보살품"과의 내용상의 연관(連關)을 볼 수 있다. 이를테면 운뢰음수왕화지불(雲雷音宿王華智佛)의 불국토(佛國土)는 "광명장엄(光明莊嚴)"으로 되어 있으나 그 원음(原音)은 와이로차나-라슈미-쁘라띠만디따(Vairocanarasmipratimandita)로서 이는 제24장 묘음보살품에서 설하는 정화수왕지불(淨華宿王智佛)의 불국토인 "정광장엄(淨光莊嚴)"의 원어와 동일한 것이다. 아마도 같은 말을 번역할 때에 나눈 것이리라. 다음에 옛날의 묘장엄왕(妙莊嚴王)은 지금의 화덕 보살(華德菩薩)이지만 이 화덕 보살은 역시 제24장 묘음보살품에서는 부처님과의 문답(問答)에서 묘음(妙音)보살의 수행과 그 공덕을 이끌어 내는 역할을 맡은 보살이다. 또 정장왕자(淨藏王子)의 지금의 모습인 약왕보살(藥王菩薩)은 "제23장 약왕보살본사품"에서 그 전생이 밝혀졌고 아울러 "제24장 묘음보살품"에서도 타토(他土)의 묘음(妙音)보살이 만나고자 원했던 사바세계(娑婆世界)의 보살 중의 한 사람으로서 약상보살(藥上菩薩)과 더불어 거명(擧名)되고 있다. 또 정안(淨眼)왕자의 지금의 모습인 약상(藥上)보살은 "제23장 약왕보살본사품"에서는 그 이름이 보이지 않으나 "제24장 묘음보살품"에서는 그 이름이 열거되어 있다.

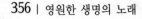

그리고 제23장 약왕보살본사품·제24장 묘음보살품·이 27장인 묘장 엄왕본사품의 세 장(3章)에 공통적으로 볼 수 있는 현저한 특징은 "삼 매(三昧)"의 강조이다. 삼매는 대승불교에서 보살의 수행덕목 중의 하나로서 특히 강조되어 많은 이름의 삼매가 설해져 있는데, 이 세 개의 장에는 다른 품에서 볼 수 없는 여러 가지 이름의 삼매가 설해져 있다. 그 하나하나의 삼매가 구체적으로 어떤 내용을 가지고 있는가에 대해서는 설명이 없으나 아무튼 『법화경』에서 지금의 세 장(3品)에 공통적인 특징이라 지적할 수 있다.

  이상과 같은 점에 유의해 보면 이 27장과 23장 약왕보살본사품·24장 묘음보살품과의 내용상의 연결을 살펴 알 수 있을 것이다. 그러나 이 사실은 『법화경』의 성립사라는 큰 관점에서 연구하여야 할 것이며 그것은 또한 금후의 과제이기도 한 것이다.

妙法蓮華經 普賢菩薩勸發品 第二十八
묘 법 연 화 경 보 현 보 살 권 발 품   제 이 십 팔

梵本『법화경』제26장
싸만따-바드라의 고무(鼓舞)

1. 보현(普賢)의 권발(勸發)

이 28장은 "두루 보편하게 훌륭하다."는 보현보살(普賢菩薩)의 등장으로부터 시작된다. 보현보살은 "문수(文殊)의 지혜(智慧), 보현(普賢)의 행(行)"이라고 하는 것처럼 문수보살(文殊菩薩, 만주슈리보살)과 짝지어 불리는 유명한 보살이다. 지금까지『법화경』에서 문수보살은 자주 나왔으나, 이 보현보살은 한 번도 등장한 일이 없었다. 그런데 이 28장에 들어서면서 첫머리에『자유자재한 신통력과 위대한 덕을 가져 그 이름이 널리 알려진 보현보살이, 한량없고 끝 가가 없어(無邊) 헤아릴 수 없는 큰 보살들과 함께 동방에서 이 사바세계로 왔다.』라고 설하여 헤아릴 수 없는 수많은 대보살들과 함께 동방에서 이 사바세계에 왔다고 한다. 그가 통과해 온 나라들은 모두 진동하고 보배 구슬로 된 연꽃이 비처럼 내렸으며 무수한 음악이 연주되었던 것이다. 이렇게 신비로운 상서(奇瑞)는 모두 보현보살의 신통력에 의한 것이었다. 보현보살에게는 수많은 천룡8부중(天龍八部衆)이 따랐으며 그들과 함께 사바세계의 석존께서『법화경』을 설법하시는 영축산(靈鷲山)에 도달했다.

보현(普賢)의 싼쓰끄리뜨 이름은 싸만따바드라(Samantabhadra)인데 "널리 훌륭한" 혹은 "완전히 길상(吉祥) 즉 경사스러운" 또는 "축복(祝

福)받은 분"이라는 뜻이다. 그러므로 "변길(遍吉)"이라고도 번역한다. 이 보살은『법화경』이외에『삼만타발타라보살경(三曼陀跋陀羅菩薩經)』, 『화엄경(華嚴經)』의「입법계품(入法界品)」, 및「보현행원품(普賢行願品)」 등과『법화경』의 결경(結經)이라는『관보현보살행법경(觀普賢菩薩行法經)』에 설해져 있다.

이를테면『삼만타발타라보살경』에는 문수사리(文殊師利)의 질문에 대답하는 형식으로 보현의 행도(行道)를 밝히고 있으나, 이것은 후에『대방광불화엄경(大方廣佛華嚴經)』(40卷本)「보현행원품」에서 열 가지(十種)의 행원(行願)으로 상세히 설하고 있다. 또『화엄경』 60권본의「입법계품」에서는 보현이 선재동자(善財童子)에게 과거에 행하여 왔던 자신의 보살행(菩薩行)을 다음과 같이 설하고 있다. 즉『내가 수행한바 보살의 여러 가지 행(諸行)은, 부처님 세계를 정화하고 중생을 교화하여, 대비(大悲)를 자라게(長養) 하고 많은 부처님(諸佛) 및 선지식(善知識)을 공양하여 정법(正法)을 지키고(護持), 널리 일체 안팎(內外)의 많은 물건(諸物)을 버리고(捨), 세간 출세간의 지혜(智)를 오래 익혀(修習)서 일체중생으로 하여금, 나고 죽음(生死)의 고통(苦)을 등지게 하며, 일체 많은 부처님의 공덕을 찬탄케 한다.』그 결과 보현(普賢, Samantabhadra)은,『위없는(無上) 청정(淸淨)한 색신(色身)을 얻어 일체의 세간(世間)을 초출(超出)하고 마땅히 교화(化)해야 할 사람의 근기에 따르되(隨), 보아 넘김이 없이 일체의 국토(刹)에 노닐며 모든 곳에 이르지 않음이 없고, 자재력(自在力)을 나타내어 싫어하는 사람이 없다.』라고 하는 것처럼, 온갖 곳에 알맞게 나타나(應現)서 중생들에게 그 모습을 나타낸다.』라고 한다. 또『관보현보살행법경』에 의하면『보현(普賢)은 동방의 정묘국토(淨妙國土)에서 출생했다.』라고 설하며, 그 보현(普賢)의 색신(色身)을 관하는 관법(觀法)을 설하고 있다. 이와 같이 다른 경전에 설해 있는 것을 총합(總合)해 보면 보현(普賢)이라는 보살은 한량 없는 겁(劫)에 걸친 보살행(普賢行)에 의해 청정한 몸(身體)을 얻어 중생의 원(願)에 응하여 모든 곳(場所)에 나타난다는 보살이다. 또 여러 경전에는 문수보살과 관계가 깊은 보살로 설해지고 있다.

그런데 이 28장에서 보현은 동방의 보배구슬의 위광이 널리 퍼졌다는, 보위덕상왕불(寶威德上王佛, Ratnatejobhyudgataraja)의 국토에 거주 하며, 또 문수보살과의 관계에 대해서는 아무런 언급도 없다. 이것이 보현보살에 관해『법화경』과 다른 경(他經)이 서로가 다른 특이한 점이다.

한량없고 끝 가가 없는 대보살들을 이끌고 이 사바세계에 온 보현보살은 석가모니부처님께 다음과 같이 말씀드렸다.

『세존이시여 저는 보위덕상왕불의 국토에 있었으나, 이 사바세계에서『법화경』을 설하시는 것을 〈멀리서〉 듣고, 이처럼 한량없고 끝 가가 없는 백천만억의 많은 보살과 함께 〈가르침을〉 직접 들으려고 왔 습니다. 원컨대 세존이시여, 저희들을 위해 설하소서. 만일 선남자·선녀인이 부처님께서 멸도하신 후에는 어떻게 해야 이『법화경』을 얻을 수 있겠습니까.』

이렇게 보현은, 석가모니불께『법화경』을 설하시도록 원(勸)했던 것이다. 이를 보현의 권발(勸發)이라 한다. 이 28장의 이름은 여기에서 유래한다. 이 보현의 권발에 대해 석가모니불께서는 어떻게 하면 이『법화경』을 획득할 수 있는가, 하는 것을 설하신다. 석존께서 이 28장에서 설하는 가르침(法)을 예로부터 천태(天台)에서는 재연법화(再演法華)라 칭하고 있다. 이것은「제2장 방편품」에서부터 앞의「제27장 묘장엄왕본사품」에 이르기까지, 석존께서 누누이 설하여 온『법화경』을 보현의 권발에 의해 거듭 설하게 되기 때문에 이렇게 부르는 것이다.

2. 네 가지의 특성(四法)을 완성해야만 『법화경』을 자기 것으로 할 수 있다.

『선남자·선녀인이 여래께서 멸도한 후에는 어떻게 해야 이『법화경』

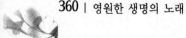

〈의 참다운 공덕〉을 얻을 수 있겠습니까?」하고 보현보살이 여쭙자, 부처님께서는 다음과 같은 네 가지(4種)의 특성을 설하셨다.

(1) 〈자기가〉 모든 부처님으로부터 보호되고 있다는 생각(護念)을 가질 것, 즉 가피되고 있다는 것을 알아차릴 것.

(2) 덕을 갖추게 되는 근본인 선행을 쌓을 것(植衆德本), 덕(德)은 베푸는 데서 생기는 것이다.

(3) 반드시 성불이 결정된 사람들의 모임(正定聚)에 들어(入)갈 것.

(4) 일체 중생을 구제하겠다는 마음을 일으킬 것.

석존께서는 위의 네 가지 특성(4法)을 성취(完成)하면, 여래가 멸도한 후에도 반드시 이 『법화경』〈의 진리를 파악하게 되고, 이 『법화경』의 참다운 공덕〉을 얻을 수 있다고 설하셨다.

첫 번째의, 모든 부처님으로부터 호념(護念) 된다는 말은, 『묘법연화경』에서의 "불소호념(佛所護念)", 즉 부처님께서 지켜주시고 계신다는 것과 같은 뜻이 된다. 그러나 『범본(梵本)』에서는 모든 부처님(諸佛)에 의해서 가호(加護), 가지(加持)된 것이라는 의미가 된다. 즉 여래의 위신력(威神力)을 몸에 받아서 발휘(發揮)한다는 의미이다.

두 번째는, 선근(善根) 공덕(功德)을 쌓는 일이다.

세 번째는 반드시 깨달음으로 향하는 것이 결정(決定)되어 있는 사람을 말하는데, 이 말은 도중(途中)에서 퇴전(退轉)하거나 이리저리 방황하는 사람이 아님을 말한다. 이는 중생이 가진 깨달음에 도달하는 능력이라는 관점에서 세 가지(3種)로 나눈다.

① 반드시 깨달음에 도달하도록 결정된 사람의 모임인 정정취(正定聚)와,

② 깨달음에 도달할 수 없는 사람의 모임인 사정취(邪定聚)와

③ 둘 중에 그 어느 쪽에도 결정되지 않고 수행 여하에 따라 결정되는 모임인 부정취(不定聚)가 있다.

이 가운데에서 처음의 ①은, 반드시 깨달음에 도달하도록 결정된 사람의 모임에 들어갈 것을 말한다.

네 번째는, 널리 사람들에 대해 구제의 손길을 뻗치는 마음을 말 한다.

이와 같은 네 가지의 특성(4法)을 완성(成就)한 사람은 『법화경』을 자기의 것으로(得) 할 수 있다고 설하고 있지만, 한편 이와 같은 것을 완성하는 것이 『법화경』을 자기 것으로 하기 위한 조건(條件), 또는 마음가짐이라 할 것이다.

 그런데 꼭 짚고 넘어가야 할 것이 있으니, 석존께서는 『선남자·선녀인이 여래께서 멸도한 후에는 어떻게 해야 이 『법화경』〈의 참다운 공덕〉을 얻을 수 있겠습니까?』하고 보현보살이 여쭙자, 부처님께서는 다음과 같은 네 가지(4種)의 특성을 설하셨다. 그런데 범본(梵本)에서는 이 앞부분에

「〈널리 축복받은 사람(普賢)이라는 보살로부터〉 이와 같은 말을 듣자, 세존께서는 "널리 축복받은 사람"이라는 위대한 사람인 보살에게 이와 같이 말씀하셨다.

「좋은 집안의 아들(善男子)이여, 이 위대한 사람인 보살들은 실로 〈무명으로〉 덮여 있는 것을 제거하면, 요해(了解)할 수 있는 사람들이다.」라는 말이 있는데, 묘법연화경에는 이 부분이 번역되어 있지 않다는 것이다.

「이 위대한 사람인 보살들은 실로 〈무명으로〉 덮여 있는 것을 제거하면, 요해(了解)할 수 있는 사람들이다.」과연 이 말은 무엇을 의미하고 있는 말인가. 참으로 의미 심중한 말이라고 생각하지 않을 수 없다. 사법성취(四法成就)의 이전에 「〈무명으로〉 덮여있는 것을 제거하면 〈법화경을〉 완전히 이해(了解)할 수 있는 사람이 보살들이다.」라는 것이다. 그러므로 무명을 제거하지 못한 사람은 보살이 아닐 뿐만 아니라, 법화경을 완전히 이해할 수 없는 사람이라는 말이 아니고 무엇인가. 무명으로 인한 담(貪)·진(瞋)·치(癡)를 그대로 가지고서, 나는 법화경을 이해했다고 우쭐대서야 배꼽이 웃을 일이다.

 원래 대승경전은, 근본번뇌인 탐·진·치·만(慢)·의(疑)·악견(惡見)을 제거한 것을 전제로 하여 출발한 것이다. 그러기에 대승경전은 대부분 이 부분에 대해 일부분을 제외하고는 소상하게 설하고 있지 않

다. 설하고 있지 않음은 "이미 알고 있는 부분이기 때문에" 거듭 설명하지 않은 것이다.

특히 법화경은 그러하다. 그러나 적문에서는 곳곳마다 "공(空)을 설하라"고 강조하고 있는데, 현재 우리나라에 유포되고 있는 법화경은 일본의 일련종 계통의 법화사상을 그대로 받아드리고 있기 때문에, — 일본의 일련종에서는 공(空)을 설하지 않아도 무방하다는 설을 내세우고 있다. — 반야심경도 독송하지 않고, 금강경도 독송치 않으니, 무명을 제거하는 지혜를 완성할 수 있겠는가. 그리고 "그 몸 그대로를 가지고 성불할 수 있다(卽身成佛)"는 것은 성문·연각의 경지를 이미 넘어선 보살에게 하는 말이지, 아직 성문의 사과(四果) 중 예류(預流)인 수다원과(須陀洹果)도 마치지 못한 채, 온통 망념(妄念)만을 가지고 법화경을 이해했다고 한다면, 이것 역시 근본번뇌 중의 한 가지인, 만(慢)의 일종인 증상만(增上慢)이 아니고 무엇이겠는가. 그래서 겸행육도(兼行六度)라고 한 것이다. 법화경행을 하면서도 육바라밀을 겸행해야 한다는 것이다.

3. (普賢)의 행(行)

위의 네 가지 특성(4法)에 대한 가르침을 들은 보현보살이 여래께서 멸도한 후에 『법화경』 경전을 믿어 기억하는 사람(受持者)을 지켜 줄 것을 부처님 앞에서 맹세하며 다음과 같이 말한다.

『세존이시여, 〈저는 맹세코〉 훗날 다섯 번째의 500세(年)에 이르러, 탁하고 악한 세상(濁惡世)에서 이 경전(法華經)을 믿어 기억(受持)하는 사람이 있다면, 제가 그 사람을 굳게 지켜 주어 온갖 장해(衰患)를 제거하고, 항상 안온하게 법을 행할 수 있도록 할 것이며, 혹 그 누가 그의 잘못을 찾아내어 그를 부리려고 해도 그 흠을 찾지 못하게 하겠습니다.』

그리고 보현보살은 계속해서 악마(魔)나 야크샤(夜叉), 라크샤(羅刹) 등 갖가지 사악(邪惡)한 무리들로부터 『법화경』을 믿어 기억하는 사람을 지켜 줄 것을 맹세한다. 또 만일에 이 경전(法華經)을 믿어 기억하는 사람이 행주좌와(行住坐臥)에서 이 가르침(經)을 수지(受持)·독송(讀誦)한다면 그 때에 자기(普賢菩薩)는 여섯 개의 이빨(6牙, 六波羅蜜)을 가진 희고 큰 코끼리의 왕(白象王)을 타고 대보살들과 함께 그 자리에 나타나서 그 경(法華經)을 믿어 기억(受持)하고 읽고 외우(讀誦)는 사람들을 지켜(守護) 줄 것도 맹세한다.

이와 같이 보현보살은, 다른 경전(他經)에서와는 달리 이 『법화경』에서는 『법화경』 경전(經典)을 믿어 기억(受持)하는 사람을 지켜주는 보살로 자리하고 있다. 이 점에서 보현보살은 제25장의 관세음보살과 같은 역할을 떠맡고 있다. 그러나 관세음보살이 법화행자(法華行者)를 수호하는 것은, 단순한 수호에 머물지 않고 매우 구체적인 현세 이익을 구사(驅使)하고 있음에 대응하여, 보현보살은 어디까지나 경전 수행자의 수행에 즈음해서 각각 수호함을 설하고 있다는 점에서 두 보살의 성격에 차이가 난다.

이러한 두 보살의 성격적인 차이는 후에 관음신앙(觀音信仰)과 보현신앙(普賢信仰)으로 나누어지게 되는 원인이 되었으니, 이 두 가지의 신앙은 이처럼 『법화경』에서 두 보살의 태도가 서로 다른 것을 반영한 것이라고 볼 수 있다.

그런데 보현보살은 계속해서 경전(法華經典)의 독송수행(讀誦修行) 공덕을 설하여, 이 『법화경』을 수지하고 독송하는 사람은 보현보살의 모습을 보며 그로 말미암아 경전을 기억하고 유지(憶持)하기 위해서 일체의 불·보살이 설하신 바를 알아 기억하는 선다라니(旋陀羅尼)와 백 천 만 억 선다라니(百千萬億旋陀羅尼)와 모든 부처님께서 설법하는 방편의 문을 자유자재로 설하는 법음방편다라니(法音方便陀羅尼) 등의 다라니를 얻을 것이라고 말한다. 이 다라니는 경전을 받아드려 마음에 기억하는 힘을 갖는 다라니이지만, 다음에 또 3. 7일, 즉 21일 동안 일심

(一心)으로 수지·독송·서사(書寫)의 행(行)을 하는 사람에게 다라니
주(呪)를 준다고 한다. 그리고 이 다라니 즉 총지진언(總持眞言)은『인
간이 아닌 것들로부터 〈도심(道心)이〉 파괴되지 않을 것이다.』라고 하
는 재앙을 없애주는 다라니이다.

4. 법사를 지켜 주는 다라니

『아단데(adande, 阿檀地, 아견(我見)을 버리고), 단다-빠띠(danda-p
ati,, 檀陀婆地, 소아(小我)를 없애고), 단다와르따니(dandavartani,
檀陀婆帝, 아방편(我方便)을 여의면), 단다-꾸살레[danda-kusale, 檀
陀鳩舍隷, 평화(平和)로우리라), 단다-수다리(danda-sudari, 檀陀修
陀隷, 마음은 유연(柔軟)하게), 수다리(sudari, 修陀隷, 행위(行爲)도
유연하게), 수다라-빠띠(sudhara-pati, 修陀羅婆底, 원활하게 하리
라), 붓다-빠샤네(buddha-pasyane, 佛馱波羶禰, 붓다를 관(觀)하면),
사루와-다라니-아와루따니(sarva-dharani-avartani, 薩婆陀羅尼阿
婆多尼, 모든 총지(總持)를 차례로 돌리며), 산와루따니(samvartani,
修阿婆多尼, 모두 회전(回轉)시켜), 상가-빠리끄쉬떼(samgha-pariksi
te, 僧伽婆履叉尼, 승가의 괴멸(壞滅)을 극복하고), 상가-니르가따니(s
amgha-nirghatani, 僧伽涅伽陀尼, 승가의 잘못을 없애고), 다르마-
빠리끄시떼(dharma-pariksite, 達磨修波利刹帝, 모든 가르침을 배
워), 사루와삿뜨와-루따-까우스랴아누가떼(sarvasattva-ruta-kausl
yanugate, 薩婆薩埵樓馱憍舍略阿縷伽地, 일체 중생의 소리를 깨달으
면), 싱하-위끄리디떼(simha-vikridite, 辛阿毘吉利地帝, 사자가 노
니는 것처럼 자유자재로), 아누와르떼(anuvarte, 3세(歲)에 걸쳐 무한
하게), 와르따니-와르딸리(vartani-vartali, 진리를 차례로 넓혀 가리
라), 스와하(svaha, 薩婆訶, 찬양하여라)』

보현보살이 『법화경』 경전을 수습(修習)하는 사람들을 수호하는 것은 위와 같으나, 그 『법화경』을 오랫동안 닦아 익히는 것(修習)에 대해 다음과 같이 말한다.

『만일 이 『법화경』을 믿어 기억(受持)해서, 읽고 외우(讀誦)며, 바르게 기억(正憶念)하고 그 뜻(其義趣)을 잘 이해(解)하고 가르침대로(如說) 수행(修行)하는 사람이 있다면, 그 사람은 보현(普賢)과 똑같은 행(行)을 행하고 있는 사람임을 알아야(當知) 합니다. 〈그 사람은 전생에서〉 한량없고 가가없는(無量無邊) 수많은 부처님들(諸佛)을 섬기며 갖가지의 선근(善根)을 깊이(深) 심(種)은 사람이므로, 많은 여래들(諸如來)께서 자비로운 손(手)으로 머리(頭)를 어루만져(摩) 주심을 받을 것입니다.』

『법화경』의 수습, 즉 『법화경』을 오랫동안 닦아 익히는 것이란, 구체적으로 믿어 기억하고(受持)·읽고(讀)·외우며(誦)·남에게 해설하고(解說)·옮겨 쓰는(書寫) 다섯 가지를 말하며, 이것을 후세에 5종법사(五種法師)라고 이름하고 있다. 보현은, 이 5종법사의 경전수행을 하는 사람이 보현(普賢)의 행(行)을 하는 사람이라고 말한다. 즉 보현의 행이란, 『법화경』을 오랫동안 익히는 행을 하는 것이라고 말하고 있다.

앞에서 말한 바와 같이 여러 경전 중에 보현보살은 무량겁에 걸쳐 보살 수행을 해 왔기 때문에 그 결과 보현보살은 "행(行)"을 대표하는 보살이라는 성격이 부여되고 있다. 그러나 이 『법화경』 가운데에서는 그 보현(普賢)의 행이야말로 『법화경』 수행, 구체적으로는 5종 법사(五種法師)를 지칭하는 것이라고 하겠다. 바로 여기에 『법화경』이 보현보살을 이 28장에 이르러 비로소 등장시킨 의의가 있는 것이다.

이 28장에서는 여래께서 멸도하신 후에 경(法華經)을 받아들여 기억함(受持)을 "테마"로 하여 그 경전을 수지하는 행이 보현의 행이라고 함으로서 보현보살의 성격을 매개(媒介)로 하여 「법화경의 행」을 전 불교(全佛敎) 중의 보살행으로서 자리 잡게 하고, 그 행자(行者)를 보현이 수호한다고 하는 것을 설해 『법화경』 경전을 여래께서 멸도한 후의 험악한 세상(惡世)에서 널리 유포(弘布)할 것을 권장한다는 것이 이

『법화경』의 의도(意圖)이다.

위와 같은 보현의 서원(誓願)에 대해 석존께서는 이를 찬탄하고 다시금 『법화경』 수행의 공덕이 넓고 큰 것임과 수행자를 적대시하는 사람의 죄가 크다는 것을 밝혀 이 『법화경』에 대한 믿어 기억함을 권장하고 그 설법을 끝맺은 것이다.

『묘법연화경』은 이 제28장 보현보살권발품으로 『법화경』(本經)의 막을 내린다. 그러나 『정법화경』이나 범본(梵本) 등 이 묘법연화경 이외의 여러 경전(諸本)은 모두 이 28장을 제26장으로 하며 최종장(最終章), 즉 제27장으로는 『묘법연화경』의 「제22장 촉루품」이 놓여 있다. 일반적으로 경전의 맨 끝에는 이 경전을 누구누구에게 위촉한다는 기술(記述)이나 위촉을 테마로 한 장(章)을 두는 것이 보통 스타일인데, 이 『묘법연화경』만이 그 구성에 특색이 보인다고 하겠다.

5. 『법화경』을 믿는 사람이 받는 공덕과 이익

『법화경』을 믿는 사람이 금생(現世), 또는 내생(來世)에 받는 공덕과 이익은 과연 어떠한 것일까.

이 28장에는 다음과 같이 설해져 있다.

『보현 즉 보현이여, 후세에서 이 『법화경』을 받아들여 믿고, 마음속에 기억(受持)하며, 읽고 외우려[讀誦]고 하는 사람이 있다면, 이 사람은 의복·침구·음식물 등의 생활용품[資生物]을 탐내고 집착하지 않더라도 그 소원이 헛되지 않아 금생(現世)에서 그 복보(福報)를 받을 것이다.

만일 어떤 사람이, "너는 미친 사람이다. 이런 수행[行]을 한다고 해도 끝내 모두가 헛되어 얻는 것이 없으리라."라고 하며 경멸하거나 비방하는 말을 한다면 그 사람은 몇 번 다시 태어날지라도 눈 먼 소경의 몸으로 태어날 것이며, 반대로 만일 이 『법화경』을 믿고 수행하는 사람을 공양하고 찬양하면 이런 사람은 현세에서 좋은 보답을 받을 것이다.

또 이『법화경』을 믿어 기억(受持)하는 사람의 허물(過惡)을 들추어, 이를 퍼뜨리면 그것이 사실이거나, 사실이 아니거나, 이런 사람은 현세에서 백라(白癩)라는 문둥병에 걸릴 것이다.

만일『법화경』을 믿고 수행하는 사람을 경멸하여 비웃는 사람이 있다면, 그 사람은 몇 번 다시 태어나도, 태어날 때마다 이빨(牙齒) 사이가 성글어 벌어지고, 입술 모양이 보기 흉하며, 납작코에, 손발이 굽어 비틀리거나, 사팔뜨기 눈에다, 몸에서는 추악한 냄새가 항상 나고, 부스럼 종기가 나서 피고름이 흐르고, 배속에 물이 차는 고창병과 숨차고 기침하는 등, 크고 많은 병을 앓을 것이다.

그러니 보현이여, 만일 이『법화경』을 믿어 기억[受持]하는 사람을 만나거든 그가 설령 멀리 있다 하더라도 즉시 자리에서 일어나 마치 부처님을 공경하는 것과 똑같이 공경하여 맞이하도록 하여라.』

즉『법화경』을 수지하고 독송하려는 사람들은 금생에 삶(生存)을 위해 필요한 의복·침구·음식 등을 탐내고 집착하지 않더라도, 원하는 대로 얻을 것이며, 나아가 온갖 큰 병[重病]에 걸리지 않고, 신체도 아름다울 것임을 부처님께서는 우리들에게 약속하고 계신다.

뿐만 아니라, 우리가 이 세상을 하직하였을 때에는 과연 어디로 갈 것인가 하는 것, 즉 죽은 다음(死後)에 대해서는 아래와 같이 설하고 있다.

「제12장 제바달다품」에

『앞으로 오는 세상에 만일 선남자·선녀인이 "흰 연꽃처럼 가장 뛰어난 바른 가르침(妙法蓮華經)"의 이 장(品)을 듣고, 티 없이 맑고 깨끗한 마음으로 믿고 공경해 의심(疑)치 않고 당혹(惑)하지 않는 사람은 지옥·아귀·축 생의 악한 갈래(惡道)에 떨어지지 않고, 시방(十方)의 부처님 앞에 태어날 것이며, 태어나는 곳에서 항상 이『법화경』을 들을 것이다. 만일 사람이나 하늘(天神)에 태어나면 즐거움이 가득한 생활을 하게 되고, 부처님 앞에 태어날 경우에는 스스로 연꽃에서 보살로 태어나리라.』하였고,

또 「제23장 약왕보살본사품」에서는

『만일 여래가 멸도한 후 다섯 번째의 5백년에 이르러, 어떤 여인이 『법화경』을 듣고 그 설한 바와 같이 수행한다면, 수명을 다한 뒤에 아미타(阿彌陀 : 無量壽) 부처님께서 많은 대보살들에게 둘러싸여 있는 극락세계(極樂世界)에 가서 연꽃 가운데의 보배 자리(寶座) 위에 태어날 것이다.』

또 이 장(本品)인 「제28장 보현보살권발품」에는

『만약에 이 『법화경』을 다만 옮겨 쓰기(書寫)만 해도 그 사람은 죽은 뒤에 도리천(忉利天)에 태어나게 되고, 그 곳에 태어날 때에는 8만 4천의 천녀(天女)들이 많은 음악을 연주하면서 영접할 것이며, 그 사람은 일곱 가지 보배(七寶)로 된 관(冠)을 머리에 쓴 채로 도리천에서 시봉하는 아름다운 여인[天女]들로부터 시중을 받으며 안락하게 지낼 것인데, 하물며 이 『법화경』을 믿어 기억해 읽고 외우며 바르게 기억하고 그 뜻을 잘 이해하여 가르침대로 행하는 사람의 공덕은 더 말할 것이 있겠습니까.

만일 어떤 사람이 이 『법화경』을 믿어 기억해 읽고 외우며 그 뜻을 잘 이해하면 그 사람이 죽으려고 할 때 1천의 부처님께서 손을 내미시어 죽음을 두려워하지 않게 하시며, 악한 갈래(惡道)에 떨어지지 않고 즉시 도솔천(兜率天)의 마이트레야(彌勒) 보살이 계신 곳에 태어나게 하실 것입니다.』라고 보현(普賢) 보살이 말한다. 이렇듯 『법화경』을 수지(受持)하고 읽고(讀) 외우(誦)며 해설(解說)하고 옮겨 쓰는(書寫) 사람은 극락세계(極樂世界)에 태어나거나 혹은 성불하기 위해 차례를 기다리고 있는 도솔천에 태어난다는 약속된 미래가 있으니 이 얼마나 최고의 행복한 가르침인가를 알 수 있다.

그러므로 『법화경』을 믿는 우리들은 열심히 『법화경』을 가르침대로 수행(如說修行)하여 살아있는 동안에는 최고의 인격자 즉 생불(生佛)이 되는 것이오, 죽은 뒤에는 — 원칙은 삶과 죽음이 없고 영원히 사는 것이지만 — 극락세계의 아미타부처님 앞에 보살로 태어나거나 다음에 미륵불(彌勒佛)이 되기 위해 도리천에서 이 사바세계에 하강(下降)하려고 때를 기다리는 사람이 될 것이다.

참으로 통쾌하고 통쾌한 일이 아니고 무엇이랴.

第三編 結論
제 삼 편 결 론

1. 『법화경』이 언제 우리나라에 전래되었는가

우리 나라에 언제 『법화경』이 전래되었는지는 정확히 알 수 없다. 고려(高麗) 대각국사(大覺國師) 문집(文集) 권3에 의하면 『법화경』을 소의 경전(所依經典)으로 하여 수행하는 고려의 천태종(天台宗)은 신라의 원효대사(元曉大師)를 조사(祖師)로 한다고 명언(明言)하고 있다. 그것은 원효 조사가 『법화경』 종요(宗要) 1권과 그 밖에 『법화경』 요략(要略) 동략술(同略述) 또는 『법화경』 방편품(方便品) 료간(料簡) 각 1권을 저술하였기 때문이다.

그런데 또 송(宋) 고승전(高僧傳)에 의하면 천태 지자(智者)대사의 스승인 남악(南嶽) 혜사(慧思)스님에게 수학(修學)한 신라의 현광(玄光) 법사(法師) ─ 백제인(百濟人)이라고도 함 ─ 가 있어 지자대사와 같이 동문(同門) 동학(同學)으로 남악대사에게 사사(師事)하여 같은 자리에서 똑같은 법화삼매(法華三昧)를 증득(證)하고 신라에 돌아와 법을 넓혔(弘法)다고 한다. 또 신라의 연광(緣光) 대사가 천태 지자대사의 강하(講下)에서 법화를 배우고 묘관(妙觀)을 닦아 증오(證悟)하여 귀국한 후 법화를 널리 폈다고 한다.

이상은 천태대사의 종의(宗義)를 대성한 이전의 일이니, 이들은 다만 법화를 전했을 뿐 조직적인 천태교관(天台敎觀)에 의해 『법화경』을 넓힌 것은 아니었다.

천태대사가 천태종(天台宗)의 종지(宗旨)를 조직한 것을 그의 제자인 장안(章安)대사에 의해 천태의 장소(章疏)가 결집되어 교관(敎觀)이 명백하게 성립된 뒤에 사승(師承)으로서 한국에 전해 온 것은 창종한 후 1백 37년을 지난 중국 천태의 제5조인 형계(荊溪)의 문인(門人)이었던 신라의 법융(法融), 이응(理應), 순영(純英)의 세 사람이라 할 수 있다. 그리고 얼마 후 신라 경순왕 9년(935)에 자린(子麟)이 고려에 천태를 전했다고 한다.

고려 광종 11년(960)에 송 나라에서 사신을 보내 법화의 경소(經疏)를 구하므로 체관(諦觀)법사를 송나라에 가도록 했다. 그는 송에서 나계(螺溪) 의적(義寂)을 만나 "천태사교의(天台四敎儀)"를 저술하는 등 10년동안 크게 활약하였다. 이어서 덕선(德善)과 지종(智宗)이 송나라에 가서 천태삼관(天台三觀)을 닦고 돌아와 천태 교관(敎觀)을 선전하였다.

고려 천태종을 개창한 대각국사(大覺國師) 의천(義天; 1055~1101)은 문종(文宗)의 넷째 왕자로서 11세에 왕사(王師)인 화엄종의 난원(爛圓)에게 출가하여 15세에 승통(僧統)이 되었고 1085년에 몰래 송나라에 건너가 자변(慈辯)에게 천태종 경론을 듣고 천태산 지자대사의 부도에 예배하고 천태종을 본국에 중흥하려는 발원문을 고했다. 또 영지(靈芝)의 대지(大智)에게 계법(戒法)을 받고 본국에 돌아와(1086) 천태종을 개창하였으니 이로써 고려 천태종이 성립하게 되었다.

교웅(敎雄), 덕소(德素), 승지(承知)로 이어진 법맥은 요세(了世)로 계승된다. 원묘(圓妙)국사 요세는 보조(普照)국사 지눌(知訥)과 경상도에서 함께 수도하다가 서로 헤어져 지눌은 순천의 송광사(松廣寺; 당시의 吉祥寺)에서 정혜결사(定慧結社) 즉 수선사(修禪社)를 세워 돈오(頓悟)와 정혜(定慧)를 강조하였고, 요세는 처음 월출산 약사암에 거주하다가 강진(康津) 신사(信士)들의 소청에 의해 만덕산(萬德山)으로 옮겨 살게 되었다. 그는 신라말에 창건된 만덕사(萬德寺; 지금의 전남 강진군 도암면 만덕리에 있는 白蓮寺)를 중창하니 건물이 80여칸이나 되었다고 한다. 이 때가 고종 3년(1216)의 일이다. 고종 15년에는 개경(開京)에서 유학자(儒學者) 여러 사람이 내려와 요세 문하에 들어 왔는데 뒤에 백련사 제2세(第二世)가 되는 정명(靜明)국사 천인(天因)과 진정(眞靜)국사 천척(天頤)이 그들 속에 끼어 있었다.

이어 요세는 고종 19년(1232) 4월 8일 처음으로 "보현도량(普賢道場)"을 열어 법화삼매와 정토구생(淨土求生)을 닦으며 천태의 법화삼매참의(法華三昧懺儀)에 의해 오랫동안에 걸친 법화참(法華懺)을 행하였다. 또한 요세는 고종 23년(1236)에 진정 국사 천척으로 하여금 "백련결사문(白蓮結社文)"을 짓게 하였는데 이것은 보조 국사 지눌의 "권수정혜결사문(勸修定慧結社文)"의 유포(1190)와 같은 불교사적 의의를 갖는다.

원묘국사 요세의 백련결사(白蓮結社)는 만덕사에 보현도량을 개설한 고종 19년(1232)을 출발점으로 하여 동왕 23년(1236)에 "백련결사문"이 작성됨으로써 정식으로 출범하게 된다.

그런데 요세의 백련결사는 지눌의 정혜결사에 못지 않게 성황을 이루었다. 그리하여 백련사(白蓮社)의 보현도량에 대해 도성을 강화도로 옮겨 무단(武斷) 정치를 하던 최씨(崔氏)들도 많은 관심을 가졌다. 1237년 여름에 고종이 요세에게 선사(禪師)의 칭호와 함께 세찬을 내리기도 하였으며 1240년 8월에 최이(崔怡)가 계환해(戒環解) "묘법연화경"을 보현도량에서 조판(彫板)하게 하면서 발문을 찬(撰)했던 것이다.

요세에게는 득도(得度)한 제자가 38인, 개창한 가람이 5개소, 제명 입사한 4중(四衆)이 300여명, 멀리 인연을 맺은 사람은 불가승수(不可勝數)라 하니 대중적인 지지를 받았다고 생각된다.

그런데 요세의 백련사는 지눌의 수선사와는 상당히 다른 사상적인 입장을 취하였다. 앞서 말한 바와 같이 요세가 참회와 정토를 강조한 반면, 지눌은 돈오와 정혜를 강조하였던 것이다, 이 양자의 차이는 교화의 대상으로 삼고 있는 중생의 근기에 대한 의식(意識)의 차이를 시사한다. 즉 요세는 교화의 대상으로 "죄장이 깊고 두꺼워서 자력으로는 도저히 해탈할 수 없는 나약한 범부"를 의식하였던 것에 비해, 지눌은 "최소한의 지해력(知解力) 정도를 갖고 스스로 발심할 수 있는 수승한 근기를 가진 사람"을 대상으로 하였던 것이다.

요세의 주법(主法)을 계승한 천인(天因)은 사불산(四佛山)에서 만덕산에 돌아와 백련사의 제2세가 되었다. 천인은 요세의 불교사상을 그대로 계승하였는데 그는 법화사상을 기본으로 하여 정토관을 통해서 즉 아미타불을 염(念)함으로써 그의 불교관을 표방하였다. 그리고 그는 보현도량을 개창하여 법화사상과 정토신앙의 융합을 이루었으며 천인의 뒤를 이어 진정(眞靜), 이안(而安), 원혜(圓慧), 무외(無畏) 등의 국사가 배출되었다. 무외를 이어 굉지(宏之), 보해(普解), 요원(了圓), 신조(神照), 조구(祖丘), 행호(行乎), 현견(玄見), 명일(明一)을 거쳐 각항(覺恒) 때인 세종 6년(1424) 선교 양종 폐합으로 선종(禪宗)에 귀속되니 이로써 고려 천태종은 역사에서 사라지게 되었다.

그런데 약500년 후에 수원(水原) 용주사(龍珠寺) 출신인 대원광(大圓光) 김 정운 스님과 한국법화종의 창종주인 물착(勿着) 혜선당(慧宣堂) 김 운운 스님은 일찍이 『법화경』에 심취하였으나 천태종이 이 땅에서 그 모습을 감춘지가 너무 오래 되어 이 법을 배울 길이 없었다. 그런 가운데 김 혜선 스님은 우연히 일련종(日蓮宗) 계통의 일본 스님과 사귀어 의식 작법(儀式作法)도 배우게 되었으며 정운스님은 1927년에 처음으로 수원에 묘수사를 창건하였고 같은 무렵에 서울에서는 혜선 스님이 중구 묵동에서 처음으로 법당을 개설하니 이것이 한국불교 법화종의 맹아(萌芽)이며 일제로부터 해방이 된 1945년에 대승불교법화회를 조직하니 이것이 한국에 법화종단이 생긴 효시가 되었다.

이리하여 "법화삼매참의"와 "아미타불"을 염하는 고려 천태종과 『법화경』 3요품과 "나무묘법연화경"을 구창(口唱)하는 법화종은 똑같이 『법화경』을 소의경전(所依經典)으로 하지만 그 수행 방법에 있어서 전혀 다르게 된 것이다.

그리하여 오늘날의 법화종단은 모두 혜선 스님으로부터 비롯된 것이어서 — 영산 법화사만은 제외 — 수행 방법이 비록 종단의 명칭은 다르지만 모두 한결같음을 밝혀 둔다.

2. 우리 나라에서의 묘법연화경 개판(開板)

앞서 말한 바와 같이 우리나라에 언제부터 『법화경』이 전래하였는지는 알 수 없고 다만 전해 오는 문헌에 의하면 신라시대 원효(元曉) 대사 (617-685)가 쓴 『법화경』 종요(法華經 宗要) 1권과 동 『법화경』 방편품 료간(法華經 方便品 料揀) 1권, 동 『법화경』 요략(法華經 要略) 1권이 있고 경흥(憬興; 681-)의 『법화경』 소(法華經疏) 16권(혹은 10 또는 8 권), 대현(大賢; 753-)의 『법화경』 고적기(法華經 古跡記) 4권, 의적 (義寂)의 법화료간(法華料揀) 1권, 동 『법화경』 영험기(法華經 靈驗記) 1권, 그리고 고려(高麗) 때 요원(了圓)의 『법화경』 영험전(法華經 靈驗 傳) 2권 등이 있음을 볼 때, 『법화경』에 대한 깊은 연구와 널리 유통되 었음도 함께 엿볼 수 있다.

그런데 현존하는 『법화경』은 고려 때에

1. 해인사판(海印寺板), 1236년 12월 15일 개판(開板). 해인사 장.
2. 최우판(崔瑀板), 1240년 최우가 조조한 것, 1명(一名) 성불사판.

조선조(朝鮮朝)에는

1. 권근판(權近板), 1405년 개판.
2. 장불사판(長佛寺板), 1420년 구월산(九月山) 장불사에서 개판.
3. 정암판(定庵板), 1422년에 개판. 도인(道人) 정암의 발원에 의함.
4. 화암사판(花岩寺板), 1443년 전북 전주 화암사에서 개판.
5. 국역본(國譯本), 1463년 세조의 명에 의해 간경도감에서 새김.
6. 성종판(成宗板), 1493년 개판.
7. 구수사판(九水寺板), 1523년 전남 영광 구수사에서 개판.
8. 귀진사판(歸進寺板), 1554년 황해도 고덕산 귀진사에서 개간.
9. 공산사판(公山寺板), 1531년 경상도 영천군 공산사에서 개판.
10. 연봉사판(煙峯寺板), 1559년 황해도 평산군 연봉사에서 개판.

11. 천관사판(天官寺板), 1561년 전라도 장흥 천관사에서 개간.
12. 대승사판(大乘寺板), 1572년 경상도 문경 대승사에서 개간.
13. 광흥사판(廣興寺板; 1527). 14. 심원사판(深原寺板; 1574).
15. 패엽사판(貝葉寺板; 1564). 16. 덕주사판(德周寺板; 1574).
17. 서봉사판(瑞峯寺板; 1578). 18. 쌍계사판(雙溪寺板; 1604).
19. 청룡사판(靑龍寺板; 1614). 20. 송광사판(松廣寺板; 1607).

이 밖에도 복천사, 용복사, 대흥사, 군자사, 귀신사, 장파사, 통도사, 신흥사, 표훈사, 영각사, 직지사, 운흥사, 보문사, 몽학사, 안왕사, 신광사, 중흥사, 가야사 등의 한문 판본이 있고 언해본도 있다.

또 근세에서는 대성교회판, 국역묘법연화경, 문정현스님의 번역본, 영산 법화사판, 심동흥스님의 묘법연화경. 졸역 최신 우리말 『법화경』(삼양사), 기타 수많은 중역본(重譯本)이 있으나 지면 관계로 생략한다.

3. 고려시대의 법화 행법

끝으로 지금은 사라져서 영영 자취를 감춘 고려 천태종의 『법화삼매참의(法華三昧懺儀)』를 지면을 할애하여 독자들에게 소개하니 여러분들께서도 이 법화참회문으로써 열심히 부처님께 참회하고 깨달음을 얻기를 바라면서 이 글을 끝맺는다.

나무불 나무법 나무승
나무 석가모니불
나무 시방분신 석가모니불
나무 묘법연화경

법화삼매참의(法華三昧懺儀)

총예가타(總禮伽陀)

아차도량 여제주 (我此道場 如帝珠)

시방삼보 영현중 (十方三寶 影現中)

아신영현 삼보전 (我身影現 三寶前)

두면섭족 귀명례 (頭面攝足 歸命禮)

총예삼보(總禮三寶)

일심경례 시방일체 상주불 (一心敬禮 十方一切 常住佛)

일심경례 시방일체 상주법 (一心敬禮 十方一切 常住法)

일심경례 시방일체 상주승 (一心敬禮 十方一切 常住僧)

공양문(供養文)

시제중등 인각호궤 (是諸衆等 人各胡跪)

엄지향화 여법공양 (嚴持香華 如法供養)

원차향화운 변만시방계 (願此香華雲 遍滿十方界)

공양일체불 경법병보살 (供養一切佛 經法並菩薩)

성문연각중 급일체천선 (聲聞緣覺衆 及一切天仙)

수차향화운 이위광명대 (受此香華雲 以爲光明臺)

광어무변계 수용작불사 (廣於無邊界 受用作佛事)

공양이삼보 (供養已三寶)

경례단(敬禮段)

일심경례 본사석가모니불 (一心敬禮 本師釋迦牟尼佛)

일심경례 과거다보불 (一心敬禮 過去多寶佛)

일심경례 시방분신 석가모니불 (一心敬禮 十方分身 釋迦牟尼佛)

일심경례 동방선덕불 진동방법계 일체제불 (一心敬禮 東方善德佛 盡東方法界 一切諸佛)

일심경례 동남방무우덕불 진동남방법계 일체제불 (一心敬禮 東南方 無憂德佛 盡東南方法界 一切諸佛)

일심경례 남방전단덕불 진남방법계 일체제불 (一心敬禮 南方栴檀德佛 盡南方法界 一切諸佛)

일심경례 서남방보시불 진서남방법계 일체제불 (一心敬禮 西南方寶施佛 盡西南方法界 一切諸佛)

일심경례 서방무량명불 진서방법계 일체제불 (一心敬禮 西方無量明 佛 盡西方法界 一切諸佛)

일심경례 서북방화덕불 진서북방법계 일체제불 (一心敬禮 西北方華 德佛 盡西北方法界 一切諸佛)

일심경례 북방상덕불 진북방법계 일체제불 (一心敬禮 北方相德佛 盡北方法界 一切諸佛)

일심경례 동북방삼승행불 진동북방법계 일체제불 (一心敬禮 東北方 三乘行佛 盡東北方法界 一切諸佛)

일심경례 상방광중덕불 진상방법계 일체제불 (一心敬禮 上方廣衆德 佛 盡上方法界 一切諸佛)

일심경례 하방명덕불 진하방법계 일체제불 (一心敬禮 下方明德佛 盡下方法界 一切諸佛)

일심경례 왕고래금 삼세제불 칠불세존 현겁천불 (一心敬禮 往古來今 三世諸佛 七佛世尊 賢劫千佛)

일심경례 『법화경』 중 과거이만억 일월등명불 대통지승불 십육왕자불 등 일체과거제불 (一心敬禮 法華經中 過去二萬億 日月燈明佛 大通智勝 佛 十六王子佛等 過去諸佛)

일심경례 과거이만억 위음왕불 이천억 운자재등왕불 (一心敬禮 過去 二萬億 威音王佛 二千億 雲自在燈王佛)

일심경례 과거일월정명덕불 운뢰음수왕화지불등 일체제불(一心敬禮 過去日月淨明德佛 雲雷音宿王華智佛等 一切諸佛)

일심경례『법화경』중 현재정화수왕지불 보위덕상왕불등 일체현재제불(一心敬禮 法華經中 現在淨華宿王智佛 寶威德上王佛 一切 現在諸佛)

일심경례『법화경』중 미래화광불 구족천만광상장엄불등 일체미래제불(一心敬禮 法華經中 未來華光佛 具足千萬光相莊嚴佛等 一 切未來諸佛)

일심경례 시방세계 사리존상지제묘탑 다보여래전신보탑 (一心敬禮 十方世界 舍利尊像支提妙塔 多寶如來全身寶塔)

일심경례 대승묘법연화경 시방일체존경십이부경 진정법보 (一心敬禮 大乘妙法蓮華經 十方一切尊經十二部經 眞淨法寶)

일심경례 문수사리보살 미륵보살마하살 (一心敬禮 文殊師利菩薩 彌 勒菩薩摩訶薩)

일심경례 약왕보살 약상보살마하살 (一心敬禮 藥王菩薩 藥上菩薩摩 訶薩)

일심경례 관세음보살 무진의보살마하살 (一心敬禮 觀世音菩薩 無盡 意菩薩摩訶薩)

일심경례 묘음보살 화덕보살마하살 (一心敬禮 妙音菩薩 華德菩薩摩 訶薩)

일심경례 상정진보살 득대세보살마하살 (一心敬禮 常精進菩薩 得大 勢菩薩摩訶薩)

일심경례 대요설보살 지적보살마하살 (一心敬禮 大樂說菩薩 智積菩 薩摩訶薩)

일심경례 수왕화보살 지지보살 용시보살마하살 (一心敬禮 宿王華菩 薩 持地菩薩 勇施菩薩摩訶薩)

일심경례『법화경』중 하방상행등 무량무변아승기보살마하살 (一心敬禮 法華經中 下方上行等 無量無邊阿僧祇菩薩摩訶薩)

일심경례『법화경』중 사리불등 일체제대성문중 (一心敬禮 法華經中 舍利弗等 一切諸大聲聞衆)

일심경례 시방일체제존 대권보살 성문 연각 득도 현성승 (一心敬禮 十方一切諸尊 大權菩薩 聲聞 緣覺 得道 賢聖僧)

일심경례『법화경』중 일체성범중 (一心敬禮 法華經中 一切聖凡衆)

일심경례 보현보살마하살 (一心敬禮 普賢菩薩摩訶薩)

위법계중생 단제삼장 귀명례참회 (爲法界衆生 斷除三障歸命禮 懺 悔)

육 근(六 根) 참회

지극한 마음으로[至心] 부처님 전에 참회하옵니다[懺悔]

저(0 0 0)는 법계의 모든 중생과 더불어[弟子 某甲 與一切法界衆生]

한량없는 과거세부터 시각의 착각 때문에[從無量世來眼根因緣]

온갖 물질적 현상을 탐내고 집착해 왔습니다.[貪着諸色]

이 물질적 현상에 집착함으로 말미암아[以着色故]

부질없는 온갖 대상을 탐내며 사랑해 왔고[貪愛諸塵]

이 대상을 사랑한 잘못 때문에[以愛塵故]

지혜가 없는 몸을 받아[受女人身]

세세 생생 태어날 때마다[世世生處]

점점 눈앞의 현상에 현혹되어

집착을 되풀이해 왔습니다[惑着諸色]

이러한 까닭에 지혜의 눈이 멀어[色壞我眼]

표면적인 은혜와 사랑에 사로잡힌 채[爲恩愛奴 故色使]

삼계를 헤매 돌며 눈뜬 장님 되어[使我經歷三界 爲此弊使]

사물의 실상을 볼 수 없게 되었습니다.[盲無所見]

이렇게 눈의 착각은 저를 해치므로[眼根不善 傷害我多]

시방에 계시는 모든 부처님은 상주 불멸하건만[十方諸佛 常住不滅]

저의 눈은 흐리고 악해서 부처님을 뵙지 못했으나[我濁惡眼 障故不見]

이제 다행이 대승의 가장 높은『법화경』을 독송케 되어[今誦大乘方等經典]

모든 망상 다 버리고 보현보살과 일체의 부처님께[歸向普賢菩薩 一切 世尊]

향 사르고 꽃 뿌리며 귀의하고[燒香散華]

지금까지 사물을 바르게 보지 못한 눈의 착각으로 인한 잘못을[說眼過 罪]

숨김없이 큰 소리로 고백하오니[發露懺悔]

다시는 눈이 가려져 더럽고 흐리지 말도록[不敢覆藏]

제불 보살께서는[諸佛菩薩]

그 지혜에서 흘러나오는 청정한 가르침의 물로써[惠明法水]

저희들의 미혹을 씻어 주옵소서[願以洗除]

바라옵나니 저와 더불어 온 법계 중생의[以是因緣 令我與法界衆生]

안근의 잘못 때문에 지은 일체의 중죄를[眼根一切重罪]

필경에는 청정한 마음과[畢竟]

맑게 개인 눈을 가지도록 인도하여 주옵소서[清淨]

참회를 마치고 삼보께 귀명정례하옵니다.[懺悔已禮三寶]

몇 번이고 거듭거듭 참회하고 참회하옵니다.[第二 第三 亦如是]

지극한 마음으로 부처님 전에 참회하옵니다.[至心懺悔]

저(○ ○ ○)는 온 법계의 중생과 더불어[弟子(某甲)與一切法界衆生]

아득한 옛날부터 청각의 착각 때문에[耳根因緣]

바깥 소리에 매여서 끌려 다녔습니다[隨逐外聲]

기분 좋은 말 들으면 그 말에 유혹되어 집착을 일으켰고[聞妙音時心生惑着]

불쾌한 말 들으면 백팔번뇌 일으켜[聞惡聲時 起百八種]

나와 남을 상처 주어 왔습니다.[煩惱賊害]

이와 같이 청정치 못한 귀는 나쁜 과보 받아[如此惡耳 報得惡事]

항상 남의 말을 왜곡해 듣는 버릇이 생겨[恒聞惡聲]

갖가지 미혹이 한없이 커져 가니[生諸攀緣]

이 뒤집힌 마음으로 사물의 소리 듣기 때문에[顚倒聽故]

마음은 삼악도에 떨어져[當墮惡道]

극단적인 생각이나 삿된 견해 가지게 되어[邊地邪見]

정법에는 귀 기울이지 않고[不聞正法]

곳곳마다 미혹과 집착 낳고 잠시도 멈추지 않습니다.[處處惑着無暫停時]

이러한 악한 귀는 스스로 정신을 괴롭히고 피로케 하여[坐此竅聲 勞我 神識]

지옥 아귀 축생계에 떨어지게 했으므로[墜墮三途]

시방의 모든 부처님께서는 항상 설법하고 계시련만[十方諸佛常在說法]

저는 흐리고 악한 귀 때문에[我濁惡耳]

이 설법 듣지 못했는데[障故不聞]

바다와 같은 무한한 공덕 지닌 대승의 가르침을
이제 독송하고 기억케 되어 비로소 알게 되었으니[今始覺悟誦持大乘功德藏海]

보현보살과 일체의 부처님을 향해 향 사르고 꽃 뿌려 귀의하고 [歸向普賢菩薩 一切世尊 燒香散華]

귀로 인한 허물을 숨김없이 큰 소리로 고백하오니[說耳過罪 發露懺悔]

이로 말미암아 나와 더불어 온 법계 중생의[以是因緣令我與法界衆生]

귀로 인해 일으킨 일체의 무거운 죄를[耳根所起一切重罪]

필경에는 청정해지게 하여 주옵소서.[畢竟淸淨]

참회를 마치고 삼보께 귀명정례하옵니다[懺悔已禮三寶]

몇 번이고 거듭거듭 참회하고 참회하옵니다[第二第三亦如是]

지극한 마음으로 부처님 전에 참회하옵니다.[至心懺悔]

저(0 0 0)는 온 법계의 중생과 더불어[弟子(某甲)與法界衆生]

한량없는 세월 동안 착각된 후각 때문에[從無量劫來坐此鼻根]

이것은 남자 냄새, 저것은 여자 냄새[諸香氣若男子若女身香]

도 이것은 맛있는 냄새 등 갖가지 냄새 맡지만[餚饍之香及種種香]

오직 미혹할 뿐 깨닫지 못해[迷惑不了]

여러 속박의 노예 되니[動諸結使]

번뇌는 마치 잠든 사람 깨우듯이[臥者皆起]

한량없는 죄업이 이로 인해 늘게 되었습니다.[無量罪業因此增長]

이렇듯 냄새를 탐내 왔기에[以貪香故]

사물을 올바르게 분별하는 능력이 둔해져[分別諸識]

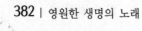

다만 그때그때의 현상에 탐착하여[處處染着]

변화하는 현상에 끌려 다니는 타락한 몸이 되어[墮落生死]

여러 가지 악한 과보 받게 되었습니다.[受衆惡報]

시방에 계시는 모든 부처님의 묘한 공덕의 향기[十方諸佛功德妙香]

온 법계에 두루 충만하건만[充滿法界]

탁하고 악한 저의 후각 때문에[我濁惡鼻]

이 법의 향기 맡지 못했으나[障故不聞]

이제 청정한 대승의 훌륭한 가르침 독송하니[今誦大乘淸淨妙典]

온갖 미혹 다 여의고 보현보살과 일체의 세존님께[歸向普賢菩薩一切世 尊]

향 사르고 꽃 뿌려 귀의하고[燒香散華]

코의 허물을 숨김없이 다 고백하오니[說鼻過罪不敢覆障]

이런 인연으로 나와 모든 법계 중생의(以是因緣令我與法界衆生)

비근의 중죄를 필경 청정케 하옵소서.[鼻根重罪畢竟淸淨]

참회를 마치고 삼보께 귀명정례하옵니다.[懺悔已禮三寶]

몇 번이고 거듭거듭 참회하고 참회하옵니다.[第二第三亦如是]

지극한 마음으로 부처님 전에 참회하옵니다.[至心懺悔]

저(０ ０ ０)는 온 법계의 중생과 더불어 [弟子(某甲)與法界衆生]

한량없는 세월 동안 미각의 착각으로 [從無量劫來舌根所作]

갖가지 맛좋은 음식 탐내어 [貪諸美味]

알게 모르게 많은 생명 해치면서 [不善惡業損害衆生]

금하는 계율 깨뜨리고 무량 죄업 지었으니[破諸禁戒開放逸門無量罪業]

이는 모두 미각의 잘못 때문이었습니다.[從舌根生]

또 이 혀는 입을 열어 죄지으니[又以舌根起口罪過]

망언·기어·악구·양설에다[妄言綺語惡口兩舌]

삼보를 비방하고 삿된 견해 찬양하며[誹謗三寶讚嘆邪見]

네가 그르고 내가 옳다 어지럽게 다투면서[鬪構壞亂]

무익한 말 지껄이며 잘못된 법 설하나니[說無益語法說非法]

갖가지 나쁜 말로 남의 마음 찔러 해친 것[諸惡業刺]
이 모두가 혀의 잘못 때문이며[從舌根出]
바른 설법 끊는 것도 이 혀의 잘못이니[斷正法輪從舌根起]
이런 악한 혀는 공덕의 씨앗 자름이요[如是惡舌斷功德種]
진리 아닌데도 진리라고 우겨대고[於非義中多端强說]
삿된 사상 찬양함이 불타는 데 섶 더하는 듯[讚歎邪見如火益薪]
이와 같이 설근의 죄과는 한량없고 가이없어[舌根罪過無量無邊]
이런 인연으로 악도에 떨어져[以是因緣當墮惡道]
백겁 천겁 지나도록 나오지 못합니다.[百劫千劫永無出期]
모든 부처님의 가르침은 온 법계에 가득하나[諸佛法味彌滿法界]
혀의 죄 때문에 정법의 맛 몰랐지만 [舌根罪故不能了別]
부처님들 가장 아끼시는 대승의 가르침을 [諸佛秘藏]
이제 독송하게 되어 온갖 미혹 다 여의고[今誦大乘]
보현보살과 일체의 부처님께 [普賢菩薩一切世尊]
향 사르고 꽃 뿌려 귀의하고[燒香散華歸向]
혀 때문에 지은 죄업 숨김없이 다 고백하오니[說舌過罪不敢覆藏]
이런 인연으로 나와 모든 법계 중생의[以是因緣令我與法界衆生]
혀로 지은 중한 죄를 필경 청정케 하옵소서.[舌根重罪畢竟淸淨]
참회를 마치고 삼보께 귀명정례하옵니다.[懺悔已禮三寶]
몇 번이고 거듭거듭 참회하고 참회하옵니다.[第二第三亦如是]

지극한 마음으로 부처님 전에 참회하옵니다. [至心懺悔]
저(ㅇㅇㅇ)는 온 법계의 중생과 더불어[弟子(某甲)與法界衆生]
한량없는 세월 동안 이 몸에 집착하여[從多劫來身根不善]
갖가지 육체적 즐거움을 탐하여 왔습니다.[貪着諸觸]
이것은 남자·저것은 여자, 매끄럽다·부드럽다 구별하니[所謂男女 身
分柔軟細滑]
이런 착각 때문에 실상을 바르게 알지 못해[如是等種種諸觸顚倒不了]

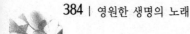

번뇌가 치성하여 몸으로 악업 지었으니[煩惱熾燃造作身業]

세 가지 악한 업인 살생, 투도, 사음이라.[起三不善謂殺盜婬]

이로 인해 한량없는 중생과 수많은 원수 맺고[與諸衆生作大怨結]

계율을 깨뜨리고 탑과 절을 불태우며,[造逆毁禁乃至焚燒塔寺]

부끄러운 줄 모르고 삼보의 물건 제멋대로 쓰니[用三寶物無有羞恥]

이러한 온갖 죄 한량없고 가이없어[如是等罪無量無邊]

이 모두가 몸으로 지은 죄업이라 어찌 다 말하리까.從身業生說不可盡]

이런 죄로 말미암아 미래의 세상에선 [罪垢因緣未來世中]

지옥에 떨어져 무서운 불길 속에 몸을 태우면서[當墮地獄猛火炎熾焚燒我身]

한량없는 세월 동안 큰 고통 받으오리.[無量億劫受大苦惱]

시방의 부처님들 항상 맑은 빛 놓으시고[十方諸佛常放淨光]

일체 중생 비추련만 우리 몸은 죄가 많아[照觸一切我身罪重]

부처님의 자비 광명 이를 알지 못하고서[障故不覺]

오직 아는 것은 탐내고 집착 뿐이라[但知貪着]

이런 거칠고 악한 촉각 금생에선 여러 고통받고[麤弊惡觸現受衆苦]

후생에선 지옥·아귀·축생의 고통받으리니[後受地獄餓鬼畜生等苦]

이런 고통 속에 빠져 있으면서도[如是等種種衆苦沒在其中]

이를 깨닫지도 알지도 못했지만[不覺不知]

이제 참회 하옵나니 대승의 진실한 법장[今日慚愧大乘眞實法藏]

외우며 기억해서 온갖 미혹 다 여의고[誦持]

보현보살과 일체의 부처님께[普賢菩薩一切世尊]

향 사르고 꽃 뿌려 귀의하고[燒香散華歸向]

몸으로 지은 죄를 숨김없이 다 고백하오니[說身過罪不敢覆藏]

이런 인연으로 나와 온 법계 중생의[以是因緣令我與法界衆生]

몸으로 지은 중죄 필경 청정케 하옵소서.[身根重罪畢竟清淨]

참회를 마치고 삼보께 귀명정례하옵니다.[懺悔已禮三寶]

몇 번이고 거듭거듭 참회하고 참회하옵니다.[第二第三亦如是]

지극한 마음으로 부처님 전에 참회하옵니다.[至心懺悔]

저(○ ○ ○)는 온 법계의 중생과 더불어[弟子(某甲)與法界衆生]

아득한 옛날부터 생각이 비뚤어져[無始已來意根不善]

갖가지 현상에 탐착하여 진리 알지 못하고서[貪着諸法狂愚不了]

대상 따라 탐내고 성내고 어리석음을 일으켜 왔습니다.[隨所緣境起貪 瞋癡]

이런 삿된 생각 일체의 악업을 낳는 근본이니[如是邪念能生一切惡業]

이른바 십악이며 오역죄입니다.[謂十惡五逆]

마치 원숭이가 이 나무 저 나무 옮겨 다님과 같고[猶如猿猴]

끈끈이가 이것저것에 달라붙는 것 같이[亦如黐膠處處貪着]

육근마다 독기가 스며들어 버리니[遍至一切六情根中]

이 독기는 육근을 통해 반연하여 삼계에 퍼져서[此六根業枝條華葉悉滿 三界]

일체의 생명체에 악영향 미치며[二十五有]

거듭 태어나는 곳마다 불어나므로 [一切生處亦能增長]

무명에서 시작되어 생사의 열 두 가지 고통 끊이지 않고[無明生死十二 苦事]

여덟 가지 삿됨과 사나운 경지에 떨어지니[八邪八難無不經中]

한량없고 가이없는 이 모든 악한 과보[無量無邊惡不善報]

잘못된 생각 때문에 생겨납니다.[從意根生]

이런 의근은 일체 생사의 근본이며[如是意根卽是一切生死根本]

모든 고통의 근원이라[衆苦之源]

경전에서 말씀하시기를 석가모니 부처님을[如經中說釋迦牟尼]

비로자나 변일체처라 하였으니[名毘盧遮那遍一切處]

일체의 가르침이 불법인 줄 알아야 한다.[當知一切諸法悉是佛法]

망상 분별로 여러 뜨거운 고뇌 받지만[妄想分別受諸熱惱]

이것 또한 보리를 떠난 것 아니며[是則於菩提中]

청정치 않다 보는 것도 해탈에서 일어남을[見不清淨於解脫中而起纏縛]

이제 비로소 알게 되니 모든 두려움 사라져서[今始覺悟生重怖畏]

진실로 참회하는 마음 내어 대승을 독송하고[生重慚愧誦持大乘]

가르침대로 수행하여 모든 미혹 다 여의니[如說修行]
보현보살과 일체 세존께 귀의하고[歸向普賢菩薩一切世尊]
향 사르고 꽃 뿌리며 뜻으로 지은 죄를[燒香散華說意過罪]
조금도 숨김없이 큰 소리로 고백하오니[發露懺悔不敢覆藏]
이런 인연으로 나와 온 법계 중생의[以是因緣令我與法界衆生]
뜻으로 지은 모든 중죄와[意根一切重罪]
육근에 의해 이미 일어났거나[乃至六根已起]
지금 일어나거나 미래에 일어날[所起未來應起]
일체의 악업을 필경 청정케 하옵소서.[一切惡業畢竟清淨]
참회를 마치고 삼보께 귀명정례하옵니다.[懺悔已禮三寶]
몇 번이고 거듭거듭 참회하고 참회하옵니다.[第二第三亦如是]

사 회(四悔)

저(0 0 0)는 지극한 마음으로 청하옵니다.[我弟子(某)至心勸請]
시방 응화법계의 한량없는 부처님이시여.[十方應化法界無量佛]
원컨대 영원토록 이곳에 계시면서 법을 설하시어[唯願久住轉法輪]
법계의 모든 함령들이 가지고 있는 잘못된 인식을[含靈抱識]
본래의 청정한 마음으로 되돌아가게 하신 후에[還本淨然後]
여래께옵서는 제자리에 가셔서 상주하시옵소서.[如來歸常住]
권청을 마치고 삼보께 귀명정례하옵니다.[勸請已禮三寶]

저(0 0 0)는 지극한 마음으로 감사드립니다.[我弟子(某)至心隨喜]
모든 부처님과 보살님들의 갖가지 공덕으로[諸佛菩薩諸功德]
현상에 사로잡혀 산란한 마음 가진
범부의 마음 진정케 하시고[凡夫靜亂有相善]
타락코자 하는 범부를 타락치 않게 하여[漏與無漏]
착한 행을 하도록 하시니[一切善]
저는 지극한 마음으로 감사드리옵니다.[弟子至心皆隨喜]

감사를 마치고 삼보께 귀명정례하옵니다.[隨喜已禮三寶]

저(0 0 0)는 지극한 마음으로 회향하옵니다.[我弟子(某)至心廻向]
신·구·의 삼업을 닦아 모두 선업으로 바꾸고[三業所修一切善]
시방에 계시는 갠지스강 모래만큼의 부처님과[供養十方恒沙佛]
허공 법계뿐만 아니라 미래세가 다하도록[虛空法界塵未來]
바라옵나니 이 행복을 불도 구하는 데
모두 회향하옵니다.[願廻此福求佛道]
회향을 마치고 삼보께 귀명정례하옵니다.[廻向已禮三寶]

저(0 0 0)는 지극한 마음으로 발원하옵니다.[我弟子(某)至心發願]
바라옵나니 이 목숨 다할 때에 정신이 산란치 않고[願臨命終神不亂]
바른 생각 가지고 극락세계에 태어나[正念往生安樂國]
아미타 부처님과 많은 보살님 만나고자[面奉彌陀値衆聖]
십지보살의 경지 닦아 상·낙·아·정 아오리다.[修行十地證常樂]
발원을 마치고 삼보께 귀명정례하옵니다.[發願已禮三寶]

시방염불(十方念佛)
나 무 시 방 불 (南 無 十 方 佛).
나 무 시 방 법 (南 無 十 方 法).
나 무 시 방 승 (南 無 十 方 僧).
나무석가모니불 (南無釋迦牟尼佛).
나 무 다 보 불 (南 無 多 寶 佛).
나무시방분신석가모니불 (南無十方分身釋迦牟尼佛).
나무묘법연화경 (南無妙法蓮華經).
나무문수사리보살 (南無文殊師利菩薩).
나무보현보살마하살 (南無普賢菩薩摩訶薩).

경단(經段)

묘법연화경 안락행품(妙法蓮華經 安樂行品)

그때 가르침의 아들인 문수 보살마하살이 부처님께 여쭈었다.[爾 時 文 殊師利法王子 菩薩摩訶薩 白佛言]

"세존이시여, 이 여러 보살들은 참으로 보기 어려운 사람들입니다.[世 尊 是諸菩薩 甚爲難有]

이들은 부처님을 공경하고 따르기 때문에 큰 서원을 세우기를 [敬順佛 故 發大誓願]

다음의 험악한 세상에서 이 『법화경』을 수호하며 읽고 외우고 배워서 다른 사람에게 설해 주겠다고 했습니다.[於後惡世 護持讀誦 說是法華經]

세존이시여, 이 큰 뜻을 세운 초심의 보살들이 다음의 험악한 세상에서 이 가르침을 설할 때에 어떻게 해야 되겠습니까?"[世尊 菩薩摩訶薩 於 後惡世 云何能說是經]

부처님께서 문수에게 말씀하셨다.[佛告文殊師利]

"만일 훌륭한 보살이 다음의 험악한 세상에서 이 가르침을 설하려면 반 드시 다음 네 가지의 수행 방법을 익혀서 완전히 자기 것으로 만들어야 한다.[若菩薩摩訶薩 於後惡世 欲說是經 當安住四法]

첫째, 보살로서의 행동과 교제 대상 또는 교제 범위를 배워 익혀서 자 기의 것으로 만든 다음에 비로소 중생을 위해 널리 이 법을 설해야 한 다.[一者安住菩薩行處 親近處 能爲衆生 演說是經]

문수여, 무엇이 훌륭한 사람인 보살로서의 행동인가 하면,[文殊師利 云 何名菩薩摩訶薩行處]

훌륭한 보살은 항상 〈어떤 모욕과 박해에도 성내지 않고〉 참고 견디며 온순하고 고운 마음씨로 〈고집을 버리고〉 바른 이치에 따라야 하며, 침착성 있게 행동하되 놀라거나 당황하지 말아야 한다.[若菩薩摩訶薩 住忍辱地 柔和善順 而不卒暴 心亦不驚]

또 모든 사물은 〈본래 공성이어서〉 실체가 없고 변화하는 것이라고 관찰하되 이것에 집착하고 분별해서 사물이 있다고 생각지 말며, 그렇지만 모든 사물은 〈꼭 생겨나야 하기 때문에 생겨난 것이므로〉 그 개별적인 특징도 인정해야 하는 것이니, 있다·없다 하는 그 어느 것에도 집착해 행동해서는 안 된다.[又復於法 無所行 而觀諸法如實相 亦不行不分別]

이것이 훌륭한 보살로서의 행동이라 말한다.[是名菩薩摩訶薩行處]

그러면 어떤 것이 훌륭한 보살들의 교제 대상이며 범위인가 하면,[云何名菩薩摩訶薩親近處]

훌륭한 보살은 〈우선 높은 지위나 권세가 있는〉 국왕·왕자·대신·관청의 장을 가까이 해서는 안 된다.[菩薩摩訶薩不親近 國王王子 大臣官長]

또 여러 가지의 이교도와 브라흐만교의 수행자와 자이나교를 믿는 사람과 세속적인 문필가나 시와 노랫말을 짓는 사람과 타종교의 글을 쓰는 사람과 유물론적 쾌락 주의자와 무당이나 점쟁이 등 주문을 신봉하는 사람들과도 가까이 해서는 안 된다.[不親近 諸外道 梵志 尼犍子等 及造世俗 文筆讚詠外書 及路伽耶陀 逆路伽耶陀者]

또한 투기꾼이나 사기꾼과 주먹을 서로 휘두르는 경기·씨름 및 힘 자랑 등과 광대·마술사처럼 여러 가지로 모습을 바꾸는 직업을 가진 사람과도 가까이 해서는 안 된다.[亦不親近 諸有凶戲 相扠 相撲 及那羅等 種種變現之戲]

그리고 찬타리와 돼지·양·닭·개를 기르는 사람이나 사냥꾼이나 고기잡이 등 자기의 생활을 위해 악업을 쌓지 않을 수 없는 사람들과도 가까이 해서는 안 된다.[又不親近 栴陀羅 及畜猪羊雞狗 畋獵漁捕 諸惡律儀]

그러나 혹시 이와 같은 사람들이 찾아와서 가르침을 듣고자 하면 친절하게 설해 주어라.[如是人等 或時來者則爲說法]

하지만 이러한 경우에도 〈오직 큰 자비심만 가지고 설해야 하며〉 마음에 어떤 이익을 바라고 설해서는 안 된다.[無所悕望]

또 〈오직 자기만 구제 받으면 된다는 마음을 가진〉 성문의 비구·비구니·우바새·우바이들과도 가까이 해서는 안되며 〈이들에게 가르침에 대해〉 질문하지도 말아야 하며, 승방이나 경행하는 장소나 강당 안에서도 그들과 대등한 교제를 해서는 안 된다.[又不親近 求聲聞比丘 比丘 尼 優婆塞 優婆夷 亦不問訊 若於房中 若經行處 若在講堂中 不共住止]

그러나 만일 〈가르침을 들으려고〉 찾아오는 때에는 상대방과 경우에 따라 가르침을 설해 주되, 마음에 어떤 이익을 바라고 설해서는 안된다 [或時來者 隨宜說法 無所悕求]

 문수여, 또 훌륭한 보살은 여인에게 가르침을 설할 때에 그 여인으로 하여금 음욕을 품도록 하는 태도를 취해서는 안되며 또 그 여인과 자주 만나기를 바라는 마음도 삼가야 한다.[文殊師利 又菩薩摩訶薩 不應於 女人身 取能生欲想相 而爲說法 亦不樂見]

만일 남의 집에 들어갔을 경우에도 소녀와 처녀 그리고 과부와 지껄이는 것은 옳지 않으며[若入他家 不與小女 處女 寡女等共語]

다섯 가지 불완전한 남자와 가까이 지내는 것도 피해야 한다.[亦復不近 五種不男之人 以爲親厚]

그리고 홀로 남의 집에 들어가지 말아라. 만일 부득이한 경우에는 〈들어갈 때부터 나올 때까지〉 오직 부처님과 함께 있다는 생각을 계속 가지고 있어야 한다.[不獨入他家 若有因緣 須獨入時 但一心念佛]

만일 여인에게 가르침을 설할 기회가 있을지라도 이가 보이도록 웃어서는 안되며 가슴이 드러나 보이는 옷차림을 해서도 안 된다.[若爲女人 說法 不露齒笑 不現胸臆]

비록 가르침을 설하기 위한 경우일지라도 너무 허물없이 친해진다는 것은 옳지 않으니, 하물며 그 밖의 다른 일이야 더욱 그렇다 할 것이다.[乃至爲法 猶不親厚 況復餘事]

나이 어린 제자나 사미나 예쁜 아이를 신변에 가까이 두는 것은 좋지 못하며, 그런 아이들과 한 스승 아래서 함께 배우려고 하는 마음을 가져서도 안 된다.[不樂畜 年小弟子 沙彌小兒 亦不樂與同師]

항상 좌선하기를 좋아해 조용한 곳에서 정신을 통일하는 데에 마음을

두어야 한다.[常好坐禪 在於閑處 修攝其心]

문수여, 이것이 보살로서의 교제하는 대상 또는 범위이다.[文殊師利 是名初親近處]

또 다시 훌륭한 보살들이여, 이 세상에 존재하는 일체의 사물에 대해 그 진실한 모습을 꿰뚫어 볼 때 그 모든 것은 오직 하나의 공에 의해서 이루어져 있음을 깨달을 수 있다. 그것이 일체의 현상에 있어서 있는 그대로의 모습이다. 〈즉 인간의 착각에 바탕을 두고〉 거꾸로 보지 않는 진실한 모습이다. 〈우리들의 눈으로 보는 현상의 세계에서는〉 사물이 움직이고 있다든지 혹은 쇠퇴해 가며 다른 모습으로 변해 가고 있는 것처럼 보이지만 〈실상의 세계에서는 그 같은 변동은 일체 없고〉 마치 진공과 같아 고정적인 실재성이 없는 것이다. [復次菩薩摩訶薩 觀一切法空 如實相 不顚倒 不動不退不轉 如虛空 無所有性]

이 실상은 말로써 설명되거나 표현할 수도 없는 것이다. 그것이 어떤 것에서 생한 것도 아니고 어디에서 나온 것도 아니며 그렇다고 없는 곳에서 불쑥 솟아난 것도 아니다.[一切語言道斷 不生不出不起]

그러므로 그 자체는 이름도 없고 모습도 없으며 실재이기는 하지만 고정된 실재성을 가지고 있지 않는 것이다. [無名無相 實無所有]

그리고 이 실상은 한량이 없기 때문에 끝이 있는 존재가 아니고 어떤 것에 의해 가로막히는 일이나 방해받는다고 하는 부자유성이 전혀 없으며 이 우주에 두루 가득하게 있는 것이다. [無量無邊 無礙無障]

우선은 다만 어떤 원인이 어떤 조건을 만나서 생긴 일시적인 현상임을 깨닫는 것이요 그 다음엔 실상을 휘어 꺾어서 보고 있는 것임을 깨닫는 것이다. [但以因緣有 從顚倒生]

그러므로 나는 "항상 자진해서 그 사물 속에 있는 실상을 보아라"하고 설한다. [故說常樂 觀如是法相]

이것이 훌륭한 보살의 두 번째의 교제하는 대상과 범위이다.[是名菩薩 摩訶薩 第二親近處]

세존께서는 이를 다시 시로 말씀하셨다. [爾時世尊 欲重宣此義 而 說偈言]

만일 어떤 보살이 훗날 험악한 세상에서 [若有菩薩 於後惡世]
두려움 없는 마음으로 이 가르침 설하려면 [無怖畏心 欲說此經]
응당 행해야 할 대상과 범위 알아야 한다. [應入行處 及親近處]
항상 권세 있는 국왕과 국왕의 아들이며 [常離國王 及國王子]
대신이나 관장이나 흉한 놀음하는 사람 [大臣官長 凶險戲者]
찬타리와 외도와 브라흐만을 멀리하고 [及栴陀羅 外道梵志]
깨닫지 않고서도 깨달은 체 하는 사람 [亦不親近 增上慢人]
소승 삼장에 탐착하는 학자들과 [貪着小乘 三藏學者]
파계한 비구와 이름뿐인 아라한들과 [破戒比丘 名字羅漢]
항상 미소짓는 비구니를 가까이 말라 [及比丘尼 好戲笑者]
깊이 오욕에 탐착하고 현세 열반 구하려는 [深着五欲 求現涅槃]
이러한 우바이도 가까이 하지 말라. [諸優婆夷 皆勿親近]
그러나 이런 사람들도 아름다운 마음으로 [若是人等 以好心來]
보살을 찾아와서 부처님 깨달음 묻거든 [到菩薩所 爲聞佛道]
보살은 반드시 두려움 없는 마음으로 [菩薩則以 無所畏心]
바라는 마음 품지 말고 그들 위해 설법하라. [不懷悕望 而爲說法]
과부와 처녀들과 사내 아닌 갖가지 남자 [寡女處女 及諸不男]
모두 친근치 말고 정도 주지 말아야 하며 [皆勿親近 以爲親厚]
도살하는 칼잡이와 사냥꾼 어부로서 [亦莫親近 屠兒魁膾]
이익 위해 죽이거든 이들 모두 친근치 말며 [畋獵漁捕 爲利殺害]
살코기 팔아 살아가고 여색 팔아 살아가는 [販肉自活 衒賣女色]
이와 같은 사람들도 모두 다 친근치 말고 [如是之人 皆勿親近]
힘 자랑하는 사람, 놀음에 종사하는 사람 [凶險相撲 種種嬉戲]
음탕한 여자들과도 모두 다 친근치 말라. [諸婬女等 盡勿親近]
남 못 보는 곳에서 홀로 여인 위해 설법 말고 [莫獨屛處 爲女說法]
만일 피치 못할 경우엔 웃고 농담하지 말며 [若說法時 無得戲笑]
마을에서 탁발할 경우 다른 비구와 함께 가고 [入里乞食 將一比丘]
함께 갈 비구 없거든 일심으로 염불하라. [若無比丘 一心念佛]

이를 이름하여 보살이 행해야 할 범위라 하는 바
[是則名爲 行處近處]
이 두 가지 마음가짐으로 안락하게 설법하라.[以此二處 能安樂說]
또 성문·연각·보살의 가르침과 [又復不行 上中下法]
세간 법, 출세간 법, 모든 현상에 대해 있다·없다 집착치 말며
[有爲無爲 實不實法]
이건 남자, 저건 여자 분별치도 말 것이며 [亦不分別 是男是女]
모든 것에 사로잡혀 깨달았다·알았다 꿰뚫어 본 체 하지 말고
현상 속에 겹쳐 있는 본질을 깨달아야 한다. [不得諸法 不知不見]
이것이 보살이 행동할 때 지켜야 할 마음가짐이다.
[是則名爲 菩薩行處]
일체의 현상은 공성이어서 고정된 실체가 아니므로
[一切諸法 空無所有]
변치 않는 것 없거니와 생함도 멸함도 없나니[無有常住 亦無起滅]
지혜 있는 사람들은 이런 깨달음 가져야 한다.[是名智者 所親近處]
사람들은 착각하고 여러 사물에 대해 있다·없다
[顚倒分別 諸法有無]
실재다·비실재다, 생한다·생하지 않는다 분별하지만
[是實非實 是生非生]
고요한 곳에서 그 마음 잘 다스려 [在於閑處 修攝其心]
수미산처럼 흔들림 없이 편안히 머물면서 [安住不動 如須彌山]
모든 사물 꿰뚫어 보면 실재하는 것 하나 없고[觀一切法 皆無所有]
마치 허공 같아 고정된 것 없으며 [猶如虛空 無有堅固]
생한 것도 아니고 나온 곳도 아니며 변하거나 쇠퇴하는 것도 아니며 不
生不出 不動不退]
항상 조화된 하나의 모습으로 보아야 한다. [常住一相]
이것이 행위 및 행위의 대상·범위라 이름 한다. [是名近處]
만일 어떤 비구가 내가 멸도한 후에 [若有比丘 於我滅後]

이 행위와 행위의 대상·범위 지킨다면 [入是行處 及親近處]
이 『법화경』 설할 때에 비겁하거나 약한 마음 조금도 없으리라.
[說斯經時 無有怯弱]
보살은 어느 때든지 고요한 집에 들어가 [菩薩有時 入於靜室]
바른 기억 불러 일으켜 참뜻을 명상하고 [以正憶念 隨義觀法]
명상에서 일어나면 여러 국왕과 왕자들과 [從禪定起 爲諸國王]
신하들과 국민들과 브라흐만들을 위해서 [王子臣民 婆羅門等]
참뜻 알기 쉽게 이 가르침 설한다면 [開化演暢 說斯經典]
그 마음 편안하여 망설이지 않으리라. [其心安穩 無有怯弱]
문수여, 이것이 보살이 지녀야 할 [文殊師利 是名菩薩]
첫 번째의 마음가짐이니 [安住初法]
후세에서 이 마음 가지고 『법화경』 설하여라. [能於後世 說法華經]

시방염불
나 무 시 방 불 (南 無 十 方 佛).
나 무 시 방 법 (南 無 十 方 法).
나 무 시 방 승 (南 無 十 方 僧).
나무석가모니불 (南無釋迦牟尼佛).
나 무 다 보 불 (南 無 多 寶 佛).
나무시방분신석가모니불(南無十方分身釋迦牟尼佛).
나무묘법연화경 (南無妙法蓮華經).
나무문수사리보살 (南無文殊師利菩薩).
나무보현보살마하살(南無普賢菩薩摩訶薩)

후패(後唄)
세상 곳곳마다 허공처럼 계시며(處世界如虛空)
연꽃이 물에 젖지 않는 것 같이(如蓮華不着水)
청정한 마음은 대상을 초월하신(心淸淨超於彼)

위없이 거룩한 부처님께 머리 숙여 절하옵니다.(稽首禮無上尊)

삼예(三禮)
거룩한 부처님께 귀의합니다.(一切恭敬 自歸依佛).
바라옵나니 중생과 더불어(當願衆生)
불도를 체해하여(體解大道)
위없는 보리심을 일으키겠습니다.(發無上意).

거룩한 가르침에 귀의합니다.(自歸依法)
바라옵나니 중생과 더불어(當願衆生)
깊은 진리를 배워(深入經藏)
지혜가 바다와 같이 되겠습니다.(智慧如海)

거룩한 승단에 귀의합니다.(自歸依僧)
바라옵나니 중생과 더불어(當願衆生
대중을 이끌어서(統理大衆)
일체에 장애가 없도록 하겠습니다.(一切無礙)

칠불통계게(七佛通戒偈)
모든 죄는 짓지 말고 (諸惡莫作)
선한 일을 많이 행하면 (衆善奉行)
그 의식이 스스로 정화된다. (自淨其意)
이것이 모든 부처님의 가르침이다. (是諸佛敎)

법화성불게(法華成佛偈)

원컨대 이 공덕을(願以此功德)
일체에 널리 미치게 하여(普及於一切)

나와 더불어 모든 중생이(我等與衆生)
다함께 성불케 하여지이다(皆共成佛道)